中级财务会计学习

ZHONGJI CAIWU KUAIJI XUEXI
ZHIDAOSHU

指导书

主　编　蒋晓凤　尹建荣

西南财经大学出版社

图书在版编目(CIP)数据

中级财务会计学习指导书 / 蒋晓凤,尹建荣主编. —成都:西南财经大学出版社,2017.3

ISBN 978 - 7 - 5504 - 2782 - 2

Ⅰ.①中… Ⅱ.①蒋…②尹… Ⅲ.①财务会计—高等学校—教学参考资料 Ⅳ.①F234.4

中国版本图书馆 CIP 数据核字(2016)第 314979 号

中级财务会计学习指导书

主编:蒋晓凤　尹建荣

责任编辑:孙　婧

封面设计:墨创文化

责任印制:封俊川

出版发行	西南财经大学出版社(四川省成都市光华村街55号)
网　　址	http://www.bookcj.com
电子邮件	bookcj@ foxmail.com
邮政编码	610074
电　　话	028 - 87353785　87352368
照　　排	四川胜翔数码印务设计有限公司
印　　刷	郫县犀浦印刷厂
成品尺寸	185mm × 260mm
印　　张	25.5
字　　数	630 千字
版　　次	2017 年 3 月第 1 版
印　　次	2017 年 3 月第 1 次印刷
印　　数	1— 3000 册
书　　号	ISBN 978 - 7 - 5504 - 2782 - 2
定　　价	53.80 元

前 言

　　《中级财务会计学习指导书》是《中级财务会计》教材（蒋晓凤、尹建荣主编，西南财经大学出版社出版）一书的配套学习用书。该书按照《中级财务会计》教材的内容顺序编写。在结构上包括要点总览、重点难点、关键内容小结、练习题、参考答案及解析五大部分。其中要点总览、重点难点、关键内容小结是编写老师们讲课经验的总结，提炼了知识要点，对教学和学生的学习均可起到较好的引导作用；练习题部分包括"单项选择题""多项选择题""判断题""计算分析题""综合题"，内容较为经典和完整，可以使学生消化巩固及运用所学知识要点；参考答案及解析部分将解题原理和思路展现出来，以引导学生更好地解题。

　　指导书所要传递的是一种学习理念——要学会学习。即把书读薄再把书读厚，按记忆难度将知识内容分层、分阶段记忆，按"预览重点难点、做练习和复习，巩固已学知识"的"看、思、练"过程学习。

　　本书可作为各类院校全日制会计专业学生的教材辅导书，也可以作为非会计专业学生的教材和在职会计人员会计继续教育的参考书。

　　《中级财务会计学习指导书》的撰写历时半年，经反复修改，力求做到深入浅出、通俗易懂，对学生学习有指导作用。本书共有十九章内容，主编蒋晓凤教授、尹建荣副教授对全书的框架结构和主要内容进行总体设计。各章的具体编写分工如下：第一章、第五章、第六章和第七章由蒋晓凤教授编写，第十二章、第十三章、第十八章、第十九章由尹建荣副教授编写，第三章、第四章、第十六章由陆建英副教授编写，第十章、第十一章由何劲军副教授编写，第二章、第八章、第十五、第十七章由苏艺讲师编写，第九章、第十四章由张飞翔讲师编写。最后由蒋晓凤教授对全书进行总纂和修改，并终审定稿。

　　由于编者的学识水平有限，书中难免存在不足，恳请读者批评指正。

编　者

2017 年 1 月于南宁

目 录

第一章 总论

一、要点总览

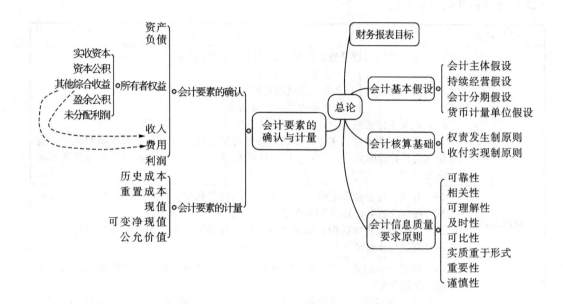

二、重点难点

（一）重点

- 会计目标
- 会计假设
- 会计要素的确认与计量
- 会计的计量属性

（二）难点

- 会计假设
- 会计要素的确认与计量

三、关键内容小结

(一) 财务报告的目标

(1) 向财务会计报告使用者提供与企业财务状况、经营成果和现金流量等有关的会计信息。

(2) 反映企业管理层受托责任履行情况，有助于财务会计报告使用者做出经济决策。

(二) 会计核算的基本假设

基本前提	要点
1. 会计主体	(1) 会计主体可以是独立法人，也可以是非独立法人 (2) 形式可以是 ⎰一个企业 ⎱几个企业组成的集团公司 ⎱一个企业内部的特殊部分 (3) 法律主体必然是会计主体，会计主体不一定是法律主体 (4) 作用：明确会计主体，能划定会计所要处理的各项交易或事项的范围；能把握会计处理的立场；能将会计主体的经济活动与会计主体所有者的经济活动区分开来
2. 持续经营	(1) 作用：使企业采用的会计政策、方法保持稳定；使资产、负债、收入及费用等按标准的会计处理程序处理 (2) 对其他原则的影响：历史成本原则、权责发生制、配比原则、划分收支原则等都是与此假定有关
3. 会计分期	(1) 作用：分期后，可及时地结算账目，编制报表，为决策提供所需信息，也便于比较分析 (2) 会计期间划分：我国按历年制（公历年度）划分为四种时间长度——月、季、半年、年，其中月、季、半年称为会计中期 (3) 会计核算带来的影响：产生本期与其他期间的区别，出现权责发生制和收付实现制的区别，出现了应收、应付、递延、预提、待摊等会计处理方法
4. 货币计量	(1) 以货币作为会计的主要计量单位 (2) 以币值不变为前提。若币值不稳时，就会出现虚盈实亏、多记盈余的假象 (3) 记账本位币一般为本国货币（人民币）；业务收支以人民币以外的货币为主的企业，可选定其中一种货币作为记账本位币，但编报的财务报告应当折算为人民币

(三) 会计信息质量要求

	要点
1. 可靠性	强调会计信息的真实、准确
2. 相关性	强调会计信息的有用性
3. 可理解性	强调会计信息的简明、易懂、清晰、明了
4. 可比性	强调会计信息的横向比较，即企业与企业比，以及会计信息的纵向比较，即一企业不同时期相比较

（续表）

	要点
5. 谨慎性	核算风险的原则：预计可能发生的损失，而不预计可能发生的收益 应用于：固定资产快速折旧、存货计价的后进先出法、对资产计提的八项准备、预计负债
6. 重要性	判断会计事项的轻重的原则。重要事项：分别、分项核算。次要事项：可简化、合并核算
7. 实质重于形式	强调经济实质，而不仅是法律形式。应用于：融资租入的固定资产、销售商品的售后回购、收入确认、对被投资企业控制、实施重大影响的界定
8. 及时性	强调会计信息的时效。企业对于已经发生的交易或者事项，应当及时进行会计确认、计量和报告，不得提前或者延后

（四）会计要素的确认与计量

会计要素	定义	特征	确认条件
1. 资产	企业过去的交易或者事项形成的、由企业拥有或者控制的、预期会给企业带来经济利益的资源	（1）资产预期能够直接或间接地给企业带来经济利益 （2）资产都是为企业所拥有的。或者即使不为企业所拥有，也是企业所控制的 （3）资产是由过去的交易或事项形成的	同时满足以下条件时，确认为资产： （1）与该资源有关的经济利益很可能流入企业 （2）该资源的成本或者价值能够可靠地计量
2. 负债	企业过去的交易或者事项形成的、预期会导致经济利益流出企业的现时义务	（1）负债是企业承担的现时义务 （2）负债的清偿预期会导致经济利益流出企业 （3）负债是由过去的交易或事项形成的	同时满足以下条件时，确认为负债： （1）与该义务有关的经济利益很可能流出企业 （2）未来流出的经济利益的金额能够可靠地计量
3. 所有者权益	企业资产扣除负债后由所有者享有的剩余权益	（1）除非发生减资、清算，企业不需要偿还所有者权益 （2）只有在清偿所有的负债后，所有者权益才返还给所有者 （3）所有者凭借所有者权益能够参与利润的分配	确认主要依赖于其他会计要素，尤其是资产和负债的确认
4. 收入	企业在日常活动中形成的、会导致所有者权益增加的、与所有者投入资本无关的经济利益的总流入	（1）收入是从企业的日常活动中产生的，而不是从偶发的交易或事项中产生的 （2）收入可能表现为企业资产的增加，或负债的减少，或二者兼而有之 （3）收入能引起企业所有者权益的增加 （4）收入只包括本企业经济利益的流入，而不包括为第三方或客户代收的款项	（1）与收入相关的经济利益很可能流入企业 （2）是经济利益流入企业的结果会导致资产的增加或者负债的减少 （3）经济利益的流入额能够可靠计量

（续表）

会计要素	定义	特征	确认条件
5. 费用	在日常活动中发生、会导致所有者权益减少、与向所有者分配利润无关的经济利益的总流出	（1）费用是企业在日常活动中发生的经济利益的流出，而不是从偶发的交易或事项中发生的经济利益的流出 （2）费用可能表现为资产的减少，或负债的增加，或二者兼而有之 （3）费用引起所有者权益的减少	一是与费用相关的经济利益很可能流出企业，二是经济利益流出企业的结果会导致资产的减少或者负债的增加，三是经济利益的流出额能够可靠计量
6. 利润	企业在一定会计期间的经营成果	利润＝收入－费用＋利得－损失	利润的确认主要依赖于收入和费用以及利得和损失的确认

（五）会计计量属性

计量属性	定义	计量属性的应用原则
1. 历史成本	在历史成本计量下，资产按照购置时支付的现金或者现金等价物的金额，或者按照购置资产时所付出的对价的公允价值计量。负债按照因承担现时义务而实际收到的款项或者资产的金额，或者承担现时义务的合同金额，或者按照日常活动中为偿还负债预期需要支付的现金或者现金等价物的金额计量	
2. 重置成本	在重置成本计量下，资产按照现在购买相同或者相似资产所需支付的现金或者现金等价物的金额计量。负债按照现在偿付该项债务所需支付的现金或者现金等价物的金额计量	企业在对会计要素进行计量时，一般应当采用历史成本，采用重置成本、可变现净值、现值、公允价值计量的，应当保证所确定的会计要素金额能够取得并可靠计量
3. 可变现净值	在可变现净值计量下，资产按照其正常对外销售所能收到现金或者现金等价物的金额扣减该资产至完工时估计将要发生的成本、估计的销售费用以及相关税费后的金额计量	
4. 现值	在现值计量下，资产按照预计从其持续使用和最终处置中所产生的未来净现金流入量的折现金额计量。负债按照预计期限内需要偿还的未来净现金流出量的折现金额计量	
5. 公允价值	在公允价值计量下，资产和负债按照在公平交易中，熟悉情况的交易双方自愿进行资产交换或者债务清偿的金额计量	

（六）利得、损失与收入、费用的区分

项目	区别	联系
收入与利得	（1）收入与日常活动有关，利得与非日常活动有关	都会导致所有者权益增加，且与所有者投入资本无关

（续表）

项目	区别	联系
费用与损失	（1）费用与日常活动有关，损失与非日常活动有关 （2）费用是经济利益总流出，损失是经济利益净流出	都会导致所有者权益减少，且与向所有者分配利润无关

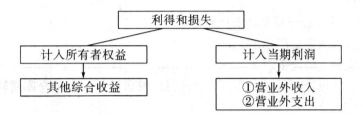

（七）利得与损失的界定与运用

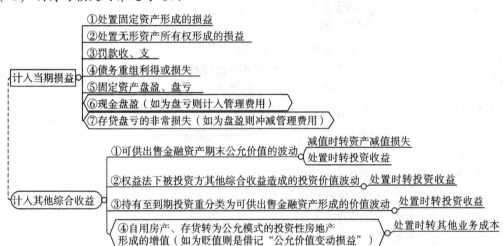

四、练习题

（一）单项选择题

1. 下列项目中，不属于财务报告目标的是（　　）。

　　A. 向财务报告使用者提供与企业财务状况有关的会计信息

　　B. 向财务报告使用者提供与企业现金流量有关的会计信息

　　C. 反映企业管理层受托责任履行情况

　　D. 满足企业内部管理需要

2. 下列关于会计分期这一基本假设的说法中，正确的是（　　）。

　　A. 企业持续、正常的生产经营活动的前提

　　B. 为分期结算账目奠定了理论基础

　　C. 界定了提供会计信息的空间范围

　　D. 为会计核算提供了必要的手段

3. 下列情况中不违背会计可比性原则的是（　　　　）。

　　A. 投资性房地产后续计量由公允价值模式转为成本模式

　　B. 权益性可供出售金融资产减值转回计入资产减值损失

　　C. 固定资产达到预定可使用状态之后，利息费用继续资本化

　　D. 期末发现以前减记存货价值的影响因素消失，将原已计提的存货跌价准备转回

4. 下列各项中不属于甲公司资产的是（　　　）。

　　A. 报废的固定资产

　　B. 融资租入的设备

　　C. 从乙公司处购买的产品，货款已付，发票已收，由于仓库周转，产品仍存放在乙公司处

　　D. 委托代销商品

5. 下列各项表述中不属于负债特征的是（　　　）。

　　A. 负债是企业承担的现时义务

　　B. 负债预期会导致经济利益流出企业

　　C. 未来流出的经济利益的金额能够可靠地计量

　　D. 负债是由企业过去的交易或事项形成的

6. 下列不属于所有者权益类科目的是（　　　）。

　　A. "其他综合收益"　　　　　　　　B. "盈余公积"

　　C. "资本公积"　　　　　　　　　　D. "递延收益"

7. 下列各项中，不属于企业收入的是（　　　）。

　　A. 让渡资产使用权所取得的收入

　　B. 提供劳务所取得的收入

　　C. 出售无形资产取得的净收益

　　D. 出租机器设备取得的收入

8. 下列计价方法中，不符合历史成本计量基础的是（　　　）。

　　A. 发出存货采用先进先出法计价

　　B. 可供出售金融资产期末采用公允价值计量

　　C. 固定资产计提折旧

　　D. 发出存货采用移动加权平均法计价

（二）多项选择题

1. 下列说法中，正确的有（　　　）。

　　A. 会计基础划分为权责发生制和收付实现制

　　B. 会计信息质量要求是对财务报告所提供的会计信息质量的基本要求，是会计信息质量有用性的基本特征

　　C. 企业提供的会计信息应当反映与企业财务状况、经营成果和现金流量有关的所有重要交易或者事项

D. 持续经营是指在可以预见的将来，企业将会按照当前的规模和状态继续经营下去，不会停业，也不会大规模削减业务

2. 下列会计处理中，符合会计信息质量要求中实质重于形式的有（　　）。
   A. 企业对售后回购业务在会计核算上一般不确认收入
   B. 融资租入固定资产视同自有资产进行核算
   C. 期末对应收账款计提坏账准备
   D. 期末存货采用成本与可变现净值孰低法计量

3. 下列各项中，能同时引起资产和负债发生变化的有（　　）。
   A. 从银行借款购买的自用设备
   B. 债务重组中，用金融资产偿还应付账款
   C. 处置投资性房地产
   D. 支付应付职工薪酬

4. 下列关于会计要素的表述中，正确的有（　　）。
   A. 费用只有在经济利益很可能流出企业从而导致企业资产减少或者负债增加，且经济利益的流出金额能够可靠计量时才能予以确认
   B. 资产的特征之一是预期能给企业带来经济利益
   C. 利润是指企业在一定会计期间的经营成果，包括收入减去费用后的净额、直接计入当期利润的利得和损失等
   D. 所有导致所有者权益增加的经济利益的流入都应该确认为收入

5. 下列各项中，属于直接计入所有者权益的利得的有（　　）。
   A. 出租无形资产取得的收益
   B. 投资者的出资额大于其在被投资单位注册资本中所占份额的金额
   C. 可供出售金融资产期末公允价值上升计入其他综合收益
   D. 重新计量设定受益计划净负债或净资产所产生的变动

6. 下列说法中正确的有（　　）。
   A. 营业收入和营业外收入都属于收入
   B. 收入是企业日常活动中所形成的
   C. 收入不包括计入利润表的非日常活动形成的经济利益的流入
   D. 收入会导致所有者权益的增加

7. 下列各项中，影响营业利润的有（　　）。
   A. 营业外收入　　　　　　　　B. 其他综合收益
   C. 投资收益　　　　　　　　　D. 管理费用

8. 下列关于会计计量属性的表述中，正确的有（　　）。
   A. 历史成本反映的是资产过去的价值
   B. 重置成本是取得相同或相似资产的现行成本
   C. 可变现净值是指在生产经营过程中，以预计售价减去进一步加工成本和销售所必需的预计税金、费用后的净值
   D. 公允价值是指市场参与者在计量日发生的有序交易中，出售一项资产所能收到或者转移一项负债所支付的价格

（三）判断题

1. 权责发生制是以收到或支付现金作为确认收入和费用的依据。　（　　）

2. 区分收入和利得、费用和损失，区分流动资产和非流动资产、流动负债和非流动负债以及适度引入公允价值体现的是会计的可靠性。　（　　）

3. 在实务中，需要在及时性和可靠性之间做相应权衡，以最好地满足投资者等财务报告使用者的经济决策需要为判断标准。　（　　）

4. 资产按照其购置时支付的现金或者现金等价物的金额或者按照购置资产时所付出的对价的公允价值计量，则其采用的会计计量属性是公允价值。　（　　）

5. 发放股票股利会导致发放企业所有者权益减少。　（　　）

6. 因向所有者分配利润而导致经济利益的流出应当属于费用。　（　　）

7. 利润包括两个来源：收入减去费用后的净额以及直接计入当期损益的利得和损失。
　（　　）

8. 现值是取得某项资产在当前需要支付的现金或现金等价物。　（　　）

五、参考答案及解析

（一）单项选择题

1.【答案】D

【解析】财务报告的目标是向财务报告使用者提供与企业财务状况、经营成果和现金流量等有关的会计信息，反映企业管理层受托责任履行情况，有助于财务报告使用者做出经济决策。财务报告目标不包括满足企业内部管理的需要。

2.【答案】B

【解析】选项A，体现的是持续经营假设，选项C，体现的是会计主体假设，选项D，体现的是货币计量假设。

3.【答案】D

【解析】会计信息质量的可比性要求：同一企业不同会计期间发生的相同或者相似的交易或者事项，应当采用一致的会计政策，不得随意变更；不同企业同一会计期间发生的相同或者相似的交易或者事项，应当采用相同或相似的会计政策，确保会计信息口径一致、相互可比。所以只要符合准则规定就不违背会计可比性原则。选项A、B和C均不符合准则规定。

4.【答案】A

【解析】报废的固定资产预期不能给企业带来经济利益，不符合资产定义，选项A不属于甲公司的资产。

5.【答案】C

【解析】负债具有以下几个方面的特征：①负债是企业承担的现时义务；②负债预期会导致经济利益流出企业；③负债是由企业过去的交易或事项形成的。选项C，属于负债的确认条件，而不是负债的特征。

6.【答案】D

【解析】选项D，递延收益是负债类科目。

7.【答案】C

【解析】选项C，出售无形资产是非日常活动，其取得的净收益不属于收入。

8.【答案】B

【解析】可供出售金融资产期末采用公允价值计量，不符合历史成本计量基础。

（二）多项选择题

1.【答案】ABCD

2.【答案】AB

【解析】实质重于形式要求企业应当按照交易或事项的经济实质进行会计确认、计量、报告，不应仅以交易或者事项的法律形式为依据。选项A和B体现实质重于形式要求；选项C和D体现的是谨慎性原则。

3.【答案】ABD

【解析】处置投资性房地产不会引起负债的变化，选项C不正确。

4.【答案】ABC

【解析】利得也是能导致所有者权益增加的经济利益的流入，但是利得不属于企业的收入，选项D错误。

5.【答案】CD

【解析】选项A，出租无形资产属于日常活动，取得的收益属于企业的收入；选项B，利得与投资者投入资本无关。

6.【答案】BCD

【解析】营业外收入核算的是非日常活动中形成的收益，不属于收入，选项A不正确。

7.【答案】CD

【解析】选项A，影响利润总额，不影响营业利润；选项B，影响所有者权益。

8.【答案】ABCD

（三）判断题

1.【答案】错

【解析】权责发生制要求凡是当期已经实现的收入和已经发生或应当负担的费用，不论款项是否收付，都应当作为当期的收入和费用；凡是不属于当期的收入和费用，即使款项已在当期收付，都不应作为当期的收入和费用。

2.【答案】错

【解析】区分收入和利得、费用和损失，区分流动资产和非流动资产、流动负债和非流动负债以及适度引入公允价值等，都可以提高会计信息的预测价值，进而提升会计信息的相关性。

3.【答案】对

4.【答案】错

【解析】在历史成本计量下，资产按照其购置时支付的现金或者现金等价物的金额或者按照购置资产时所付出的对价的公允价值计量。

5.【答案】错

【解析】发放股票股利，是发放企业所有者权益的内部变动，借记利润分配，贷记股本，所有者权益总额不变。

6.【答案】错

【解析】费用是指企业在日常活动中发生的、会导致所有者权益减少的、与向所有者分配利润无关的经济利益的总流出。

7.【答案】对

8.【答案】错

【解析】现值是指对未来现金流量以恰当的折现率进行折现后的价值。

第二章 存货

一、要点总览

确认和初始计量 {
存货的定义与确认条件
存货的初始计量（外购、加工、其他方式取得）
}

发出存货的计量 {
先进先出法、加权平均法、个别计价法
计划成本法
}

存货的期末计量 {
期末计量原则——按照成本与可变现净值孰低计量
可变现净值的含义
期末计量的具体方法
}

二、重点难点

（一）重点

{
存货的初始计量
计划成本法
存货的期末计量
}

（二）难点

{
计划成本法
存货的期末计量
}

三、关键内容小结

（一）存货概述

1. 存货的概念

存货，是指企业在日常活动中持有以备出售的产成品或商品、处在生产过程中的在产品、在生产过程或提供劳务过程中耗用的材料、物料等。

2. 存货的内容

存货的内容包括：各种材料、包装物、低值易耗品、委托加工物资、库存商品、在产品、半成品等。

（1）为建造固定资产而储备的各种材料，虽然同属于材料，但是由于用于建造固定资产等各项工程，不符合存货的定义，因此不能作为企业的存货；

（2）企业接受外来原材料加工制造的代制品和为外单位加工修理的代修品，制造和修理完成验收入库后，应视同企业的产成品；

（3）房地产开发企业购入的用于建造商品房的土地，属于企业的存货。

3. 存货的确认条件

某一项资产项目要作为存货加以确认，首先，需要符合存货的定义，其次，应同时符合存货以下确认条件：

（1）与该存货有关的经济利益很可能流入企业；

（2）该存货的成本能够可靠地计量。

（二）取得存货的计量

1. 存货的成本构成

存货应当按照成本进行初始计量。存货成本包括采购成本、加工成本和其他成本。存货成本的构成如下：

（1）采购成本：购买价款、相关税费、运输费、装卸费、保险费以及其他可归属于存货采购成本的费用；

（2）加工成本：直接人工以及按照一定方法分配的制造费用；

（3）其他成本：除采购成本、加工成本以外的，使存货达到目前场所和状态所发生的其他支出。

2. 外购存货的成本

存货的采购成本，包括购买价款、相关税费、运输费、装卸费、保险费以及其他可归属于存货采购成本的费用。

（1）存货的购买价款，是指企业购入的材料或商品的发票账单上列明的价款，但不包括按规定可以抵扣的增值税额；

（2）存货的相关税费，是指企业购买、自制或委托加工存货发生的进口关税、消费税、资源税和不能抵扣的增值税进项税额等应计入存货采购成本的税费；

（3）其他可归属于存货采购成本的费用，是指采购成本中除上述各项以外的可归属于存货采购成本的费用，如在存货采购过程中发生的仓储费、包装费、运输途中的合理损耗、入库前的挑选整理费用等。

应注意的是，商品流通企业在采购商品过程中发生的运输费、装卸费、保险费以及其他可归属于存货采购成本的费用等进货费用，应当计入存货采购成本，也可先行归集，期末根据所购商品的存销情况进行分摊。已售商品的进货费用计入当期损益，未售商品的进货费用计入期末存货成本。企业采购商品的进货费用金额较小的，可以在发生时直接计入当期损益。

3. 自制存货的成本

企业自制的存货主要包括产成品、在产品、半成品等，其成本由采购成本、加工成本构成。

存货加工成本是指由直接人工以及按照一定方法分配的制造费用。

产品成本包括直接材料、直接人工和制造费用。

4. 委托加工的存货的成本

委托外单位加工完成的存货，包括加工后的原材料、包装物、低值易耗品、半成品、产成品等。其成本包括实际耗用的原材料或者半成品以及加工费、运输费、装卸费和保险费等费用以及按规定应计入成本的税金。

商品流通企业加工的商品，以商品的进货原价、加工费和按规定应计入成本的税金作为实际成本。

5. 其他方式取得的存货的成本

企业取得存货的其他方式主要包括接受投资者投资、非货币性资产交换、债务重组以及存货盘盈等。

（1）投资者投入的存货

投资者投入存货的成本应当按照投资合同或协议约定的价值确定，但合同或协议约定价值不公允的除外。在投资合同或协议约定价值不公允的情况下，按照该项存货的公允价值作为其入账价值。

（2）通过非货币性资产交换、债务重组等方式取得的存货

企业通过非货币性资产交换、债务重组等方式取得的存货，其成本应当分别按照《企业会计准则第 7 号——非货币性资产交换》《企业会计准则第 12 号——债务重组》等的规定确定。但是，该项存货的后续计量和披露应当执行存货准则的规定。

（3）盘盈存货

盘盈的存货应按其重置成本作为入账价值，并通过"待处理财产损溢"科目进行会计处理，按管理权限报经批准后冲减当期管理费用。

在确定存货成本时，应注意，下列费用一般不应计入存货成本，而应在其发生时计入当期损益：

①非正常消耗的直接材料、直接人工及制造费用；

②在采购入库后发生的仓储费用应计入当期损益。但在生产过程中为达到下一生产阶段所必需的仓储费用则应计入存货成本。

（三）发出存货的计量

1. 存货发出的计价方法

根据我国企业会计准则的规定，企业在确定发出存货的成本时，可以采用先进先出法、月末一次加权平均法、移动加权平均法和个别计价法方法。企业不得采用后进先出法确定发出存货的成本。

（1）先进先出法

先进先出法是以先购入的存货应先发出（销售或耗用）这样一种存货实物流动假设为前提，对发出存货进行计价。采用这种方法，先购入的存货成本在后购入存货成本之前转出，据此确定发出存货和期末存货的成本。

（2）月末一次加权平均法

月末一次加权平均法，是指以当月全部进货数量加上月初存货数量作为权数，去除当月全部进货成本加上月初存货成本，计算出存货的加权平均单位成本，以此为基础计算当月发出存货的成本和期末存货的成本。

（3）移动加权平均法

移动加权平均法，是指以每次进货的成本加上原有库存存货的成本，除以每次进货数量与原有库存存货的数量之和，据以计算加权平均单位成本，作为在下次进货前计算各次发出存货成本的依据。

（4）个别计价法

个别计价法，亦称个别认定法、具体辨认法、分批实际法。其特征是注重所发出存货具体项目的实物流转与成本流转之间的联系，逐一辨认各批发出存货和期末存货所属的购进批别或生产批别，分别按其购入或生产时所确定的单位成本计算各批发出存货和期末存货的成本。

以上四种存货计价方法的共同的特点是都以历史成本作为计价基础。企业对于性质和用途相似的存货，应当采用相同的成本计算方法确定发出存货的成本。存货计价方法一旦选定，前后各期应当保持一致，并在会计报表附注中予以披露；如果由于情况的变化必须变更计价方法，应在变更当年的报表附注中披露存货计价方法变更的理由、性质以及对财务报表中本年利润和年末存货价值的影响程度。

2. 存货成本的结转

（1）原材料

①根据原材料的消耗特点，企业应按发出原材料的用途，将其成本直接计入产品或当期损益。

②会计核算：

核算内容	账务处理
生产经营领用	借：生产成本/制造费用/委托加工物资/销售费用/管理费用/在建工程 　　贷：原材料
对外销售	借：银行存款/应收账款 　　贷：其他业务收入 　　　　应交税费——应交增值税（销项税额） 借：其他业务成本 　　贷：原材料

（2）周转材料

①企业领用的周转材料分布于生产经营的各个环节，具体用途不同，会计处理也不相同：

生产部门领用的周转材料，作为产品组成部分的，其成本应直接计入产品生产成本；属于车间一般耗用的，其成本应计入制造费用。

销售部门领用的周转材料，随同商品出售而不单独计价的，其成本应计入销售费用；随同商品销售并单独计价的，视为周转材料销售，应将取得的收入作为其他业务收入，相应的周转材料的成本计入其他业务成本。

用于出租的周转材料，收取的租金应作为其他业务收入并计算缴纳增值税，相应的周转材料成本应计入其他业务成本。

用于出借的周转材料，其成本应计入销售费用。

管理部门领用的周转材料，其成本计入管理费用。

②会计核算：

核算方法		账务处理	
一次摊销法	领用时	借：生产成本/制造费用/管理费用/销售费用 　　贷：周转材料　　　　　　　　　　　　　　（实际成本）	
	报废时	借：原材料/银行存款　　　　　　　　　　　　（残料价值） 　　贷：生产成本/制造费用/管理费用/销售费用	
五五摊销法	领用时	按实际成本将周转材料由"在库"转入"在用" 借：周转材料——在用 　　贷：周转材料——在库　　　　　　　　　　（实际成本）	
		摊销周转材料账面价值的50% 借：制造费用/管理费用/销售费用 　　贷：周转材料——摊销　　　　　　　　（账面价值×50%）	
	报废时	摊销周转材料剩余的50%账面价值 借：制造费用/管理费用/销售费用 　　贷：周转材料——摊销　　　　　　　　（账面价值×50%）	
		转销低值易耗品全部已摊销金额 借：周转材料——摊销 　　贷：周转材料——在用	
分次摊销法	领用时	借：周转材料——在用 　　贷：周转材料——在库　　　　　　　　　　（实际成本）	
	使用期间	各使用期间的期末，摊销当期低值易耗品的价值 借：制造费用/管理费用/销售费用 　　贷：周转材料——摊销　　　　　　　　　　（某期摊销额） 某期摊销额 = $\dfrac{\text{周转材料实际成本}}{\text{预计可使用次数}} \times$ 该期实际使用次数	
	报废时	转销低值易耗品全部已摊销金额 借：周转材料——摊销 　　贷：周转材料——在用	

（3）库存商品

①企业销存货，应当将已收存货的成本结转为当期损益，计入营业成本。也就是说，企业在确认存货销售收入的当期，应当将已经销售存货的成本结转为当期营业成本。

②会计核算：

借：银行存款/应收账款

　　贷：主营业务收入

　　　　应交税费——应交增值税（销项税额）

借：主营业务成本
　　贷：库存商品

（四）计划成本法

1. 账户设置

存货按计划成本法核算时，除了应设置"原材料""周转材料""库存商品"等存货类账户外，还必须专门设置"材料采购"以及"材料成本差异"账户。

（1）"原材料"等存货类账户

"原材料""周转材料""库存商品"等存货类账户属于资产账户，在计划成本法下，该类账户用来核算企业库存的各种存货的计划成本。

（2）"材料采购"账户

"材料采购"账户核算企业采用计划成本进行存货日常核算而购入存货的采购成本。月末若有余额，余额在借方，表示已购入但尚未验收入库的在途存货的实际成本。该账户应按供应单位和存货品种设置明细账，进行明细核算。

（3）"材料成本差异"账户

"材料成本差异"账户用于核算各种存货实际成本与计划成本的差异。该账户属于资产类账户，是"原材料""周转材料""库存商品"等存货类账户的附加备抵调整账户。"材料成本差异"账户借方登记验收入库存货的实际成本大于计划成本的超支差异以及已发出存货应负担的节约差异；贷方登记验收入库存货的实际成本小于计划成本的节约差异以及已发出存货应负担的超支差异；期末余额既有可能在借方，也有可能在贷方，借方余额表示库存各种存货实际成本大于计划成本的差异（即超支差异），若是贷方余额，则表示库存各种存货实际成本小于计划成本的差异（即节约差异）。

2. 会计处理

核算内容		账务处理
取得存货	采购时	借：材料采购　　　　　　　　　　　（实际成本） 　　　应交税费——应交增值税（进项税额） 　　贷：银行存款
	验收入库	（1）原材料验收入库，按计划成本结转入库材料成本 借：原材料　　　　　　　　　　　　（计划成本） 　　贷：材料采购 （2）结转入库材料成本 借：材料采购 　　贷：材料成本差异　　　　　　　　（节约差异） 或 借：材料成本差异　　　　　　　　　（超支差异） 　　贷：材料采购

（续表）

核算内容	账务处理	
发出存货	发出时	借：生产成本 　　制造费用 　　管理费用 　　其他业务成本 　　　贷：原材料　　　　　　　　　　　　（计划成本）
	期末，结转 发出存货应 负担的材料 成本差异	借：生产成本 　　制造费用 　　管理费用 　　其他业务成本 　　　贷：材料成本差异　　　　　　　　　（超支差异） 结转节约差异做相反分录

发出存货应负担的成本差异＝发出存货的计划成本×本期材料成本差异率

$$本期材料成本差异率＝\frac{期初结存材料的成本差异＋本期入库材料的成本差异}{期初结存材料的计划成本＋本期入库材料的计划成本}×100\%$$

（五）存货的期末计量

1. 期末存货计量原则

资产负债表日，存货应当按照成本与可变现净值孰低计量。当存货成本低于可变现净值时，存货按成本计量；当存货成本高于可变现净值时，存货按可变现净值计量，同时按照成本高于可变现净值的差额计提存货跌价准备，计入当期损益。

2. 存货的可变现净值

可变现净值，是指在日常活动中，存货的估计售价减去至完工时估计将要发生的成本、估计的销售费用以及相关税费后的金额。存货的可变现净值由存货的估计售价、至完工时将要发生的成本、估计的销售费用和估计的相关税费等内容构成。

（1）可变现净值的基本特征

①确定存货可变现净值的前提是企业在进行日常活动。

②可变现净值表现为存货的预计未来净现金流量，而不是简单地等于存货的售价或合同价。

③不同存货可变现净值的构成不同

A. 产成品、商品和用于出售的材料等直接用于出售的商品存货，在正常生产经营过程中，其可变现净值为在正常生产经营过程中，该存货的估计售价减去估计的销售费用和相关税费后的金额；

B. 需要经过加工的材料存货，其可变现净值为在正常生产经营过程中，以该材料所生产的产成品的估计售价减去至完工时估计将要发生的成本、估计的销售费用和相关税费后的金额。

（2）确定存货的可变现净值应考虑的因素

企业在确定存货的可变现净值时，应当以取得的确凿证据为基础，并且考虑持有存货的目的、资产负债表日后事项的影响等因素。

3. 存货价值迹象的判断

资产负债表日，存货存在下列情形之一的，通常表明存货的可变现净值低于成本：

（1）该存货的市场价格持续下跌，并且在可预见的未来无回升的希望。

（2）企业使用该项原材料生产的产品的成本大于产品的销售价格。

（3）企业因产品更新换代，原有库存原材料已不适应新产品的需要，而该原材料的市场价格又低于其账面成本。

（4）企业所提供的商品或劳务过时或消费者偏好改变而使市场的需求发生变化，导致市场价格逐渐下跌。

（5）其他足以证明该项存货实质上已经发生减值的情形。

存货存在下列情形之一的，通常表明存货的可变现净值为零。

（1）已霉烂变质的存货。

（2）已过期且无转让价值的存货。

（3）生产中已不再需要，并且已无使用价值和转让价值的存货。

（4）其他足以证明已无使用价值和转让价值的存货。

4. 可变现净值的确定

原则	企业以确凿证据为基础计算确定存货的可变现净值		
	存货可变现净值的确凿证据，是指确定对存货的可变现净值有直接影响的确凿证明，如产品或商品的市场销售价格、与企业产品或商品相同或类似商品的市场销售价格、供货方提供的有关资料、销售方提供的有关资料、生产成本资料等		
不同存货可变现净值的确定	（1）产成品、商品和用于出售的材料等直接用于出售的存货	可变现净值＝存货的估计售价-估计的销售费用以及相关税费	
	（2）需要经过加工的材料存货	用该材料生产的产成品的可变现净值＞成本	该材料应当按照成本计量
		用该材料生产的产成品的可变现净值＜成本	该材料应当按可变现净值与成本孰低计量
		材料的可变现净值＝该材料所生产的产成品的估计售价-至完工时估计将发生的成本-估计的销售费用以及相关税费	
	（3）为执行合同或劳务合同而持有的存货	可变现净值应当以合同价格为基础计算	
		持有的同一项存货数量多于销售合同订购数量	应分别确定其可变现净值，并与相对应的成本比较，分别确定存货跌价准备的计提或转回的金额
			有合同部分的存货的可变现净值以合同价款为基础确定，超出部分的存货的可变现净值应以一般销售价格为基础计算

5. 存货跌价准备

存货跌价准备的计提	存货跌价准备——通常应当按单个存货项目计提跌价准备		
	对于数量繁多、单价较低的存货——按存货类别计量成本与可变现净值		
	与在同一地区生产和销售的产品系列相关，具有相同或类似最终用途或目的，且难以与其他项目分开计量的存货——合并计提跌价准备		
存货跌价准备的确认和转回	资产负债表日，存货跌价准备期末余额＝成本-可变现净值		
	计提	存货跌价准备应保留余额>已提数，差额部分应予以补提	借：资产减值损失　　贷：存货跌价准备
	转回	存货跌价准备应保留余额<已提数，差额部分应予以冲销转回	借：存货跌价准备　　贷：资产减值损失
存货跌价准备的结转	（1）企业计提了存货跌价准备的，如果其中有部分存货已销售，企业在结转销售成本的同时，应结转对其已计提的存货跌价准备		
	（2）因债务重组、非货币性资产交换转出的存货，应同时结转已计提的存货跌价准备，并按债务重组和非货币性资产交换的原则进行会计处理		
	（3）如果按存货类别计提存货跌价准备的，应按比例结转相应的存货跌价准备		

（六）存货盘亏或毁损的处理

　　属于计量收发差错和管理不善等原因造成的存货短缺，将净损失计入管理费用；属于自然灾害等非常原因造成的存货毁损，将净损失计入营业外支出。

　　因非正常原因导致的存货盘亏或毁损，按规定不能抵扣的增值税进项税额应当予以转出。

四、练习题

（一）单项选择题

　　1. 某增值税一般纳税工业企业本期购入一批材料，进货价格为80万元，增值税为13.60万元，运杂费为1万元。所购材料到达后，验收发现商品短缺5%，属于运输途中合理损耗，则该商品应计入存货的实际成本为（　　）万元。
　　　　A. 93.6　　　　　　B. 56　　　　　　　C. 80　　　　　　　D. 81
　　2. 物价上涨时，能使企业计算出来的净利最大的存货计价方法是（　　）。
　　　　A. 个别计价法　　　　　　　　B. 移动加权平均法
　　　　C. 先进先出法　　　　　　　　D. 月末一次加权平均法
　　3. 对一般纳税企业的工业制造企业来说，不计入存货成本的项目是（　　）。
　　　　A. 增值税　　　　　　　　　　B. 直接人工费
　　　　C. 直接材料费　　　　　　　　D. 生产产品的间接费用
　　4. 下列各项支出中，一般纳税企业不计入存货成本的是（　　）。

A. 仓储费用

B. 入库前的挑选整理费

C. 购买存货而发生的运输费用

D. 购买存货而支付的进口关税

5. 采用先进先出法计算发出存货的成本。期初库存硬盘的数量为 50 件，单价为 1 000 元；本月购入硬盘 100 件，单价为 1 050 元；本月领用硬盘 100 件。其领用总成本为（　　）元。

A. 102 500　　　　B. 100 000　　　　C. 105 000　　　　D. 100 500

6. 在物价持续上涨的情况下，下列各种计价方法中，使期末存货价值最大的是（　　）。

A. 先进先出法　　　　　　　　B. 个别计价法

C. 月末一次加权平均法　　　　D. 移动加权平均法

7. 下列各项表述错误的是（　　）。

A. 代销商品应作为委托方的存货处理

B. 受托方对其受托代销的商品不需要进行会计处理

C. 对于约定未来购入的商品不作为购入企业的存货

D. 对于销售方按照销售合同规定已确认销售、而尚未发运给购货方的商品，应作为购货方的存货

8. 在企业外购材料中，若材料已收到，而至月末结算凭证仍未到，对于该批材料，企业的处理方式是（　　）。

A. 不做任何处理

B. 按该材料市价入账

C. 按合同价格或计划价格暂估入账

D. 按上批同类材料价格入账

9. 实际成本法下，核算企业已支付货款但尚未运到企业或尚未验收入库的各种物资实际成本的账户是（　　）。

A. 原材料　　　　　　　　B. 材料采购

C. 在途物资　　　　　　　D. 材料成本差异

10. 某企业对发出存货采用月末一次加权平均法计价。本月期初不锈钢数量为 40 吨，单价为 3 100 元/吨，本月一次购入数量为 60 吨，单价为 3 000 元/吨，则本月发出存货的单价为（　　）。

A. 3 060 元/吨　　B. 3 040 元/吨　　C. 3 100 元/吨　　D. 3 050 元/吨

11. 企业接受外单位捐赠的原材料并取得增值税专用发票，验收入库时的会计分录是（　　）。

A. 借：原材料

　　应交税费——应交增值税（进项税额）

　　　贷：营业外收入

B. 借：原材料

　　应交税费——应交增值税（进项税额）

　　　贷：资本公积

C. 借：原材料

  贷：营业外收入

D. 借：原材料

  贷：资本公积

12. 企业接受其他单位以原材料作价投资时，原材料的入账金额是（　　）。

  A. 评估确认的价值   B. 同类产品的市场价值

  C. 同类产品的平均成本   D. 捐赠单位的账面价值

13. 随商品出售但不单独计价的包装物，发出包装物时按其（　　）。

  A. 计划成本计入管理费用   B. 计划成本计入销售费用

  C. 实际成本计入管理费用   D. 实际成本计入销售费用

14. 公司委托其他单位加工一批消费品，收回加工商品后还要继续加工，实际支付给外单位的消费税计入的会计科目是（　　）。

  A. "委托加工物资"

  B. "应交税费——应交消费税的借方"

  C. "应交税费——应交消费税的贷方"

  D. "应交税费——应交增值税（进项税额）"

15. 公司委托乙工厂加工一批消费品，收回加工商品后直接用于销售，实际支付给乙工厂的消费税计入的会计科目是（　　）。

  A. "委托加工物资"

  B. "应交税费——应交消费税的借方"

  C. "应交税费——应交消费税的贷方"

  D. "应交税费——应交增值税（进项税额）"

16. 资产负债表日对于企业存货项目应按成本与可变现净值孰低法计量。可变现净值是指存货（　　）。

  A. 估计售价+估计完工所发生的成本+估计销售税费

  B. 估计售价-估计完工所发生的成本+估计销售税费

  C. 估计售价+估计完工所发生的成本-估计销售税费

  D. 估计售价-估计完工所发生的成本-估计销售税费

17. 资产负债表日对于企业存货项目应按成本与可变现净值孰低法计量。存货的成本指的是（　　）。

  A. 期末存货的历史成本   B. 期末存货的公允价值

  C. 期末存货的账面价值   D. 期末存货的账面余额

18. 期末计提存货减值准备时，实际损失的金额应借记的会计科目是（　　）。

  A. "管理费用"   B. "营业外支出"

  C. "资产减值损失"   D. "公允价值变动损益"

19. 如果企业在日常核算中采用计划成本法等方法核算存货，期末计提存货减值准备时，其"成本"是指（　　）。

  A. 计划成本金额   B. 公允价值

  C. 经过调整后的实际成本   D. 存货的账面价值

20. 某制造企业为增值税的一般纳税企业，原材料采用计划成本核算。本期期初"原材料——甲材料"科目余额为 10 000 元，单位计划成本为每千克 100 元，"材料成本差异——甲材料"科目贷方余额为 300 元，本期购入甲材料 1 000 千克，购买单价为 102.5 元，货款共计 102 500 元，增值税税额为 17 425 元。本期生产领用甲材料 950 千克。期末甲材料实际成本为（　　）。

  A. 14 700 元 B. 15 000 元 C. 15 300 元 D. 18 300 元

21. 瑞金公司属于小规模纳税企业，"原材料——甲材料"采用计划成本核算，单位计划成本为 85 元。本期购进 1 000 件，单位购买价格为 78 元，货款共计 78 000 元，增值税税额为 13 260 元，另支付运费 800 元、保险费 200 元。瑞金公司本期购进甲材料的材料成本差异金额是（　　）。

  A. 借方 6 000 元   B. 借方 7 260 元

  C. 贷方 6 000 元   D. 贷方 7 260 元

22. 某制造企业为增值税一般纳税企业，原材料采用计划成本核算。本月初"原材料——乙材料"科目余额为 20 000 元，"材料成本差异"科目借方余额为 400 元，单位计划成本为 200 元。本期购入乙材料 2 000 千克，增值税专用发票上注明的货款为 390 000 元，增值税为 66 300 元，材料全部验收入库，款项已支付。本期材料成本差异率为（　　）。

  A. −1.98% B. 2% C. −2.29% D. 2.54%

23. 企业盘亏和毁损的存货应作为营业外支出的项目是（　　）。

  A. 自然灾害损失   B. 定额内损耗

  C. 计量收发差错   D. 过失部门赔偿

24. 2×09 年 11 月 22 日，甲公司与乙公司签订了一份不可撤销合同。合同规定甲公司于 2×10 年 3 月 15 日向乙公司提供 A 型号设备 30 台，每台 100 万元，共计 3 000 万元。2×09 年 12 月 31 日，甲公司共生产出 A 型号设备 3 台，每台账面价值为 95 万元。同日，A 型号设备的市场价格为每台 98 万元。不考虑相关税费，甲公司持有的 A 型号设备的可变现净值是（　　）。

  A. 288 万元 B. 294 万元 C. 100 万元 D. 105 万元

25. 2×09 年 12 月 1 日，甲公司与丁公司签订了一份不可撤销合同。合同规定甲公司于 2×10 年 3 月 1 日向丁公司提供 B 型号设备 3 台，每台 100 万元，共计 300 万元。2×09 年 12 月 31 日，甲公司共生产出 B 型号设备 5 台，每台账面价值为 94 万元。同日，B 型号设备的市场价格为每台 96 万元。不考虑相关税费，甲公司持有的 B 型号设备的可变现净值是（　　）。

  A. 474 万元 B. 476 万元 C. 488 万元 D. 492 万元

26. 2×09 年 12 月 31 日，百乐公司生产的 B 种型号仪器结存 10 台，单位成本为 88 万元，共计 880 万元。该设备当日市场平均销售价格为每台 96 万元，百乐公司每台销售价格为 95.8 元。该公司没有与其他单位签订销售合同，B 型号设备的可变现净值为（　　）。

  A. 880 万元 B. 933 万元 C. 958 万元 D. 96 万元

27. 2×09 年 12 月 31 日，百乐公司根据市场发展需求的变化，决定停止生产 A 型打磨机，并决定将购入的专门用于生产该机器的甲种材料全部售出。甲材料结存 100 件，单位购买单价为每件 10 万元，当日市场价格为每件 9.2 万元。甲材料的账面余额为 1 000 万元，已提取减值准备 300 万元。A 型打磨机的生产成本为每台 190 万元，销售单价为 180 万元。不考虑相关税费，甲种原材料的可变现净值为（　　）。

  A. 180 万元　　　　B. 190 万元　　　　C. 620 万元　　　　D. 920 万元

28. 2×09 年 12 月 31 日，百乐公司专门用于生产 B 型压模机的 A 种材料账面余额为 2 115 万元，同日市场销售价格为 2 000 万元，A 种材料已经提取跌价准备金额 8 万元。该公司用 A 材料生产 B 型压模机的可变现净值为 3 500 万元，生产成本为 3 100 万元。A 材料于 2×09 年 12 月 31 日的可变项净值是（　　）。

  A. 2 000 万元　　B. 2 115 万元　　　C. 3 100 万元　　　D. 3 500 万元

29. 长青公司本年年末库存 A 材料账面余额为 1 000 万元，A 材料将全部用于生产产品。估计用 A 材料生产出的产品市场价格为 1 200 万元，生产该种产品还需支付 240 万元的加工费，估计相关税费为 60 万元。该种产品中有固定销售合同的为 50%，合同价格共计 650 万元；另外 50% 的产品没有固定销售合同。A 材料已经提取存货跌价准备 15 万元。本年年末 A 材料应计提存货跌价准备的金额是（　　）。

  A. 15 万元　　　B. 25 万元　　　B. 35 万元　　　　D. 45 万元

30. 存货清查中，盘盈的存货应（　　）。

  A. 冲减"管理费用"　　　　　　B. 计入"营业外收入"

  C. 计入"其他业务收入"　　　　D. 计入"本年利润"

31. 林木公司为小规模纳税企业，本期购入直接用于销售的商品一批并取得增值税专用发票，发票注明的商品价款为 500 000 元，增值税税率为 17%，增值税金额为 85 000 元。商品运达企业验收时短缺 10%。经查，原因确定为：3% 的短缺商品属于运输途中合理损耗，7% 的短缺商品不明原因。则林木公司验收入库商品的实际成本的金额是（　　）。

  A. 465 000 元　　B. 526 500 元　　C. 544 050 元　　D. 585 000 元

32. 甲企业为增值税一般纳税企业，本月购入原材料 1 000 千克，每千克单价为 150 元，收到增值税专用发票上注明的货款为 150 000 元，增值税税额为 25 500 元。另外支付运输费用 9 000 元、保险费用 7 000 元（运费抵扣 7% 增值税进项税额）。原材料验收入库时短缺 2 千克，实际验 148 千克，经查明短缺商品属于运输途中发生的合理损耗。该项原材料的入账价值为（　　）。

  A. 162 370 元　　B. 163 000 元　　C. 165 370 元　　D. 176 000 元

33. 前程公司为增值税的一般纳税企业。本期购入原材料 10 000 千克，增值税专用发票上注明的货款为 800 000 元，增值税金额为 136 000 元。为购买该项原材料，前程公司以银行存款支付运费 17 670 元、增值税 1 943.7 元、装卸搬运费 1 000 元、运输途中保险费 8 300 元。原材料运抵企业后，验收入库的实际数量为 9 800 千克，短缺 200 千克。经确认，有 80 千克属于运输途中合理损耗，其余短缺商品原因待查。前程公司验收该批原材料的入账金额为（　　）。

  A. 801 030 元　　B. 810 970 元　　　C. 812 300 元　　D. 817 370 元

34. 甲公司为增值税的一般纳税企业。本期从小规模纳税企业购进 3 000 千克生产用材料，普通发票上注明的货款为 60 000 元，增值税为 3 600 元。为购买该项材料甲公司实际支付保险费 1 400 元，支付入库前的挑选整理费用 2 000 元。材料验收入库时短缺 5%，经查明属于运输途中合理损耗。该批验收入库的原材料实际成本的金额是（　　　　）。

    A. 60 400 元　　　　B. 61 400 元　　　　C. 63 400 元　　　　D. 67 000 元

35. 下列项目中不构成一般纳税企业存货成本的有（　　　）。

    A. 不能抵扣的进项税额　　　　　　　　B. 可以抵扣的进项税额

    C. 支付的进口关税　　　　　　　　　　D. 支付的消费税

36. 商品流通企业对于已经销售商品的进货费用计入的会计科目是（　　　）。

    A. "销售费用"　　　　　　　　　　　　B. "管理费用"

    C. "主营业务成本"　　　　　　　　　　D. "其他业务成本"

37. 商品流通企业采购商品的进货费用金额较小的，可以在发生时计入（　　　）。

    A. "销售费用"　　　　　　　　　　　　B. "管理费用"

    C. "财务费用"　　　　　　　　　　　　D. "其他业务成本"

38. 期末存货成本比较接近现行市场价格，使企业不能随意挑选存货计价以调整利润的存货发出方法是（　　　）。

    A. 移动平均法　　　　　　　　　　　　B. 先进先出法

    C. 个别计价法　　　　　　　　　　　　D. 移动加权平均法

39. 当物价上涨时，下列存货发出方法会高估企业当期利润和库存存货计价的是（　　　）。

    A. 移动平均法　　　　　　　　　　　　B. 先进先出法

    C. 个别计价法　　　　　　　　　　　　D. 加权平均法

40. 企业自制原材料验收入库时的会计分录是（　　　）。

    A. 借：原材料

         应交税费——应交增值税（进项税额）

      贷：生产成本

    B. 借：原材料

         应交税费——应交增值税（进项税额）

      贷：制造费用

    C. 借：原材料

      贷：制造费用

    D. 借：原材料

      贷：生产成本

41. 某增值税一般纳税人购进免税农产品一批，支付买价 14 000 元、运输费 3 000 元、装卸费 1 000 元。按照税法规定，该农产品允许按照买价的 13% 计算进项税额，运输费可按 7% 计算进项税额。该批农产品的采购成本为（　　　）元。

    A. 15 500　　　　　B. 16 400　　　　　C. 15 970　　　　　D. 13 675

42. 某公司年末库存甲材料账面余额为 800 万元，甲材料将全部用于生产 A 产品，预计 A 产品市场价格总额为 1 000 万元，生产 A 产品还需加工费 100 万元，预计相关税费为 50 万元。产品销售中有固定销售合同的是 60%，合同价格总额为 550 万元。甲材料存货跌价准备账面余额为 8 万元。假定不考虑其他因素，年末甲材料应计提存货跌价准备为（　　）万元。

    A. 20　　　　　　　B. 12　　　　　　　C. -8　　　　　　　D. 0

43. 下列项目中，与自用材料的可变现净值的确定无关的是（　　）。

    A. 材料的实际成本

    B. 用该材料生产的产品的预计售价

    C. 用该材料生产的产品的预计销售费用和税金

    D. 将材料加工成产品还要再投入的成本

44. 期末转回多提的存货跌价准备时，应冲减（　　）。

    A. 管理费用　　　　　　　　　　　　B. 资产减值损失

    C. 主营业务成本　　　　　　　　　　D. 资本公积

45. 下列会计处理，不正确的是（　　）。

    A. 由于管理不善造成的存货净损失计入管理费用

    B. 非正常原因造成的存货净损失计入营业外支出

    C. 以存货抵偿债务结转的相关存货跌价准备冲减资产减值损失

    D. 为特定客户设计产品发生的可直接确定的设计费用计入相关产品成本

46. 某公司有甲、乙、丙三种存货，并按单个存货项目的成本与可变现净值孰低法对期末存货计价。假设该公司"存货跌价准备"账户 2009 年 12 月初的贷方余额为 6 000 元，其中甲存货为 2 000 元，乙存货为 3 000 元，丙存货为 1 000 元。2009 年 12 月 31 日甲、乙、丙 3 种存货的账面成本和可变现净值分别为：甲存货成本 20 000 元，可变现净值 17 000 元；乙存货成本 30 000 元，可变现净值 29 000 元；丙存货成本 55 000 元，可变现净值 50 000 元。2009 年 12 月发出存货均为生产所用，且无存货处置事项。则该公司 2009 年 12 月 31 日应补提的存货跌价准备为（　　）元。

    A. 3 000　　　　　B. 6 000　　　　　C. 8 000　　　　　D. 9 000

47. 某商品流通企业为增值税一般纳税人，进口商品一批，货物价值 200 000 元，支付进口货物增值税 34 000 元、关税 40 000 元，发生国内货物运费和保险费等 27 000 元。该批商品的入账价值是（　　）元。

    A. 301 000　　　　B. 299 000　　　　C. 267 000　　　　D. 240 000

48. 下列费用中，不应当包括在存货成本中的是（　　）。

    A. 制造企业为生产产品而发生的人工费用

    B. 商品流通企业在商品采购过程中发生的运输费

    C. 商品流通企业进口商品支付的关税

    D. 库存商品发生的仓储费用

49. A 公司期末存货采用成本与可变现净值孰低法计价。2009 年 8 月 9 日 A 公司与 N 公司签订销售合同：规定 A 公司 2010 年 5 月 15 日向 N 公司销售机床 5 000 台，每台 12 000 元。2009 年 12 月 31 日 A 公司已经生产出机床 4 000 台，单位成本为 8 000 元，账面成本为 32 000 000 元。2009 年 12 月 31 日市场销售价格为每台 11 000 元，预计销售税费为 2 640 000 元。则 2009 年 12 月 31 日机床的可变现净值为（　　）元。

    A. 44 000 000　　　B. 41 360 000　　　C. 45 360 000　　　D. 48 000 000

50. 东方公司 2009 年 9 月 10 日与甲企业签订销售合同：东方公司于 2010 年 3 月

10 日按每件 1 500 元的价格向甲企业提供 T 产品 120 件。2009 年 12 月 31 日东方公司还没有生产出 T 产品，但已经持有生产 T 产品 120 件的原材料，其账面价值为 144 000 元，市场售价为 140 400 元。将原材料加工成 T 产品预计进一步加工所需费用为 56 000 元，T 产品预计销售费用及税金为每件 0.6 元，原材料预计销售费用及税金共计 50 元。则 2009 年 12 月 31 日原材料应计提的存货跌价准备为（　　　）元。

    A. 144 000　　　　B. 140 400　　　　C. 20 072　　　　D. 180 000

（二）多项选择题

1. 按我国企业会计制度规定，下列资产中，应在资产负债表的"存货"项目中反映的有（　　　）。

    A. 工程物资　　　　B. 委托代销商品　　C. 周转材料　　　　D. 库存商品

2. 存货应当按照成本进行初始计量，存货的成本包括（　　　）。

    A. 采购成本　　　　　　　　　　　B. 加工成本

    C. 其他成本　　　　　　　　　　　D. 非正常损耗的成本

3. 会计上不作为包装物存货进行核算的有（　　　）。

    A. 包装纸张　　　B. 包装铁丝　　　C. 管理用具　　　　D. 玻璃器皿

4. 下列各项属于购货方存货的有（　　　）。

    A. 对销售方按照销售合同、协议规定已确认销售，而尚未发运给购货方的商品

    B. 购货方已收到商品但尚未收到销货方结算发票等的商品

    C. 对于购货方已经确认为购进而尚未到达入库的在途商品

    D. 销货方已经发出商品但尚未确认销售的存货

5. 实地盘存制的缺点有（　　　）。

    A. 不能随时反映存货收入、发出和结存的动态，不便于管理人员掌握情况

    B. 存货明细记录的工作量较大

    C. 容易掩盖存货管理中存在的自然和人为的损失

    D. 只能到期末盘点时结转耗用和销货成本，而不能随时结转成本

6. 对于工业企业一般纳税人而言，下列费用应当在发生时确认为当期损益的有（　　　）。

    A. 非正常损耗的直接材料、直接人工和制造费用

    B. 生产过程中为达到下一个生产阶段所必需的仓储费用

    C. 不能归属于使存货达到目前场所和状态的其他支出

    D. 采购存货所支付的保险费

7. 存货计价对企业损益的计算有直接影响，具体表现在（　　　）。

    A. 期末存货计价（估价）如果过低，当期的收益可能因此而相应地减少

    B. 期末存货计价（估价）如果过高，当期的收益可能因此而相应地增加

    C. 期初存货计价如果过低，当期的收益可能因此而相应地减少

    D. 期初存货计价如果过低，当期的收益可能因此而相应地增加

8. "在途物资"账户可按照（　　　）进行明细核算。

A. 供应单位　　　B. 物资品种　　　C. 存放地点　　　D. 交货时间

9. 发出材料借方登记的账户有（　　　）。

A. 生产成本　　　B. 管理费用　　　C. 制造费用　　　D. 在建工程

10. 下列各项属于发出材料的原始凭证的有（　　　）。

A. 销售发料单　　B. 领料登记簿　　C. 限额领料单　　D. 入库单

11. 在企业正常生产经营过程中构成存货可变现净值的项目有（　　　）。

A. 存货估价的售价

B. 估计存货完工时将要发生的成本

C. 估计销售存货时的销售费用

D. 估计销售存货时的消费税

12. 企业计提存货跌价准备正确的方法有（　　　）。

A. 为了简化核算可以按照综合方法计提

B. 一般情况下按照存货单个项目计提

C. 数量多且单价较低的存货可以按类别计提

D. 数量少的存货可以合并计提

13. 企业盘亏和毁损的存货经查明原因后，由"待处理财产损溢——待处理流动资产损溢"科目转出后，可能转入的科目有（　　　）。

A. "管理费用"　　　　　　　　　B. "销售费用"

C. "制造费用"　　　　　　　　　D. "营业外支出"

14. 下列项目中表明存货可变现净值低于成本的有（　　　）。

A. 存货市价持续下跌，在可预见的未来无回升希望

B. 使用原材料生产的产品成本大于其销售价格

C. 产品更新换代使库存材料不适应新的需要，而该材料市价低于其账面成本

D. 企业提供的商品过时，导致市场价格逐渐下跌

15. 在物价上涨时，采用先进先出法发出存货，下列项目表述正确的有（　　　）。

A. 高估企业当期利润

B. 低估企业当期利润

C. 高估企业期末库存存货价值

D. 低估企业期末库存存货价值

16. 一般纳税企业在正常生产经营过程中，存货可变现净值包括的内容有（　　　）。

A. 估计售价　　　　　　　　　B. 估计完工成本

C. 估计可变现价格　　　　　　D. 估计销售过程中发生的费用

17. "材料成本差异"科目贷方可以记载的项目有（　　　）。

A. 原材料实际成本大于计划成本的差额

B. 原材料实际成本小于计划成本的差额

C. 月末分配发出材料节约的差异

D. 月末分配发出材料超支的差异

18. 下列项目表明存货可变现净值为零的有（　　　）。

A. 已不再需要又无使用和转让价值的存货

B. 已经霉烂变质的存货

C. 存货的市场价格持续下跌

D. 已过期且无转让价值的存货

19. 企业委托外单位加工物资后直接用于销售的，一般纳税企业应计入委托加工物资成本中的项目有（　　）。

A. 发出物资的实际成本

B. 实际支付的加工费

C. 受托方代扣代缴的消费税

D. 实际支付一般纳税企业的增值税

20. 企业外购存货发生的相关税费应计入其成本的有（　　）。

A. 小规模纳税企业购买存货支付的增值税

B. 一般纳税企业购买存货支付的增值税

C. 采购存货发生的包装费

D. 采购存货发生的仓储费

21. 下列各项，在企业期末编制资产负债表时应记入"存货"科目的有（　　）。

A. 材料采购　　　　B. 在途物资　　　　C. 委托加工物资　　D. 制造费用

22. 下列关于存货跌价准备的转回的叙述中，正确的有（　　）。

A. 存货跌价准备一经计提，不得转回

B. 转回的存货跌价准备与计提该准备的存货项目或类别应当存在直接对应关系

C. 转回金额以将存货跌价准备的余额冲减至零为限

D. 导致存货跌价准备转回的是以前减记存货价值的影响因素的消失

23. 下列项目中，应计入商品流通企业存货入账价值的有（　　）。

A. 一般纳税人购入存货时支付的增值税额

B. 购入存货支付的运杂费

C. 购入存货时支付的包装费

D. 进口商品时支付的关税

24. 下列关于存货的核算中，不正确的会计处理方法有（　　）。

A. 期末采用成本与可变现净值孰低法对存货计价，必须按单个存货项目计提存货跌价准备

B. 投资者投入存货的成本，应当按照投资合同或协议约定的价值确定，合同或协议约定价值不公允的除外

C. 对已售存货计提了存货跌价准备的，还应结转已计提的存货跌价准备

D. 资产负债表日，企业应当确定存货的可变现净值，如果以前已计提存货跌价准备，而当期存货的可变现净值大于账面价值，减记的金额应当予以恢复，并在原已计提的存货跌价准备金额内转回

25. 下列有关存货会计核算的表述中，正确的有（　　）。

A. 商品流通企业在存货采购过程中发生的运输费，一般应计入存货成本

B. 为执行销售合同而持有的存货，通常应以产成品或商品的合同价格作为其

可变现净值的计量基础

C. 用于生产而持有的材料，如果用其生产的产成品的可变现净值高于成本，则该材料仍应按成本计量

D. 没有销售合同约定的产成品，其可变现净值应以产成品或商品的一般销售价格作为计量基础

26. 甲企业生产汽车轮胎，属一般纳税人，适用增值税税率为 17%。3 月 5 日委托乙单位（一般纳税人）加工汽车外胎 20 个，发出材料的实际成本为 4 000 元，加工费为 936 元（含增值税），乙单位同类外胎的单位销售价格为 400 元，外胎的消费税税率为 10%。3 月 20 日该厂将外胎提回后当即投入整胎生产（加工费及乙单位代收代交的消费税均未结算），此时，甲企业所做的会计分录有（　　）。

A. 借：原材料 4 800
　　贷：委托加工物资 4 800

B. 借：应交税费——应交消费税 800
　　贷：应付账款 800

C. 借：委托加工物资 800
　　　应交税费——应交增值税（进项税额） 136
　　贷：应付账款 936

D. 借：主营业务税金及附加 800
　　贷：应交税费——应交消费税 800

27. 下列项目中，应计入存货成本的有（　　）。

A. 购入存货支付的关税

B. 商品流通企业采购过程中发生的保险费

C. 自制存货生产过程中发生的直接费用

D. 一般纳税人委托加工材料发生的增值税

28. 下列关于企业存货跌价准备的计提方法的叙述中，正确的有（　　）。

A. 通常应当按照存货总体计提

B. 与具有类似目的或最终用途并在同一地区生产和销售的产品系列相关，且难以将其与该产品系列的其他项目区别开来进行估计的存货，可以合并计提

C. 数量繁多、单价较低的存货可以按照类别计提

D. 通常应当按照存货单个项目计提

29. 确定存货可变现净值应考虑的主要因素有（　　）。

A. 生产成本资料

B. 产品的市场销售价格

C. 销售方或供货方提供的有关资料

D. 持有存货的目的

30. 下列项目可以作为外购存货采购成本的有（　　）。

A. 运输途中的合理损耗　　　　　　B. 入库前的挑选整理费用

C. 自然灾害损失的金额　　　　　　D. 从外单位收回短缺物资款项

（三）判断题

1. 期末存货按成本与可变现净值孰低法计量时所提取的损失金额，应计入"营业外支出"科目的借方。　　　　　　　　　　　　　　　　　　（　　）

2. 在企业正常生产经营过程中，应当以该存货的估计售价减去估计的销售费用和相关税费后的金额确定其可变现净值。　　　　　　　　　　　　　　（　　）

3. 企业在确定存货的估计售价时应当以资产负债表日为基准，如果当月存货价格变动较大，则应当以当月该存货最高售价或资产负债表日最近几次售价的平均数，作为其估计售价的基础。　　　　　　　　　　　　　　　　　　（　　）

4. 为执行销售合同或者劳务合同而持有的存货，应当以产成品或者商品的合同价格作为其可变现净值的计算基础。　　　　　　　　　　　　　　　（　　）

5. 企业所生产的产成品已经签订了销售合同，则该产成品的可变现净值应当以合同价格为计算基础。　　　　　　　　　　　　　　　　　　　　（　　）

6. 企业销售合同的标的物尚未生产出来，但有专门用于该标的生产的原材料，其可变现净值应当以市场价格作为计算基础。　　　　　　　　　　　（　　）

7. 期末企业持有存货的数量多于销售合同的订购数量，则超出销售合同部分存货的可变现净值，应当以该存货的销售合同价格为基础进行计算。　　（　　）

8. 没有销售合同约定的存货（不包括用于出售的材料），应当以该存货的一般采购价格为基础计算其可变现净值。　　　　　　　　　　　　　　（　　）

9. 用于出售的材料通常以市场价格作为其可变现净值的计算基础。若该存货存在销售合同约定的，则应按合同价格作为其可变现净值的计算基础。　（　　）

10. 随同商品出售并且单独计价的包装物，包装物的收入应与所销售的商品一同计入"主营业务收入"科目中。　　　　　　　　　　　　　　　　（　　）

11. 凡是在盘存日期法定所有权属于企业的物品，不论存放在何处或处于何种状态都应视为企业的存货。　　　　　　　　　　　　　　　　　　（　　）

12. 商品流通企业的商品采购成本包括采购价格、进口关税及其他税金，不包括相关的进货费用。　　　　　　　　　　　　　　　　　　　　（　　）

13. 存货期末采用成本与可变现净值孰低法进行计量时，应采用分类比较法。　　　　　　　　　　　　　　　　　　　　　　　　　　　　　（　　）

14. 企业取得存货时应当按照可变现净值计量。　　　　　　　　　（　　）

15. 企业通过进一步加工取得的存货，其成本应由采购成本和加工成本构成。　　　　　　　　　　　　　　　　　　　　　　　　　　　　　（　　）

16. 企业采购存货时，对于采购过程中发生的毁损、短缺等，应计入存货的采购成本。　　　　　　　　　　　　　　　　　　　　　　　　　（　　）

17. 企业采购存货时，对于采购途中发生的合理损耗应计入存货的采购成本。　　　　　　　　　　　　　　　　　　　　　　　　　　　　（　　）

18. 采用先进先出法发出存货时，存货成本是按照最先购货时确定的。（　　）

19. 低值易耗品采用五五摊销法进行摊销，应在领用低值易耗品时摊销其价值的一半，在年末摊销其价值的另外一半。　　　　　　　　　　　　（　　）

20. 商品流通企业的商品存货的采购成本的构成与其他企业存货的采购成本一致。

（　　）

21. 如果对已销售存货计提了存货跌价准备，还应结转已计提的存货跌价准备。这种结转是通过调整"资产减值损失"科目实现的。（　　）

22. 按我国《企业会计准则第 1 号——存货》的规定，采用成本与可变现净值孰低法对存货计价，任何情况下均应按单项存货计提存货跌价准备。（　　）

23. 符合资本化条件的存货，发生的借款费用可以资本化。（　　）

24. 已计提存货跌价准备的存货，当可变现净值回升时，允许转回部分或全部存货跌价准备。（　　）

25. 成本与可变现净值孰低法中的"成本"是指存货的实际成本，"可变现净值"是售价。（　　）

26. 企业每期都应当重新确定存货的可变现净值，如果以前减记存货价值的影响因素已经消失，则减记的金额应当予以恢复，并在原已计提的存货跌价准备的金额内转回。

（　　）

27. 工业企业确定存货实际成本的买价是指购货价格扣除商业折扣和现金折扣以后的金额。（　　）

28. 投资者投入存货的成本，应当一律按照投资合同或协议约定的价值确定入账价值。（　　）

29. 会计期末，在采用成本与可变现净值孰低原则对材料存货进行计量时，对用于生产而持有的材料等，可直接将材料的成本与材料的市价相比较。（　　）

30. 存货已经提取跌价准备后，其可变现净值回升时应转回已经提取的跌价准备金额。（　　）

（四）计算分析题

1. 根据下表中所列的资料，分别采用先进先出法、月末一次加权平均法、移动平均法来确定领用该材料的成本。

日期	摘要	数量（件）	单价（元）	金额（元）
1 日	期初余额	100	300	30 000
3 日	购入	50	310	15 500
10 日	生产领用	125		
20 日	购入	200	315	63 000
25 日	生产领用	150		

2. 某企业本期某种生产用原材料购入、发出及结存的资料如下：

期初结存 1 000 件，单价 10 元；

1 日，生产车间领用 800 件用于产品生产；

3 日，购入并验收入库 1 000 件，购买单价为每件 11 元；

8 日，购入并验收入库 1 000 件，购买单价为每件 11.6 元；

13 日，生产车间领用 1 800 件用于产品生产；

18 日，购入并验收入库 1 000 件，购买单价为每件 12.6 元；

22 日，生产车间领用 800 件用于产品生产；

28 日，购入并验收入库 1 000 件，购买单价为每件 12.8 元；

29 日，生产车间领用 600 件用于产品生产；

要求：分别采用月末一次加权平均法和移动加权平均法计算发出材料的实际成本与期末结存材料的实际成本。

3. A 企业将生产应税消费品（甲产品）所需原材料委托 B 企业加工。5 月 10 日 A 企业发出材料实际成本为 51 950 元，应付加工费为 7 000 元（不含增值税），消费税税率为 10%。A 企业收回后将加工应税消费品甲产品。5 月 25 日 A 企业收回加工物资并验收入库，另支付往返运费 150 元，加工费及代扣代缴的消费税均未结算。5 月 28 日 A 企业将所加工收回的物资投入生产。A、B 企业均为一般纳税人，增值税税率为 17%。

要求：编制 A 企业有关会计分录。

4. 某企业原材料采用计划成本核算，月初原材料计划成本为 200 000 元，材料成本差异贷方余额为 2 000 元，月初在途原材料实际成本为 60 000 元。本期发生下列经济业务：

（1）购买第一批生产用材料，购买成本为 200 000 元，增值税为 34 000 元，企业签发一张期限为 30 天、金额为 234 000 元的商业汇票，并以银行存款 1 000 元支付运费，材料验收计划成本为 202 000 元。

（2）购买第二批生产用材料，购买成本为 300 000 元，增值税为 51 000 元，运杂费为 2 000 元，以银行汇票支付全部款项，材料验收计划成本为 304 500 元，同时银行退回 500 元尚未用完的银行汇票款项。

（3）月初在途材料验收，短缺 5 000 元，原因待查，验收材料的计划成本为 56 000 元。

（4）短缺材料原因查明，其中 20% 属于运输途中的合理损耗，80% 属于运输部门责任，运输部门同意赔款。

（5）期末，根据发料凭证计算出本期生产产品共领用 650 000 元材料。

要求：

（1）根据上述经济业务编制购买材料与发出材料的会计分录；

（2）计算本期材料成本差异率；

（3）编制调整发出材料的会计分录。

5. 某制造企业为增值税一般纳税企业，原材料采用计划成本计价核算。期初"原材料——丙材料"借方余额为 80 000 元，"材料成本差异"贷方余额为 1 600 元，期初"材料采购——丙材料"借方余额为 100 000 元。本月份发生下列经济业务：

（1）以银行存款购入丙材料一批，增值税发票上注明的价款为 100 000 元，增值税金额为 17 000 元，计划成本为 103 000 元，材料已验收入库并结转采购成本。

（2）签发商业汇票购买丙材料，增值税发票上注明的价款为 200 000 元，增值税额为 34 000 元，计划成本为 196 000 元，材料验收并结转采购成本。

（3）期初在途材料验收，短缺 10 000 元丙材料。原因待查。其余丙材料验收入库，计划成本为 91 500 元。

（4）本期共领用 350 000 元丙材料。其中：生产产品领用 300 000 元，车间一般耗用 50 000 元。

要求：根据上述资料编制会计分录。

6. 某企业外购生产用原材料采用实际成本核算，本期发生下列经济业务：

（1）期初在途材料 20 000 元验收入库。

（2）购买 100 000 元材料，增值税为 17 000 元，销售企业代垫运杂费 1 000 元，全部款项尚未支付，材料已验收。

（3）上月预付 50 000 元货款的原材料验收入库，材料款为 80 000 元，增值税为 13 600 元，销售企业垫付 1 200 元运杂费，企业委托银行支付所欠款项。

（4）本期所购买的一批材料月末结算单证尚未到达，材料已经验收入库，暂估该批材料款为 120 000 元。

要求：根据上项经济业务编制会计分录。

7. 某公司按照成本与可变现净值孰低法对期末存货进行计价。本期末，该公司乙种材料账面成本为 15 万元，预计可变现净值为 13 万元；第二年年末，乙种材料账面成本为 18 万元，预计可变现净值为 17 万元；第三年年末，乙种材料账面成本为 16 万元，预计可变现净值为 18 万元；第四年年末，乙种材料账面成本为 21 万元，预计可变现净值为 20 万元。

要求：根据上项经济业务编制会计分录。

8. 某公司为增值税的一般纳税企业，适用 17% 的增值税税率。该公司在财产清查中，盘盈 A 种材料，原因待查，其实际成本为 39 000 元；盘亏 B 种材料，原因待查，其实际成本为 67 000 元。经查明，盘盈 A 种材料属于计量原因造成，经批准，计入当期损益。盘亏 B 材料的 40% 属于责任事故，由该责任事故者赔偿；10% 属于计量差错，经批准后计入当期损益；50% 属于自然灾害原因造成，保险公司同意赔款。

要求：根据上述经济业务编制会计分录。

（五）综合题

1. 某企业甲种原材料采用计划成本核算，每千克计划成本为 10 元。本期期初甲种原材料计划成本为 5 600 元，材料成本差异借方余额为 45 元。本期购入 3 批该种材料并全部验收入库：第 1 批购入 2 500 千克，每千克购进单价为 9.8 元；第 2 批购入 2 000 千克，每千克购进单价为 10.2 元；第 3 批购入 2 000 千克，每千克购进单价为 10.6 元。本期生产产品共领用 6 400 千克。根据经济业务要求计算与核算下列项目：

（1）期末材料成本差异率；

（2）本期发出材料应负担的材料成本差异；

（3）本期发出材料的实际成本；

（4）月末结存原材料的实际成本；

（5）编制本期发出原材料的会计分录；

（6）编制调整发出材料成本差异的会计分录。

2. ABC 公司期末库存甲材料 20 吨，每吨实际成本为 1 600 元，每吨直接出售的价格为 1 500 元。全部 20 吨甲材料将用于生产 A 产品 10 件，A 产品每件加工成本为 2 000 元，每件一般售价为 5 000 元。现有 8 件已签订销售合同，合同规定每件为 4 500 元，假定销售税费为售价的 10%。

要求：计算甲材料的期末可变现净值和应计提的存货跌价准备，并做会计分录。

3. 某公司系上市公司，期末采用成本与可变现净值孰低法计价。20×9 年年初"存货跌价准备——甲产品"科目余额为 100 万元，库存"原材料——A 原材料"未计提存货跌价准备。20×9 年年末"原材料——A 原材料"科目余额为 1 000 万元，"库存商品——甲产品"科目的账面余额为 500 万元。库存 A 原材料将全部用于生产乙产品，共计 100 件，每件产品成本直接材料费用为 10 万元。80 件乙产品已经签订了不可撤销销售合同，合同价格为每件 11.25 万元，其余 20 件乙产品未签订不可撤销销售合同。预计乙产品的市场价格为每件 11 万元。预计生产乙产品还需发生除 A 原材料以外的成本为每件 3 万元，预计为销售乙产品发生的相关税费为每件 0.55 万元。

甲产品签订了不可撤销销售合同，市场价格总额为 350 万元，预计销售甲产品发生的相关税费总额为 18 万元。假定不考虑其他因素。

要求：

（1）计算 20×9 年 12 月 31 日库存原材料 A 原材料应计提的存货跌价准备。

（2）计算 20×9 年 12 月 31 日甲产品应计提的存货跌价准备。

（3）计算 20×9 年 12 月 31 日应计提的存货跌价准备合计金额。

（4）编制计提存货跌价准备的会计分录。

4. 甲股份有限责任公司期末持有下列存货，按单项存货计提存货跌价准备。

（1）A 材料为生产而储备，库存材料成本为 20 万元，市价为 18 万元，前期存货跌价准备余额为 1.5 万元，A 材料生产产品加工费用预计 10 万元，其产品预计售价为 35 万元，销售税费预计为 3 万元。会计师认为，A 材料市价低于成本价，累计应提取存货跌价准备 2 万元，扣除已提取的存货跌价准备，当期提取存货跌价准备 0.5 万元，期末计价 18 万元。

（2）B 材料为生产而储备，库存材料成本为 40 万元，市价为 41 万元，B 材料生产产品加工费用预计 16 万元，其产品预计售价为 60 万元，销售税费预计为 6 万元。会计师认为，B 材料成本价低于市价，期末未提取存货跌价准备，期末计价 40 万元。

（3）C 材料因不再需要计划近期处置，库存材料成本为 10 万元，已提取存货跌价准备 1 万元，市价为 9 万元，销售税费预计为 0.5 万元。会计师认为，C 材料的可变现净值低于成本，应累计提取存货跌价准备 1.5 万元，当期提取存货跌价准备 0.5 万元，期末计价 8.5 万元。

（4）甲产品全部为合同生产，成本为 48 万元，合同售价为 52 万元，相同商品的售价为 48 万元，预计销售税费为 5 万元。会计师认为，甲产品按合同价计算的可变现净值低于成本，当期提取存货跌价准备 1 万元，期末计价 47 万元。

（5）乙在产品成本为 80 万元，进一步加工成本为 10 万元。该产品 50% 有合同，合同售价为 50 万元，预计销售税费为 2 万元。另外 50% 无合同，预计市场售价为 46 万元，预计销售税费为 2 万元。会计师认为，乙在产品的可变现净值高于成本，当期未提取存货跌价准备，期末计价 80 万元。

要求：分析该公司期末各项存货计提存货跌价准备的会计处理是否正确（列出分析过程）。如有错误，写出正确的会计处理（单位：万元）。

五、参考答案及解析

（一）单项选择题

1.【答案】D

【解析】该批存货的实际实际成本＝80+1＝81（万元）。

2.【答案】C

【解析】采用先进先出法，期末存货成本比较接近现行的市场价值，当物价上涨时，会高估企业当期利润和库存存货的价值。

3.【答案】A

【解析】一般纳税人企业采购存货支付的增值税按规定可以抵扣的，应计入增值税进项税额。

4.【答案】A

【解析】外购存货的成本即存货的采购成本，指企业物资从采购到入库前所发生的全部支出，包括购买价款、相关税费、运输费、装卸费、保险费以及其他可归属于存货采购成本的费用。

5.【答案】A

【解析】发出存货成本＝1 000×50+1 050×50＝102 500（元）。

6.【答案】A

【解析】采用先进先出法，期末存货成本比较接近现行的市场价值，当物价上涨时，会高估企业当期利润和库存存货的价值。

7.【答案】B

8.【答案】C

9.【答案】C

10.【答案】B

【解析】发出存货单价＝（3 100×40+3 000×60）÷（40+60）＝3 040（元/吨）。

11.【答案】A

12.【答案】A

【解析】以收入材料的计划成本入账，即评估确认的价值。

13.【答案】D

【解析】随商品出售而不单独计价的包装物，应于包装物发出时，按其实际成本计入销售费用。随同商品出售且单独计价的包装物，一方面反映销售收入，计入其他业务收入，另一方面反映实际销售成本，计入其他业务成本。

14.【答案】B

【解析】委托加工存货收回后用于连续生产应税消费品，由受托加工方代收代缴的消费税按规定准予抵扣的，借记"应交税费——应交消费税"科目，贷记"银行存款""应付账款"等科目。

15.【答案】A

【解析】委托加工存货收回后直接用于销售，由受托加工方代收代缴的消费税应计入委托加工存货成本，借记"委托加工物资"科目，贷记"银行存款""应付账款"等科目。待销售委托加工存货时，不需要再缴纳消费税。

16.【答案】D

17.【答案】A

18.【答案】C

19.【答案】C

20.【答案】D

【解析】本月材料成本差异率＝(−300+2 500)÷(10 000+100 000)×100%＝2%；

本月发出材料应负担的成本差异＝950×100×2%＝1 900（元）；本月发出材料实际成本＝950×100+1 900＝96 900（元）；期末结存材料实际成本＝10 000−300+105 500−96 900＝18 300（元）。

21.【答案】B

【解析】78 000+13 260+800+200−85 000＝7 260（元），因为超支，所以为借方余额。

22.【答案】C

【解析】材料成本差异率＝［400−(2 000×200−390 000)］÷(200×2 000+20 000)×100%＝−2.29%。

23.【答案】A

【解析】自然灾害或意外事故造成的存货毁损，应先扣除残料价值和可以收回的保险赔偿，然后将净损失转作营业外支出。

24.【答案】A

【解析】签署合同的，且合同订购数量大于期末存货量，可变现净值等于合同价。可变现净值＝96×3＝288（万元）。

25.【答案】D

【解析】签署合同的，且合同订购数量小于期末存货量，多生产的部分按市价计算可变现净值。可变现净值＝100×3+96×2＝492（万元）。

26.【答案】C

【解析】没有销售合同约定的存货以商品售价为基础确定可变现净值。可变现净值＝10×95.8＝958（万元）。

27.【答案】D

【解析】由于不再生产，应该按其出售的市场售价作为基础计算可变现净值。可变现净值＝100×9.2＝920（万元）。

28.【答案】B

【解析】对于为生产而持有的材料，若产成品的可变现净值预计高于成本，则该材料仍然应当按照成本计量。

29.【答案】C

【解析】（1 000+240+60）-（1 200×50%+650+15）=35（万元）。

30.【答案】A

31.【答案】C

【解析】500 000+85 000=585 000（元）；585 000-585 000×7%=544 050（元）。

32.【答案】C

【解析】150 000+（9 000-9 000×7%）+7 000=165 370（元）。

33.【答案】D

【解析】800 000+17 670+1 000+8 300=826 970（元），826 970-80×120=817 370（元）。

34.【答案】D

【解析】60 000+3 600+1 400+2 000=67 000（元）。

35.【答案】B

【解析】小规模纳税企业的一切税额包含于成本中，一般纳税企业不能抵扣的增值税进项税额计入存货采购成本。

36.【答案】C

【解析】对于已销售商品的进货费用，计入主营业务成本。

37.【答案】A

38.【答案】B

【解析】先进先出法，存货成本是按最近购货确定的，期末存货成本较接近现行的市场价格。

39.【答案】B

【解析】先进先出法是以先购进的存货先发出为假定前提，物价上涨时，该方法会高估企业当期利润和库存存货价值。

40.【答案】D

41.【答案】C

【解析】农产品的采购成本=14 000×（1-13%）+3 000×（1-7%）+1 000=15 970（元）。

42.【答案】B

【解析】有合同和无合同的存货，在判定减值状况的时候，应分别计算，分别确定，而不能合并计算、合并确定。有合同的产品的可变现净值=估计售价-估计销售费用及税金=550-50×60%=520（万元），有合同的 A 产品成本=（800+100）×60%=540（万元）。可变现净值低于成本，说明产品发生减值，材料按可变现净值计量。可变现净值=550-100×60%-50×60%=460（万元），材料成本=800×60%=480（万元），应计提 480-460=20（万元）存货跌价准备。无合同的产品的可变现净值=估计售价-估计销售费用及税金=1 000×40%-50×40%=380（万元），有合同的 A 产品成本=（800+100）×40%=360（万元）。可变现净值高于成本，说明产品未发生减值，材料按成本计量，故无须计提存货跌价准备。所以，应计提存货跌价准备=20-8=12（万元）。

43.【答案】A

【解析】自用材料的可变现净值=产成品的估计售价-将材料加工成产成品尚需投入的成本-产成品估计销售费用及相关税金，与材料的实际成本无关。

44. 【答案】B

【解析】对于以前期间已经计提存货跌价准备，期末由于价值回升需要冲回以前期间多计提的跌价准备时，应借记"存货跌价准备"科目，贷记"资产减值准备"科目。

45. 【答案】C

【解析】对于因债务重组、非货币性资产交换转出的存货，应同时结转已计提的存货跌价准备，但不冲减当期的资产减值损失，应按债务重组相关规定进行会计处理，比如冲减主营业务成本。

46. 【答案】A

【解析】应补提的存货跌价准备＝（20 000－17 000－2 000）+（30 000－29 000－3 000）+（55 000－50 000－1 000）＝3 000（元）。

47. 【答案】C

【解析】商品流通企业购入的商品，按照进价和按规定应计入商品成本的税金（包括关税）以及采购过程中发生的运输费、装卸费、保险费、包装费、仓储费等费用，运输途中的合理损耗，入库前的挑选整理费用等作为实际成本，即进货费用应计入存货成本。但如果金额较小，也可直接计入当期损益。

48. 【答案】D

【解析】库存商品的仓储费用应计入当期管理费用。

49. 【答案】C

【解析】由于 A 公司生产的计算机已经签订销售合同，该批计算机的销售价格已由销售合同约定，并且库存数量 4 000 台小于销售合同约定数量 5 000 台。因此该批计算机的可变现净值应以销售合同约定的价格 48 000 000 元（12 000×4 000＝48 000 000）作为计量基础。该批计算机的可变现净值＝12 000×4 000－2 640 000＝48 000 000－2 640 000＝45 360 000（元）。

50. 【答案】C

【解析】由于甲公司与某企业签订了销售合同。销售合同约定，甲公司还没有生产出来 T 产品，但已经持有生产 T 产品 120 件的原材料——A 材料，且可生产 T 产品的数量不大于销售合同订购数量，因此该批原材料——A 材料可变现净值应以销售合同约定价格作为计量基础。①T 产品的可变现净值＝120×1 500－120×0.6＝179 928（元）；②T 产品的成本＝144 000+56 000＝200 000（元）；③由于 T 产品的可变现净值低于产品的成本，表明原材料应该按可变现净值计量；④A 原材料可变现净值＝120×1 500－56 000－120×0.6＝123 928（元）；⑤A 原材料应计提的存货跌价准备＝144 000－123 928＝20 072（元）。

（二）多项选择题

1. 【答案】BCD
【解析】工程物资属于非流动资产。

2. 【答案】ABC

3. 【答案】AB
【解析】包装纸张、包装铁丝属于原材料。

4. 【答案】ABC

5.【答案】ACD

【解析】实地盘存制平时记收不记发，期末以实记存，以实记耗，倒挤出发出数，所以实地盘存制不能随时反映存货收入、发出和结存的动态，不便于管理人员掌握情况，只能到期末盘点时结转耗用和销货成本，而不能随时结转成本，容易掩盖存货管理中存在的自然和人为的损失。

6.【答案】AC

【解析】生产过程中为达到下一个生产阶段所必需的仓储费用属于生产过程发生的必要合理支出，应计入生产成本；采购存货所支付的保险费属于采购费用，应计入采购成本。

7.【答案】BC

【解析】期末存货计价（估价）如果过高，则计入当期的营业成本则较低，因此当期收益可能相应地增加；反之亦然。

8.【答案】AB

9.【答案】ABCD

【解析】发出材料可分别用于产品生产、车间耗费、行政部门耗用、自行建造固定资产领用。

10.【答案】ABC

【解析】入库单属于记录材料入库的原始凭证。

11.【答案】ABCD

【解析】可变现净值是指企业在正常经营过程中，存货的估计售价减去完工时估计将要发生的成本、估计的销售费用及相关税费后的金额，由存货的估计售价、估计销售费用、至完工时将要发生的成本及相关税费等内容构成。

12.【答案】ABC

【解析】企业计提存货跌价准备的方法：①企业通常应当按单个存货项目计提存货跌价准备。②对于数量繁多并且单价较低的存货，可按照存货类别计提存货跌价准备。③与在同一地区生产和销售的产品系列相关、具有相同或类似最终用途或目的，且难以与其他项目分开计量的存货，可以合并计提存货跌价准备。

13.【答案】BD

【解析】属于自然消耗产生的定额内损耗，转作管理费用；属于计量收发差错和管理不善等原因造成的存货短缺或损毁，应先扣除残料价值可以收回的保险赔偿和过失人的赔偿，然后将净损失计入管理费用；属于自然灾害或意外事故造成的毁损，应先扣除残料价值和可以收回的保险赔偿，然后将净损失转作营业外支出。

14.【答案】ABCD

【解析】存货可变现净值低于成本的情形：①该存货市场价格持续下跌，在可预见的未来无回升希望。②企业使用该原材料生产的产品成本大于产品的销售价格。③企业产品更新，原有材料不适应新产品需要，而该原材料的市场价格低于其账面价格。④因企业提供的商品或劳务过时或消费者偏好改变而使市场的需求发生变化，导致市场价格逐渐下跌。⑤其他足以证明该存货实质上已发生减值的情形。

15.【答案】AC

【解析】当物价上涨时，先进先出法会高估企业当期利润和库存存货价值；反之，会低估企业存货价值和当期利润。

16.【答案】ACD

【解析】存货可变现净值包括估计售价、估计成本、估计销售费用及相关税费，不包括增值税。

17.【答案】BC

【解析】贷方登记验收入库材料实际成本小于计划成本的差异，贷方余额反映库存各种材料的实际成本小于计划成本的差异。

18.【答案】ABCD

19.【答案】AB

【解析】企业委托外单位加工物资后直接用于销售，委托方应将受托方代缴的消费税随同应支付的加工费一并计入委托加工的应税消费品成本。

20.【答案】ACD

【解析】存货的相关税费计入其成本的包括仓储费、包装费、运输途中的合理损耗、入库前的挑选整理费用等，以及进口关税、消费税、资源税、不能抵扣的增值税进项税额。

21.【答案】ABCD

22.【答案】ACD

【解析】如果以前减记存货价值的影响因素已经消失，则减记的金额应当予以恢复，并在原已计提的存货跌价准备的金额内转回，转回的金额计入当期损益。按照存货准则规定，企业的存货在符合条件的情况下可以转回计提的存货跌价准备。存货跌价准备转回的条件是以前减记存货价值的影响因素已经消失，而不是在当期造成存货可变现净值高于成本的其他影响因素。当符合存货跌价准备转回的条件时，应在原已计提的存货跌价准备的金额内转回。

23.【答案】BCD

【解析】商品流通企业在采购商品过程中发生的运输费、装卸费、保险费以及其他可归属于存货采购成本的费用等进货费用，应计入所购商品成本。在实务中，企业也可以将发生的运输费、装卸费、保险费以及其他可归属于存货采购成本的费用等进货费用先进行归集，期末，再按照所购商品的存销情况进行分摊。对于已销售商品的进货费用，计入主营业务成本；对于未售商品的进货费用，计入期末存货成本。商品流通企业采购商品的进货费用金额较小的，可以在发生时直接计入当期销售费用。

24.【答案】AD

【解析】企业通常应当按照单个存货项目计提存货跌价准备，对于数量繁多、单价较低的存货，可以按照存货类别计提存货跌价准备，所以 A 不正确；只有以前减记存货价值的影响因素已经消失时，减记的金额应当予以恢复，如果是当期其他原因造成存货可变现净值高于成本，则不能转回已计提的存货跌价准备，所以 D 不正确；存货的可变现净值为存货的预计未来净现金流量，而不是存货的售价或合同价。

25.【答案】ABCD

26.【答案】ABC

【解析】委托外单位加工完成的存货的入账价值一般包括：拨付委托加工物资的实际成本、支付的加工费、增值税、缴纳的消费税等。特别需要注意的是：①委托加工物资所涉及的增值税，可抵扣的应交增值税，应计入"应交税费——应交增值税（进项税额）"科目；不可抵扣，则构成加工完成物资的实际成本。②委托加工物资所涉及的应交消费税，直接用于销售的，计入委托加工物资成本；用于连续生产应税消费品的，不计入委托加工物资成本，而计入"应交税费——应交消费税"科目的借方。

27.【答案】ABC

【解析】外购存货的采购成本包括企业购入的材料或商品的发票账单上列明的价款和企业购买、自制或委托加工存货发生的消费税、资源税、关税等，但不包括按规定可以抵扣的增值税进项税额；商品流通企业采购过程中发生的运输费、装卸费、保险费、包装费、仓储费等费用，运输途中的合理损耗，入库前的挑选整理费用等，计入采购成本，不再通过"销售费用"科目核算；自制存货的成本就是制造过程中的各项实际支出，包括直接材料、直接人工和制造费用。经过相当长时间才能达到可销售状态的存货发生的借款费用，按照借款费用准则的规定可以计入存货成本。

28.【答案】BCD

【解析】企业计提存货跌价准备时，一般情况下按照单个项目计提。但有两种特别情况：①与具有类似目的或最终用途并在同一地区生产和销售的产品系列相关，且难以将其与该产品系列的其他项目区别开来进行估计的存货，可以合并计提；②数量繁多、单价较低的存货可以按照类别计提。

29.【答案】ABC

【解析】企业在确定存货的可变现净值时，应当以取得的可靠证据为基础，并且考虑持有存货的目的、资产负债表日后事项的影响等因素。A、B、C属于"可靠证据"，D为影响因素。

30.【答案】AB

【解析】外购存货成本指企业物资从采购到入库前所发生的全部支出。

（三）判断题

1.【答案】错误

【解析】期末存货按成本与可变现净值孰低法计量时所提取的损失金额，应计入"资产减值损失"科目的借方。

2.【答案】错误

【解析】可变现净值=估计售价-估计销售费用-估计销售税费

3.【答案】错误

【解析】如果当月存货价格变动较大，则应当以当月该存货平均售价或资产负债表日最近几次售价的平均数，作为估计售价的基础。

4.【答案】错误

【解析】执行劳务合同的，应以产品合同价作为可变现净值的计算基础。

5.【答案】正确

6.【答案】错误

【解析】如果企业销售合同的标的物还没有生产出来，但有专门用于该标的物生产的原材料，其可变现净值也应当以合同价格作为计算基础。

7.【答案】错误

【解析】如果企业持有存货的数量多于销售合同的订购数量，则超出部分的可变现净值应当以产品或商品的一般销售价作为基础来计算。

8.【答案】错误

【解析】没有销售合同约定的存货，应当以产成品或商品的一般销售价格为基础计算其可变现净值。

9.【答案】正确

10.【答案】错误

【解析】随同商品出售且单独计价的包装物，一方面反映其销售收入，计入其他业务收入；另一方面反映其实际销售成本，计入其他业务成本。

11.【答案】错误

【解析】存货是指企业在日常活动中持有已被出售的产成品或商品，处在生产过程中的在产品，以及在生产过程或提供劳务过程中耗用的材料、物料等。

12.【答案】错误

【解析】采购成本包括购买价款、相关税费、运输费、装卸费、保险费及其他可归属于存货采购成本的费用。

13.【答案】错误

【解析】存货期末采用成本与可变现净值孰低法计量时，以两者中相对较低者计价。

14.【答案】错误

【解析】企业取得存货应当按照成本计量。

15.【答案】错误

【解析】企业通过进一步加工取得的存货，其成本应由采购成本、加工成本和其他成本构成。

16.【答案】错误

【解析】企业采购存货，若为供货单位等造成的物资短缺，应计入采购成本；若为意外灾害或尚待查明原因的途中损耗，暂作为待处理财产损溢核算。

17.【答案】正确

【解析】企业外购存货，采购途中发生的合理损耗应冲减所购物资的采购成本；因遭受意外灾害发生的损失和待查明原因的损耗，暂作为待处理财产损溢进行核算。

18.【答案】错误

【解析】期末存货成本按现行市价确定。

19.【答案】错误

【解析】五五摊销法是在领用时摊销一半，报废时摊销另一半。

20.【答案】正确

【解析】存货准则规定，商品流通企业在采购商品过程中发生的运输费、装卸费、保险费以及其他可归属于存货采购成本的费用等进货费用，应当计入存货采购成本。

21.【答案】错误

【解析】如果对已销售存货计提了存货跌价准备，还应结转已计提的存货跌价准备。这种结转是通过调整"主营业务成本"或"其他业务成本"科目实现。

22.【答案】错误

【解析】按我国准则规定，企业计提存货跌价准备时，一般情况下按照单个项目计提。但有两种特别情况：①与具有类似目的或最终用途并在同一地区生产和销售的产品系列相关，且难以将其与该产品系列的其他项目区别开来进行估计的存货，可以合并计提；②数量繁多、单价较低的存货可以按照类别计提。

23.【答案】正确

【解析】企业发生的借款费用，可直接归属于符合资本化条件的资产的购建或者生产的，应当予以资本化，计入相关资产成本。符合资本化条件的资产，是指需要经过相当长时间的购建或者生产活动才能达到预定可使用或者可销售状态的固定资产、投资性房地产和存货等资产。

24.【答案】错误

【解析】存货跌价准备转回的条件：影响以前期间对该类存货计提存货跌价准备的因素已经消除，例如价格回升或生产成本下降。注意如果原先导致计提的原因并未消除，则虽然本期内成本已经高于市价，也不作为影响因素消除，不转回原计提的存货跌价准备。例如原先计提是因为售价下降，本期售价未回升而成本下降，则原先计提的存货跌价准备不能转回。

25.【答案】错误

【解析】"可变现净值"是净现金流入的概念，而不是指存货的售价或合同价。

26.【答案】正确

【解析】以前会计期间已计提存货跌价准备的某项存货，当其可变现净值恢复到等于或大于成本时，不应保留存货跌价准备，应将该项存货跌价准备的账面已提数全部冲回。

27.【答案】错误

【解析】购货价格扣除商业折扣，但不扣除现金折扣，因为现金折扣采用总价法核算。

28.【答案】错误

【解析】投资者投入存货的成本，应当按照投资合同或协议约定的价值确定，但合同或协议约定价值不公允的除外。

29.【答案】错误

【解析】期末对用于生产而持有的材料等计价时，按以下原则处理：①如果用其生产的产成品的可变现净值预计高于成本，则该材料应当按照成本计量；②如果材料价格的下降表明产成品的可变现净值低于成本，则该材料应当按照可变现净值计量。

30.【答案】正确

（四）计算分析题

1.（1）先进先出法

10 日领用：125 件成本＝100×300+25×310＝37 750（元）

25 日领用：150 件成本＝25×310+125×315＝47 125（元）

（2）月末一次加权平均法

单位成本：（30 000+15 500+63 000）÷（300+310+315）＝117.30（元）

本月领用：（125+150）×117.30＝32 257.5（元）

（3）移动平均法

第一次购入后平均单价：（30 000+15 500）÷（100+50）＝303.33（元）

10 日领用成本：125×303.33＝37 916.25（元）

20 日购入后平均单价：（30 000+15 500−37 916.25+63 000）÷（100+50−125+200）＝313.71（元）

25 日领用成本：150×313.71＝47 056.5（元）

2.（1）月末一次加权平均法

加权平均单位成本＝（10 000+11 000+11 600+12 600+12 800）÷（1 000×5）＝11.6（元）

本月发出存货成本＝（800+1 800+800+600）×11.6＝46 400（元）

月末存货成本＝（1 000×5−4 000）×11.6＝11 600（元）

（2）移动加权平均法

第一批发出：800×10＝8 000（元）

结存：200×10＝2 000（元）

第一批购入：（2 000+11 000）÷（200+1 000）＝10.8（元）

第二批购入：（2 000+11 000+11 600）÷（200+1 000+1 000）＝11.2（元）

第二批发出：11.2×1 800＝20 160（元）

结存：11.2×400＝4 480（元）

第三批购入：（4 480+12 600）÷（400+1 000）＝12.2（元）

第三批发出：12.2×800＝9 760（元）

结存：12.2×600＝7 320（元）

第四批购入：（7 320+12 800）÷（600+1 000）＝12.6（元）

第四批发出：12.6×600＝7 560（元）

结存：12.6×1 000＝12 600（元）

该存货月末结存 1 000 件，成本为 12 600 元，本月发出存货成本合计为 8 000+20 160+9 760+7 560＝45 480（元）。

3.（1）发出原材料时

借：委托加工物资　　　　　　　　　　　　　　　　　　51 950

　　贷：原材料　　　　　　　　　　　　　　　　　　　　　51 950

（2）应付加工费和消费税

应税消费品计税价格＝（51 950+7 000）÷（1−10%）＝65 500（元）

代扣代交的消费税＝65 500×10%＝6 550（元）

借：委托加工物资 7 000

　应交税费——应交增值税（进项税额） 1 190

　应交税费——应交消费税 6 550

　　贷：应付账款 14 740

（3）支付往返运杂费

借：委托加工物资 150

　　贷：银行存款 150

（4）收回加工物资验收入库

借：原材料 59 100

　　贷：委托加工物资 59 100

4.（1）购买材料与发出材料

购买第一批生产用材料：

借：物资采购 201 000

　应交税费——应交增值税（进项税额） 34 000

　　贷：应付票据 234 000

　　　银行存款 1 000

借：原材料 202 000

　　贷：物资采购 202 000

借：物资采购 1 000

　　贷：材料成本差异 1 000

购买第二批生产用材料：

借：物资采购 302 000

　应交税费——应交增值税（进项税额） 51 000

　银行存款 500

　　贷：其他货币资金——银行汇票存款 353 500

借：原材料 304 500

　　贷：物资采购 304 500

借：物资采购 2 500

　　贷：材料成本差异 2 500

月初在途材料验收：

借：原材料 56 000

　　贷：物资采购 56 000

借：待处理财产损溢——待处理流动资产损溢 5 000

　　贷：物资采购 5 000

借：物资采购 1 000

　其他应收款——运输部门 4 000

　　贷：待处理财产损溢——待处理流动资产损溢 5 000

发出材料

借：生产成本 650 000

　　贷：原材料 650 000

（2）计算本期材料成本差异率

本期材料成本差异率＝(2 000+1 000+2 500)÷(200 000+202 000+304 500+56 000)×100%=-0.72%

（3）编制调整发出材料的会计分录

| 借：材料成本差异 | 4 680 | |
| 贷：生产成本 | | 4 680 |

5.（1）以银行存款购入丙材料一批

借：材料采购——丙材料	100 000	
应交税费——应交增值税（进项税额）	17 000	
贷：银行存款		117 000
借：原材料——丙材料	103 000	
贷：材料采购——丙材料		103 000
借：材料采购——丙材料	3 000	
贷：材料成本差异		3 000

（2）签发商业汇票购买丙材料

借：材料采购——丙材料	200 000	
应交税费——应交增值税（进项税额）	34 000	
贷：应付票据		234 000
借：原材料——丙材料	196 000	
贷：材料采购——丙材料		196 000
借：材料成本差异	4 000	
贷：材料采购——丙材料		4 000

（3）期初在途材料验收

借：原材料——丙材料	91 500	
贷：材料采购——丙材料		91 500
借：待处理财产损溢	10 000	
贷：材料采购——丙材料		10 000
借：材料采购——丙材料	1 500	
贷：材料成本差异		1 500

（4）发出材料

借：生产成本	300 000	
制造费用	50 000	
贷：原材料——丙材料		350 000
借：材料成本差异	1 562	
贷：生产成本		1 339
制造费用		223

6.（1）期初在途材料 20 000 元验收入库

| 借：原材料 | 20 000 | |
| 贷：在途物资 | | 20 000 |

（2）购买材料

借：原材料	101 000	
应交税费——应交增值税（进项税额）	17 000	
贷：应付账款		118 000

（3）购买材料

借：原材料	81 200	
应交税费——应交增值税（进项税额）	13 600	
贷：预付账款		50 000
银行存款		44 800

（4）本期所购买的一批材料月末结算单证尚未到达

| 借：原材料 | 120 000 | |
| 　　贷：应付账款——暂估应付账款 | | 120 000 |

7.
借：资产减值损失	20 000	
贷：存货跌价准备		20 000
借：存货跌价准备	10 000	
贷：资产减值损失		10 000
借：存货跌价准备	10 000	
贷：资产减值损失		10 000
借：资产减值损失	10 000	
贷：存货跌价准备		10 000

8.
借：原材料——A 材料	39 000	
贷：待处理财产损溢——待处理流动资产损溢		39 000
借：待处理财产损溢——待处理流动资产损溢	39 000	
贷：营业外收入		39 000
借：待处理财产损溢——待处理流动资产损溢	78 390	
贷：原材料——B 材料		67 000
应交税费——应交增值税（进项税额转出）		11 390
借：其他应收款——过失人	31 356	
——保险公司	39 195	
营业外支出	7 839	
贷：待处理财产损溢——待处理流动资产损溢		78 390

（五）综合题

1.（1）期末材料成本差异率

期末材料成本差异率＝（45−0.2×2 500+0.2×2 000+0.6×2 000）÷[5 600+（2 500+2 000+2 000）×10]×100%＝1.6%

（2）本期发出材料应负担的材料成本差异

本期发出材料应负担的材料成本差异＝6 400÷（560+2 500+2 000+2 000）×（45−0.2×2 500+0.2×2 000+0.6×2 000）＝1 038（元）

（3）本期发出材料的实际成本

本期发出材料的实际成本＝6 400×10+1 038＝65 038（元）

（4）月末结存原材料的实际成本

月末结存原材料的实际成本＝（560+2 500+2 000+2 000-6 400）×10+（45-0.2×2 500+0.2×2 000+0.6×2 000）-1 038＝6 707（元）

（5）编制本期发出原材料的会计分录

借：生产成本   64 000

    贷：原材料   64 000

（6）编制调整发出材料成本差异的会计分录

借：生产成本   1 038

    贷：材料成本差异   1 038

2.（1）甲材料生产的 A 产品的成本＝1 600×20÷10+2 000＝5 200（元），高于一般售价 5 000 元和合同售价 4 500 元，说明 A 产品发生了减值，需要计算甲材料的可变现净值。

（2）每件 A 产品耗用的甲材料的成本＝20÷10×1 600＝3 200（元）。

（3）因为有合同订购的甲材料的可变现净值将按照甲产品的合同价计算，而没有合同订购的甲材料的可变现净值将按照甲产品的一般售价计算。所以：

有合同的每件 A 产品耗用的甲材料的可变现净值＝4 500×（1-10%）-2 000＝2 050（元）

无合同的每件 A 产品耗用的甲材料的可变现净值＝5 000×（1-10%）-2 000＝2 500（元）

（4）由于有合同和无合同的 A 产品耗用的甲材料可变现净值均低于成本，说明有合同和无合同的 A 产品耗用的甲材料均发生了减值。

有合同的 A 产品确认的甲材料可变现净值＝[4 500×（1-10%）-2 000]×8＝16 400（元）

无合同的 A 产品确认的甲材料可变现净值＝[5 000×（1-10%）-2 000]×2＝5 000（元）

（5）期末甲材料可变现净值＝16 400+5 000＝21 400（元）

期末甲材料成本＝20×1 600＝32 000（元）

（6）可变现净值低于成本，因此需要计提的存货跌价准备：

期末甲材料应计提的存货跌价准备＝32 000-21 400＝10 600（元）

借：资产减值损失   10 600

    贷：存货跌价准备   10 600

3.（1）20×9 年 12 月 31 日库存 A 原材料应计提的存货跌价准备

①有合同部分

乙产品可变现净值＝80×11.25-80×0.55＝856（万元）

乙产品成本＝80×10+80×3＝1 040（万元）

可以判断，库存 A 原材料应按可变现净值计量。

库存 A 原材料可变现净值＝80×11.25-80×3-80×0.55＝616（万元）

库存 A 原材料应计提的存货跌价准备＝80×10-616＝184（万元）

②无合同部分

乙产品可变现净值＝20×11-20×0.55＝209（万元）

乙产品成本＝20×10+20×3＝260（万元）

可以判断，库存 A 原材料应按可变现净值计量：

库存 A 原材料可变现净值＝20×11-20×3-20×0.55＝149（万元）

库存 A 原材料应计提的存货跌价准备＝20×10-149＝51（万元）

③库存 A 原材料应计提的存货跌价准备合计＝184+51＝235（万元）。

（2）20×9 年 12 月 31 日甲产品应计提的存货跌价准备

甲产品成本＝500（万元）

甲产品可变现净值＝350-18＝332（万元）

甲产品应计提的存货跌价准备＝500-332-100＝68（万元）

（3）20×9 年 12 月 31 日应计提的存货跌价准备合计金额

20×9 年 12 月 31 日应计提的存货跌价准备合计金额＝235+68＝303（万元）

（4）编制会计分录

借：资产减值损失　　　　　　　　　　　　　　　　　　　　　　303

　　贷：存货跌价准备　　　　　　　　　　　　　　　　　　　　　　303

4.（1）错误

原因：甲材料为生产而储备，当用材料生产的产成品的可变现净值>产成品成本时，材料期末价值＝材料成本，不需要计提存货跌价准备；当用材料生产的产成品的可变现净值<产成品成本时，材料期末价值＝材料可变现净值，需要计提存货跌价准备。材料可变现净值的比较，是以加工出的产品售价作为计算可变现净值的基础，不是以材料市价作为计算可变现净值的基础。

产品生产成本＝20+10＝30（万元）

产品可变现净值＝35-3＝32（万元）

产成品的可变现净值>产品成本时，材料期末价值＝材料成本，不需要计提存货跌价准备，还应转回前期存货跌价准备余额 1.5 万元。

正确的会计处理：

借：存货跌价准备——A 材料　　　　　　　　　　　　　　　　　1.5

　　贷：资产减值损失　　　　　　　　　　　　　　　　　　　　　　1.5

（2）错误

原因：乙材料为生产而储备，当用材料生产的产成品的可变现净值>产成品成本时，材料期末价值＝材料成本，不需要计提存货跌价准备；当用材料生产的产成品的可变现净值<产成品成本时，材料期末价值＝材料可变现净值，需要计提存货跌价准备。材料可变现净值的比较，是以加工出的产品售价作为计算可变现净值的基础，不是以材料市价作为计算可变现净值的基础。

产品生产成本＝40+16＝56（万元）

产品可变现净值＝60-6＝54（万元）

当用材料生产的产成品的可变现净值<产成品成本时，材料期末价值＝材料可变现净值，需要计提存货跌价准备，乙材料可变现净值＝60-6-16＝38（万元）。乙材料可变现净值低于成本，应按可变现净值 38 万元计价，当期应提取存货跌价准备 2 万元。

正确的会计处理：

借：资产减值损失　　　　　　　　　　　　　　　　　　　　　　　2
　　贷：存货跌价准备——乙材料　　　　　　　　　　　　　　　　　　　2

（3）正确

原因：丙材料为待售材料，期末分析是否需要计提存货跌价准备，应以成本与可变现净值比较，而不是成本与市价比较，并考虑前期存货跌价准备余额。

C 材料可变现净值＝9-0.5＝8.5（万元）

C 材料可变现净值低于成本，应按可变现净值8.5万元计价，累计应提取存货跌价准备1.5万元，扣除存货跌价准备余额1万元，当期应提取存货跌价准备0.5万元。

（4）正确

原因：甲产品为有合同待售商品，计算可变现净值时，市价以合同价为基础，并应扣除预计销售税费。

甲产品可变现净值＝52-5＝47（万元）

甲产品可变现净值低于成本，按可变现净值47万元计价，当期应提取存货跌价准备1万元。

（5）错误

原因：乙在产品，50%有销售合同，另50%无销售合同，应分开计算。

①有销售合同的乙在产品

有销售合同的乙在产品可变现净值＝50-2-10×50%＝43（万元）

有销售合同的乙在产品成本＝80×50%＝40（万元）

有销售合同的乙在产品，可变现净值高于成本，应按成本40万元计价，当期无须提取存货跌价准备。

②无销售合同的乙在产品

无销售合同的乙在产品可变现净值＝46-2-10×50%＝39（万元）

无销售合同的乙在产品成本＝80×50%＝40（万元）

无销售合同的乙在产品，可变现净值低于成本，应按可变现净值39万元计价，当期应提取存货跌价准备1万元。

正确的会计处理：

借：资产减值损失　　　　　　　　　　　　　　　　　　　　　　　1
　　贷：存货跌价准备——乙在产品　　　　　　　　　　　　　　　　1

第三章　金融资产

一、要点总览

金融资产
- 金融资产的分类
- 货币资金的管理和会计处理原则
- 交易性金融资产
  - 初始计量
  - 期末以公允价值调整账面价值
  - 被投资方分红
  - 债券利息到期
  - 处置
- 持有至到期投资
  - 初始计量
  - 计提利息
  - 期末减值计提
  - 处置
- 贷款和应收款项的会计处理原则
- 可供出售金融资产
  - 初始计量
  - 后续计量
  - 期末减值处理
  - 到期时处理
  - 处置
- 金融资产的重分类
  - 重分类的原则
  - 重分类的会计处理
- 金融资产减值
  - 减值迹象
  - 持有至到期投资、贷款和应收款项减值计量原则
  - 可供出售金融资产减值计量原则

二、重点难点

(一) 重点

- 交易性金融资产
- 持有至到期投资
- 应收款项
- 可供出售金融资产
- 金融资产减值

(二) 难点

- 持有至到期投资
- 可供出售金融资产
- 金融资产减值

三、关键内容小结

(一) 金融资产的分类

类别	划分条件
1. 货币资金	货币资金是指企业的生产经营资金在循环周转过程中处于货币形态的那部分资金，包括库存现金、银行存款或其他货币资金等可以立即支付使用的交换媒介物
2. 以公允价值计量且其变动计入当期损益的金融资产（交易性金融资产）	准备近期出售，目的是短期内获取差价
3. 持有至到期投资	有到期日，到期金额固定或者可以确定有意图和能力准备持有至到期
4. 贷款和应收款项	贷款一般指银行等金融机构发放的贷款；应收款项是指企业从事销售商品、提供劳务等日常生产经营活动形成的债权，包括应收票据、应收账款、其他应收款等
5. 可供出售金融资产	不准备近期出售，但也不准备持有至到期或永远持有

(二) 货币资金的核算

1. 库存现金	(1) 现金的管理原则 (2) 现金的使用范围 (3) 备用金的核算
2. 银行存款	(1) 银行存款的开户规定 (2) 银行存款的结算方式 (3) 银行存款的清查
3. 其他货币资金	(1) 其他货币资金的内容 (2) 其他货币资金的会计处理

（三）交易性金融资产的核算

1. 取得交易性金融资产	借：交易性金融资产——成本（公允价值） 　　投资收益　（发生的交易费用） 　　应收股利　（已宣告但尚未发放的现金股利） 　　应收利息　（实际支付的款项中包含的利息） 　贷：银行存款等
2. 持有期间的股利或利息	借：应收股利（被投资单位宣告发放的现金股利×投资持股比例） 　　应收利息（资产负债表日计算的应收利息） 　贷：投资收益
3. 资产负债表日	（1）交易性金融资产的公允价值>其账面余额 借：交易性金融资产——公允价值变动 　贷：公允价值变动损益 （2）公允价值<其账面余额 借：公允价值变动损益 　贷：交易性金融资产——公允价值变动
4. 处置该金融资产	借：银行存款（实际收到的价款） 　贷：交易性金融资产——成本 　　　　　　　　　　——公允价值变动（账面余额，或借记） 　　投资收益（差额，或借记） 同时，将原计入"公允价值变动损益"科目的累计金额转出： 借：公允价值变动损益 　贷：投资收益（或作相反分录）

【提示】交易性金融资产处置时，应将持有期间形成的公允价值变动损益转入投资收益，此项影响投资收益，但不影响利润总额，即不影响处置损益。

（四）持有至到期投资的核算

账户的设置	持有至到期投资有三个明细账： 成本：登记面值 应计利息：登记一次还本付息的债券利息 利息调整：登记购买成本与面值之间的差额
1. 企业取得的持有至到期投资	借：持有至到期投资——成本（面值） 　　应收利息（已到付息期但尚未领取的利息） 　　持有至到期投资——利息调整（倒挤差额，也可能在贷方） 　贷：银行存款等 注意：交易费用计入"利息调整"
2. 资产负债表日计算利息	如果债券为分期付息，到期还本的： 借：应收利息（票面利率×面值） 　贷：投资收益（期初摊余成本×实际利率） 　　持有至到期投资——利息调整（差额，可能在借方） 如果债券为到期一次还本付息的： 借：持有至到期投资——应计利息（票面利率×面值） 　贷：投资收益（期初摊余成本×实际利率） 　　持有至到期投资——利息调整（差额，可能在借方）

（续表）

3. 将持有至到期投资重分类为可供出售金融资产	借：可供出售金融资产（重分类日公允价值） 　　持有至到期投资减值准备 贷：持有至到期投资 　　其他综合收益（差额，也可能在借方）
4. 出售持有至到期投资	借：银行存款等 　　持有至到期投资减值准备 贷：持有至到期投资（成本、利息调整明细科目余额） 　　投资收益（差额，也可能在借方）

（五）贷款和应收款项

1. 应收票据的核算	（1）因企业销售商品、提供劳务等而收到开出、承兑的商业汇票 借：应收票据 贷：主营业务收入 　　应交税费——应交增值税（销项税额） 如为带息应收票据，期末按应收票据的票面价值和确定的利率计提利息： 借：应收票据 贷：财务费用 （2）商业汇票到期收回款项时 借：银行存款 贷：应收票据 （3）因付款人无力支付票款，收到银行退回的商业承兑汇票 借：应收账款 贷：应收票据
2. 应收账款的核算	（1）一般处理 ①赊销时 借：应收账款 贷：主营业务收入 　　应交税费——应交增值税（销项税额） ②收款时 借：银行存款 贷：应收账款 （2）商业折扣：打折后价格确认收入 借：应收账款 贷：主营业务收入 　　应交税费——应交增值税（销项税额） （3）现金折扣 ①赊销时 借：应收账款 贷：主营业务收入 　　应交税费——应交增值税（销项税额） ②在折扣期内收款 借：银行存款 　　财务费用（现金折扣额） 贷：应收账款 ③在折扣期外收款（全额收款） 借：银行存款 贷：应收账款

（六）可供出售金融资产的核算

<table>
<tr><td rowspan="2">1. 企业取得可供出售金融资产</td><td colspan="3">（1）股票投资
借：可供出售金融资产——成本（公允价值+交易费用）
应收股利（内含的已宣告但尚未发放的现金股利）
贷：银行存款等（实际支付的金额）</td></tr>
<tr><td colspan="3">（2）债券投资
借：可供出售金融资产——成本（债券的面值）
贷：应收利息（内含的已到付息期但尚未领取的利息）
借：可供出售金融资产——利息调整（差额）
贷：银行存款等（实际支付的金额）</td></tr>
<tr><td rowspan="3">2. 资产负债表日</td><td>（1）资产负债表日计算利息</td><td colspan="2">如果债券为分期付息，到期还本的：
借：应收利息（票面利率×面值）
贷：投资收益（期初摊余成本×实际利率）
可供出售金融资产——利息调整（差额，可能在借方）
如果债券为到期一次还本付息的：
借：可供出售金融资产——应计利息（票面利率×面值）
贷：投资收益（期初摊余成本×实际利率）
可供出售金融资产——利息调整（差额，可能在借方）</td></tr>
<tr><td rowspan="2">（2）资产负债表日公允价值变动</td><td>公允价值上升</td><td>借：可供出售金融资产——公允价值变动
贷：其他综合收益</td></tr>
<tr><td>公允价值下降</td><td>借：其他综合收益
贷：可供出售金融资产——公允价值变动</td></tr>
<tr><td>3. 将持有至到期投资重分类为可供出售金融资产</td><td colspan="3">借：可供出售金融资产（重分类日按其公允价值）
持有至到期投资减值准备
贷：持有至到期投资
其他综合收益（差额，也可能在借方）</td></tr>
<tr><td>4. 出售可供出售金融资产</td><td colspan="3">（1）借：银行存款（应按实际收到的金额）
贷：可供出售金融资产（账面价值）
投资收益
（2）借：其他综合收益（转出的公允价值累计变动额）
贷：投资收益</td></tr>
</table>

（七）金融资产减值

1. 减值迹象

（1）发行方或债务人发生严重财务困难。

（2）债务人违反了合同条款，如偿付利息或本金发生违约或逾期等。

（3）债权人出于经济或法律等方面因素的考虑，对发生财务困难的债务人做出让步。

（4）债务人很可能倒闭或进行其他财务重组。

（5）因发行方发生重大财务困难，该金融资产无法在活跃市场继续交易。

（6）无法辨认一组金融资产中的某项资产的现金流量是否已经减少，但根据公开的数据对其进行总体评价后发现，该组金融资产自初始确认以来的预计未来现金流量确已减少且可计量。如该组金融资产的债务人支付能力逐步恶化，或债务人所在国家或地区失业率提高、担保物在其所在地区的价格明显下降、所处行业不景气等。

（7）权益工具发行方经营所处的技术、市场、经济或法律环境等发生重大不利变化，使权益工具投资人可能无法收回投资成本。

（8）权益工具投资的公允价值发生严重或非暂时性下跌。

（9）其他表明金融资产发生减值的客观证据。

2. 金融资产减值损失的计量

项目	减值的判断	计提减值准备	减值准备转回
持有至到期投资、贷款和应收款项	预计未来现金流量的现值小于其账面价值	发生减值时，应当将该金融资产的账面价值减记至预计未来现金流量现值，减记的金额确认为资产减值损失，计入当期损益 应收款项的减值估计，通常有应收款项余额百分比法、账龄分析法、赊销额百分比法	如有客观证据表明该金融资产价值已恢复，原确认的减值损失应当予以转回，计入当期损益
可供出售金融资产	发生严重非暂时性价值下跌	发生减值时，应当将该金融资产的账面价值减记至公允价值，原直接计入其他综合收益的因公允价值下降形成的累计损失，也应当予以转出，计入当期损益	可供出售债务工具投资发生的减值损失，在随后的会计期间公允价值已上升且客观上与原减值损失确认后发生的事项有关的，原确认的减值损失应当予以转回，计入当期损益
			可供出售权益工具投资发生的减值损失，不得通过损益转回，公允价值上升计入其他综合收益

3. 金融资产减值损失的会计处理

持有至到期投资	借：资产减值损失 　　贷：持有至到期投资减值准备
应收款项	（1）首次计提坏账准备 借：资产减值损失 　　贷：坏账准备 （2）实际发生坏账 借：坏账准备 　　贷：应收账款 （3）补提坏账准备 应计提的坏账准备＝应收账款期末余额×坏账百分比 ①当应计提数>坏账准备贷方余额时 实际计提的坏账准备＝应计提的坏账准备-坏账准备贷方余额（补提） ②当坏账准备出现借方余额时 实际计提的坏账准备＝应计提的坏账准备+实际计提的坏账准备 　　　　　　　　　　＝应计提的坏账准备+坏账准备借方余额 借：资产减值损失 　　贷：坏账准备

（续表）

	（4）冲减坏账准备 当坏账准备贷方余额>应计提数时 实际冲减的坏账准备=坏账准备贷方余额-应计提的坏账准备 借：坏账准备 　　贷：资产减值损失 （5）已确认为坏账的应收账款又收回时 借：应收账款 　　贷：坏账准备 借：银行存款 　　贷：应收账款
可供出售金融资产	借：资产减值损失 　　贷：可供出售金融资产——减值准备

四、练习题

（一）单项选择题

1. 蓝田公司于 2008 年 6 月 10 日购买运通公司股票 300 万股，成交价格为每股 9.4 元，作为可供出售金融资产，购买该股票另支付手续费等 45 万元。10 月 20 日，蓝田公司收到运通公司按每 10 股 6 元派发的现金股利。11 月 30 日该股票市价为每股 9 元，2008 年 12 月 31 日蓝田公司以每股 8 元的价格将股票全部售出，则该可供出售金融资产影响 2008 年投资收益的金额为（　　）万元。

    A. -645   B. 180   C. -285   D. -465

2. 甲公司于 2×17 年 2 月 10 日购入某上市公司股票 10 万股，每股价格为 15 元（其中包含已宣告但尚未发放的现金股利每股 0.5 元）。甲公司购入的股票暂不准备随时变现，划分为可供出售金融资产，甲公司购买该股票另支付手续费等 10 万元。则甲公司该项投资的入账价值为（　　）万元。

    A. 145   B. 150   C. 155   D. 160

3. 2013 年 1 月 2 日，A 公司从股票二级市场以每股 3 元的价格购入 B 公司发行的股票 50 万股，划分为可供出售金融资产。2013 年 3 月 31 日，该股票的市场价格为每股 3.2 元。2013 年 6 月 30 日，该股票的市场价格为每股 2.9 元。A 公司预计该股票的价格下跌是暂时的。2013 年 9 月 30 日，B 公司因违反相关证券法规，受到证券监管部门的查处。受此影响，B 公司股票的价格发生大幅度下跌，该股票的市场价格下跌到每股 1.5 元。则 2013 年 9 月 30 日 A 公司正确的会计处理是（　　）。

    A. 借：资产减值损失   75
          贷：可供出售金融资产——减值准备   70
             其他综合收益   5
    B. 借：资产减值损失   75
          贷：可供出售金融资产——减值准备   75

C. 借：资产减值损失 75

 贷：其他综合收益 75

D. 借：其他综合收益 75

 贷：可供出售金融资产——公允价值变动 75

4. 在已确认减值损失的金融资产价值恢复时，下列金融资产的减值损失不得通过损益转回的是（ ）。

 A. 持有至到期投资的减值损失 B. 可供出售债务工具的减值损失

 C. 可供出售权益工具的减值损失 D. 贷款及应收款项的减值损失

5. 甲公司 2×16 年 6 月 1 日销售产品一批给大海公司，价款为 300 000 元，增值税为 51 000 元，双方约定大海公司应于 2×16 年 9 月 30 日付款。甲公司 2×16 年 7 月 10 日将应收大海公司的账款出售给招商银行，出售价款为 260 000 元。甲公司与招商银行签订的协议中规定，在应收大海公司账款到期，大海公司不能按期偿还时，银行不能向甲公司追偿。甲公司已收到款项并存入银行。甲公司出售应收账款时，下列说法正确的是（ ）。

 A. 减少应收账款 300 000 元 B. 增加财务费用 91 000 元

 C. 增加营业外支出 91 000 元 D. 增加短期借款 351 000 元

6. 下列金融资产中，应作为可供出售金融资产核算的是（ ）。

 A. 企业从二级市场购入准备随时出售的普通股票

 B. 企业购入有意图和能力持有至到期的公司债券

 C. 企业购入的 A 公司 90%的股权

 D. 企业购入有公开报价但不准备随时变现的 A 公司 5%的股权

7. 下列各项中，不应计入相关金融资产或金融负债初始入账价值的是（ ）。

 A. 发行长期债券发生的交易费用

 B. 取得持有至到期投资发生的交易费用

 C. 取得交易性金融资产发生的交易费用

 D. 取得可供出售金融资产发生的交易费用

8. 长城股份有限公司于 20×9 年 2 月 28 日以每股 15 元的价格购入某上市公司股票 100 万股，划分为交易性金融资产，购买该股票另支付手续费 20 万元。6 月 22 日，长城股份有限公司收到该上市公司按每股 1 元发放的现金股利。12 月 31 日该股票的市价为每股 18 元。20×9 年该交易性金融资产对长城公司营业利润的影响额为（ ）万元。

 A. 280 B. 320 C. 380 D. −20

9. 20×9 年 1 月 1 日，甲上市公司购入一批股票，作为交易性金融资产核算和管理。实际支付价款 100 万元，其中包含已经宣告的现金股利 1 万元，另发生相关费用 2 万元，均以银行存款支付。假定不考虑其他因素，该项交易性金融资产的入账价值为（ ）万元。

 A. 100 B. 102 C. 99 D. 103

10. 甲公司 2×10 年 7 月 1 日将其于 2×08 年 1 月 1 日购入的债券予以转让，转让价款为 2 100 万元。该债券系 2×08 年 1 月 1 日发行的，面值为 2 000 万元，票面年利率为

3%，到期一次还本付息，期限为 3 年。甲公司将其划分为持有至到期投资。转让时，利息调整明细科目的贷方余额为 12 万元。2×10 年 7 月 1 日，该债券投资的减值准备金额为 25 万元。甲公司转让该项金融资产应确认的投资收益为（　　）万元。

  A．−87   B．−37   C．−63   D．−13

  11．甲股份有限公司于 20×8 年 4 月 1 日购入面值为 1 000 万元的 3 年期债券并划分为持有至到期投资。实际支付的价款为 1 500 万元，其中包含已到付息期但尚未领取的债券利息 20 万元。另支付相关税费 10 万元。该项债券投资的初始入账金额为（　　）万元。

  A．1 510   B．1 490   C．1 500   D．1 520

  12．2×16 年 6 月 1 日，甲公司将持有至到期投资重分类为可供出售金融资产，在重分类日该债券的公允价值为 50 万元，其账面余额为 48 万元（未计提减值准备）。2×16 年 6 月 20 日，甲公司将可供出售的金融资产出售，所得价款为 53 万元。则出售时确认的投资收益为（　　）万元。

  A．3   B．2   C．5   D．8

  13．下列金融资产中，应按公允价值进行初始计量，且交易费用不计入初始入账价值的是（　　）。

  A．交易性金融资产   B．持有至到期投资

  C．应收款项   D．可供出售金融资产

（二）多项选择题

  1．下列关于可供出售金融资产，说法正确的有（　　）。

  A．相对于交易性金融资产而言，可供出售金融资产的持有意图不明确

  B．可供出售金融资产应当按取得该金融资产的公允价值作为初始确认金额，相关交易费用计入投资收益

  C．支付的价款中包含了已宣告发放的现金股利的，应单独确认为应收项目

  D．企业持有上市公司限售股权且对上市公司不具有控制、共同控制或重大影响的，该限售股权可划分为可供出售金融资产，也可划分为以公允价值计量且其变动计入当期损益的金融资产

  2．下列有关金融资产减值损失的计量，处理方法正确的有（　　）。

  A．对于持有至到期投资，有客观证据表明其发生了减值的，应当根据其账面价值与预计未来现金流量现值之间的差额计算确认减值损失

  B．如果可供出售金融资产的公允价值发生较大幅度下降，或在综合考虑各种相关因素后，预期这种下降趋势属于非暂时性的，可以认定该可供出售金融资产已发生减值，应当确认减值损失

  C．对于已确认减值损失的可供出售债务工具，在随后的会计期间公允价值已上升且客观上与确认原减值损失后发生的事项有关的，原确认的减值损失应当予以转回，计入当期损益

  D．对于已确认减值损失的可供出售权益工具投资发生的减值损失，不得转回

  3．下列关于金融资产的后续计量，说法不正确的有（　　）。

  A．贷款和应收款项以摊余成本进行后续计量

  B. 如果某债务工具投资在活跃市场没有报价，则企业视其具体情况也可以将其划分为持有至到期投资

  C. 贷款在持有期间所确认的利息收入必须采用实际利率计算，不能使用合同利率

  D. 贷款和应收款项仅指金融企业发放的贷款和其他债权

4. 下列金融资产中，应按摊余成本进行后续计量的有（   ）。

  A. 交易性金融资产   B. 持有至到期投资

  C. 贷款及应收款项   D. 可供出售金融资产

5. 下列关于金融资产重分类的表述中，正确的有（   ）。

  A. 初始确认为持有至到期投资的，不得重分类为交易性金融资产

  B. 初始确认为交易性金融资产的，不得重分类为可供出售金融资产

  C. 初始确认为可供出售金融资产的，不得重分类为持有至到期投资

  D. 初始确认为贷款和应收款项的，不得重分类为可供出售金融资产

6. 将某项金融资产划分为持有至到期投资，应满足的条件有（   ）。

  A. 到期日固定

  B. 回收金额固定或可确定

  C. 企业有明确意图和能力持有至到期

  D. 有活跃市场

7. 下列各项中，应计入当期损益的有（   ）。

  A. 金融资产发生的减值损失

  B. 交易性金融资产在资产负债表日的公允价值变动额

  C. 持有至到期投资取得时的交易费用

  D. 可供出售金融资产在资产负债表日的公允价值变动额

8. 下列各项中，影响持有至到期投资期末摊余成本计算的有（   ）。

  A. 确认的减值准备

  B. 分期收回的本金

  C. 利息调整的累计摊销额

  D. 对到期一次付息债券确认的票面利息

9. 下列各项关于金融资产的表述中，正确的有（   ）。

  A. 以公允价值计量且其变动计入当期损益的金融资产不能重分类为持有至到期投资

  B. 可供出售权益工具投资可以划分为持有至到期投资

  C. 持有至到期投资不能重分类为以公允价值计量且其变动计入当期损益的金融资产

  D. 持有至到期投资可以重分类为以公允价值计量且其变动计入当期损益的金融资产

 10. 企业因持有至到期投资部分出售或重分类的金额较大，且不属于企业会计准则所允许的例外情况，使该投资的剩余部分不再适合划分为持有至到期投资的，企业应

将该投资的剩余部分重分类为可供出售金融资产。下列关于该重分类过程的说法中，正确的是（　　　）。

  A. 重分类日该剩余部分划分为可供出售金融资产，按照公允价值入账

  B. 重分类日该剩余部分的账面价值和公允价值之间的差额计入其他综合收益

  C. 在出售该项可供出售金融资产时，原计入其他综合收益的部分相应地转出

  D. 重分类日该剩余部分划分为可供出售金融资产，按照摊余成本进行后续计量

11. 企业发生的下列事项中，影响"投资收益"科目金额的有（　　　）。

  A. 交易性金融资产在持有期间取得的现金股利

  B. 贷款持有期间所确认的利息收入

  C. 处置权益法核算的长期股权投资时，结转持有期间确认的其他综合收益金额

  D. 取得可供出售金融资产发生的交易费用

（三）判断题

1. 资产负债表日，可供出售金融资产的公允价值低于其账面余额时，应该计提可供出售金融资产减值准备。（　　　）

2. 可供出售金融资产如发生减值，应计入资产减值损失；如属于暂时性的公允价值变动，则计入其他综合收益。（　　　）

3. 可供出售权益工具投资发生的减值损失，不得通过损益转回。（　　　）

4. 企业应当在资产负债表日对所有的金融资产的账面价值进行检查，金融资产发生减值的，应当计提减值准备。（　　　）

5. 可供出售金融资产公允价值变动形成的利得或损失，除减值损失和外币货币性金融资产形成的汇兑差额外，应当直接计入其他综合收益，在该金融资产终止确认时转出，计入当期损益。（　　　）

6. 会计期末，如果交易性金融资产的成本高于市价，应该计提交易性金融资产跌价准备。（　　　）

7. 企业处置贷款和应收款项时，应将取得的价款与该贷款或应收款项账面价值之间的差额计入投资收益。（　　　）

8. 处置持有至到期投资时，应将实际收到的金额与其账面价值的差额计入公允价值变动损益。（　　　）

9. 持有至到期投资、贷款、应收款项、可供出售金融资产不能重分类为以公允价值计量且其变动计入当期损益的金融资产；持有至到期投资和可供出售债务工具之间，满足一定条件时可以重分类，但不得随意进行重分类。（　　　）

（四）计算分析题

1. 甲公司为上市公司，至2×16年对乙公司股票投资有关的材料如下：

（1）2×15年5月20日，甲公司以银行存款300万元（其中包含乙公司已宣告但尚未发放的现金股利6万元）从二级市场购入乙公司10万股普通股股票，另支付相关交易费用1.8万元。甲公司将该股票投资划分为可供出售金融资产。

（2）2×15年5月27日，甲公司收到乙公司发放的现金股利6万元。

（3）2×15 年 6 月 30 日，乙公司股票收盘价跌至每股 26 元，甲公司预计乙公司股价下跌是暂时性的。

（4）2×15 年 7 月起，乙公司股票价格持续下跌，至 12 月 31 日，乙公司股票收盘价跌至每股 20 元。甲公司判断该股票投资已发生减值。

（5）2×15 年 4 月 26 日，乙公司宣告发放现金股利每股 0.1 元。

（6）2×16 年 5 月 10 日，甲公司收到乙公司发放的现金股利 1 万元。

（7）2×16 年 1 月起，乙公司股票价格持续上升，至 6 月 30 日，乙公司股票收盘价升至每股 25 元。

（8）2×16 年 12 月 24 日，甲公司以每股 28 元的价格在二级市场售出所持乙公司的全部股票，同时支付相关交易费用 1.68 万元。

假定甲公司在每年 6 月 30 日和 12 月 31 日确认公允价值变动并进行减值测试，不考虑所得税因素，所有款项均以银行存款收付。

要求：

（1）根据上述资料，逐笔编制甲公司相关业务的会计分录。

（2）分别计算甲公司该项投资对 2×15 年度和 2×16 年度营业利润的影响额。

（"可供出售金融资产"科目要求写出明细科目，答案中的金额单位用万元表示）

2. A 公司于 2×15 年 1 月 1 日从证券市场购入 B 公司 2008 年 1 月 1 日发行的债券，债券是 5 年期，票面年利率是 5%，每年 1 月 5 日支付上年度的利息，到期日为 2×13 年 1 月 1 日，到期日一次归还本金和最后一期的利息。A 公司购入债券的面值为 1 000 万元，实际支付的价款是 1 005.35 万元，另外，支付相关的费用 10 万元。A 公司购入以后将其划分为持有至到期投资，购入债券实际利率为 6%，假定按年计提利息。

2×15 年 12 月 31 日，B 公司发生财务困难，该债券的预计未来的现金流量的现值为 930 万元（不属于暂时性的公允价值变动）。

2×16 年 1 月 2 日，A 公司将该持有至到期投资重分类为可供出售金融资产，且其公允价值为 925 万元。

2×16 年 2 月 20 日 A 公司以 890 万元的价格出售所持有的 B 公司债券。

要求：

（1）编制 2×15 年 1 月 1 日，A 公司购入债券时的会计分录。

（2）编制 2×15 年 1 月 5 日收到利息时的会计分录。

（3）编制 2×15 年 12 月 31 日确认投资收益的会计分录。

（4）计算 2×15 年 12 月 31 日应计提的减值准备的金额，并编制相应的会计分录。

（5）编制 2×16 年 1 月 2 日持有至到期投资重分类为可供出售金融资产的会计分录。

（6）编制 2×16 年 2 月 20 日出售债券的会计分录。

3. A 公司与下述公司均不存在关联方关系。A 公司 2012 年的有关交易或事项如下：

（1）2012 年 1 月 2 日，A 公司从深圳证券交易所购入甲公司股票 1 000 万股，占其表决权资本的 1%，对甲公司无控制、共同控制和重大影响。A 公司支付款项 8 000 万元，另付交易费用 25 万元，准备近期出售。2012 年 12 月 31 日公允价值为 8 200 万元。

（2）2012 年 1 月 20 日，A 公司从上海证券交易所购入乙公司股票 2 000 万股，占其表决权资本的 2%，对乙公司无控制、共同控制和重大影响。A 公司支付款项 10 000 万元，另付交易费用 50 万元，不准备近期出售。2012 年 12 月 31 日公允价值为 11 000 万元。

（3）2012 年 2 月 20 日，A 公司取得丙公司 30% 的表决权资本，对丙公司具有重大影响。A 公司支付款项 60 000 万元，另付交易费用 500 万元，其目的是准备长期持有。

（4）2012 年 3 月 20 日，A 公司取得丁公司 60% 的表决权资本，对丁公司构成非同一控制下企业合并。A 公司支付款项 90 000 万元，另付评估审计费用 800 万元，其目的是准备长期持有。

（5）2012 年 4 月 20 日，A 公司以银行存款 500 万元对戊公司投资，占其表决权资本的 6%，另支付相关税费 2 万元。A 公司对戊公司无控制、无共同控制和重大影响，准备长期持有。

要求：分别说明 A 公司对各项股权投资如何划分，计算该投资的初始确认金额，编制相关会计分录。

4. 甲企业系上市公司，按年对外提供财务报表。企业有关交易性金融资产投资资料如下：

（1）2×15 年 3 月 6 日甲企业以赚取差价为目的从二级市场购入 X 公司股票 100 万股，作为交易性金融资产，取得时公允价值为每股为 5.2 元，每股含已宣告但尚未发放的现金股利 0.2 元，另支付交易费用 5 万元。全部价款以银行存款支付。

（2）2×15 年 3 月 16 日，甲企业收到购买价款中所含现金股利。

（3）2×15 年 12 月 31 日，该股票公允价值为每股 4.5 元。

（4）2×16 年 2 月 21 日，X 公司宣告每股发放现金股利 0.3 元。

（5）2×16 年 3 月 21 日，甲企业收到现金股利。

（6）2×16 年 12 月 31 日，该股票公允价值为每股 5.3 元。

（7）2×17 年 3 月 16 日，甲企业将该股票全部处置，每股 5.1 元，交易费用为 5 万元。

要求：编制有关交易性金融资产的会计分录。

5. 某企业按照应收账款余额的 3% 提取坏账准备。该企业第一年的应收账款余额为 100 000 元；第二年发生坏账 6 000 元，其中甲单位 1 000 元，乙单位 5 000 元，年末应收账款余额为 120 000 元；第三年，已冲销的上年乙单位的应收账款 5 000 元又收回，期末应收账款余额为 130 000 元。

要求：估计每年的坏账准备金额并做每年相应的会计分录。

五、参考答案及解析

（一）单项选择题

1.【答案】C

【解析】该可供出售金融资产影响 2008 年投资收益的金额＝－465＋180＝－285（万元）。

会计处理为：

借：可供出售金融资产——成本　　　　　　　　2 865（300×9.4+45）

　　贷：银行存款　　　　　　　　　　　　　　　　　　　　2 865

借：银行存款　　　　　　　　　　　　　　　　180（300×6÷10）

　　贷：投资收益　　　　　　　　　　　　　　　　　　　　　180

借：其他综合收益　　　　　　　　　　　　　　165（2 865-300×9）

　　贷：可供出售金融资产——公允价值变动　　　　　　　　　165

借：银行存款　　　　　　　　　　　　　　　　2 400（300×8）

　　投资收益　　　　　　　　　　　　　　　　　465

　　可供出售金融资产——公允价值变动　　　　　165

　　贷：可供出售金融资产——成本　　　　　　　　　　　　2 865

　　　　其他综合收益　　　　　　　　　　　　　　　　　　　165

2.【答案】C

【解析】本题考核可供出售金融资产的会计处理。可供出售金融资产应按公允价值进行初始计量，交易费用应计入初始确认金额。但价款中包含的已宣告尚未发放的现金股利或已到期尚未领取的债券利息，应当单独确认为应收项目（应收股利或应收利息）。因此，甲公司购入该股票的初始入账金额＝10×15-5+10＝155（万元）。

3.【答案】A

【解析】确认股票投资的减值损失＝3×50-50×1.5＝75（万元），原已确认股票公允价值变动＝(3-2.9)×50＝-5（万元）。会计分录如选项A所示。

4.【答案】C

【解析】对持有至到期投资、贷款及应收款项和可供出售债务工具，在随后的会计期间公允价值已上升且客观上与确认原减值损失后发生的事项有关的，原确认的减值损失应当予以转回，计入当期损益。而可供出售权益工具发生的减值损失，不得通过损益转回，而是通过其他综合收益转回。

5.【答案】C

【解析】本题考核不附追索权的应收账款出售的处理。甲公司出售应收账款时的会计处理是：

借：银行存款　　　　　　　　　　　　　　　　　260 000

　　营业外支出　　　　　　　　　　　　　　　　　91 000

　　贷：应收账款　　　　　　　　　　　　　　　　　　　351 000

6.【答案】D

【解析】本题考核金融资产的分类。选项A应作为交易性金融资产核算，选项B应作为持有至到期投资核算，选项C应作为长期股权投资核算，选项D应作为可供出售金融资产核算。

7.【答案】C

【解析】取得交易性金融资产发生的交易费用应计入投资收益借方，其他几项业务涉及的相关交易费用皆计入其初始入账价值。

8.【答案】C

【解析】2月28日，购入时：

借：交易性金融资产——成本　　　　　　　　　　　　　　1 500

　　　投资收益　　　　　　　　　　　　　　　　　　　　　　20

　　贷：银行存款　　　　　　　　　　　　　　　　　　　　　1 520

6月22日，收到现金股利时：

借：银行存款　　　　　　　　　　　　　　　　　　　　　　100

　　贷：投资收益　　　　　　　　　　　　　　　　　　　　　　100

12月31日，公允价值变动时：

借：交易性金融资产——公允价值变动　　　　　　　　　　　300

　　贷：公允价值变动损益　　　　　　　　　　　　　　　　　　300

因此，20×9年该交易性金融资产对长城公司营业利润的影响额＝－20＋100＋300＝380（万元）。

9.【答案】C

【解析】交易性金融资产的入账价值＝100－1＝99（万元）。取得交易性金融资产时发生的相关费用应计入投资收益科目。本题会计分录为：

借：交易性金融资产　　　　　　　　　　　　　　　　　　　99

　　投资收益　　　　　　　　　　　　　　　　　　　　　　　2

　　应收股利　　　　　　　　　　　　　　　　　　　　　　　1

　　贷：银行存款　　　　　　　　　　　　　　　　　　　　　102

10.【答案】D

【解析】处置持有至到期投资时，应将所取得价款与该投资账面价值之间的差额计入投资收益：2 100－（2 000＋2 000×3%×2.5－12－25）＝－13（万元）。

本题的会计分录为：

借：银行存款　　　　　　　　　　　　　　　　　　　　　2 100

　　持有至到期投资减值准备　　　　　　　　　　　　　　　25

　　持有至到期投资——利息调整　　　　　　　　　　　　　12

　　投资收益　　　　　　　　　　　　　　　　　　　　　　13

　　贷：持有至到期投资——成本　　　　　　　　　　　　　2 000

　　　　　　　　　　　——应计利息　　150　（2 000×3%×2.5）

11.【答案】B

【解析】对持有至到期投资，应按公允价值进行初始计量，交易费用应计入初始确认金额。但企业取得金融资产支付的价款中包含已到付息期但尚未领取的债券利息，应当单独确认为应收利息。债券投资的初始入账金额＝1 500－20＋10＝1 490（万元）。

12.【答案】C

【解析】本题考核不同金融资产的重分类。企业将持有至到期投资重分类为可供出售金融资产，在最终处置该金融资产时要将重分类时产生的其他综合收益转入投资收益。所以此题出售时确认的投资收益＝（53－50）＋（50－48）＝5（万元）。

13.【答案】A

【解析】持有至到期投资、应收款项、可供出售金融资产按公允价值进行初始计量，交易费用计入初始确认金额。交易性金融资产按公允价值进行初始计量，交易费用计入投资收益。

(二) 多项选择题

1.【答案】ACD

【解析】选项 B，可供出售金融资产应当按取得该金融资产的公允价值和相关交易费用之和作为初始确认金额。

2.【答案】ABC

【解析】选项 D，对于已确认减值损失的可供出售权益工具投资发生的减值损失，可以转回，但不得通过损益转回。

3.【答案】BCD

【解析】本题考核金融资产的后续计量。选项 B，如果某债务工具投资在活跃市场没有报价，则企业不能将其划分为持有至到期投资。选项 C，贷款在持有期间所确认的利息收入应当根据实际利率计算。实际利率和合同利率差别较小的，也可以按合同利率计算利息收入。选项 D，贷款和应收款项一般是指金融企业发放的贷款和其他债权，但是又不限于金融企业发放的贷款和其他债权。一般企业发生的应收款项也可以划分为这一类。

4.【答案】BC

【解析】交易性金融资产和可供出售金融资产均应按公允价值进行后续计量，持有至到期投资和贷款及应收款项按摊余成本计量。

5.【答案】AB

【解析】企业在初始确认时将某金融资产或某金融负债划分为以公允价值计量且其变动计入当期损益的金融资产或金融负债后，不能重分类为其他类金融资产或金融负债；其他类金融资产或金融负债也不能重分类为以公允价值计量且其变动计入当期损益的金融资产或金融负债。所以本题应选 AB。

6.【答案】ABCD

【解析】持有至到期投资是指到期日固定、回收金额固定或可确定，且企业有明确意图和能力持有至到期的非衍生金融资产。

7.【答案】AB

【解析】选项 C，持有至到期投资取得时的交易费用计入初始确认金额，不计入当期损益；选项 D，可供出售金融资产在资产债表日的公允价值变动额应当计入所有者权益。

8.【答案】ABCD

【解析】持有至到期投资的摊余成本与其账面价值相同，上述四项都会影响持有至到期投资的账面价值（摊余成本），所以都应选择。

9.【答案】AC

【解析】选项 B，股权投资没有固定的到期日，因此不能划分为持有至到期投资；选项 D，持有至到期投资不能重分类为以公允价值计量且其变动计入当期损益的金融资产。

10.【答案】ABC

【解析】重分类日该剩余部分划分为可供出售金融资产，应该按照公允价值进行后续计量，而不是按照摊余成本进行后续计量。

11.【答案】AC

【解析】选项 B，贷款持有期间所确认的利息收入直接通过"利息收入"科目核算；可供出售金融资产取得时发生的交易费用应计入初始入账金额，作为可供出售金融资产的入账价值。

（三）判断题

1.【答案】错

【解析】资产负债表日，可供出售金融资产的公允价值低于其账面余额时，一般应该借记"其他综合收益"科目，贷记"可供出售金融资产"科目。可供出售金额资产出现减值必须是有这样类似的表述：股票的市价大幅度的下跌或严重下跌，债券表现为非暂时性的或长期的下跌。这种情况下才可以计提相关的减值。

2.【答案】对

3.【答案】对

【解析】可供出售权益工具发生的减值损失转回时要借记"可供出售金融资产"科目，贷记"其他综合收益"科目，可供出售债务工具减值损失转回时通过损益类科目"资产减值损失"核算。

4.【答案】错

【解析】企业应当在资产负债表日对以公允价值计量且其变动计入当期损益的金融资产以外的金融资产的账面价值进行检查，有客观证据表明该金融资产发生减值的，应当计提减值准备。

5.【答案】对

6.【答案】错

【解析】交易性金融资产按公允价值计价，不计提减值准备。

7.【答案】错

【解析】处置贷款和应收款项的损益不计入投资收益，应计入营业外收支。

8.【答案】错

【解析】本题考核持有至到期投资的会计处理。处置持有至到期投资时，应将实际收到的金额与其账面价值的差额计入"投资收益"科目。

9.【答案】对

（四）计算分析题

1.（1）2×15 年 5 月 20 日：

借：可供出售金融资产——成本　　　　　　　　　　　295.8

　　　应收股利　　　　　　　　　　　　　　　　　　　6

　　贷：银行存款　　　　　　　　　　　　　　　　　　301.8

2×15 年 5 月 27 日：

借：银行存款 6

 贷：应收股利 6

2×15 年 6 月 30 日：

借：其他综合收益 35.8

 贷：可供出售金融资产——公允价值变动 35.8

2×15 年 12 月 31 日：

借：资产减值损失 95.8

 贷：其他综合收益 35.8

  可供出售金融资产——减值准备 60

2×16 年 4 月 26 日：

借：应收股利 1

 贷：投资收益 1

2×16 年 5 月 10 日：

借：银行存款 1

 贷：应收股利 1

2×16 年 6 月 30 日：

借：可供出售金融资产——减值准备 50

 贷：其他综合收益 50

2×16 年 12 月 24 日：

借：银行存款 278.32

  可供出售金融资产——减值准备 10

     ——公允价值变动 35.8

 贷：可供出售金融资产——成本 295.8

  投资收益 28.32

借：其他综合收益 50

 贷：投资收益 50

（2）甲公司该项投资对 2×15 年度营业利润的影响额为资产减值损失 95.8 万元，即减少营业利润 95.8 万元。

甲公司该项投资对 2×16 年度营业利润的影响额 = 1+28.32+50 = 79.32（万元），即增加营业利润 79.32 万元。

2.（1）编制 2×15 年 1 月 1 日，A 公司购入债券时的会计分录

借：持有至到期投资——成本 1 000

  应收利息 50

 贷：银行存款 1 015.35

  持有至到期投资——利息调整 34.65

（2）编制 2×15 年 1 月 5 日收到利息时的会计分录

借：银行存款 50

 贷：应收利息 50

（3）编制 2×15 年 12 月 31 日确认投资收益的会计分录

投资收益＝期初摊余成本×实际利率＝（1 000－34.65）×6%＝57.92（万元）

借：应收利息   50

    持有至到期投资——利息调整   7.92

  贷：投资收益   57.92

（4）计算 2×15 年 12 月 31 日应计提减值准备的金额，并编制相应的会计分录

2×15 年 12 月 31 日计提减值准备前的摊余成本＝1 000－34.65＋7.92＝973.27（万元）

计提减值准备＝973.27－930＝43.27（万元）

借：资产减值损失   43.27

  贷：持有至到期投资减值准备   43.27

（5）编制 2×16 年 1 月 2 日持有至到期投资重分类为可供出售金融资产的会计分录

借：可供出售金融资产——成本   1 000

    持有至到期投资——利息调整   26.73

    持有至到期投资减值准备   43.27

    其他综合收益   5

  贷：持有至到期投资——成本   1 000

      可供出售金融资产——利息调整   26.73

      ——公允价值变动   48.27（1 000－925－26.73）

（6）编制 2×16 年 2 月 20 日出售债券的会计分录

借：银行存款   890

    可供出售金融资产——利息调整   26.73

    ——公允价值变动   48.27

    投资收益   35

  贷：可供出售金融资产——成本   1 000

借：投资收益   5

  贷：其他综合收益   5

3.（1）购入甲公司股票应确认为交易性金融资产，对甲公司的投资初始确认成本为 8 000 万元：

借：交易性金融资产——成本   8 000

    投资收益   25

  贷：银行存款   8 025

借：交易性金融资产——公允价值变动   200（8 200－8 000）

  贷：公允价值变动损益   200

（2）购入乙公司股票应确认为可供出售金融资产，对乙公司的投资初始确认成本为 10 050 万元（10 000+50）

借：可供出售金融资产——成本   10 050

  贷：银行存款   10 050

借：可供出售金融资产——公允价值变动   950（11 000－10 050）

  贷：其他综合收益   950

（3）取得丙公司股权应确认为长期股权投资，对丙公司的投资初始确认成本为60 500万元（60 000+500）

借：长期股权投资——投资成本　　　　　　　　　　　　　60 500

　　贷：银行存款　　　　　　　　　　　　　　　　　　　　　60 500

（4）取得丁公司股权应确认为长期股权投资，对丁公司的投资初始确认成本为90 000万元

借：长期股权投资　　　　　　　　　　　　　　　　　　　90 000

　　管理费用　　　　　　　　　　　　　　　　　　　　　　　800

　　贷：银行存款　　　　　　　　　　　　　　　　　　　　　90 800

（5）对戊公司的投资应确认为可供出售金融资产，对戊公司的投资初始确认成本为502万元（500+2）

借：可供出售金融资产　　　　　　　　　　　　　　　　　　502

　　贷：银行存款　　　　　　　　　　　　　　　　　　　　　502

4.（1）2×15年3月6取得交易性金融资产

借：交易性金融资产——成本　　　　　500［100×（5.2-0.2）］

　　应收股利　　　　　　　　　　　　　　　　　　　　　　　20

　　投资收益　　　　　　　　　　　　　　　　　　　　　　　　5

　　贷：银行存款　　　　　　　　　　　　　　　　　　　　　525

（2）2×15年3月16日收到购买价款中所含的现金股利

借：银行存款　　　　　　　　　　　　　　　　　　　　　　　20

　　贷：应收股利　　　　　　　　　　　　　　　　　　　　　　20

（3）2×15年12月31日，该股票公允价值为每股4.5元

借：公允价值变动损益　　　　　　　　　50［（5-4.5）×100］

　　贷：交易性金融资产——公允价值变动　　　　　　　　　　　50

（4）2×16年2月21日，X公司宣告发放的现金股利

借：应收股利　　　　　　　　　　　　　　　　　30（100×0.3）

　　贷：投资收益　　　　　　　　　　　　　　　　　　　　　　30

（5）2×16年3月21日，收到现金股利

借：银行存款　　　　　　　　　　　　　　　　　　　　　　　30

　　贷：应收股利　　　　　　　　　　　　　　　　　　　　　　30

（6）2×16年12月31日，该股票公允价值为每股5.3元

借：交易性金融资产——公允价值变动　　　　　　　　　　　　80

　　贷：公允价值变动损益　　　　　　　　80［（5.3-4.5）×100］

（7）2×17年3月16日，将该股票全部处置，每股5.1元，交易费用为5万元。

借：银行存款　　　　　　　　　　　　　　　　　　505（510-5）

　　投资收益　　　　　　　　　　　　　　　　　　　　　　　25

　　贷：交易性金融资产——成本　　　　　　　　　　　　　　500

　　　　　　　　　　　　——公允价值变动　　　　　　　　　　30

借：公允价值变动损益　　　　　　　　　　　　　　　　　30

　　贷：投资收益　　　　　　　　　　　　　　　　　　　　　　30

5.（1）借：资产减值损失　　　　　　　　　　　　　　　　3 000

　　　　贷：坏账准备　　　　　　　　　　　　　　　　　　　　3 000

（2）第2年发生坏账损失

借：坏账准备　　　　　　　　　　　　　　　　　　　　6 000

　　贷：应收账款——甲单位　　　　　　　　　　　　　　1 000

　　　　应收账款——乙单位　　　　　　　　　　　　　　5 000

（3）年末应收账款余额为120 000元时

计提120 000×3%＝3 600（元），但由于第一年计提数3 000元不够支付损失数6 000元，因此，在第二年年末时应补提第一年多损失的3 000元。即，第二年年末共计提6 600元。

借：资产减值损失　　　　　　　　　　　　　　　　　　6 600

　　贷：坏账准备　　　　　　　　　　　　　　　　　　　　6 600

（4）已冲销的上年应收账款又收回

借：应收账款——乙单位　　　　　　　　　　　　　　　5 000

　　贷：坏账准备　　　　　　　　　　　　　　　　　　　　5 000

同时：

借：银行存款　　　　　　　　　　　　　　　　　　　　5 000

　　贷：应收账款　　　　　　　　　　　　　　　　　　　　5 000

（5）期末应收账款余额为130 000元时

130 000×3%－(3 600+5 000)＝－4 700（元）

由于第3年收回以前冲销的坏账5 000元，因此，年末坏账准备的贷方余额已经为8 600元了，而当年按应收账款余额计算，只能将坏账准备贷方余额保持为3 900元，因此，应将多计提的4 700元冲回。

借：坏账准备　　　　　　　　　　　　　　　　　　　　4 700

　　贷：资产减值损失　　　　　　　　　　　　　　　　　　4 700

第四章　长期股权投资

一、要点总览

长期股权投资
- 长期股权投资的分类
- 长期股权投资的初始计量
  - 企业合并：同一控制下，非同一控制下
  - 非企业合并：合营企业、联营企业
- 长期股权投资的后续计量
  - 控制：成本法
  - 重大影响或共同控制：权益法
- 长期股权投资的转换
- 长期股权投资的减值
- 长期股权投资的处置

二、本章重点难点

（一）重点

- 长期股权投资的范围
- 长期股权投资的初始计量
- 长期股权投资的权益法核算
- 股权投资转换的会计处理

（二）难点

- 长期股权投资的权益法核算
- 股权投资转换的会计处理

三、关键内容小结

（一）长期股权投资分类

1. 母公司对子公司的投资	控制
2. 合营方对合营企业的投资	共同控制
3. 联营方对联营企业的投资	重大影响：投资方直接或者通过持有被投资方 20%以上但低于 50%的表决权

（二）同一控制下控股合并形成的长期股权投资的会计处理

1. 初始计量原则	长期股权投资的初始成本按取得被合并方所有者权益在最终控制方合并财务报表中的账面价值的份额确定
2. 以银行存款、非现金的转让为合并对价的	借：长期股权投资 　　资本公积/盈余公积/利润分配——未分配利润（差额） 　　累计折旧/累计摊销/资产减值准备 　　贷：××资产 　　　　应交税费——应交增值税（销）等 注：如果差额在贷方，贷记"资本公积"
3. 以代偿负债作为合并对价的	借：长期股权投资 　　资本公积/盈余公积/利润分配——未分配利润（差额） 　　贷：应付账款/应付债券等 注：如果差额在贷方，贷记"资本公积"
4. 以换股合并方式取得长期股权投资的	借：长期股权投资 　　贷：股本 　　　　资本公积——股本溢价（差额） 注：如果差额在借方，依次冲减"资本公积/盈余公积/利润分配——未分配利润"

（三）非同一控制下控股合并形成的长期股权投资的会计处理

1. 初始计量原则	以合并对价的公允价值作为长期股权投资初始入账成本
2. 以银行存款买入股权	借：长期股权投资 　　应收股利（内含股利部分） 　　贷：银行存款
3. 以转让非现金方式换取股权	视为公允价值模式下的非货币性资产交换处理
4. 以代偿负债作为合并对价的	借：长期股权投资 　　贷：应付账款/应付债券等
5. 以换股合并方式取得长期股权投资的	借：长期股权投资 　　贷：股本 　　　　资本公积——股本溢价（差额）

（四）合并直接费用、证券发行费用的会计处理

1. 合并直接费用	借：管理费用 　　贷：银行存款等
2. 股票发行费用	依次冲减"资本公积/盈余公积/利润分配——未分配利润" 借：资本公积/盈余公积/利润分配——未分配利润 　　贷：银行存款等
3. 债券发行费用	借：应付债券——利息调整 　　贷：银行存款等

（五）对联营企业、合营企业的长期股权投资的会计处理

1. 初始计量原则	以"合并对价的公允价值+初始直接费用"作为长期股权投资初始入账成本
2. 以银行存款买入股权	借：长期股权投资 　　应收股利（内含股利部分） 　贷：银行存款
3. 转让非现金方式换取股权	视为公允价值模式下的非货币性资产交换处理

（六）后续计量方法

1. 会计核算方法	（1）对被投资企业达不到控制、共同控制或重大影响的，视为金融资产核算 （2）对被投资企业达到共同控制或重大影响的，采用权益法核算 （3）对被投资企业达到控制的，采用成本法核算
2. 成本法下的会计处理	（1）现金股利入投资收益 （2）被投资方股票股利、盈余公积转增资本等所有者权益内部结构调整时，投资方不作处理
3. 权益法下的会计处理	（1）特点：根据投资企业享有被投资单位所有者权益份额的变动对投资的账面价值进行调整 （2）科目设置 长期股权投资——投资成本（投资时点） 　　　　　　——损益调整（持有期间被投资单位净损益及利润分配变动） 　　　　　　——其他综合收益（持有期间被投资单位其他综合收益变动） 　　　　　　——其他权益变动（持有期间被投资单位其他权益变动） （3）初始投资时 ①初始投资成本大于所享有被投资企业可辨认净资产份额，其差额为内含的商誉，无须调整长期股权投资 ②初始投资成本小于所享有被投资企业可辨认净资产份额，其差额确认为"营业外收入"，同时调整长期股权投资 （4）投资期间，投资企业的"长期股权投资"随着被投资企业的所有者权益变动而变动 ①若被投资企业实现盈利，投资企业做相应的会计处理 借：长期股权投资——损益调整 　贷：投资收益 ②若被投资企业发生亏损，投资企业做相应的会计处理 借：投资收益 　贷：长期股权投资——损益调整 若被投资企业宣告发放现金股利，投资企业做相应的会计处理 借：应收股利 　贷：长期股权投资——损益调整 若被投资企业其他所有者权益发生变动，投资企业按享有被投资单位所有者权益份额的变动对投资的账面价值进行调整 （5）注意三点 ①被投资企业的盈亏要调整至投资时点的公允价值的口径 ②内部未实现的交易损益要剔除 ③如果被投资企业发生巨额亏损，"长期股权投资"的账面价值至多调整至零，如果存在具有投资性质的"长期应收款"，应抵减"长期应收款"。如果投资协议有约定，投资企业承担连带责任的，不足以冲减的亏损确认为"预计负债"；否则，不足以冲减的亏损可在备查簿中登记，以后年度被投资方实现盈利时，按相反顺序转回

（七）长期股权投资核算方法的转换

股权投资转换涉及六种情形，如下表所示：

转换形式		个别报表	合并报表
上升	（1）公允价值计量转换为权益法	原投资调整到公允价值	
	（2）权益法转换为成本法（非同一控制）	保持原投资账面价值	原投资调整到公允价值
	（3）公允价值计量转换为成本法（非同一控制）	购买日原投资账面价值与新增投资成本之和	因个别报表原投资公允价值与账面价值相等，所以合并报表无须调整
下降	（4）成本法转换为权益法	剩余投资追溯调整权益法账面价值	剩余投资调整到公允价值
	（5）权益法转换为公允价值计量	剩余投资调整到公允价值	
	（6）成本法转换为公允价值计量	剩余投资调整到公允价值	无须调整剩余投资价值

（八）长期股权减值的会计处理

借：资产减值损失

　　贷：长期股权投资减值准备

此减值损失不得恢复。

（九）长期股权投资的处置

注销投资账面价值：

借：银行存款等

借：长期股权投资减值准备

借或者贷：投资收益（差额）

　　贷：长期股权投资

之前形成的"其他综合收益"和"资本公积"转入"投资收益"。

四、练习题

（一）单项选择题

1. 2×17 年 1 月 1 日，甲公司购入乙公司 30% 的普通股权，对乙公司有重大影响，甲公司支付买价 640 万元，同时支付相关税费 4 万元，购入的乙公司股权准备长期持有。乙公司 2×17 年 1 月 1 日的所有者权益的账面价值为 2 000 万元，公允价值为 2 200 万元。甲公司长期股权投资的初始投资成本为（　　）万元。

　　A. 600　　　　　B. 640　　　　　C. 644　　　　　D. 660

2. 2×17 年 1 月 20 日，甲公司以银行存款 1 000 万元及一项土地使用权取得其母公司控制的乙公司 80% 的股权，并于当日起能够对乙公司实施控制。合并日，该土地使用权的账面价值为 3 200 万元（假定尚未开始摊销），公允价值为 4 000 万元；乙公司净资产的账面价值为 6 000 万元，公允价值为 6 250 万元。假定甲公司与乙公司的会计年度和采用的会计政策相同，不考虑其他因素，甲公司的下列会计处理中，正确的是（　　）。

  A. 确认长期股权投资 5 000 万元，不确认资本公积

  B. 确认长期股权投资 5 000 万元，确认资本公积 800 万元

  C. 确认长期股权投资 4 800 万元，确认资本公积 600 万元

  D. 确认长期股权投资 4 800 万元，冲减资本公积 200 万元

  3. 甲公司持有乙公司 30% 的有表决权股份，采用权益法核算。2015 年 1 月 1 日，该项长期股权投资的账面价值为 4 800 万元（其中投资成本为 3 500 万元，损益调整为 400 万元，其他综合收益为 400 万元，其他权益变动为 500 万元）。2015 年 1 月 1 日，甲公司增持乙公司 40% 的股份，共支付价款 5 700 万元。不考虑其他因素，则 2015 年 1 月 1 日，甲公司的长期股权投资的账面价值是（　　）万元。

  A. 10 500   B. 9 200   C. 9 600   D. 5 700

  4. 甲公司将持有的乙公司 20% 有表决权的股份作为长期股权投资，并采用权益法核算。该投资系甲公司 2×16 年购入，取得投资当日，乙公司各项可辨认资产、负债的公允价值与其账面价值均相同。2×17 年 12 月 25 日，甲公司以银行存款 1 000 万元从乙公司购入一批产品，作为存货核算，至 12 月 31 日尚未出售。乙公司生产该批产品的实际成本为 800 万元，2×17 年度利润表列示的净利润为 3 000 万元。甲公司在 2×17 年度因存在全资子公司丙公司需要编制合并财务报表。假定不考虑其他因素，下列关于甲公司会计处理的表述中，正确的是（　　）。

  A. 合并财务报表中抵销存货 200 万元

  B. 个别财务报表中确认投资收益 560 万元

  C. 合并财务报表中抵销营业成本 160 万元

  D. 合并财务报表中抵销营业收入 1 000 万元

  5. 2×11 年 1 月 1 日，A 公司以银行存款取得 B 公司 30% 的股权，初始投资成本为 2 000 万元，投资时 B 公司各项可辨认资产、负债的公允价值与其账面价值相同，可辨认净资产公允价值及账面价值的总额均为 7 000 万元，A 公司取得投资后即派人参与 B 公司生产经营决策，但无法对 B 公司实施控制。B 公司 2×11 年实现净利润 800 万元，A 在 2×11 年 6 月销售给 B 公司一批存货，售价为 500 万元，成本为 300 万元。该批存货尚未对外销售，假定不考虑所得税因素。A 公司 2×11 年度因该项投资增加当期损益的金额为（　　）万元。

  A. 180   B. 280   C. 100   D. 200

  6. 2×15 年 3 月 1 日，甲公司以一项专利权和银行存款 150 万元向丙公司投资，占丙公司注册资本的 60%。该专利权的账面原价为 9 880 万元，已累计摊销 440 万元，已计提无形资产减值准备 320 万元，公允价值为 9 000 万元。甲公司和丙公司此前不存在关联方关系。不考虑其他相关税费，则甲公司的合并成本为（　　）万元。

  A. 150   B. 9 000   C. 9 150   D. 9 880

  7. A 公司有关投资业务资料如下：2007 年 1 月 1 日，A 公司对 B 公司投资，取得

B 公司 60%的股权，投资成本为 46 500 万元，B 公司可辨认净资产公允价值总额为 51 000 万元（其中包含一项 W 存货评估增值 1 000 万元）。2016 年 6 月 30 日，A 公司将其持有的对 B 公司 40%的股权出售给某企业，出售取得价款 41 000 万元。2007 年至 2016 年 6 月 30 日 B 公司实现净利润 3 000 万元，B 公司其他综合收益为 1 500 万元，假定 B 公司一直未进行利润分配。购买日 W 存货已全部对第三方销售。在出售 40%的股权后，A 公司对 B 公司的持股比例为 20%。2016 年 6 月 30 日剩余 20%股权的公允价值为 21 000 万元，B 公司可辨认净资产公允价值为 54 500 万元。不考虑所得税影响。A 公司按净利润的 10%提取盈余公积。下列关于 A 公司在丧失控制权日会计处理的表述中，不正确的是（　　）。

    A. 确认长期股权投资处置损益为 10 000 万元

    B. 处置后剩余 20%股权，假定对 B 公司不具有控制、共同控制和重大影响，应将剩余投资作为金融资产计量

    C. 处置后剩余 20%股权，假定对 B 公司不具有控制、共同控制和重大影响，并且在活跃市场中有报价、公允价值能可靠计量，应将其账面价值 15 500 万元作为长期股权投资，并采用公允价值进行后续计量

    D. 处置后剩余 20%股权，假定对 B 公司实施共同控制或重大影响，属于因处置投资导致对被投资单位的影响能力由控制转为具有共同控制或重大影响的情形，应按权益法调整长期股权投资，调整后长期股权投资的账面价值为 16 200 万元

8. 下列各项中，影响长期股权投资账面价值增减变动的是（　　）。
    A. 采用权益法核算的长期股权投资，持有期间被投资单位宣告分派股票股利
    B. 采用权益法核算的长期股权投资，持有期间被投资单位宣告分派现金股利
    C. 采用成本法核算的长期股权投资，持有期间被投资单位宣告分派股票股利
    D. 采用成本法核算的长期股权投资，持有期间被投资单位宣告分派现金股利

9. 甲公司 2×17 年 1 月 1 日以 4 500 万元购入乙公司 30%的股份，另支付相关费用 22.5 万元。购入时乙公司可辨认净资产的公允价值为 16 500 万元（假定乙公司各项可辨认资产、负债的公允价值与账面价值相等）。乙公司 2×17 年实现净利润 900 万元。甲公司取得该项投资后对乙公司具有重大影响。假定不考虑其他因素，该投资对甲公司 2×17 年度利润总额的影响为（　　）万元。
    A. 697.5   B. 270   C. 247.5   D. 720

10. 甲公司 2×17 年 1 月 1 日取得乙公司 30%的股权，采用权益法核算。投资当日乙公司除一批存货的账面价值为 400 万元，公允价值为 500 万元外，其他项目的账面价值与公允价值均相等。当年乙公司实现净利润 1 000 万元。假定年底乙公司上述存货的 60%对外销售。2×17 年 8 月 5 日，乙公司出售一批商品给甲公司，商品成本为 400 万元，售价为 600 万元，甲公司购入的商品作为存货。至 2×17 年年末，甲公司已将从乙公司购入商品的 60%出售给外部独立的第三方。则 2×17 年甲公司因该项投资计入投资收益的金额为（　　）万元。
    A. 448   B. 258   C. 300   D. 282

11. A 公司于 2×17 年 1 月 1 日用货币资金从证券市场上购入 B 公司发行在外股份

的 20%，并对 B 公司具有重大影响，实际支付价款 450 万元，另支付相关税费 5 万元。同日，B 公司可辨认净资产的公允价值为 2 200 万元。不考虑其他因素，则 2×17 年 1 月 1 日，A 公司该项长期股权投资的账面价值为（   ）万元。

    A. 450   B. 455   C. 440   D. 445

12. A 公司持有 B 公司 40% 的股权，20×9 年 11 月 30 日，A 公司出售所持有 B 公司股权中的 25%。出售时出售部分 A 公司账面上对 B 公司长期股权投资的构成为：投资成本为 9 000 000 元，损益调整为 2 400 000 元，其他综合收益为 1 500 000 元。出售取得价款 14 100 000 元。A 公司 20×9 年 11 月 30 日应该确认的投资收益为（   ）元。

    A. 1 200 000   B. 2 500 000   C. 2 700 000   D. 1 500 000

13. 2×17 年年初甲公司购入乙公司 30% 的股权，成本为 60 万元，2×17 年年末长期股权投资的可收回金额为 50 万元，因此计提长期股权投资减值准备 10 万元。2×18 年年末该项长期股权投资的可收回金额为 70 万元，则 2×18 年年末甲公司应恢复长期股权投资减值准备为（   ）万元。

    A. 10   B. 20   C. 30   D. 0

14. A 公司 2×17 年有关长期股权投资业务如下：2×17 年 1 月 20 日 B 公司宣告分配现金股利 2 000 万元，2×17 年 1 月 25 日收到现金股利。2×17 年 6 月 20 日将其股权全部出售，收到价款 9 000 万元。该股权为 2×08 年 1 月 20 日以银行存款 7 000 万元自 A 公司的母公司处购入，持股比例为 80% 并取得控制权。A 和 B 属于同一集团控制。取得该股权时，B 公司所有者权益相对于集团最终控制方而言的账面价值为 10 000 万元，公允价值为 15 000 万元。下列有关 A 公司长期股权投资会计处理的表述中，不正确的是（   ）。

    A. 初始投资成本为 8 000 万元

    B. B 公司宣告现金股利，A 公司冲减长期股权投资的账面价值 1 600 万元

    C. 处置 B 公司股权时账面价值为 8 000 万元

    D. 处置 B 公司股权确认的投资收益为 1 000 万元

15. A 公司 2015 年 4 月 1 日购入 B 公司股权进行投资，占 B 公司 65% 的股权，支付价款 500 万元，取得该项投资后，A 公司能够控制 B 公司。B 公司于 2015 年 4 月 20 日宣告分派 2014 年现金股利 100 万元，B 公司 2015 年实现净利润 200 万元（其中 1~3 月份实现净利润 50 万元）。假定无其他影响 B 公司所有者权益变动的事项。该项投资 2015 年 12 月 31 日的账面价值为（   ）万元。

    A. 502   B. 500   C. 497   D. 504. 5

16. 2×19 年 1 月 1 日，甲公司以支付银行存款的方式取得其母公司持有的乙公司 25% 的股权，支付银行存款 110 万元，对乙公司具有重大影响。当日乙公司可辨认净资产的公允价值为 400 万元。假定乙公司 2×19 年未发生净损益等所有者权益的变动。2×14 年甲公司从集团母公司手中进一步取得乙公司 30% 的股权，付出对价为一项固定资产，该固定资产的账面价值为 100 万元，公允价值为 120 万元。至此甲公司取得乙公司的控制权。合并日乙公司相对于最终控制方的所有者权益账面价值为 800 万元。已知该交易不属于一揽子交易。假定不考虑其他因素，则甲公司合并日应确认乙公司股

权的初始投资成本为（　　）。

    A. 230 万元　　　　B. 210 万元　　　　C. 350 万元　　　　D. 440 万元

（二）多项选择题

1. 对于企业取得长期股权投资时发生的各项费用，下列表述正确的有（　　）。

    A. 同一控制下的企业合并，合并方为进行企业合并发生的各项费用（不包括发行债券或权益性证券发生的手续费、佣金等），应当于发生时计入当期损益

    B. 企业合并中发行权益性证券发生的手续费、佣金等费用，应当抵减权益性证券溢价收入，溢价收入不足以冲减的，冲减留存收益

    C. 非企业合并方式下以支付现金方式取得长期股权投资，支付的手续费等必要支出应计入初始投资成本

    D. 非企业合并方式下，通过发行权益性证券方式取得长期股权投资，其手续费、佣金等要从溢价收入中扣除，溢价不足以冲减的，冲减盈余公积和未分配利润

2. 在同一控制下的企业合并中，合并方取得的净资产账面价值的份额与支付的合并对价账面价值（或发行股份面值总额）的差额，可能调整（　　）。

    A. 利润分配——未分配利润　　　　B. 资本公积

    C. 营业外收入　　　　　　　　　　D. 投资收益

3. 下列有关长期股权投资的表述中，不正确的有（　　）。

    A. 长期股权投资在取得时，应按取得投资的公允价值入账

    B. 企业合并取得长期股权投资，其中发行债券支付的手续费、佣金等应计入初始投资成本

    C. 企业取得长期股权投资时，实际支付的价款中包含的已宣告但尚未发放的现金股利应计入初始投资成本

    D. 投资企业在确认应享有被投资单位净损益的份额时，不须对被投资单位的账面净利润进行调整

4. 下列关于非同一控制下企业合并的表述中，正确的有（　　）。

    A. 以权益性证券作为合并对价的，与发行有关的佣金、手续费等，应从所发行权益性证券的发行溢价收入中扣除，权益性证券的溢价收入不足以冲减的，应冲减盈余公积和未分配利润

    B. 非同一控制下企业合并过程中发生的审计、法律服务、评估咨询等中介费用，应于发生时计入当期损益

    C. 以发行债券方式进行的企业合并，与发行有关的佣金、手续费等应计入债券的初始计量金额中。如是折价发行，则增加折价金额；如是溢价发行，则减少溢价金额

    D. 对于初始投资成本小于享有被投资方可辨认净资产公允价值份额的差额，应计入营业外收入

5. 可供出售金融资产因追加投资而转换为权益法核算的长期股权投资时，下列说

法中不正确的有（　　　）。

  A. 对于原持有股权投资在增资日的公允价值与账面价值的差额，应计入资本公积

  B. 对于原持有股权投资在增资日的公允价值与账面价值的差额，无须进行调整

  C. 对于原持有股权投资在增资之前所确认的其他综合收益，应转入营业外收入

  D. 对于原持有股权投资在增资之前所确认的其他综合收益，无须进行处理

6. 下列有关长期股权投资权益法核算的会计论述中，正确的是（　　　）。

  A. 当投资方对被投资方影响程度达到重大影响或重大影响以上时应采用权益法核算长期股权投资

  B. 因被投资方除净损益、其他综合收益和利润分配以外所有者权益的其他变动应计入资本公积，此项资本公积在投资处置时应转入投资收益

  C. 初始投资成本如果高于投资当日在被投资方拥有的可辨认净资产公允价值的份额，应作为投资损失，在以后期间摊入各期损益

  D. 当被投资方的亏损使得投资方的账面价值减至零时，如果投资方拥有被投资方的长期债权，实质上构成权益性投资，则应冲减此债权。如果依然不够冲抵，当投资方对被投资方承担连带亏损责任时，应贷记"预计负债"科目；否则将超额亏损列入备查簿中，等到将来被投资方实现盈余时，先冲减备查簿中的未入账亏损，再依次冲减预计负债，恢复长期债权价值，最后追加投资价值

7. 权益法下，被投资单位发生的下列交易或事项中，可能会影响"长期股权投资——损益调整"科目余额的有（　　　）。

  A. 被投资单位实现净利润

  B. 被投资单位宣告分派现金股利

  C. 被投资单位可供出售金融资产公允价值变动

  D. 发放股票股利

8. 下列有关长期股权投资处置的说法中正确的有（　　　）。

  A. 采用成本法核算的长期股权投资，处置长期股权投资时，其账面价值与实际取得价款的差额，应当计入当期损益

  B. 采用权益法核算的长期股权投资，因被投资单位除净损益、其他综合收益和利润分配以外所有者权益的其他变动而计入所有者权益的，处置该项投资时应当将原计入所有者权益部分的金额按相应比例转入当期损益

  C. 采用成本法核算的长期股权投资，处置长期股权投资时，其账面价值与实际取得价款的差额，应当计入所有者权益

  D. 采用权益法核算的长期股权投资，因被投资单位除净损益、其他综合收益和利润分配以外所有者权益的其他变动而计入所有者权益的，处置该项投资时不应将原计入所有者权益的部分转入当期损益，应按其账面价值与实际取得价款的差额，计入当期损益

9. A 公司所持有的下列股权投资中，通常应采用权益法核算的有（ ）。

    A. A 公司与 C 公司各持有 B 公司 50% 的股权，由 A 公司与 C 公司共同决定 B 公司的财务和经营政策

    B. A 公司持有 D 公司 15% 的股权，并在 D 公司董事会派有代表

    C. A 公司持有 E 公司 10% 的股权，E 公司的生产经营须依赖 A 公司的技术资料

    D. A 公司持有 F 公司 5% 的股权，同时持有 F 公司部分当期可转换公司债券，如果将 F 公司所发行的该项可转换债券全部转股，A 公司对 F 公司的持股比例将达到 30%

10. 下列股权投资中，不应作为长期股权投资，不应采用成本法核算的有（ ）。

    A. 投资企业对子公司的长期股权投资

    B. 投资企业对合营企业的股权投资

    C. 投资企业对联营企业的股权投资

    D. 投资企业对被投资单位不具有控制、共同控制和重大影响的股权投资

（三）判断题

1. 对于同一控制下的控股合并，合并方应以所取得的对方账面净资产份额作为长期股权投资成本。 （ ）

2. 合营方向共同经营投出或出售资产等（不构成业务），在该资产等由共同经营出售给第三方前，应当仅确认因该交易产生的损益中归属于共同经营其他参与方的部分。 （ ）

3. 非同一控制企业合并下，以发行权益性证券作为合并对价的，与发行权益性证券相关的佣金、手续费等应计入合并成本。 （ ）

4. 非同一控制下的企业合并，合并成本以企业作为对价所付出的资产、发生或者承担的负债以及发行权益性证券的公允价值进行计量，所支付的非货币性资产在购买日的公允价值与账面价值的差额计入资本公积。 （ ）

5. 权益法下，长期股权投资的初始投资成本小于投资时应享有被投资单位可辨认净资产公允价值份额的差额，应计入资本公积。 （ ）

6. 当长期股权投资的可收回金额低于其账面价值时，应当计提减值准备，长期股权投资减值准备一经确认，在以后会计期间不得转回。 （ ）

7. 投资者投入的长期股权投资，均应按照协议约定的价值确定初始投资成本。 （ ）

（四）计算分析题

1. 甲公司为上市公司，为提高市场占有率及实现多元化经营，在 2×16 年进行了一系列的投资和资本运作。

（1）甲公司于 2×16 年 4 月 6 日与乙公司的控股股东 A 公司签订了股权转让协议，主要内容如下：

①以乙公司 2×16 年 4 月 30 日经评估确认的净资产为基础，甲公司定向增发本公司普通股股票给 A 公司，A 公司以其所持有乙公司 80% 的股权作为对价。

②甲公司定向增发的普通股股数以协议公告前一段合理时间内公司普通股股票的加权平均股价（每股 16.35 元）为基础计算确定。

③A 公司取得甲公司定向增发的股份当日即撤出其原派驻乙公司的董事会成员，由甲公司对乙公司董事会进行改组。

（2）上述协议经双方股东大会批准后，具体执行情况如下：

①经评估确定，乙公司可辨认净资产于 2×16 年 5 月 31 日的公允价值为 150 000 万元。

②经相关部门批准，甲公司于 2×16 年 5 月 31 日向 A 公司定向增发 10 000 万股普通股股票（每股面值 1 元），并于当日办理了股权登记手续。2×16 年 5 月 31 日甲公司普通股收盘价为每股 18.50 元。

③甲公司为定向增发普通股股票，支付佣金和手续费 230 万元。相关款项已通过银行存款支付。

④甲公司于 2×16 年 5 月 31 日向 A 公司定向发行普通股股票后，即对乙公司董事会进行改组。改组后乙公司的董事会由 9 名董事组成，其中甲公司派出 6 名，其他股东派出 1 名，其余 2 名为独立董事。乙公司章程规定，其财务和生产经营决策须由董事会半数以上成员表决通过。

2×16 年 6 月 6 日，乙公司宣告分派 2×15 年度的现金股利 100 万元。

2×17 年 3 月 20 日，乙公司宣告分派 2×16 年度的现金股利 200 万元。

（3）其他有关资料如下：

甲公司与 A 公司在交易前不存在任何关联方关系，双方采用的会计政策和会计期间相同。合并前甲公司与乙公司未发生任何交易，不考虑增值税和所得税的影响。

要求：

（1）判断甲公司对乙公司合并所属类型，简要说明理由。

（2）判断甲公司对乙公司的长期股权投资后续计量采用的方法。

（3）计算长期股权投资的初始投资成本，并编制购买日的会计分录，同时计算购买日的合并商誉。

（4）编制甲公司 2×16 年 6 月 6 日相关的会计分录。

（5）编制甲公司 2×17 年 3 月 20 日相关的会计分录。

2. 甲公司 2×16 年至 2×19 年发生下列与长期股权投资有关的经济业务：

资料（一）：2×16 年 10 月 15 日，甲公司委托 B 公司加工一批材料，甲公司发出原材料实际成本为 296 万元。完工收回时支付加工费 100 万元（不含增值税）。该材料属于消费税应税物资，B 公司无同类物资售价。甲公司收回材料后计划将其直接对外出售。假设该材料的销售是甲公司的主营业务，甲、B 公司均为增值税一般纳税企业，适用的增值税税率为 17%，消费税税率为 10%。

2×16 年 12 月 5 日，甲公司已收回该批材料，并取得增值税专用发票。

资料（二）：

（1）2×17 年 1 月 1 日，甲公司以资料（一）中委托加工的材料为对价，取得乙公司 80% 的股份。该项投资属于非同一控制下的企业合并。当日，该批材料的公允价值为 500 万元，乙公司所有者权益的账面价值为 700 万元。为进行该项企业合并，甲公司发生审计、法律服务、评估咨询等中介费用共计 15 万元，以银行存款支付。

（2）2×17 年 5 月 2 日，乙公司宣告分配 2×16 年度现金股利 100 万元，2×17 年度乙公司实现利润 200 万元。

资料（三）：

（1）甲公司 2×17 年 3 月 1 日从证券市场上购入丙公司发行在外的 30% 的股份准备长期持有，从而对丙公司能够施加重大影响，实际支付款项为 2 000 万元（含已宣告但尚未发放的现金股利 60 万元），另支付相关税费 10 万元。

2×17 年 3 月 1 日，丙公司可辨认净资产公允价值为 6 600 万元，除一台管理用设备外，其他资产的公允价值与账面价值相等。该设备 2×17 年 3 月 1 日的账面价值为 400 万元，公允价值为 520 万元，采用年限平均法计提折旧，预计尚可使用年限为 10 年。

（2）2×17 年 3 月 20 日收到现金股利。

（3）2×17 年 12 月 31 日丙公司可出售金融资产的公允价值上升 200 万元。

（4）2×17 年丙公司实现净利润 510 万元，其中 1 月份和 2 月份共实现净利润 100 万元。

（5）2×18 年 3 月 10 日，丙公司宣告分派现金股利 100 万元。

（6）2×18 年 3 月 25 日，收到现金股利。

（7）2×18 年丙公司实现净利润 612 万元，除此之外，所有者权益未发生其他变动。

（8）2×19 年 1 月 5 日，甲公司将持有的丙公司 5% 的股份对外转让，收到款项 390 万元存入银行。转让后，甲公司持有丙公司 25% 的股份，对丙公司仍具有重大影响。

假设不考虑所得税等其他因素。

要求：

（1）编制资料（一）的相关会计分录；

（2）编制资料（二）的相关会计分录；

（3）编制资料（三）的相关会计分录。

（金额单位以万元表示）

（五）综合题

1. A 公司对 B 公司进行投资，相关资料如下：

（1）A 公司于 2×15 年 1 月 1 日以银行存款 3 000 万元取得 B 公司 40% 的股权，对被投资单位具有重大影响，采用权益法核算长期股权投资。2×15 年 1 月 1 日，B 公司可辨认净资产的公允价值为 10 000 万元，取得投资时被投资单位仅有一项固定资产的公允价值与账面价值不相等，除此以外，其他可辨认资产、负债的账面价值与公允价值相等。该固定资产原值为 200 万元，B 公司预计使用年限为 10 年，净残值为零，按照年限平均法计提折旧；该固定资产公允价值为 400 万元，A 公司预计其尚可使用年限为 8 年。双方采用的会计政策、会计期间相同，不考虑所得税因素。假定 A、B 公司未发生任何内部交易。

要求：编制 A 公司于 2×15 年 1 月 1 日投资的会计分录。

（2）2×15 年 9 月 10 日，B 公司将其账面价值为 500 万元的一批商品以 600 万元的价格出售给 A 公司，A 公司将取得的商品作为存货核算，至 2×15 年资产负债表日，A 公司仍未对外出售该存货。2×15 年 B 公司可供出售金融资产公允价值上升导致其他综合收益净增加 60 万元，2×15 年 B 公司实现的净利润为 402.5 万元。

要求：编制 A 公司 2×15 年有关长期股权投资的会计分录。

（3）2×16 年 3 月 10 日，B 公司宣告分配 2×15 年现金股利 200 万元，于 2×16 年 4 月 10 日实际对外发放。2×16 年 B 公司可供出售金融资产公允价值上升导致其他综合收益净增加 40 万元，2×16 年 B 公司实现的净利润为 440 万元。至 2×16 年资产负债表日，2×15 年 9 月 10 日 B 公司出售给 A 公司的存货已经对外出售 70%。

要求：编制 A 公司 2×16 年有关长期股权投资的会计分录。

（4）2×17 年 1 月至 9 月末，B 公司实现的净利润为 777.5 万元。至 2×17 年资产负债表日，2×15 年 9 月 10 日 B 公司出售给 A 公司的存货全部对外出售。2×17 年 1 月至 9 月末 B 公司未宣告分配现金股利，可供出售金融资产公允价值未发生变动。

要求：编制 A 公司 2×17 年 1 月至 9 月有关长期股权投资的会计分录。

（5）A 公司于 2×17 年 10 月 2 日，以银行存款 5 500 万元取得 B 公司 30% 的股权。至此 A 公司持有 B 公司 70% 的股权，对 B 公司生产经营决策实施控制。A 公司对 B 公司长期股权投资由权益法改为按照成本法核算。2×17 年 10 月 2 日 B 公司可辨认净资产公允价值为 17 000 万元。2×17 年 10 月 2 日之前持有的被购买方 40% 股权的公允价值为 7 350 万元。A 公司按照 10% 提取盈余公积。

假设不考虑所得税因素影响。

要求：编制 A 公司于 2×17 年 10 月 2 日追加投资及调整长期股权投资账面价值的相关会计分录，计算 2×17 年 10 月 2 日长期股权投资初始投资成本，计算 2×17 年 10 月 2 日合并成本及合并商誉。

2. 甲股份有限公司（本题下称"甲公司"）2×18 年至 2×19 年与长期股权投资有关的资料如下：

（1）2×18 年 1 月 20 日，甲公司与乙公司签订购买乙公司持有的丙公司 60% 股权的合同。合同规定：以丙公司 2×18 年 6 月 30 日评估的可辨认净资产价值为基础，协商确定对丙公司 60% 股权的购买价格；合同经双方股东大会批准后生效。

购买丙公司 60% 股权时，甲公司与乙公司不存在关联方关系。

（2）购买丙公司 60% 股权的合同执行情况如下：

①2×18 年 3 月 15 日，甲公司和乙公司分别召开股东大会，批准通过了该购买股权的合同。

②2×18 年 6 月 30 日，丙公司的所有者权益账面价值总额为 8 400 万元，其中股本 6 000 万元，资本公积 1 000 万元，盈余公积 400 万元，未分配利润 1 000 万元。当日经评估后的丙公司可辨认净资产公允价值总额为 10 000 万元。

丙公司的所有者权益账面价值总额与可辨认净资产公允价值总额的差额，由下列资产所引起：

单位：万元

项目	账面价值	公允价值
固定资产	3 600	4 800
无形资产	2 000	2 400

上表中，固定资产为一栋办公楼，预计该办公楼自 2×18 年 6 月 30 日起剩余使用年限为 20 年，净残值为零，采用年限平均法计提折旧；无形资产为一项土地使用权，预计该土地使用权自 2×18 年 6 月 30 日起剩余使用年限为 10 年，净残值为零，采用直线法摊销。该办公楼和土地使用权均为管理使用。

③经协商，双方确定丙公司 60% 股权的价格为 5 700 万元，甲公司以一项投资性房地产和一项交易性金融资产作为对价。

甲公司作为对价的投资性房地产，在处置前采用公允模式计量，在 2×18 年 6 月 30 日的账面价值为 3 800 万元（其中"成本"明细为 3 000 万元，"公允价值变动"明细为 800 万元），公允价值为 4 200 万元；

作为对价的交易性金融资产，在 2×18 年 6 月 30 日的账面价值为 1 400 万元（其中"成本"明细为 1 200 万元，"公允价值变动"明细为 200 万元），公允价值为 1 500 万元。

2×18 年 6 月 30 日，甲公司以银行存款支付购买股权过程中发生的审计费用、评估咨询费用共计 200 万元。

④甲公司和乙公司均于 2×18 年 6 月 30 日办理完毕上述相关资产的产权转让手续。

⑤甲公司于 2×18 年 6 月 30 日对丙公司董事会进行改组，并取得控制权。

（3）丙公司 2×18 年及 2×19 年实现损益等有关情况如下：

①2×18 年度丙公司实现净利润 1 200 万元（假定有关收入、费用在年度中间均匀发生），当年提取盈余公积 120 万元，未对外分配现金股利。

②2×19 年度丙公司实现净利润 1 600 万元，当年提取盈余公积 160 万元，未对外分配现金股利。

③2×18 年 7 月 1 日至 2×19 年 12 月 31 日，丙公司除实现净利润外，未发生引起股东权益变动的其他交易或事项。

（4）2×19 年 1 月 2 日，甲公司以 2 500 万元的价格出售丙公司 20% 的股权。当日，收到购买方通过银行转账支付的价款，并办理完毕股权转让手续。

甲公司在出售该部分股权后，持有丙公司的股权比例降至 40%，不再拥有对丙公司的控制权，但能够对丙公司实施重大影响。

2×19 年度丙公司实现净利润 800 万元，当年提取盈余公积 80 万元，未对外分配现金股利。丙公司因当年购入的可供出售金融资产公允价值上升导致其他综合收益净增加 300 万元。

（5）其他有关资料：

①不考虑相关税费因素的影响。

②甲公司按照净利润的 10% 提取盈余公积。

③不考虑投资单位和被投资单位的内部交易。

④出售丙公司 20% 股权后，甲公司无子公司，无须编制合并财务报表。

要求：

（1）根据资料（1）和（2），判断甲公司购买丙公司 60% 股权的合并类型，并说明理由。

（2）根据资料（1）和（2），计算甲公司该企业合并的成本、甲公司转让作为对价的投资性房地产和交易性金融资产对 2×18 年度损益的影响金额。

（3）根据资料（1）和（2），计算甲公司对丙公司长期股权投资的入账价值并编制相关会计分录。

（4）计算 2×19 年 12 月 31 日甲公司对丙公司长期股权投资的账面价值。

（5）计算甲公司出售丙公司 20% 股权产生的损益并编制相关会计分录。

（6）编制甲公司对丙公司长期股权投资由成本法转为权益法的相关追溯调整分录。

（7）计算 2×19 年 12 月 31 日甲公司对丙公司长期股权投资的账面价值，并编制相关会计分录。

（答案中的金额单位用万元表示）

五、参考答案及解析

（一）单项选择题

1.【答案】C

【解析】本题考核以企业合并以外的方式取得长期股权投资的初始计量。企业会计准则规定，除同一控制下的企业合并外，其他方式取得的长期股权投资，其中以支付现金取得的长期股权投资，应当按照实际支付的购买价款作为初始投资成本。初始投资成本包括与取得长期股权投资直接相关的费用、税金及其他必要支出。甲公司长期股权投资的初始投资成本 = 640+4 = 644（万元）。

借：长期股权投资　　　　　　　　　　　　　　　　　　　　644

　　贷：银行存款　　　　　　　　　　　　　　　　　　　　　　644

2.【答案】C

【解析】同一控制下长期股权投资的入账价值 = 6 000×80% = 4 800（万元）。应确认的资本公积 = 4 800-（1 000+3 200）= 600（万元）。相关会计分录如下：

借：长期股权投资　　　　　　　　　　　　　　　　　　　　4 800

　　贷：银行存款　　　　　　　　　　　　　　　　　　　　　1 000

　　　　无形资产　　　　　　　　　　　　　　　　　　　　　3 200

　　　　资本公积——股本溢价/资本溢价　　　　　　　　　　　600

3.【答案】A

【解析】增资导致权益法转为成本法，不须追溯调整。因此增资后该项长期股权投资的账面价值 = 4 800+5 700 = 10 500（万元）。

4.【答案】B

【解析】本题考核权益法涉及顺逆流交易时的处理。个别报表：

调整后的净利润份额=[3 000-（1 000-800）]×20%=560（万元）

借：长期股权投资——损益调整　　　　　　　　　　　　　　　560

　　贷：投资收益　　　　　　　　　　　　　　　　　　　　　　560

合并报表：

借：长期股权投资　　　　　　　　　　　　　　　　　　　　　　40

　　贷：存货　　　　　　　　　　　　　　　　　　　　　　　　　40

5.【答案】B

【解析】2×11年1月1日初始投资的账务处理：

借：长期股权投资——乙公司——投资成本　　　　　　　　　　2 100

　　贷：银行存款　　　　　　　　　　　　　　　　　　　　　2 000

　　　　营业外收入　　　　　　　　　　　　　　　　　　　　　100

调整后的净利润=800-（500-300）=600（万元）

计入投资收益的金额=600×30%=180（万元）

借：长期股权投资——乙公司——损益调整　　　　　　　　　　180

　　贷：投资收益　　　　　　　　　　　　　　　　　　　　　　180

因为"投资收益"和"营业外收入"均影响当期损益，因此2×11年度因该项投资增加当期损益的金额=180+100=280（万元）。

6.【答案】C

【解析】甲公司的合并成本=9 000+150=9 150（万元）。

该题的会计分录为：

借：长期股权投资　　　　　　　　　　　9 150（9 000+150）

　　累计摊销　　　　　　　　　　　　　　　　　　　　　　　440

　　无形资产减值准备　　　　　　　　　　　　　　　　　　　320

　　营业外支出　　　　　　　　　　　　　　　　　　　　　　120

　　贷：无形资产　　　　　　　　　　　　　　　　　　　　　9 880

　　　　银行存款　　　　　　　　　　　　　　　　　　　　　　150

7.【答案】C

【解析】选项A，长期股权投资处置损益=41 000-46 500×40%÷60%=10 000（万元）；

选项B，处置后剩余20%股权，46 500-31 000=15 500（万元）；

选项C，处置后剩余20%股权，假定对B公司不具有控制、共同控制和重大影响，并且在活跃市场中有报价、公允价值能可靠计量，应将其账面价值15 500万元作为交易性金融资产或可供出售金融资产，并采用公允价值进行后续计量，所以不正确；

选项D，剩余长期股权投资的账面价值15 500万元大于原剩余投资时应享有被投资单位可辨认净资产公允价值的份额5 300万元（15 500-51 000×20%），不调整长期股权投资。2016年6月30日的账面价值=15 500+（3 000-1 000）×20%+1 500×20%=16 200（万元）。

8.【答案】B

【解析】选项 B 的会计分录为：

借：应收股利

　　贷：长期股权投资

9.【答案】A

【解析】初始投资时产生的营业外收入 = 16 500×30% − （4 500+22.5）= 427.5（万元），期末根据净利润确认的投资收益 = 900×30% = 270（万元），所以对甲公司 2×17 年度利润总额的影响 = 427.5+270 = 697.5（万元）。

10.【答案】B

【解析】2×17 年甲公司应确认的投资收益 =［1 000−（500−400）×60%−（600−400）×（1−60%）］×30% = 258（万元）。

11.【答案】B

【解析】本题考核长期股权投资权益法的核算。长期股权投资的初始投资成本 = 450+5 = 455（万元），大于 A 公司享有 B 公司可辨认净资产公允价值份额 440 万元（2 200×20%），不须调整长期股权投资成本。

12.【答案】C

【解析】（1）A 公司确认处置损益的账务处理为：

借：银行存款　　　　　　　　　　　　　　　　　　　14 100 000

　　贷：长期股权投资——B 公司——投资成本　　　　　　9 000 000

　　　　　　　　　　　　　　——损益调整　　　　　　　2 400 000

　　　　　　　　　　　　　　——其他综合收益　　　　　1 500 000

　　　　投资收益　　　　　　　　　　　　　　　　　　1 200 000

（2）除应将实际取得价款与出售长期股权投资的账面价值进行结转，确认为处置当期损益外，还应将原计入其他综合收益的部分按比例转入当期损益。

借：其他综合收益　　　　　　　　　　　　　　　　　　1 500 000

　　贷：投资收益　　　　　　　　　　　　　　　　　　1 500 000

A 公司 20×9 年 11 月 30 日应该确认的投资收益 = 1 200 000+1 500 000 = 2 700 000（元）

13.【答案】D

【解析】本题考核长期股权投资的减值和处置。按《企业会计准则第 8 号——资产减值》的规定，长期股权投资已计提的减值准备不得转回。2×18 年年末即使甲公司长期股权投资的可收回金额高于账面价值，也不能恢复原来计提的 10 万元减值准备。

14.【答案】B

【解析】选项 A，初始投资成本 = 10 000×80% = 8 000（万元）；选项 B，B 公司宣告现金股利，A 公司确认投资收益 1 600 万元；选项 C、D，处置 B 公司股权确认的投资收益 = 9 000−10 000×80% = 1 000（万元）。

15.【答案】B

【解析】因取得该项投资后 A 公司能够控制 B 公司，所以 A 公司对此投资作为长期股权投资核算，并采用成本法进行后续计量。B 公司宣告分配现金股利和实现净利润对长期股权投资的账面价值没有影响，因此该项投资 2015 年 12 月 31 日的账面价值 = 500

万元。

16.【答案】D

【解析】本题属于多次交易分步实现同一控制企业合并的情况，合并日初始投资成本＝相对于最终控制方而言的所有者权益账面价值×持股比例＝800×（25%＋30%）＝440（万元）。

（二）多项选择题

1.【答案】ABCD

2.【答案】AB

【解析】在同一控制下的企业合并中，合并方取得的资产和负债，应当按照合并日在被合并方的账面价值计量。合并方取得的净资产账面价值的份额与支付的合并对价账面价值（或发行股份面值总额）的差额，应当调整资本公积；资本公积不足以冲减的，调整留存收益。

3.【答案】ABCD

【解析】选项 A，并不是所有的长期股权投资在取得时，都应按公允价值入账。比如同一控制下的企业合并，在取得长期股权投资时，按照取得的被投资方所有者权益的账面价值份额入账，故选项 A 不对；选项 B，应当计入所发行债券及其他债务的初始计量金额，而不是计入长期股权投资的初始投资成本；选项 C，应作为应收项目处理，不计入初始投资成本；选项 D，投资企业在确认应享有被投资单位净损益的份额时，应当以取得投资时点被投资单位各项可辨认资产的公允价值为基础，对被投资单位的净利润进行调整后确认。

4.【答案】ABC

【解析】选项 B，根据企业准则解释四中的规定，非同一控制下的企业合并中，购买方为企业合并所发生的审计、法律服务、评估咨询等中介费用以及其他相关管理费用，应当于发生时计入当期损益；选项 D，非同一控制下企业合并中，采用成本法对长期股权投资进行核算，不需要对初始投资成本小于应享有被投资单位可辨认净资产的差额进行调整。

5.【答案】ABCD

【解析】可供出售金融资产因追加投资而转换为权益法核算的长期股权投资时，对于原持有的股权投资的公允价值与账面价值之间的差额，以及原计入其他综合收益的累计公允价值变动应当转入改按权益法核算的当期损益（投资收益）。

6.【答案】BD

【解析】备选答案 A，当投资方对被投资方达到控制程度时，应采用成本法核算投资；备选答案 C，初始投资成本高于投资当日在被投资方拥有的可辨认净资产公允价值的份额的应视作购买商誉，不调整长期股权投资价值。

7.【答案】AB

【解析】选项 C，影响的是"长期股权投资——其他综合收益"科目；选项 D，被投资单位发放股票股利不影响被投资单位的所有者权益，投资方是不对长期股权投资的账面价值进行调整的。

8.【答案】AB

【解析】选项 C, 处置长期股权投资, 其账面价值与实际取得价款的差额, 应当计入投资收益; 选项 D, 采用权益法核算的长期股权投资, 因被投资单位除净损益、其他综合收益和利润分配以外所有者权益的其他变动而计入所有者权益的, 处置该项投资时应当将原计入所有者权益的部分按相应比例转入当期损益。

9.【答案】ABCD

【解析】本题考核权益法核算的范围。在判断投资企业对被投资方的影响时, 需要考虑潜在表决权的影响。选项 D, 考虑潜在表决权后, A 公司持股比例将达到 30%, 能够对 F 公司施加重大影响。

10.【答案】BCD

【解析】选项 BC, 应采取权益法核算; 选项 D, 按照最新的准则规定不应作为长期股权投资核算。

（三）判断题

1.【答案】对

【解析】同一控制下的企业合并, 合并方以支付现金、转让非现金资产或承担债务方式作为合并对价的, 应按被合并方所有者权益账面价值份额作为长期股权投资的初始投资成本。

2.【答案】对

3.【答案】错

【解析】应自发行收入中扣减, 无溢价或溢价不足以扣减时, 应冲减留存收益。

4.【答案】错

【解析】非同一控制下的企业合并, 合并成本以企业作为对价所付出的资产、发生或者承担的负债以及发行权益性证券的公允价值进行计量, 所支付的非货币性资产在购买日的公允价值与账面价值的差额应作为资产处置损益。

5.【答案】错

【解析】该差额应计入营业外收入。

6.【答案】对

7.【答案】错

【解析】投资者投入的长期股权投资, 应按投资合同或协议约定的价值作为初始投资成本, 但合同或协议约定价值不公允的除外。

（四）计算分析题

1.（1）因甲公司与 A 公司在合并前不存在任何关联方关系, 该项合并中参与合并各方在合并前后不存在同一最终控制方, 属于非同一控制下的企业合并。

（2）由于乙公司章程规定, 其财务和生产经营决策须由董事会半数以上成员表决通过, 而乙公司的董事会由 9 名董事组成, 其中甲公司派出 6 名, 其他股东派出 1 名, 其余 2 名为独立董事。因此甲公司拥有绝对控制权, 故采用成本法进行后续计量。

（3）初始投资成本＝合并成本＝18.50×10 000＝185 000（万元）

借：长期股权投资——乙公司   185 000

| 贷：股本 | | 10 000 |

贷：股本　10 000
　　资本公积——股本溢价　174 770
　　银行存款　230

计算购买日合并商誉＝185 000－150 000×80%＝65 000（万元）

（4）甲公司 2×16 年 6 月 6 日相关的会计分录：

借：应收股利　80（100×80%）
　　贷：投资收益　80

（5）甲公司 2×17 年 3 月 20 日相关的会计分录：

借：应收股利　160（200×80%）
　　贷：投资收益　160

2.（1）资料（一）相关会计分录编制如下：

发出原材料时：

借：委托加工物资　296
　　贷：原材料　296

支付加工费以及相关税金：

消费税组成计税价格＝（296＋100）÷（1－10%）＝440（万元）

借：委托加工物资　144（100＋440×10%）
　　应交税费——应交增值税（进项税额）　17（100×17%）
　　贷：银行存款　161

收回委托加工物资时：

借：库存商品　440
　　贷：委托加工物资　440

（2）资料（二）相关会计分录编制如下：

①2×17 年 1 月 1 日：

借：长期股权投资——乙公司　585
　　贷：主营业务收入　500
　　　　应交税费——应交增值税（销项税额）　85

借：管理费用　15
　　贷：银行存款　15

借：主营业务成本　440
　　贷：库存商品　440

②2×17 年 5 月 2 日：

借：应收股利　80
　　贷：投资收益　80

（3）资料（三）的相关会计分录编制如下：

①2×17 年 3 月 1 日：

借：长期股权投资——丙公司（投资成本）　1 980（6 600×30%）
　　应收股利　60
　　贷：银行存款　2 010

营业外收入   30

②2×17 年 3 月 20 日:

借: 银行存款   60

贷: 应收股利   60

③2×17 年 12 月 31 日:

借: 长期股权投资——丙公司 (其他综合收益)   60 (200×30%)

贷: 其他综合收益   60

④2×17 年 12 月 31 日:

先将投资后获得的账面净利润调整成按照公允价值计算的净利润 = (510 - 100) - (520 - 400) ÷ (10×12) × 10 = 400 (万元)

借: 长期股权投资——丙公司 (损益调整)   120 (400×30%)

贷: 投资收益   120

⑤2×18 年 3 月 10 日:

借: 应收股利   30 (100×30%)

贷: 长期股权投资——丙公司 (损益调整)   30

⑥2×18 年 3 月 25 日:

借: 银行存款   30

贷: 应收股利   30

⑦2×18 年 12 月 31 日:

先将投资后获得的账面净利润调整成按照公允价值计算的净利润 = 612 - (520 - 400) ÷ 10 = 600 (万元)

借: 长期股权投资——丙公司 (损益调整)   180 (600×30%)

贷: 投资收益   180

⑧2×19 年 1 月 5 日:

借: 银行存款   390

贷: 长期股权投资——丙公司 (投资成本)   330

            ——丙公司 (其他综合收益)   10

            ——丙公司 (损益调整)   45

投资收益   5

借: 其他综合收益   10

贷: 投资收益   10

(五) 综合题

1. (1) A 公司于 2×15 年 1 月 1 日投资的会计分录:

借: 长期股权投资——投资成本   3 000

贷: 银行存款   3 000

借: 长期股权投资——投资成本   1 000

贷: 营业外收入   1 000

（2）调整后的净利润=402.5-（400÷8-200÷10）-100=272.5（万元）

借：长期股权投资——损益调整 109（272.5×40%）

　　贷：投资收益 109

借：长期股权投资——其他综合收益 24（60×40%）

　　贷：其他综合收益 24

（3）A公司2×16年有关长期股权投资的会计分录：

借：应收股利 80（200×40%）

　　贷：长期股权投资——损益调整 80

借：银行存款 80

　　贷：应收股利 80

调整后的净利润=440-（400÷8-200÷10）+100×70%=480（万元）

借：长期股权投资——损益调整 192（480×40%）

　　贷：投资收益 192

借：长期股权投资——其他综合收益 16（40×40%）

　　贷：其他综合收益 16

（4）调整后的净利润=777.5-（400÷8-200÷10）×9÷12+100×30%=785（万元）

借：长期股权投资——损益调整 314（785×40%）

　　贷：投资收益 314

（5）A公司于2×17年10月2日追加投资及调整长期股权投资账面价值的相关会计分录：

借：长期股权投资 5 500

　　贷：银行存款 5 500

调整长期股权投资账面价值：

借：长期股权投资 4 575

　　贷：长期股权投资——投资成本 4 000

　　　　　　　　　　——损益调整 535（109-80+192+314）

　　　　　　　　　　——其他权益变动 40（24+16）

2×17年10月2日长期股权投资初始投资成本=4 575+5 500=10 075（万元）

2×17年10月2日合并成本=7 350+5 500=12 850（万元）

2×17年10月2日合并商誉=12 850-17 000×70%=950（万元）

2.（1）属于非同一控制下的控股合并。

理由：购买丙公司60%股权时，甲公司和乙公司不存在关联方关系。

（2）企业合并成本为所支付的非现金资产的公允价值5 700万元（4 200+1 500）。

甲公司转让的投资性房地产和交易性金融资产使2×18年利润总额增加的金额=（4 200-3 800）+（1 500-1 400）= 500（万元）。

（3）长期股权投资的入账价值为5 700万元。

借：长期股权投资——丙公司 5 700

　　贷：其他业务收入 4 200

　　　　交易性金融资产——成本 1 200

    ——公允价值变动   200

  投资收益   100

借：其他业务成本   3 800

 贷：投资性房地产——成本   3 000

     ——公允价值变动   800

借：公允价值变动损益   800

 贷：其他业务成本   800

借：公允价值变动损益   200

 贷：投资收益   200

借：管理费用   200

 贷：银行存款   200

（4）2×19 年 12 月 31 日甲公司对丙公司长期股权投资的账面价值为 5 700 万元。

（5）甲公司出售丙公司 20%股权产生的损益＝2 500－5 700×20%÷60%＝600（万元）。

借：银行存款   2 500

 贷：长期股权投资——丙公司   1 900（5 700×20%万元 60%）

   投资收益   600

（6）剩余 40%部分长期股权投资在 2×18 年 6 月 30 日的初始投资成本＝5 700－1 900＝3 800（万元），小于可辨认净资产公允价值的份额 4 000 万元（10 000×40%），应分别调整长期股权投资和留存收益 200 万元。

借：长期股权投资——投资成本   200

 贷：盈余公积   20

  利润分配——未分配利润   180

借：长期股权投资——投资成本   3 800

 贷：长期股权投资——丙公司   3 800

剩余 40%部分按权益法核算追溯调整的长期股权投资金额＝[（1 200÷2＋1 600）－1 200÷20×1.5－400÷10×1.5]×40%＝820（万元）。

借：长期股权投资——损益调整   820

 贷：盈余公积   82

  利润分配——未分配利润   738

（7）2×19 年 12 月 31 日甲公司对丙公司长期股权投资的账面价值＝（3 800＋200＋820）＋（800－1 200÷20－400÷10）×40%＋300×40%＝5 220（万元）。

借：长期股权投资——损益调整   280

 贷：投资收益   280

借：长期股权投资——其他综合收益 120

 贷：其他综合收益   120

第五章　固定资产

一、要点总览

固定资产的初始计量
- 外购
- 建造
- 租入
- 投资者投入

固定资产的后续计量
- 折旧
- 修理
- 更新
- 改良

固定资产的处置与清查
- 出售
- 报废
- 毁损
- 盘亏

二、本章重点难点

（一）重点

- 固定资产的确认与初始计量
- 固定资产的后续计量
- 固定资产的处置与清查

（二）难点

- 固定资产建造的核算
- 固定资产加速折旧的计算
- 固定资产更新的核算

三、关键内容小结

（一）固定资产的确认和初始计量

1. 固定资产的确认条件

定义	固定资产是指同时具有下列特征的有形资产： （1）为生产商品、提供劳务、出租或经营管理而持有的 （2）使用寿命超过一个会计年度
特征	（1）固定资产是有形资产 （2）可供企业长期使用 （3）不以投资和销售为目的 （4）具有可衡量的未来经济利益
确认条件	（1）与该固定资产有关的经济利益很可能流入企业 （2）该固定资产的成本能够可靠地计量

2. 固定资产的初始计量

初始计量的原则：按成本计量，企业取得某项固定资产达到预定使用状态前所发生的一切合理、必要的支出。

（1）固定资产的成本

直接成本	买价、运输费、包装费、安装费
间接成本	可资本化的借款利息、外币借款折算差额、应分摊的其他费用
弃置费用	按国家法律、国际公约所规定的由企业承担的环境保护和生态恢复等义务所确定的支出

（2）固定资产的初始计量

外购固定资产	①外购固定资产的入账成本＝前述的直接成本＋相关税费 ②注意赊购的处理：超过正常信用条件延期支付（三年以上），实质上具有融资性质的，入账成本按现值确定 借：固定资产/在建工程（现值） 　　未确认融资费用（在信用期内用实际利率法摊销） 　贷：长期应付款 如同时取得几项固定资产，各项资产的入账价值，应按各项固定资产的公允价的比例进行分配

（续表）

自行建造 固定资产	固定资产的入账成本＝在建造过程中实际发生的全部支出 核算上通过"在建工程"科目归集成本，完工后转入"固定资产"科目 （1）自行建造固定资产，在建工程成本包括各项料工费的成本 注意三点： ①注意区分领用工程物资和领用原材料处理的不同（与应交税金业务相关） ②剩余的原材料要冲减在建工程成本 ③盘盈、盘亏、报废、毁损的工程物资发生的损益净额，工程未完工的，记入或冲减工程成本；工程已完工的计入营业外收支 （2）以出包方式取得固定资产，在建工程只是预付工程款
融资租入 固定资产	①条件：实质上转移了与资产所有权有关的全部风险和报酬，如租期超过使用寿命的75% ②承租方负债——长期应付款：按最低租赁付款额入账（应付出租方的租金、最后一笔买价或"担保余值"） ③资产的入账价值： A."租赁开始日租赁资产公允价值"与"最低租赁付款额现值"两者的低者 B. 租赁直接费用（租赁项目的手续费、律师费、差旅费、印花税等） ④会计分录 购入时： 借：固定资产/在建工程（入账价值） 　　未确认融资费用（在租赁期内用实际利率法摊销） 　　贷：长期应付款 付款时： 借：长期应付款 　　贷：银行存款 按期摊销确认融资费用和提折旧时： 借：财务费用 　　贷：未确认融资费用 借：制造费用/管理费用 　　贷：累计折旧 到期付清最后买价后转自有资产时： 借：固定资产——自有 　　贷：固定资产——融资租赁
存在弃置 费用的固 定资产	弃置费用——企业承担环境保护和生态恢复等确定的支出 一般企业的清理费用不属于弃置费用 弃置费用的现值应计入固定资产初始价值，并形成预计负债 弃置费用现值与终值的差额，采用实际利率法计算，在固定资产的使用寿命内计入财务费用 公式：每期摊销额＝期初预计负债的摊余成本×实际利率

（二）固定资产的后续计量

固定资产的后续计量包括：固定资产折旧及更新改造、修理支出等。

1. 固定资产折旧

（1）折旧范围

①类别范围

除以下情况外，企业应当对所有固定资产计提折旧：

第一，已提足折旧仍继续使用的固定资产；

第二，作为固定资产入账的土地；

第三，持有待售的固定资产。

②时间范围

当月增加的固定资产，当月不提，次月起计提；

当月减少的固定资产，当月照提，次月起不提。

③应计折旧总额范围

应计折旧总额＝原值－净残值

（2）折旧方法

折旧方法	折旧率	折旧额	备注
年限平均法（直线法）	年折旧率＝1－预计净残值率÷预计使用年限	年折旧额＝原价×年折旧率	预计净残值率＝预计净残值÷原价×100%
工作量法	单位工作量折旧额＝固定资产原价×（1－预计净残值率）÷预计总工作量	年折旧额＝该项固定资产当期工作量×单位工作量折旧额	按单位工作量计算，工作量可以是千米、台班、小时等
双倍余额递减法	年折旧率＝2÷预计使用年限×100%（不考虑残值，以直线法折旧率的两倍作为折旧率）	年折旧额＝固定资产账面净值×折旧率	在固定资产折旧年限到期的前两年内，将固定资产的账面净值扣除预计净残值后的净值平均摊销
年数总和法	折旧率＝尚可使用年限÷预计使用年限的年数总和×100%	折旧额＝（固定资产原值－预计净残值）×折旧率	已计提减值准备的固定资产，应当按照该项资产的账面价值（固定资产账面余额扣减累计折旧和累计减值准备后的金额）以及尚可使用寿命重新计算确定折旧率和折旧额

2. 固定资产后续支出

后续支出符合固定资产定义及确认条件时，资本化；后续支出不符合固定资产定义及确认条件的——费用化。（一次性记入当期损益）

处理原则：与固定资产有关的更新改造等后续支出，符合固定资产确认条件的，应当计入固定资产成本，同时将被替换部分的账面价值扣除；与固定资产有关的修理费用等后续支出，不符合固定资产确认条件的，应当计入当期损益。

（1）资本化的后续支出	具体业务包括：更新改造、改良、房屋装修。转在建工程并停止提折旧；后续支出通过"在建工程"科目核算；完工后转回固定资产重新确认年折旧（掌握更新改造后新的入账价值）
（2）费用化的后续支出	不符合上述资本化条件的均费用化 具体业务形式：固定资产修理支出 支出时均一次性费用化，不再进行待摊和预提
具体实务中，发生后续支出通常的处理方法	①固定资产修理费用，应当直接计入当期费用 ②固定资产改良支出，应当计入固定资产账面价值 ③不能区分是修理或改良时，按是否满足固定资产确认条件来判断 ④固定资产装修费用，如果满足固定资产确认条件的，单设"固定资产——固定资产装修"科目核算 同时注意： ①折旧期间取两次装修的间隔期与固定资产尚可使用年限两者中的较短者 ②下次装修时，将未摊完的价值一次全部计入营业外支出

（三）固定资产的处置

业务形式包括：出售、转让、报废、毁损、对外投资、非货币性资产交换、债务重组等。

核算上：应通过"固定资产清理"账户核算。

核算上要区别于固定资产清查的核算。

固定资产清查指盘盈和盘亏的处理，核算上，盘亏通过"待处理财产损溢"核算；盘盈按前期会计差错处理。

固定资产终止确认的条件	固定资产处于处置状态		处于处置状态的固定资产不再用于生产商品、提供劳务、出租或经营管理，因此不再符合固定资产的定义，应予以终止确认
	预期不能产生经济利益		固定资产的确认条件之一是"经济利益很可能流入企业"，如果一项固定资产不能产生经济利益，就不再符合固定资产的定义和确认条件，应予以终止确认
固定资产处置的会计处理			固定资产进入清理阶段后，账面价值转入"固定资产清理"科目，转销账面价值即转销账面余额、累计折旧、减值准备科目余额
			出售机器设备，有可能会涉及计算增值税销项税额；出售建筑物不缴纳增值税
			固定资产处置的净损益，计入营业外收支
固定资产盘亏和盘盈的会计处理	固定资产盘亏	发现盘亏时	借：待处理财产损溢 　　累计折旧 　　固定资产减值准备 贷：固定资产
		报经批准后	借：其他应收款，营业外支出 贷：待处理财产损溢

四、练习题

（一）单项选择题

1. 下列各项资产中，不符合固定资产定义的是（   ）。

    A. 企业以融资租赁方式租入的机器设备

    B. 企业以经营租赁方式出租的机器设备

    C. 企业为生产持有的机器设备

    D. 企业以经营租赁方式出租的建筑物

2. 甲公司为增值税一般纳税人，适用的增值税税率为17%，2×15年1月购入一台设备，取得的增值税专用发票上标明价款为10 000元，增值税税额为1 700元。取得的货物运输行业增值税专用发票上注明运输费为1 000元，增值税进项税额为110元。另发生保险费1 500元、装卸费300元。款项全部以银行存款支付，则甲公司购入该设备的入账价值为（   ）元。

    A. 11 800   B. 12 800   C. 12 970   D. 12 690

3. 企业自行建造固定资产过程中发生的损失，应计入当期营业外支出的是（   ）。

    A. 完工后工程物资报废或毁损的净损失

    B. 建设期间工程物资的盘亏净损失

    C. 建设期间工程物资的毁损净损失

    D. 在建工程进行负荷联合试车发生的费用

4. 英明公司为增值税一般纳税人，适用的增值税税率为17%。2×14年9月1日，英明公司决定自行建造一栋办公楼，外购工程物资一批并全部领用，其价款为50 000元（含增值税），款项已通过银行存款支付；办公楼建造时，领用本公司外购的原材料一批，价值（不含增值税）20 000元；领用本公司所生产的库存产品一批，成本为48 000元，公允价值为50 000元，应付建造工人的工资为10 000元。办公楼于2×15年12月完工。该办公楼达到预定可使用状态时的入账价值为（   ）元。

    A. 128 000   B. 130 000   C. 138 500   D. 139 900

5. 甲公司属于核电站发电企业，2×15年1月1日正式建造完成并交付使用一座核电站核设施，成本为300 000万元，预计使用寿命为50年。据国家法律和行政法规、国际公约等规定，企业应承担环境保护和生态恢复等义务。2×15年1月1日预计50年后该核电站核设施在弃置时，将发生弃置费用20 000万元，且金额较大。在考虑货币的时间价值和相关期间通货膨胀等因素后确定的折现率为5%（50年期折现率为5%的复利现值系数为0.087 2）。则该固定资产的入账价值为（   ）万元。

    A. 320 000   B. 280 000   C. 301 744   D. 429 357.80

6. 2×13年6月30日，英明公司购入一台不需要安装的生产设备，以银行存款支付价款300万元，并支付增值税税额51万元，购入后立即达到预定可使用状态。该设备的预计使用寿命为8年，预计净残值为20万元，采用年限平均法计提折旧。2×14年

12 月 31 日因出现减值迹象，英明公司对该设备进行减值测试，预计该设备的公允价值为 200 万元，处置费用为 15 万元；如果继续使用，预计未来使用及处置产生现金流量的现值为 175 万元。假定原预计使用寿命、净残值以及选用的折旧方法不变。不考虑其他因素，英明公司 2×14 年 12 月 31 日对该生产设备应当计提减值准备的金额为（　　）万元。

    A. 0　　　　　　　B. 47.5　　　　　　C. 62.5　　　　　　D. 72.5

7. 2×15 年 3 月 31 日，甲公司采用出包方式对某固定资产进行改良，该固定资产账面原价为 3 600 万元，预计使用年限为 5 年，已使用 3 年，预计净残值为零，采用年限平均法计提折旧。甲公司改良过程中支付出包工程款 96 万元。2×15 年 8 月 31 日，改良工程完工，固定资产达到预定可使用状态并投入使用，重新预计其尚可使用年限为 4 年，预计净残值为零，采用年限平均法计提折旧。2×15 年度甲公司对该固定资产应计提的折旧额为（　　）万元。

    A. 128　　　　　　B. 180　　　　　　C. 308　　　　　　D. 384

8. 甲公司为增值税一般纳税人，适用的增值税税率为 17%。甲公司建造一栋办公楼于 2×14 年 6 月 20 日达到预定可使用状态，但尚未办理竣工决算，暂估价值为 100 万元。2×14 年 12 月 31 日办理完竣工决算手续，实际结算金额为 120 万元。该办公楼预计使用年限为 10 年，预计净残值为零，甲公司采用年限平均法计提折旧。不考虑其他因素，甲公司 2×15 年应该计提的折旧的金额为（　　）万元。

    A. 12.63　　　　　B. 12.11　　　　　C. 12.22　　　　　D. 5

9. 浩然公司 2×14 年年底出售一台设备，协议设备售价为 60 万元，发生清理费用 3 万元。该设备为 2×12 年 3 月购入，原价为 200 万元，至出售时已经计提折旧 50 万元，计提减值准备 25 万元。浩然公司 2×14 年因出售该设备对利润总额的影响金额为（　　）万元。

    A. −57.8　　　　　B. −65　　　　　　C. −68　　　　　　D. 68

10. 下列选项中，不属于企业将非流动资产划分为持有待售资产应满足的条件的是（　　）。

    A. 企业已经就处置该非流动资产做出决议

    B. 企业已经与受让方签订了不可撤销的转让协议

    C. 该项转让将在六个月内完成

    D. 该项转让将在一年内完成

（二）多选择选择

1. 如果购买固定资产的价款超过正常信用条件延期支付，实质上具有融资性质的，下列说法中正确的有（　　）。

    A. 固定资产的成本以购买价款的现值为基础确定

    B. 实际支付的价款与购买价款的现值之间的差额，无论是否符合资本化条件，均应当在信用期间内计入当期损益

    C. 实际支付的价款与购买价款的现值之间的差额，无论是否符合资本化条件，均应当在信用期间内资本化

D. 实际支付的价款与购买价款的现值之间的差额,符合资本化条件的,应当在信用期间内资本化;不符合资本化条件的,在信用期间内计入当期损益

2. 英明公司为增值税一般纳税人,适用的增值税税率为17%。2×15 年 2 月 28 日,英明公司购入一台需要安装的设备,以银行存款支付设备价款 600 万元、增值税进项税额 102 万元。3 月 10 日,设备开始安装,在安装过程中,英明公司发生安装人员工资 50 万元;领用原材料一批,该批原材料的成本为 30 万元,相应的增值税进项税额为 5.1 万元,市场价格(不含增值税)为 40 万元。设备于 2×15 年 6 月 20 日完成安装,达到预定可使用状态。下列支出应当计入英明公司外购设备的初始入账价值的有( )。

A. 设备价款 600 万元
B. 安装人员工资 50 万元
C. 材料成本 30 万元
D. 材料市价 40 万元

3. 下列有关以出包方式建造固定资产的表述中,正确的有( )。
A. 以出包方式建造的固定资产成本包括发生的建筑工程支出、安装工程支出,以及须分摊计入固定资产价值的待摊支出
B. 待摊支出包括为建造工程发生的管理费、应负担的税金、符合资本化条件的借款费用、建设期间发生的工程物资盘亏、报废及毁损净损失以及负荷联合试车费等
C. 企业为建造固定资产通过出让方式取得土地使用权而支付的土地出让金,计入在建工程成本
D. 按规定预付的工程价款通过"预付账款"科目核算

4. 下列有关固定资产成本的确定,说法正确的有( )。
A. 投资者投入固定资产的成本,应当按照投资合同或协议约定的价值确定
B. 企业以融资租赁方式租入的固定资产发生的改良支出,符合资本化条件的应予以资本化
C. 核电站核设施企业预计的弃置费用现值应计入固定资产的成本
D. 融资租入的固定资产,承租人应当将租赁开始日租赁资产公允价值与最低租赁付款额现值两者中较低者作为租入资产入账价值的基础

5. 下列项目中,应计提折旧的有( )。
A. 以经营租赁方式出租的机器设备
B. 已达到预定可使用状态但尚未办理竣工决算的固定资产
C. 已提足折旧仍继续使用的固定资产
D. 融资租入的固定资产

6. 关于固定资产计提折旧应记入科目的说法中,正确的有( )。
A. 基本生产车间使用的固定资产,其计提的折旧计入制造费用
B. 管理部门使用的固定资产,其计提的折旧计入管理费用
C. 经营出租的固定资产,其计提的折旧计入管理费用
D. 未使用的固定资产,其计提的折旧应计入管理费用

7. A 公司为增值税一般纳税人,适用的增值税税率为17%。A 公司于 2×14 年 12 月 31 日对一项生产设备的某一主要部件进行更换,被更换部件的账面原值为 420 万元,

出售取得变价收入 1 万元。该生产设备为 2×11 年 12 月购入，原价为 1 200 万元，采用年限平均法计提折旧，使用寿命为 10 年，预计净残值为零，2×14 年年末计提减值准备 60 万元。A 公司于 2×15 年 1 月购买工程物资，支付价款 800 万元、增值税税额 136 万元。它符合固定资产确认条件，不考虑残值。关于 A 公司的会计处理，下列说法中正确的有（　　）。

    A. 对该项固定资产进行更换前的账面价值为 780 万元

    B. 被更换部件的账面价值为 294 万元

    C. 对该项固定资产进行更换后的入账价值为 1 074 万元

    D. 被替换部件影响利润总额的金额为 -272 万元

8. 下列关于固定资产的有关核算中，表述正确的有（　　）。

    A. 生产车间的固定资产日常修理费用应当计入制造费用

    B. 企业专设销售机构发生的固定资产日常修理费用计入销售费用

    C. 建造厂房领用外购原材料时，原材料对应的增值税进项税额应计入在建工程成本

    D. 盘盈固定资产，应通过"待处理财产损溢"科目核算

9. 下列为建造工程发生的费用中，属于"待摊支出"科目核算范围的有（　　）。

    A. 可行性研究费

    B. 应负担的税金

    C. 建设期间发生的工程物资盘亏、报废及毁损净损失

    D. 负荷联合试车费

10. 下列有关专项储备的表述中正确的有（　　）。

    A. 高危行业按照国家规定提取的安全生产费，应当计入相关产品成本或当期费用

    B. 使用提取的安全生产费用形成固定资产的，形成固定资产的同时按固定资产的成本全额计提折旧，该固定资产在以后期间不再分期计提折旧

    C. 企业使用提取的安全生产费时，属于费用性支出的，支付时会减少所有者权益

    D. 使用提取的安全生产费时，属于费用性支出的，直接冲减专项储备

（三）判断题

1. 企业因固定资产盘亏造成的待处理非流动资产净损失属于企业的资产。（　　）

2. 以一笔款项购入多项没有单独标价的固定资产，应当按照各项固定资产的账面价值比例对总成本进行分配，分别确定各项固定资产的成本。（　　）

3. 对于融资租入固定资产，无法合理确定租赁期届满后承租人是否能够取得租赁资产所有权的，应当以租赁期与租赁资产使用寿命两者中较短者作为折旧期间。（　　）

4. 企业固定资产的预计报废清理费用，可作为弃置费用，按其现值计入固定资产成本，并确认为预计负债。（　　）

5. 企业采用年数总和法计算折旧额时，在固定资产使用初期不考虑净残值，只有

在其折旧年限到期以前两年内才考虑净残值的问题。　　　　　　　　　　（　　）

6. 更新改造固定资产时，发生的支出应当直接计入当期损益。　　　　（　　）

7. 在处置固定资产（不动产）时，发生的营业税，应通过"税金及附加"科目核算。　　　　　　　　　　　　　　　　　　　　　　　　　　　　　　　　　（　　）

8. 企业购入不需要安装的生产设备，购买价款超过正常信用条件延期支付，实质上具有融资性质的，应当以合同约定的购买价款确定其成本。　　　　　　　（　　）

9. 企业使用提取的安全生产费购建不需要安装的安全防护设备时，应借记"专项储备"科目，贷记"银行存款"科目。　　　　　　　　　　　　　　　　　（　　）

10. 确定融资租入固定资产的折旧期间时，应以租赁开始日租赁资产的使用寿命作为折旧期间。　　　　　　　　　　　　　　　　　　　　　　　　　　　　　　（　　）

（四）计算分析题

1. 长江公司有关固定资产更新改造的资料如下：

（1）2×12 年 12 月 30 日，该公司自行建造一条生产线，建造成本为 1 536 000 元；采用年限平均法计提折旧；预计净残值率为 4%，预计使用寿命为 5 年。

（2）2×14 年 12 月 31 日，由于生产的产品适销对路，现有生产线的生产能力已难以满足公司生产发展的需要，但若新建生产线则建设周期过长。公司决定对现有生产线进行改扩建，以提高其生产能力。假定该生产线未发生减值。

（3）2×15 年 1 月 1 日至 3 月 31 日，经过三个月的改扩建，长江公司完成了对这条生产线的改扩建工程。生产线达到预定可使用状态，共发生支出 4 50 800 元，全部以银行存款支付。

（4）该生产线改扩建工程达到预定可使用状态后，大大提高了生产能力，预计尚可使用寿命为 10 年。假定改扩建后的生产线的预计净残值率为改扩建后固定资产账面价值的 3%，折旧方法为年数总和法。

（5）不考虑其他相关税费等因素，公司按年度计提固定资产折旧。

要求：根据以上资料，逐笔编制 2×13 年至 2×15 年年末与固定资产相关的会计分录。（答案中金额单位用元表示）

2. 长江公司 2×11 年至 2×15 年与固定资产有关的业务资料如下：

（1）2×11 年 12 月 12 日，长江公司购进一台不需要安装的设备，取得的增值税专用发票上注明的设备价款为 456 万元，另支付运杂费 5 万元。款项以银行存款支付，假设没有发生其他相关税费。该设备于当日投入使用，预计使用年限为 6 年，预计净残值为 11 万元，采用年限平均法计提折旧。

（2）2×12 年 6 月长江公司对该设备进行简单维修，领用维修材料 9 000 元，发生修理人员工资 1 000 元。

（3）2×13 年 12 月 31 日，因存在减值因素，长江公司对该设备进行减值测试，2×13 年 12 月 31 日该设备的公允价值减去处置费用的净额为 271 万元，预计该设备未来使用及处置产生的现金流量现值为 291 万元。假定计提减值准备后设备的预计净残值、使用年限和折旧方法不变。

（4）2×15 年 6 月，因转产该设备停止使用，2×15 年 11 月 30 日长江公司以 90 万元将该设备出售给甲公司，处置时发生固定资产清理费用 10 万元，以银行存款支付。

假定不考虑其他相关税费，要求：

（1）计算长江公司购入设备的入账价值；

（2）计算 2×15 年上述设备应计提的折旧额；

（3）编制 2×15 年长江公司出售该设备的会计分录。

（答案中的金额单位用万元表示）

（五）综合题

1. 甲公司为增值税一般纳税人，适用的增值税税率为 17%，该公司内部审计部门在对其 2×14 年度财务报表进行内审时，对以下交易或事项的会计处理提出疑问：

（1）2×14 年 12 月 1 日，甲公司将自己生产的 20 台空调安装在厂房。其每台成本金额为 0.5 万元，市场价格为 0.6 万元，发生安装费 0.4 万元。款项均以银行存款支付，没有发生其他相关税费。

甲公司对上述交易或事项的会计处理如下：

借：在建工程	14.44	
贷：主营业务收入		12
应交税费——应交增值税（销项税额）		2.04
银行存款		0.4
借：主营业务成本	10	
贷：库存商品		10

（2）2×14 年 3 月 31 日，甲公司与丙公司签订合同，自丙公司购买不需要安装的设备供管理部门使用，合同价款为 6 000 万元（不考虑增值税的影响）。因甲公司现金流量不足，按合同约定，价款自合同签订之日起满 1 年后分 3 期支付，每年 4 月 1 日支付 2 000 万元。预计该设备使用寿命为 5 年，预计净残值为零，采用年限平均法计提折旧。

甲公司 2×14 年对上述交易或事项的会计处理如下：

借：固定资产	6 000	
贷：长期应付款		6 000
借：管理费用	900	
贷：累计折旧		900

（3）2×12 年 6 月 30 日，甲公司正式建造完成并交付使用一座核电站，全部成本为 200 000 万元，预计使用寿命为 40 年。根据国家法律和行政法规、国际公约等的规定，企业应承担环境保护和生态恢复等义务。2×12 年 6 月 30 日预计 40 年后该核电站核设施弃置时，将发生弃置费用 20 000 万元（金额较大）。假定计提固定资产折旧记入"生产成本"科目，2×12 年下半年生产的产品尚未完工。

甲公司对上述交易或事项的会计处理如下：

借：固定资产	200 000	
贷：在建工程		200 000
借：生产成本	2 500	
贷：累计折旧		2 500

假定在考虑货币的时间价值和相关期间通货膨胀等因素下确定的折现率为10%。已知：（P/F，10%，40）= 0.022 1，（P/A，10%，3）= 2.486 9。（计算结果保留两位小数，答案中的金额单位用万元表示）

要求：根据上述资料，逐项判断甲公司的会计处理是否正确；如不正确，简要说明理由，并给出正确的会计处理。

2. 大海公司经当地有关部门批准，新建一个火电厂。建造的火电厂由3个单项工程组成，包括建造发电车间、冷却塔以及安装发电设备。2×13年3月2日，大海公司与祥瑞公司签订合同，将该项目出包给祥瑞公司承建。根据双方签订的合同，建造发电车间的价款为2 000万元，建造冷却塔的价款为1 200万元，安装发电设备须支付安装费用200万元。建造期间发生的有关事项如下（假定不考虑相关税费）：

（1）2×13年3月15日，大海公司按合同约定向祥瑞公司预付10%的备料款320万元，其中发电车间200万元、冷却塔120万元。

（2）2×13年9月10日，发电车间和冷却塔的工程进度达到50%，大海公司与祥瑞公司办理工程价款结算1 600万元，其中发电车间1 000万元、冷却塔600万元。大海公司抵扣了预付备料款后，将余款用银行存款付讫。

（3）2×13年10月5日，大海公司购入一台需要安装的发电设备，价款总计1 400万元，已用银行存款付讫。

（4）2×14年3月5日，建筑工程主体已完工，大海公司与祥瑞公司办理工程价款结算1 600万元，其中发电车间1 000万元、冷却塔600万元。大海公司向祥瑞公司开具了一张期限为3个月的商业票据。

（5）2×14年4月1日，大海公司将发电设备运抵现场，交付祥瑞公司安装。

（6）2×14年5月10日，发电设备安装完成，大海公司与祥瑞公司办理了设备安装价款结算200万元，款项以银行存款支付。

（7）工程项目发生管理费、可行性研究费、公证费、监理费共计116万元，已用银行存款付讫。

（8）2×14年5月，进行负荷联合试车，领用本企业材料40万元，用银行存款支付其他试车费用20万元，试车期间取得发电收入80万元。

（9）2×14年6月1日，完成试车，各项指标达到设计要求。

要求：编制大海公司上述业务的会计分录。

3. 甲公司为上市公司，该公司内部审计部分在对其2×13年度财务报表进行内审时，对以下交易或事项的会计处理提出疑问：

（1）为降低能源消耗，甲公司对A生产设备部分构件进行更换。构件更换工程于2×13年1月1日开始，2×13年10月25日达到预订可使用状态并交付使用，共发生成本1 300万元。至2×13年1月1日，A生产设备的成本为4 000万元，已计提折旧1 600万元，账面价值为2 400万元。其中被替换构件的账面价值为400万元，被替换构件已无使用价值。A生产设备原预计使用10年，更换构件后预计还可使用8年。采用年限平均法计提折旧，假定无残值。甲公司2×13年相关会计处理如下：

借：在建工程　　　　　　　　　　　　　　　　　　　　　2 400
　　累计折旧　　　　　　　　　　　　　　　　　　　　　1 600

贷：固定资产	4 000
借：在建工程	1 300
贷：银行存款等	1 300
借：固定资产	3 700
贷：在建工程	3 700
借：制造费用	77.1
贷：累计折旧	77.1

（2）2×12 年 11 月 20 日，甲公司购进一台需要安装的 B 设备，取得的增值税专用发票上注明的设备价款为 1 000 万元，可抵扣增值税进项税额为 170 万元，款项已通过银行支付。安装 B 设备时，甲公司领用原材料 50 万元（不含增值税），支付安装人员工资 30 万元。2×13 年 6 月 30 日，B 设备达到预订可使用状态，B 设备预计使用年限为 5 年，预计净残值率为 5%，甲公司采用双倍余额递减法计提折旧。假定该设备是用于管理部门使用。甲公司 2×13 年计提折旧的会计处理如下：

| 借：管理费用 | 205.2 |
| 贷：累计折旧 | 205.2 |

（3）甲公司采用融资租赁方式租入一台不需要安装的生产用大型设备，设备已于 2×13 年 1 月 1 日达到预定可使用状态。租赁期为 3 年，每年年末支付租金 400 万元，租赁合同表明年利率为 5%，该设备的公允价值为 1 300 万元。签订合同过程中发生直接归属于该租赁项目的差旅费等 7.96 万元，承租人相关的第三方提供的租赁资产担保余值为 200 万元，该设备的预计使用年限为 4 年，预计净残值为 140 万元。甲公司采用年限平均法计提折旧。（假定 2×13 年按全年计提折旧，不考虑未确认融资费用的摊销）已知（P/A，5%，3）= 2.723 2，（P/F，5%，3）= 0.863 8。甲公司 2×13 年会计处理如下：

借：固定资产	1 300
未确认融资费用	100
贷：长期应付款	1 400
借：制造费用	290
贷：累计折旧	290

假定生产产品的机器设备在年末全部生产完工并未对外进行销售。

要求：根据资料（1）至（3），逐项判断甲公司会计处理是否正确。如不正确，简要说明理由，并编制有关差错更正的会计分录。（有关差错更正按当期差错处理，且不要求编制结转损益的会计分录）

五、参考答案及解析

（一）单项选择题

1.【答案】D

【解析】选项 ABC 均属于固定资产的核算范围，符合固定资产的定义；选项 D，出租的建筑物属于投资性房地产的核算范围，不符合固定资产的定义。

2.【答案】B

【解析】该设备的入账价值＝10 000+1 000+1 500+300＝12 800（元）。

3.【答案】A

【解析】选项 A，完工后工程物资报废或毁损的净损失，应记入"营业外支出"科目；选项 B 和 C，应借记"在建工程——待摊支出"科目，贷记"工程物资"科目；选项 D，应借记"在建工程——待摊支出"科目，贷记"银行存款"等科目。

4.【答案】D

【解析】该办公楼的入账价值＝50 000+20 000+20 000×17%+48 000+50 000×17%+10 000＝139 900（元）。

5.【答案】C

【解析】该固定资产的入账价值＝300 000+20 000×0.087 2＝301 744（万元）。

6.【答案】C

【解析】12 月 31 日固定资产已计提折旧的金额＝（300-20）÷8×1.5＝52.5（万元）。2×14 年 12 月 31 日固定资产计提减值前的账面价值＝300-52.5＝247.5（万元），公允价值减去处置费用后的净额＝200-15＝185（万元），预计未来现金流量现值为 175 万元，所以可收回金额为 185 万元。因此应当计提减值准备的金额＝247.5-185＝62.5（万元）。

7.【答案】C

【解析】2×15 年 8 月 31 日改良后固定资产的账面价值＝3 600-3 600÷5×3+96＝1 536（万元），2×15 年 9 月至 12 月份应计提折旧额＝1 536÷4×4÷12＝128（万元）。2×15 年 1 月至 3 月份应计提的折旧额＝3 600÷5÷12×3＝180（万元），所以 2×15 年甲公司对该项固定资产应计提折旧额＝180+128＝308（万元）。

8.【答案】B

【解析】所建造的固定资产已达到预定可使用状态，但尚未办理竣工决算的，应当自达到预定可使用状态之日起，根据工程预算、造价或者工程实际成本等，按暂估价值转入固定资产，并按有关计提固定资产折旧的规定，计提固定资产折旧。待办理竣工决算手续后再调整原来的暂估价值，但不需要调整原已计提的折旧额。2×15 年计提的折旧金额＝（100+20-100÷10×6÷12）÷9.5＝12.11（万元）。

9.【答案】C

【解析】出售时该设备账面价值＝200-50-25＝125（万元）。计入营业外支出的金额＝125-60+3＝68（万元），则对利润总额的影响金额为-68 万元。

10.【答案】C

【解析】企业将非流动资产划分为持有待售资产应同时满足下列条件：①企业已经就处置该非流动资产做出决议；②企业已经与受让方签订了不可撤销的转让协议；③该项转让将在一年内完成。

（二）多项选择题

1.【答案】AD

【解析】购买固定资产的价款超过正常信用条件延期支付，实质上具有融资性质的，固定资产的成本以购买价款的现值为基础确定，选项 A 正确。实际支付的价款与购买价款的现值之间的差额，符合资本化条件的，应当在信用期间内资本化；不符合资本化条件的，在信用期间内计入当期损益，选项 D 正确。

2.【答案】ABC

【解析】英明公司领用外购原材料安装设备，设备属于增值税应税项目，因此领用材料的增值税进项税额无须转出；而材料被领用之前属于英明公司的资产，领用之后，材料只是以不同的形式为企业提供经济利益，因此是按照领用材料的成本增加固定资产的价值，而不是领用时的市场价格。

3.【答案】ABD

【解析】选项 C，企业为建造固定资产通过出让方式取得土地使用权而支付的土地出让金，不计入在建工程成本，取得的土地使用权应确认为无形资产。

4.【答案】BCD

【解析】选项 A，投资者投入固定资产的成本，应当按照投资合同或协议约定的价值确定，但合同或协议约定价值不公允的除外。

5.【答案】ABD

【解析】选项 C，对已提足折旧仍继续使用的固定资产，不再计提折旧。

6.【答案】ABD

【解析】选项 C，经营出租的固定资产，其计提的折旧应计入其他业务成本。

7.【答案】AD

【解析】选项 A，对该项固定资产进行更换前的账面价值 = 1 200−1 200÷10×3−60 = 780（万元）；选项 B，被更换部件的账面价值 = 420−420÷10×3−420÷1 200×60 = 273（万元）；选项 C，发生的后续支出 800 万元（工程物资）应计入固定资产成本，该项固定资产进行更换后的入账价值 = 780−273+800 = 1 307（万元）；选项 D，被替换部件减少利润总额的金额 = 273−1 = 272（万元）。

8.【答案】BC

【解析】选项 A，企业生产车间（部门）和行政管理部门等发生的固定资产修理费用等后续支出，在"管理费用"科目核算；选项 D，盘盈固定资产应作为前期会计差错，通过"以前年度损益调整"科目核算。

9.【答案】ABCD

10.【答案】ABCD

【解析】选项 A，高危行业按照国家规定提取的安全生产费，应当计入相关产品的成本或当期费用，同时记入"专项储备"科目；选项 B，使用提取的安全生产费用形成固定资产的，按照形成固定资产的成本冲减专项储备，并确认相同金额的累计折旧，该固定资产在以后期间不再计提折旧；选项 C 和 D 企业使用提取的安全生产费时，属于费用性支出的，直接冲减专项储备，专项储备是所有者权益类科目，支付时会减少所有者权益。

（三）判断题

1.【答案】错

【解析】企业因固定资产盘亏造成的待处理非流动资产净损失，预期不会给企业带来经济利益的流入，不符合资产的定义，不属于企业的资产。

2.【答案】错

【解析】以一笔款项购入多项没有单独标价的固定资产，应当按照各项固定资产的公允价值比例对总成本进行分配，分别确定各项固定资产的成本。

3.【答案】对

4.【答案】错

【解析】对于一般工商企业的固定资产而言，处置时发生的相关清理费先计入固定资产清理，最终以固定资产清理净额转入营业外收支，体现为固定资产的处置利得或者损失。对于特殊行业的特定固定资产，企业需要承担环境保护和生态恢复等义务所确定的支出，如核电站核设施等的弃置和恢复环境义务，才有弃置费用，才需要计算现值，计入相关资产的成本，并确认预计负债。

5.【答案】错

【解析】在固定资产使用初期，用双倍余额递减法计提年折旧额时不考虑净残值，只有在其折旧年限到期以前两年内才考虑其净残值的问题。

6.【答案】错

【解析】固定资产更新改造时发生的支出符合资本化条件的应当予以资本化。

7.【答案】错

【解析】在处置固定资产（不动产）时，发生的营业税，应通过"固定资产清理"科目核算。

8.【答案】错

【解析】企业购入不需要安装的生产设备，购买价款超过正常信用条件延期支付，实质上具有融资性质的，应当以购买价款的现值为基础确定其成本。

9.【答案】错

【解析】企业使用提取的安全生产费购建不需要安装的安全防护设备应确认为固定资产，同时按相同金额冲减专项储备，借记"专项储备"科目，贷记"累计折旧"科目。

10.【答案】错

【解析】确定融资租入固定资产的折旧期间时，应当依据租赁合同而定。能够合理确定租赁期届满时将会取得租赁资产所有权的，应以租赁开始日租赁资产的使用寿命作为折旧期间；无法合理确定租赁期届满后承租人是否能够取得租赁资产所有权的，应以租赁期与租赁资产使用寿命两者中较短者作为折旧期间。

（四）计算分析题

1. 生产线改扩建后，生产能力大大提高，能够为企业带来更多的经济利益，改扩建的支出金额也能可靠计量，因此该后续支出符合固定资产的确认条件，应计入固定资产的成本。有关的账务处理如下：

（1）固定资产改扩建之前：

该条生产线的应计折旧额 = 1 536 000×（1-4%）= 1 474 560（元）

年折旧额 = 1 474 560÷5 = 294 912（元）

2×13 年、2×14 年计提固定资产折旧的账务处理为：

借：制造费用　　　　　　　　　　　　　　　　　　294 912
　　贷：累计折旧　　　　　　　　　　　　　　　　　　294 912

（2）2×14 年 12 月 31 日，固定资产的账面价值 = 1 536 000-294 912×2 = 946 176（元）。固定资产转入改扩建：

借：在建工程　　　　　　　　　　　　　　　　　　946 176
　　累计折旧　　　　　　　　　　　　589 824（294 912×2）
　　贷：固定资产　　　　　　　　　　　　　　　　1 536 000

（3）2×15 年 1 月 1 日至 3 月 31 日，发生改扩建工程支出：

借：在建工程　　　　　　　　　　　　　　　　　　450 800
　　贷：银行存款　　　　　　　　　　　　　　　　　　450 800

（4）2×15 年 3 月 31 日，生产线改扩建工程达到预定可使用状态，固定资产的入账价值 = 946 176+450 800 = 1 396 976（元）。

借：固定资产　　　　　　　　　　　　　　　　　1 396 976
　　贷：在建工程　　　　　　　　　　　　　　　　1 396 976

（5）2×15 年 3 月 31 日，转为固定资产后，按重新确定的使用寿命、预计净残值和折旧方法计提折旧：

2×15 年应计提的折旧额 = 1 396 976×（1-3%）×10÷55÷12×9 = 184 781.83（元）

会计分录为：

借：制造费用　　　　　　　　　　　　　　　　　184 781.83
　　贷：累计折旧　　　　　　　　　　　　　　　　184 781.83

2.（1）该设备的入账价值 = 456+5 = 461（万元）。

（2）2×12 年度和 2×13 年度该设备计提的折旧额合计 =（461-11）÷6×2 = 150（万元），2×12 年发生的设备修理费不影响固定资产账面价值。

2×13 年 12 月 31 日该设备的账面价值 = 461-150 = 311（万元），其可收回金额为 291 万元，低于账面价值，故应计提的固定资产减值准备金额 = 311-291 = 20（万元）。

2×14 年应计提的折旧额 =（291-11）÷（6-2）= 70（万元）

2×15 年 1 至 11 月计提的折旧额 =（291-11-70）÷（3×12）×11 = 64.17（万元）

（3）2×15 年 11 月 30 日：

借：固定资产清理　　　　　　　　　　　　　　　　156.83
　　累计折旧　　　　　　　　　284.17（150+70+64.17）
　　固定资产减值准备　　　　　　　　　　　　　　　　20
　　贷：固定资产　　　　　　　　　　　　　　　　　　461
借：固定资产清理　　　　　　　　　　　　　　　　　　10
　　贷：银行存款　　　　　　　　　　　　　　　　　　　10
借：银行存款　　　　　　　　　　　　　　　　　　　　90

  营业外支出   76.83
  贷：固定资产清理   166.83

（五）综合题

1.（1）资料（1）甲公司的会计处理不正确。

理由：将其自产的产品用于非增值税应税项目，不确认收入。正确的处理是直接贷记"库存商品"科目，对应的增值税的金额按照市场价值来计算。其正确的会计处理是：

  借：在建工程   12.44
  贷：库存商品   10
  应交税费——应交增值税（销项税额）   2.04
  银行存款   0.4

（2）资料（2）甲公司的会计处理不正确。

理由：对于分期购买固定资产的价款超过正常信用条件延期支付，实质上是具有融资性质的，固定资产的入账价值是以其现值为基础确定的。正确的会计处理是：

  借：固定资产   4 973.8（2 000×2.486 9）
  未确认融资费用   1 026.2
  贷：长期应付款   6 000
  借：管理费用   746.07（4 973.8÷5×9÷12）
  贷：累计折旧   746.07
  借：财务费用   373.04（4 973.8×10%×9÷12）
  贷：未确认融资费用   373.04

（3）资料（3）甲公司的会计处理不正确。

理由：弃置费用的现值应该计入固定资产的成本中，其计提折旧的基数应包含其弃置费用的现值；弃置费用的现值与终值的差额应按实际利率法分期确认为财务费用。正确的会计处理是：

  借：固定资产   200 442（200 000+20 000×0.022 1）
  贷：银行存款   200 000
  预计负债   442
  借：生产成本（制造费用）   2 505.53（200 442÷40×6÷12）
  贷：累计折旧   2 505.53
  借：财务费用   22.1（442×10%×6/12）
  贷：预计负债   22.1

2.（1）2×13年3月15日，预付备料款：

  借：预付账款   320
  贷：银行存款   320

（2）2×13年9月10日，办理建筑工程价款结算：

  借：在建工程——建筑工程（发电车间）   1 000
  ——建筑工程（冷却塔）   600

贷：银行存款　　　　　　　　　　　　　　　　　　　　　　　1 280

　　预付账款　　　　　　　　　　　　　　　　　　　　　　　320

（3）2×13 年 10 月 5 日，购入发电设备：

借：工程物资——发电设备　　　　　　　　　　　　　　　　1 400

　　贷：银行存款　　　　　　　　　　　　　　　　　　　　　　1 400

（4）2×14 年 3 月 5 日，办理建筑工程价款结算：

借：在建工程——建筑工程（发电车间）　　　　　　　　　　1 000

　　　　　　　——建筑工程（冷却塔）　　　　　　　　　　　600

　　贷：应付票据　　　　　　　　　　　　　　　　　　　　　　1 600

（5）2×14 年 4 月 1 日，将发电设备交付祥瑞公司安装：

借：在建工程——在安装设备（发电设备）　　　　　　　　　1 400

　　贷：工程物资——发电设备　　　　　　　　　　　　　　　　1 400

（6）2×14 年 5 月 10 日，办理安装工程价款结算：

借：在建工程——安装工程（发电设备）　　　　　　　　　　200

　　贷：银行存款　　　　　　　　　　　　　　　　　　　　　　200

（7）支付工程发生的管理费、可行性研究费、公证费、监理费：

借：在建工程——待摊支出　　　　　　　　　　　　　　　　116

　　贷：银行存款　　　　　　　　　　　　　　　　　　　　　　116

（8）进行负荷联合试车：

借：在建工程——待摊支出　　　　　　　　　　　　　　　　60

　　贷：原材料　　　　　　　　　　　　　　　　　　　　　　　40

　　　　银行存款　　　　　　　　　　　　　　　　　　　　　　20

借：银行存款　　　　　　　　　　　　　　　　　　　　　　80

　　贷：在建工程——待摊支出　　　　　　　　　　　　　　　　80

（9）计算分配待摊支出，并结算在建工程：

待摊支出分配率 =（116+60-80）÷（2 000+1 200+200+1 400）×100% = 2%

发电车间应分配的待摊支出 = 2 000×2% = 40（万元）

冷却塔应分配的待摊支出 = 1 200×2% = 24（万元）

发电设备应分配的待摊支出 =（1 400+200）×2% = 32（万元）

结转"在建工程——待摊支出"：

借：在建工程——建筑工程（发电设备）　　　　　　　　　　40

　　　　　　　——建筑工程（冷却塔）　　　　　　　　　　　24

　　　　　　　——在安装设备（发电设备）　　　　　　　　　32

　　贷：在建工程——待摊支出　　　　　　　　　　　　　　　　96

计算已完工的固定资产的成本：

发电车间的成本 = 2 000+40 = 2 040（万元）

冷却塔的成本 = 1 200+24 = 1 224（万元）

发电设备的成本 =（1 400+200）+32 = 1 632（万元）

借：固定资产——发电车间　　　　　　　　　　　　　　　　2 040

——冷却塔	1 224
——发电设备	1 632
贷：在建工程——建筑工程（发电车间）	2 040
——建筑工程（冷却塔）	1 224
——在安装设备（发电设备）	1 632

3．（1）事项（1）会计处理不正确。

理由：固定资产更新改造的后续支出，符合固定资产确认条件的，应当计入固定资产成本，同时将被替换部分的账面价值扣除。所以更新改造后固定资产的账面价值＝2 400－400＋1 300＝3 300（万元），应计提折旧额＝3 300÷8÷12×2＝68.75（万元）。

更正后的会计分录如下：

借：营业外支出	400
贷：在建工程	400
借：在建工程	400
贷：固定资产	400
借：累计折旧	8.35（77.1－68.75）
贷：库存商品	8.35

（2）事项（2）会计处理不正确。

理由：双倍余额递减法是在不考虑固定资产残值的情况下，用直线法折旧率的两倍作为固定资产的折旧率，乘以逐年递减的固定资产期初净值，得出各年应提折旧额的方法。所以应当计提的折旧额＝（1 000＋50＋30）×2÷5×1÷2＝216（万元）。

更正后的会计分录如下：

借：管理费用	10.8（216－205.2）
贷：累计折旧	10.8

（3）事项（3）会计处理不正确。

理由：融资租赁固定资产在租赁期开始日，承租人应当以租赁开始日租赁资产的公允价值与最低租赁付款额现值两者中较低者，确认租入资产的入账价值基础。无法合理确定租赁期届满后承租人是否能够取得租赁资产的所有权时，则应以租赁期与租赁资产寿命两者中较短者作为折旧期间。如果承租人或与其有关的第三方对租赁资产余值提供了担保，则应计提折旧总额为租赁开始日固定资产的入账价值扣除担保余值后的余额。最低租赁付款额现值＝400×2.723 2＋200×0.863 8＝1 262.04（万元），所以设备的入账价值＝1 262.04＋7.96＝1 270（万元），应计提折旧额＝（1 270－200）÷3＝356.67（万元）。

借：未确认融资费用	30
贷：固定资产	30
借：库存商品	66.67（356.67－290）
贷：累计折旧	66.67

第六章 无形资产与其他资产

一、要点总览

无形资产的确认和初始计量
  - 无形资产的定义与特征
  - 无形资产的确认条件
  - 无形资产的初始计量

无形资产的后续计量
  - 无形资产后续计量的原则
  - 使用寿命有限的无形资产
  - 使用寿命不确定的无形资产

无形资产的处置
  - 无形资产的出售
  - 无形资产的出租
  - 无形资产的报废

其他资产

二、重点难点

（一）重点

无形资产的确认和初始计量

无形资产的后续计量

无形资产的处置

（二）难点

自行开发无形资产的确认

无形资产的摊销

三、关键内容小结

（一）无形资产的确认和初始计量

1. 无形资产的定义与特征

无形资产，是指企业拥有或者控制的没有实物形态的可辨认非货币性资产。商誉的存在无法与企业自身分离，不具有可辨认性，不属于本章所指的无形资产。

2. 无形资产的内容

无形资产主要包括专利权、非专利技术、商标权、著作权、土地使用权、特许权等。

3. 无形资产的确认条件

无形资产同时满足下列条件的，才能予以确认：

（1）与该无形资产有关的经济利益很可能流入企业；

（2）该无形资产的成本能够可靠地计量。

4. 无形资产的初始计量

无形资产应当按照成本进行初始计量。

来源	要点
外购的无形资产	成本包括购买价款、相关税费以及直接归属于使该项资产达到预定用途所发生的其他支出
投资者投入的无形资产	成本应当按照投资合同或协议约定的价值确定，但合同或协议约定价值不公允的除外
非货币性资产交换、债务重组和政府补助取得的无形资产	成本应当分别按照本书"非货币性资产交换""债务重组""政府补助"的有关规定确定
企业取得的土地使用权	土地使用权用于自行开发建造厂房等地上建筑物时，土地使用权与地上建筑物分别进行摊销和提取折旧。但下列情况除外： （1）房地产开发企业取得的土地使用权用于建造对外出售的房屋建筑物，相关的土地使用权应当计入所建造的房屋建筑物成本 （2）企业外购房屋建筑物所支付的价款应当在地上建筑物与土地使用权之间进行分配；难以合理分配的，应当全部作为固定资产处理
自行开发的无形资产	成本包括自满足确认条件至达到预定用途前所发生的支出总额。已经计入各期费用的研究与开发费用，在该项无形资产符合确认条件后，不得再资本化

(二) 无形资产的后续计量

1. 无形资产后续计量的原则

(1) 判断使用寿命	企业应当于取得无形资产时分析判断其使用寿命
(2) 使用寿命的确定	①企业持有的无形资产，通常来源于合同性权利或是其他法定权利，而且合同规定或法律规定有明确的使用年限 ②合同或法律没有规定使用寿命的，企业应当综合各方面因素判断，以确定无形资产能为企业带来经济利益的期限 经过上述方法仍无法合理确定无形资产为企业带来经济利益期限的，才能将其作为使用寿命不确定的无形资产
(3) 复核	企业至少应当于每年度终了，对使用寿命有限的无形资产的使用寿命及摊销方法进行复核

2. 使用寿命有限的无形资产

(1) 选择摊销方法	(1) 根据经济利益的预期实现方式确定其摊销方法 (2) 无法可靠确定预期实现方式的，应当采用直线法摊销
(2) 残值	①使用寿命有限的无形资产，其残值应当视为零 ②以下两种情况有残值： A. 有第三方承诺在无形资产使用寿命结束时购买该项无形资产 B. 可以根据活跃市场得到无形资产预计残值信息，并且该市场在该项无形资产使用寿命结束时可能存在
(3) 列支渠道	无形资产的摊销金额一般应当计入当期损益（管理费用、其他业务成本等）。某项无形资产包含的经济利益通过所生产的产品或其他资产实现的，其摊销金额应当计入相关资产的成本

3. 使用寿命不确定的无形资产

对于根据可获得的情况判断，无法合理估计其使用寿命的无形资产，应作为使用寿命不确定的无形资产。按照准则规定，对于使用寿命不确定的无形资产，在持有期间内不需要摊销，但需要至少于每一会计期末进行减值测试。发生减值时，借记"资产减值损失"科目，贷记"无形资产减值准备"科目。

(三) 无形资产的处置

1. 无形资产的出售 （要点：净额计入营业外收支）	企业出售无形资产，应当将取得的价款与该无形资产账面价值的差额计入当期损益（营业外收入或营业外支出）
2. 无形资产的出租（要点：通过其他业务收支科目进行核算）	让渡无形资产使用权而取得的租金收入，借记"银行存款"等科目，贷记"其他业务收入"等科目 摊销出租无形资产的成本并发生与转让有关的各种费用支出时，借记"其他业务成本"科目，贷记"无形资产"科目 相关税费应计入税金及附加
3. 无形资产的报废	无形资产预期不能为企业带来经济利益的，应当将该无形资产的账面价值予以转销，其账面价值转作当期损益（营业外支出）

（四）其他资产

其他资产是指不属于固定资产、无形资产和长期投资的其他资产，主要包括长期待摊费用、冻结资产和特准储备物资等。

四、练习题

（一）单项选择题

1. 下列各项关于无形资产会计处理的表述中，正确的是（　　）。

    A. 计算机软件依赖于实物载体，不应确认为无形资产

    B. 计提的无形资产减值准备在该资产价值恢复时应予以转回

    C. 使用寿命不确定的无形资产账面价值均应按 10 年平均摊销

    D. 无形资产属于非货币性资产

2. 2015 年 2 月 5 日，甲公司以 2 000 万元的价格从产权交易中心竞价获得一项专利权，另支付相关税费 90 万元。为推广由该专利权生产的产品，甲公司发生广告宣传费用 25 万元、展览费 15 万元，上述款项均用银行存款支付。该无形资产达到预定可使用状态后，发生员工培训费等相关费用 60 万元。则该项无形资产的入账价值为（　　）万元。

    A. 2 190   B. 2 090   C. 2 130   D. 2 105

3. A 公司为甲、乙两个股东共同投资设立的股份有限公司，经营一年后，甲、乙股东之外的另一个投资者丙意图加入 A 公司。经协商，甲、乙同意丙以一项非专利技术投入，三方确认该非专利技术的价值为 200 万元。该项非专利技术在丙公司的账面余额为 280 万元，市价为 260 万元，那么该项非专利技术在 A 公司的入账价值为（　　）万元。

    A. 200   B. 280   C. 0   D. 260

4. 2015 年 1 月 1 日，A 公司从 B 公司购入一项管理用无形资产，双方协议采用分期付款方式支付价款，合同价款为 600 万元。A 公司自 2015 年 12 月 31 日起每年年末付款 200 万元，3 年付清。假定银行同期贷款年利率为 6%。A 公司另以现金支付相关税费 15.4 万元。该项无形资产购入当日即达到预定用途，预计使用寿命为 10 年，采用直线法摊销，无残值。假定不考虑其他因素，该项无形资产的有关事项影响 A 公司 2015 年度损益的金额为（　　）万元。（已知 3 年期利率为 6% 的年金现值系数为 2.673 0，计算结果保留两位小数）

    A. −55   B. 0   C. −87.08   D. −32.08

5. 下列有关无形资产研发支出的处理中，正确的是（　　）。

    A. 应于发生时计入管理费用

    B. 应全部计入无形资产的成本

    C. 开发阶段的支出，应计入无形资产的成本

    D. 研究阶段的支出，应计入发生当期损益

6. 甲公司 2015 年 1 月 10 日开始自行研究开发无形资产，并于 2015 年 12 月 31 日

完成开发项目，该项无形资产达到预定用途。在研究开发过程中，研究阶段发生职工薪酬30万元，计提专用设备折旧费用40万元。进入开发阶段后，相关支出符合资本化条件前发生职工薪酬30万元，计提专用设备折旧费用30万元；符合资本化条件后发生职工薪酬100万元，计提专用设备折旧费用200万元。此外，在研究开发阶段中还有100万元的专用设备折旧费用无法区分研究阶段和开发阶段。假定不考虑其他因素，甲公司2015年对上述研发支出的会计处理中，正确的是（　　）。

  A. 确认管理费用70万元，确认无形资产460万元

  B. 确认管理费用170万元，确认无形资产360万元

  C. 确认管理费用230万元，确认无形资产300万元

  D. 确认管理费用100万元，确认无形资产430万元

7. 2015年4月15日，甲公司从乙公司购入一项非专利技术，成本为200万元，购买当日达到预定用途，甲公司将其作为无形资产核算。该项非专利技术的法律保护期限为15年，甲公司预计运用该项非专利技术生产的产品在未来10年内会为公司带来经济利益。就该项非专利技术，第三方承诺在4年内以甲公司取得日成本的70%购买该项非专利技术，根据目前甲公司管理层的持有计划，预计4年后转让给第三方。该项非专利技术经济利益的预期实现方式无法可靠确定。2015年12月31日，该项非专利技术无减值迹象。假定不考虑其他因素，则2015年甲公司该项非专利技术的摊销额为（　　）万元。

  A. 20   B. 15   C. 11.25   D. 10

8. 英明公司于2014年1月1日购入一项无形资产，初始入账价值为500万元，其预计使用年限为10年，无残值，采用直线法计提摊销。2014年12月31日，该无形资产出现减值迹象，预计可收回金额为360万元。计提减值准备之后，该无形资产原预计使用年限、净残值和摊销方法不变。则该无形资产在2015年应计提的摊销金额为（　　）万元。

  A. 50   B. 36   C. 40   D. 30

9. 2014年7月2日，甲公司将其拥有的商标权对外出售，取得价款120万元，应缴纳的相关税费为6万元。该商标权系2011年1月份购入，成本为150万元，预计使用年限为10年，采用直线法摊销，无残值，未计提相关减值准备。不考虑其他因素，则该商标权的处置损益为（　　）万元。

  A. 28.5   B. 16.5   C. 22.5   D. 120

10. 下列关于企业出售无形资产的会计处理中，正确的是（　　）。

  A. 出售收到的价款应计入其他业务收入

  B. 出售时，无形资产的账面价值应转入其他业务成本

  C. 出售时，收到的价款与无形资产账面价值之间的差额应计入营业外收入或营业外支出

  D. 出售时，只需要结转"无形资产"科目和"累计摊销"科目的账面余额，不需要结转"无形资产减值准备"科目的账面余额

（二）多项选择题

1. 下列关于无形资产特征的说法中，正确的有（ ）。

    A. 无形资产不具有实物形态   B. 无形资产是可辨认的

    C. 无形资产属于非货币性资产   D. 无形资产具有可控制性

2. 关于无形资产的确认，应同时满足下列哪些条件？（ ）

    A. 与该无形资产有关的经济利益很可能流入企业

    B. 该无形资产的成本能够可靠地计量

    C. 该无形资产存在活跃的交易市场

    D. 该无形资产是生产经营用的资产

3. 下列各项中，应计入外购无形资产成本的有（ ）。

    A. 购买价款

    B. 为引入新产品进行宣传发生的广告费

    C. 使无形资产达到预定用途发生的专业服务费用

    D. 无形资产达到预定用途以后发生的相关费用

4. 企业采用分期付款方式购买无形资产具有融资性质时，下列关于未确认融资费用摊销的说法中，正确的有（ ）。

    A. 企业应当采用实际利率法将未确认融资费用在信用期间内进行摊销

    B. 企业应当采用直线法将未确认融资费用在无形资产的使用寿命内进行摊销

    C. 未确认融资费用的摊销均应计入当期财务费用

    D. 未确认融资费用的摊销额满足资本化条件时，应当计入无形资产的成本

5. 下列属于开发活动的有（ ）。

    A. 意在获取知识而进行的活动

    B. 生产前或使用前的原型和模型的设计、建造和测试

    C. 材料、设备、产品、工序、系统或服务替代品的研究

    D. 不具有商业性生产经济规模的试生产设施的设计、建造和运营

6. 下列各项中，不属于内部开发无形资产成本的有（ ）。

    A. 注册费

    B. 可直接归属于无形资产开发活动的支出（符合资本化条件）

    C. 无形资产达到预定用途前发生的可辨认的无效和初始运作损失

    D. 为运行无形资产发生的培训支出

7. 下列关于无形资产使用寿命的说法中，正确的有（ ）。

    A. 估计无形资产的使用寿命时应予以考虑该资产生产产品或提供服务的市场需求情况

    B. 如果合同性权利或其他法定权利能够在到期时因续约等延续，且续约不需要付出重大成本时，续约期应包括在资产的估计使用寿命中

    C. 企业应当在每个会计期间对使用寿命不确定的无形资产的使用寿命进行复核，如果有证据表明其使用寿命是有限的，应按照会计估计变更处理

    D. 无形资产的使用寿命一经确定，不得变更

8. 下列有关无形资产的说法中，正确的有（　　　）。

A. 无形资产当月增加，当月开始摊销；当月减少，当月停止摊销

B. 无形资产减值准备一经计提，以后期间不得转回

C. 使用寿命有限的无形资产，无须在会计期间进行减值测试

D. 无形资产均应当采用直线法摊销

9. 下列有关营业税的相关会计处理中，说法正确的有（　　　）。

A. 企业出售投资性房地产缴纳的营业税，应计入税金及附加

B. 企业出售固定资产（不动产）缴纳的营业税应记入"固定资产清理"科目核算，不影响固定资产处置损益

C. 企业出售无形资产（土地使用权）缴纳的营业税影响无形资产处置损益

D. 企业出租无形资产缴纳的营业税，影响利润表中营业利润的金额

10. 下列关于无形资产的处置和报废的处理中，说法不正确的有（　　　）。

A. 无形资产对外出租取得的收入计入营业外收入

B. 对外出租的无形资产计提的累计摊销计入管理费用

C. 处置无形资产时应当将取得的价款与该无形资产账面价值及应交税费的差额计入营业外收支

D. 无形资产预期不能为企业带来未来经济利益的，应当将该无形资产的账面价值予以转销，其账面价值转作当期损益（营业外支出）

（三）判断题

1. 房地产开发企业取得的土地使用权用于建造对外出售房屋建筑物的，相关的土地使用权按照无形资产核算，不计入该房屋建筑物的成本中。　　　　（　　　）

2. 只要与无形资产有关的经济利益很可能流入企业，就可以将其确认为无形资产。
（　　　）

3. 投资者投入无形资产的成本，一定按照投资合同或协议约定的价值确定。
（　　　）

4. 购买无形资产超过正常信用条件延期支付价款，实质上具有融资性质的，无形资产的成本应以购买价款的现值为基础确定。　　　　　　　　　　（　　　）

5. 对于企业内部的研究开发项目，研究阶段的有关支出，应当在发生时全部费用化，计入当期损益（管理费用）。　　　　　　　　　　　　　　　（　　　）

6. 为引入新产品进行宣传发生的广告费、管理费用及其他间接费用，不应计入无形资产的初始计量金额。　　　　　　　　　　　　　　　　　　（　　　）

7. 企业内部研发无形资产研究阶段的支出全部费用化，计入当期损益（管理费用）。会计核算时，首先在"研发支出——费用化支出"科目中归集，期末列示在资产负债表"开发支出"科目中。　　　　　　　　　　　　　　　（　　　）

8. 使用寿命不确定的无形资产，应当在出现减值迹象时进行减值测试。（　　　）

9. 企业出租无形资产（土地使用权）发生的相关营业税，应借记"营业外支出"科目，贷记"应交税费——应交营业税"科目。　　　　　　　　　（　　　）

10. 企业转让无形资产所有权取得的收益应计入其他业务收入。　　（　　　）

（四）计算分析题

1. 英明公司 2×13 年至 2×16 年发生以下相关事项和交易：

（1）2×13 年 3 月 1 日，采用分期付款方式从甲公司购买一项专利技术，购买合同注明该项专利技术总价款为 1 400 万元，当日支付了 200 万元。剩余款项分 4 次支付，于 2×14 年起每年 3 月 1 日支付 300 万元。假定英明公司的增量贷款年利率为 6%，相关手续已办理完毕。该专利技术的预计使用年限为 10 年，采用直线法进行摊销，无残值，其包含的经济利益与产品生产无关。

（2）2×15 年 1 月 1 日，英明公司用一项可供出售金融资产与科贸公司的一项土地使用权进行资产交换，以实现资产优化配置。英明公司换出可供出售金融资产的账面价值为 2 300 万元（成本为 2 200 万元，公允价值变动为 100 万元），公允价值为 2 400 万元。科贸公司换出的土地使用权的账面余额为 2 300 万元，累计摊销为 80 万元，公允价值为 2 400 万元。英明公司换入的土地使用权采用直线法并按照 50 年摊销，无残值。假定该非货币性资产交换具有商业实质。

（3）2×16 年 1 月 1 日，英明公司管理层经协商，将从甲公司购买的专利技术转让给鼎盛公司，转让价款为 1 000 万元。

（4）已知期数为 4、利率为 6% 的年金现值系数为 3.465 1。不考虑其他因素的影响。

要求：

（1）计算英明公司 2×13 年 3 月 1 日购入专利技术的入账价值，并编制 2×13 年有关该专利技术和长期应付款的会计分录。

（2）计算 2×14 年 12 月 31 日长期应付款的账面价值并编制相关的会计分录。

（3）分别编制英明公司换入土地使用权的会计分录与科贸公司换入可供出售金融资产的会计分录。

（4）编制英明公司处置专利技术的会计分录，不考虑与长期应付款有关的会计处理。

（计算结果保留两位小数，答案中的金额单位用万元表示）

2. 甲公司 2×13 年 1 月 10 日开始自行研究开发无形资产，2×14 年 1 月 1 日达到预定用途。其中研究阶段发生职工薪酬 60 万元、计提专用设备折旧 40 万元。进入开发阶段后，相关资产符合资本化条件前发生职工薪酬 50 万元、计提专用设备折旧 30 万元；符合资本化条件后发生职工薪酬 200 万元、计提专用设备折旧 100 万元。甲公司对该项无形资产采用直线法计提摊销，预计使用年限为 10 年，无残值。2×16 年 12 月 31 日，由于市场条件发生了变化，需要对该项无形资产进行减值测试。减值测试的结果表明，该项无形资产的公允价值减去处置费用后的净额为 180 万元，预计未来现金流量的现值为 170 万元。计提减值后，该项无形资产的预计使用年限缩短为 8 年，摊销方法和预计净残值均未发生变化。

不考虑其他因素的影响。

要求：

（1）计算研发过程中应计入当期损益的金额和应予以资本化计入无形资产的金额，并做出相应的会计处理。

（2）计算甲公司 2×14 年、2×15 年和 2×16 年每年应计提的摊销额，并确定该项无形资产在 2×16 年年末是否发生了减值。如发生减值，做出相应的会计处理。

（3）计算甲公司该项无形资产 2×17 年应计提的摊销额。

（答案中的金额单位用万元表示）

五、参考答案及解析

（一）单项选择题

1.【答案】D

【解析】计算机控制的机械工具没有特定计算机软件就不能运行时，则说明该软件是构成相关硬件不可缺少的组成部分，该软件应作为固定资产处理，如果计算机软件不是构成相关硬件不可缺少的组成部分，则该软件应作为无形资产处理，选项 A 不正确；无形资产减值准备一经计提，在持有期间不得转回，选项 B 不正确；使用寿命不确定的无形资产不进行摊销，选项 C 不正确。

2.【答案】B

【解析】无形资产的初始成本不包括为引入新产品进行宣传发生的广告费、管理费及其他间接费用，也不包括无形资产已经达到预定用途以后发生的费用，故无形资产的入账价值 = 2 000+90 = 2 090（万元）。

3.【答案】D

【解析】投资者投入无形资产的成本，应当按照投资合同或协议约定的价值确定，但是合同或协议约定价值不公允的除外；如果合同或协议约定价值不公允，则按照公允价值确定。因为协议约定价值是 200 万元，而公允价值是 260 万元，所以按公允价值入账。

4.【答案】C

【解析】该项无形资产的入账价值 = 200×2.673 0+15.4 = 534.6+15.4 = 550（万元），未确认融资费用金额 = 600−534.6 = 65.4（万元），2015 年度应摊销的未确认融资费用金额 = 534.6×6% = 32.08（万元），计入当期财务费用；无形资产当期摊销额 = 550÷10 = 55（万元），计入当期管理费用。故该项无形资产的有关事项影响 A 公司 2015 年度损益的金额 = −32.08+（−55）= −87.08（万元）。

5.【答案】D

【解析】自行研发无形资产，研究阶段的有关支出，应在当期全部费用化，计入当期损益（管理费用）；开发阶段的支出，满足资本化条件的才能予以资本化，计入无形资产的成本，不满足资本化条件的计入当期损益。

6.【答案】C

【解析】根据相关的规定，自行研发无形资产只有在开发阶段符合资本化条件后的支出才能计入无形资产成本。此题中开发阶段符合资本化的支出金额 = 100+200 = 300（万元），确认为无形资产。其他支出包括无法区分研究阶段和开发阶段的支出全部计入当期损益，所以计入管理费用的金额 = （30+40）+（30+30）+100 = 230（万元）。

7. 【答案】C

【解析】由于该项非专利技术经济利益的预期实现方式无法可靠确定，所以应采用直线法对其进行摊销。根据管理层的持有计划，预计在 4 年后以取得日成本的 70% 转让给第三方，所以其摊销期为 4 年。应摊销总额=200×（1-70%）= 60 （万元），2015 年甲公司该项非专利技术应计提的摊销额=60÷4×9÷12=11.25 （万元）。

8. 【答案】C

【解析】该无形资产计提减值前账面价值=500-500÷10=450 （万元），大于其可收回金额，故计提减值后的账面价值为 360 万元，2015 年计提摊销的金额=360÷（10-1）= 40 （万元）。

9. 【答案】B

【解析】2014 年出售时商标权账面价值=150-150÷10×（3+6÷12）=97.5 （万元），处置损益=120-97.5-6=16.5 （万元）。

10. 【答案】C

【解析】企业出售无形资产时，应按实际收到的金额，借记"银行存款"等科目；按已计提的累计摊销额，借记"累计摊销"科目；原已计提减值准备的，借记"无形资产减值准备"科目；按应支付的相关税费及其他费用，贷记"应交税费""银行存款"等科目；按其账面余额，贷记"无形资产"科目；按其差额，贷记"营业外收入——处置非流动资产利得"科目或借记"营业外支出——处置非流动资产损失"科目。故选项 C 正确。

（二）多项选择题

1. 【答案】ABCD

2. 【答案】AB

【解析】无形资产在符合定义的前提下应同时满足以下两个条件才能予以确认：①与该无形资产有关的经济利益很可能流入企业；②该无形资产的成本能够可靠地计量。

3. 【答案】AC

【解析】为引入新产品进行宣传发生的广告费和无形资产达到预定用途以后发生的相关费用不属于使无形资产达到预定用途所发生的必要支出，不应计入无形资产的成本，选项 B 和 D 不正确。

4. 【答案】AD

【解析】企业采用分期付款方式购买无形资产具有融资性质时，购买价款与其现值的差额未确认融资费用，在信用期间内应当采用实际利率法进行摊销，摊销金额满足借款费用资本化条件的应当计入无形资产的成本，除此之外，均应当计入财务费用。故选项 A 和 D 正确。

5. 【答案】BD

【解析】选项 A 和 C 属于研究活动。

6. 【答案】CD

【解析】内部开发无形资产的可直接归属成本包括开发该无形资产时耗费的材料、

劳务成本、注册费用、开发过程中使用的其他无形资产的摊销费用、可资本化的借款费用等，不包括无形资产达到预定用途前发生的可辨认的无效和初始运作损失、为运行无形资产发生的培训支出等。

7.【答案】ABC

【解析】企业对无形资产的使用寿命进行复核时，若有证据表明其使用寿命与以前估计不同，确需变更其使用寿命的，应当改变其摊销期限，并按照会计估计变更进行处理。故选项 D 错误。

8.【答案】AB

【解析】使用寿命有限的无形资产，若出现减值迹象应进行减值测试并计提减值准备，选项 C 错误；无形资产的摊销方法与其预期经济利益的实现方式有关，不一定都采用直线法进行摊销，选项 D 错误。

9.【答案】ACD

【解析】选项 B，企业出售固定资产（不动产）缴纳的营业税应记入"固定资产清理"科目核算，但最终结转"固定资产清理"科目的金额时，影响处置固定资产损益。

10.【答案】AB

【解析】无形资产对外出租取得的收入计入其他业务收入，选项 A 错误；对外出租无形资产计提的累计摊销计入其他业务成本，选项 B 错误。

（三）判断题

1.【答案】错

【解析】房地产开发企业取得的土地使用权用于建造对外出售房屋建筑物的，相关的土地使用权应当计入所建造的房屋建筑物成本。

2.【答案】错

【解析】无形资产在符合定义的前提下应同时满足以下两个条件才能予以确认：①与该无形资产有关的经济利益很可能流入企业；②该无形资产的成本能够可靠地计量。

3.【答案】错

【解析】投资者投入无形资产的成本，应当按照投资合同或协议约定的价值确定，但合同或协议约定价值不公允的除外。

4.【答案】对

5.【答案】对

6.【答案】对

7.【答案】错

【解析】研究阶段的支出全部费用化，计入当期损益（管理费用）。会计核算时，首先在"研发支出——费用化支出"科目中归集，期末列示在利润表"管理费用"科目中。

8.【答案】错

【解析】对于使用寿命不确定的无形资产，在持有期间内不需要进行摊销，但应当至少在每年度终了按《企业会计准则第 8 号——资产减值》的有关规定进行减值测试。

9.【答案】对

【解析】企业出租无形资产（日常活动）发生的营业税应借记"税金及附加"科目，贷记"应交税费——应交营业税"科目。

10.【答案】错

【解析】企业转让无形资产的所有权属于非日常活动，取得的收益应计入营业外收入。

（四）计算分析题

1.（1）专利技术的入账价值=200+300×3.465 1=1 239.53（万元）

2×13年3月1日未确认融资费用金额=1 200-300×3.465 1=160.47（万元），2×13年12月31日，未确认融资费用摊销额=（1 200-160.47）×6%×10÷12=51.98（万元）。

会计分录如下：

2×13年3月1日：

借：无形资产　　　　　　　　　　　　　　　　1 239.53
　　未确认融资费用　　　　　　　　　　　　　　160.47
　　贷：长期应付款　　　　　　　　　　　　　　　　1 200
　　　　银行存款　　　　　　　　　　　　　　　　　200

2×13年12月31日：

借：财务费用　　　　　　　　　　　　　　　　51.98
　　贷：未确认融资费用　　　　　　　　　　　　　51.98

借：管理费用　　　　　　　103.29（1 239.5÷10÷12×10）
　　贷：累计摊销　　　　　　　　　　　　　　　103.29

（2）2×14年1月至2月未确认融资费用摊销额=（1 200-160.47）×6%×2÷12=10.40（万元），2×14年3月至12月未确认融资费用摊销额=[（1 200-300）-（160.47-51.98-10.4）]×6%×10÷12=40.10（万元），故2×14年未确认融资费用摊销额=10.4+40.1=50.50（万元）。2×14年12月31日长期应付款的账面价值=（1 200-300）-（160.47-51.98-50.50）=842（万元）。

借：长期应付款　　　　　　　　　　　　　　　300
　　贷：银行存款　　　　　　　　　　　　　　　　300

借：财务费用　　　　　　　　　　　　　　　　50.50
　　贷：未确认融资费用　　　　　　　　　　　　　50.50

借：管理费用　　　　　　　　　　　　　　　123.95
　　贷：累计摊销　　　　　　　　123.95（1 239.5÷10）

（3）英明公司：

借：无形资产　　　　　　　　　　　　　　　2 400
　　贷：可供出售金融资产——成本　　　　　　　　2 200
　　　　　　　　　　　　——公允价值变动　　　　　100
　　　　投资收益　　　　　　　　　　　　　　　　100

借：其他综合收益　　　　　　　　　　　　　　100
　　贷：投资收益　　　　　　　　　　　　　　　　100

科贸公司：

借：可供出售金融资产　　　　　　　　　　　　　　　　　2 400
　　　累计摊销　　　　　　　　　　　　　　　　　　　　　80
　　　贷：无形资产　　　　　　　　　　　　　　　　　　　　2 300
　　　　　营业外收入　　　　　　　　　　　　　　　　　　　180

（4）相关的会计分录：

借：银行存款　　　　　　　　　　　　　　　　　　　　1 000
　　　累计摊销　　　　　　　351.19（123.95×2+103.29）
　　　贷：无形资产　　　　　　　　　　　　　　　　　　　1 239.53
　　　　　营业外收入　　　　　　　　　　　　　　　　　　　111.66

2.（1）研发过程中应计入当期损益的金额=（60+40）+（50+30）=180（万元）

应予以资本化计入无形资产的金额=200+100=300（万元）

研究阶段：

借：研发支出——费用化支出　　　　　　　　　　　　　　100
　　　贷：应付职工薪酬　　　　　　　　　　　　　　　　　　60
　　　　　累计折旧　　　　　　　　　　　　　　　　　　　　40

开发阶段符合资本化条件前：

借：研发支出——费用化支出　　　　　　　　　　　　　　80
　　　贷：应付职工薪酬　　　　　　　　　　　　　　　　　　50
　　　　　累计折旧　　　　　　　　　　　　　　　　　　　　30

开发阶段符合资本化条件后：

借：研发支出——资本化支出　　　　　　　　　　　　　　300
　　　贷：应付职工薪酬　　　　　　　　　　　　　　　　　　200
　　　　　累计折旧　　　　　　　　　　　　　　　　　　　　100

研发支出结转时：

借：管理费用　　　　　　　　　　　　　　　　　　　　　180
　　　无形资产　　　　　　　　　　　　　　　　　　　　　300
　　　贷：研发支出——费用化支出　　　　　　　　　　　　　180
　　　　　　　　　——资本化支出　　　　　　　　　　　　　300

（2）由于该项无形资产采用直线法计提摊销，因此2×14年、2×15年和2×16年每年计提的摊销额是一样的，摊销额=300÷10=30（万元）。

2×16年12月31日计提减值前，无形资产的账面价值=300-30×3=210（万元）。

该项无形资产的公允价值减去处置费用后的净额为180万元，预计未来现金流量现值为170万元，因此该项无形资产的可收回金额为180万元，低于无形资产的账面价值，因此该项无形资产发生了减值。应当计提减值准备的金额=210-180=30（万元）。

借：资产减值损失　　　　　　　　　　　　　　　　　　　30
　　　贷：无形资产减值准备　　　　　　　　　　　　　　　　30

计提减值后，无形资产的账面价值=210-30=180（万元）。

该项无形资产2×17年应计提的摊销额=180÷（8-3）=36（万元）。

第七章　投资性房地产

一、要点总览

投资性房地产的确认和初始计量

投资性房地产的后续计量 { 成本计量模式

公允价计量模式

投资性房地产的（用途）转换和处置 { 自用/商品转"投资性"

"投资性"转自用

二、重点难点

（一）重点

投资性房地产的确认和初始计量

投资性房地产的后续计量

投资性房地产的（用途）转换和处置

（二）难点

投资性房地产的后续计量

投资性房地产的（用途）转换和处置

三、关键内容小结

（一）投资性房地产的概念和形式

1. 投资性房地产的概念

投资性房地产是指为赚取租金或资本增值，或两者兼有而持有的房地产。

（1）能够单独计量和出售。

（2）对出租资产后的经营不提供服务或只提供辅助性服务。

概念辨析举例：

企业拥有并自行经营的旅馆饭店，是否属于投资性房地产	否，因为其经营目的主要是通过提供客房服务而赚取服务收入
一办公楼，一部分出租给别人，是否属于	能单独计量和出售的属于，不能单独计量和出售的不属于
按照国家有关规定认定的闲置土地，是否属于	否，因为不属于持有并准备增值的土地使用权

2. 投资性房地产的形式

（1）已出租的土地使用权；

（2）持有并准备增值后转让的土地使用权；

（3）已出租的建筑物。

3. 不属于投资性房地产的

（1）自用房地产；

（2）作为存货的房地产。

（二）投资性房地产的确认和初始计量

1. 资性房地产的确认

符合定义，同时满足两个确认条件。

2. 初始计量——应当按照成本进行初始计量（与固定资产、无形资产初始计量相同）

（1）企业外购、自行建造等取得时

①购入时同时对外出租的（或用于资本增值）	购入日＝对外出租日，确认为投资性房地产
②购入自用，后改出租的	在购入日确认为固定资产/无形资产 在租赁期开始日转为投资性房地产

（2）自行建造的（同理）

（三）投资性房地产的后续计量

1. 投资性房地产的后续计量模式

两种计量模式	核算要点
成本模式（首选）	核算与固定资产或无形资产相同： 按期折旧、摊销；发生后续支出，期末可能计提减值等
公允价值模式	（1）不计提折旧或摊销 （2）期末以公允价进行再计价，差额计入公允价值变动损益 （3）租金收入确认为其他业务收入
注意： （1）同一企业只能采用一种模式，不得同时采用两种计量模式 （2）公允价值模式使用的前提条件 ①公允价值能够持续可靠取得 ② 有活跃的交易市场（或能够从交易市场上取得同类或类似的市场价格）	

2. 房地产的转换形式及转换日

投资性房地产开始自用	"投资性房地产"转"固定资产"
	转换日：房地产达到自用状态，企业开始使用于生产经营或管理的日期
作为存货的房地产改为出租	"开发产品"转"投资性房地产"
	转换日：为房地产的租赁期开始日
自用建筑物或土地使用权停止自用，改为出租	固定资产或无形资产转"投资性房地产"
	转换日：租赁期开始日
自用土地使用权停止自用，改用于资本增值	无形资产转"投资性房地产"
	转换日：自用土地使用权停止自用后确定用于资本增值的日期

3. 房地产转换的会计处理

成本模式下的转换	要点：转换前的账面价为转换后的入账价
	自用转投资时： 借：投资性房地产 　　存货跌价准备/累计折旧/累计摊销 　　贷：开发产品/固定资产/无形资产
公允价值模式下的转换	（1）投资性转换为自用： 要点：转换日公允价为自用的账面价值，差额计入公允价值变动损益 借：固定资产（转换当日的公允价值） 借或贷：公允价值变动损益（差额） 　　　　贷：投资性房地产——成本（余额） 　　　　　　——公允价值变动（余额）
	（2）自用或存货转换投资性房地产： 要点：投资性房地产以转换当日的公允价计量 公允价值＜原账面价值 ——差额计入公允价值变动损益 公允价值＞原账面价值 ——差额计入资本公积——其他资本公积 借：投资性房地产（转换当日的公允价值） 　　累计折旧/减值准备（已提折旧及减值） 　　公允价值变动损益（公允价值＜原账面价值） 　　贷：固定资产（账面余额） 　　　　资本公积（差额） 处置该项投资性房地产时，原计入所有者权益的部分，应当转入处置当期损益（其他业务收入） 借：资本公积 　　公允价值变动损益 　　贷：其他业务收入

四、练习题

（一）单项选择题

1. 下列各项中，不属于投资性房地产项目的是（　　）。

A. 已出租的土地使用权

B. 企业以经营租赁方式租入再对外转租的建筑物

C. 持有并准备增值后转让的土地使用权

D. 企业拥有产权并以经营租赁方式出租的建筑物

2. 2014 年 2 月 1 日，甲公司从其他单位购入一块土地使用权，并在这块土地上建造两栋相同的厂房。2014 年 9 月 1 日，甲公司预计厂房即将完工，与乙公司签订了经营租赁合同，约定将其中的一栋厂房于完工时租赁给乙公司使用。2014 年 9 月 15 日，两栋厂房同时完工。该土地使用权的账面价值为 1 200 万元，两栋厂房实际发生的建造成本均为 300 万元，能够单独计量。甲公司采用成本模式对投资性房地产进行后续计量。则甲公司 2014 年 9 月 15 日投资性房地产的入账价值为（　　）万元。

A. 900　　　　　　B. 1 500　　　　　　C. 750　　　　　　D. 1 200

3. 甲公司 2014 年 7 月 1 日购入一幢办公楼，购买价款为 5 000 万元，另发生相关税费 100 万元。购买当日即与丙公司签订租赁协议，将该幢办公楼出租给丙公司使用，租赁期为 3 年，每年租金为 520 万元，每年年末支付。甲公司因该项租赁业务发生谈判费用 20 万元，另预计租赁期内每年将产生 10 万元的办公楼使用维护费用。则 2014 年 7 月 1 日，应确认的投资性房地产的初始入账价值为（　　）万元。

A. 5 100　　　　　B. 5 080　　　　　C. 5 150　　　　　D. 5 120

4. 投资性房地产进入改扩建或装修阶段后，应将其账面价值转入（　　）科目进行核算。

A. 在建工程　　　　　　　　　　B. 投资性房地产——在建

C. 开发产品　　　　　　　　　　D. 投资性房地产——成本

5. 下列关于投资性房地产核算的表述中，正确的是（　　）。

A. 采用成本模式计量的投资性房地产应计提折旧或摊销，但不需要确认减值损失

B. 采用成本模式计量的投资性房地产，符合条件时可转换为按公允价值模式计量

C. 采用公允价值模式计量的投资性房地产，公允价值的变动金额应计入其他综合收益

D. 采用公允价值模式计量的投资性房地产，符合条件时可转换为按成本模式计量

6. 下列关于公允价值模式计量的投资性房地产说法中，正确的是（　　）。

A. 当月增加的土地使用权当月进行摊销

B. 公允价值模式下不计提减值

C. 资产负债表日，投资性房地产的公允价值高于账面价值的差额计入其他业务收入

D. 资产负债表日，投资性房地产的公允价值高于账面价值的差额计入资本公积——其他资本公积

7. 英明公司采用成本价值模式对投资性房地产进行后续计量，2014 年 9 月 20 日将 2013 年 12 月 31 日达到预定可使用状态的自行建造的办公楼对外出租。该办公楼建造成本为 5 150 万元，预计使用年限为 25 年，预计净残值为 150 万元。采用年限平均法计提折旧。不考虑其他因素，则 2014 年该办公楼应计提的折旧额为（　　）万元。

A. 0　　　　　　B. 150　　　　　　C. 200　　　　　　D. 100

8. 投资性房地产的后续计量模式由成本模式转换为公允价值模式。其公允价值与账面价值之间的差额计入（　　）。

A. 盈余公积和未分配利润　　　　B. 公允价值变动损益

C. 其他综合收益　　　　　　　　D. 营业外收入

9. 2014 年 12 月 8 日甲公司董事会决定自 2015 年 1 月 1 日起将位于城区的一幢已出租建筑物由成本模式改为公允价值模式计量。该建筑物系 2014 年 1 月 20 日投入使用并对外出租，入账时初始成本为 1 940 万元，公允价值为 2 400 万元；预计使用年限为 20 年，预计净残值为 20 万元，采用年限平均法计提折旧；年租金为 180 万元，按月收取。2015 年 1 月 1 日该建筑物的公允价值为 2 500 万元。不考虑所得税等因素，下列各项会计处理中，正确的是（　　）。

A. 减少"投资性房地产累计折旧"科目余额 88 万元

B. 增加"投资性房地产——成本"科目余额 2 400 万元

C. 增加"投资性房地产"科目余额 2 500 万元

D. 增加"盈余公积"科目余额 43.42 万元

10. 2015 年 2 月 2 日，甲公司董事会做出决议，将其持有的一项土地使用权停止自用，待其增值后，再予以转让以获取增值收益。该项土地使用权的成本为 1 500 万元，预计使用年限为 10 年，预计净残值为 200 万元，采用直线法进行摊销。甲公司对其投资性房地产采用成本模式计量，该项土地使用权转换后，其预计使用年限、预计净残值以及摊销方法不发生改变。土地使用权至 2015 年年末已使用了 6 年，则 2015 年年末甲公司该项投资性房地产的账面价值为（　　）万元。

A. 600　　　　　　B. 720　　　　　　C. 1 500　　　　　　D. 130

（二）多项选择题

1. 下列关于投资性房地产的特征中，说法正确的有（　　）。

A. 投资性房地产是一种投资性活动

B. 投资性房地产是一种经营性活动

C. 投资性房地产在用途、状态、目的等方面区别于作为生产经营场所的房地产和用于销售的房地产

D. 投资性房地产是指，为赚取租金或资本增值，或者两者兼有而持有的房地产

2. 下列各项中，不属于投资性房地产核算范围的有（　　）。

　　A. 闲置的土地

　　B. 房地产开发企业开发完成的对外销售的商品房

　　C. 已出租的办公楼

　　D. 企业自用的厂房

3. 下列各项中，不属于投资性房地产确认条件的是（　　）。

　　A. 投资性房地产是指，为赚取租金或资本增值，或者两者兼有而持有的房地产

　　B. 与该投资性房地产有关的经济利益很可能流入企业

　　C. 该投资性房地产的成本能够可靠地计量

　　D. 投资性房地产属于有形资产

4. 下列有关投资性房地产后续支出的表述中，正确的有（　　）。

　　A. 与投资性房地产有关的后续支出应区分资本化支出和费用化支出分别处理

　　B. 发生的资本化支出应通过"投资性房地产——在建"科目归集

　　C. 与投资性房地产有关的后续支出均应计入投资性房地产的成本

　　D. 投资性房地产的资本化支出可以提高其使用效能和经济利益流入量

5. 下列有关投资性房地产采用成本模式计量的说法中，正确的有（　　）。

　　A. 企业外购的建筑物对外出租，购入当月不计提折旧

　　B. 企业外购的土地使用权对外出租，购入当月需要计提摊销

　　C. 取得的租金收入应计入其他业务收入

　　D. 资产负债表日，应按公允价值确认公允价值变动金额并计入当期损益

6. 投资性房地产采用公允价值模式计量，应同时满足的条件包括（　　）。

　　A. 投资性房地产所在地有活跃的房地产交易市场

　　B. 投资性房地产所在地有专门的资产评估机构对投资性房地产的公允价值做出估计

　　C. 企业对所有投资性房地产均采用公允价值模式计量

　　D. 企业能够从活跃的房地产交易市场上取得同类或类似房地产的市场价格及其他相关信息，从而对投资性房地产的公允价值做出合理的估计

7. 下列关于投资性房地产后续计量模式变更的说法中，正确的有（　　）。

　　A. 为保证会计信息的可比性，企业对投资性房地产的计量模式一经确定，不得随意变更

　　B. 只有在房地产市场比较成熟、能够满足采用公允价值模式条件的情况下，才允许企业对投资性房地产从成本模式计量变更为以公允价值模式计量

　　C. 成本模式转为公允价值模式的，应当作为会计政策变更处理，并按计量模式变更时公允价值与账面价值的差额调整其他综合收益

　　D. 已采用公允价值模式计量的投资性房地产，不得从公允价值模式转为成本模式

8. 关于投资性房地产转换日的确定，下列说法中，正确的有（　　）。

　　A. 作为存货的房地产改为出租，其转换日为租赁期开始日

　　B. 投资性房地产转为存货，转换日为董事会或类似机构做出书面决议，明确

表明将其重新开发用于对外销售的日期

    C. 自用建筑物停止自用改为出租，其转换日为租赁期开始日

    D. 自用土地使用权停止自用，改用于资本增值，其转换日为自用土地使用权停止自用后，确定用于资本增值的日期

9. 关于投资性房地产转换后的入账价值的确定，下列说法中，正确的有（   ）。

    A. 作为存货的房地产转换为采用成本模式计量的投资性房地产时，应按该项存货在转换日的账面价值，借记"投资性房地产"科目

    B. 采用公允价值模式计量的投资性房地产转换为自用房地产时，应以其转换当日的公允价值作为自用房地产的入账价值

    C. 采用公允价值模式计量的投资性房地产转换为自用房地产时，应当以其转换当日的账面价值作为自用房地产的入账价值

    D. 自用房地产或存货转换为采用公允价值模式计量的投资性房地产时，投资性房地产按照转换当日房地产的账面价值作为入账价值

10. 处置采用公允价值模式计量的投资性房地产时，下列说法中，正确的有（   ）。

    A. 应按累计公允价值变动金额，将公允价值变动损益转入其他业务成本

    B. 如涉及营业税，则营业税应记入"税金及附加"科目

    C. 实际收到的金额与该投资性房地产账面价值之间的差额，应计入营业外收支

    D. 若存在原转换日计入其他综合收益的金额，处置时应结转到其他业务成本

（三）判断题

1. 投资性房地产实质上属于一种让渡资产使用权行为。   （   ）

2. 企业以经营租赁方式租入再转租的土地使用权和计划用于出租但尚未出租的土地使用权不属于投资性房地产。   （   ）

3. 自行建造投资性房地产，其成本由建造该项资产达到预定可使用状态之前发生的必要支出构成，包括土地开发费用、建筑成本、安装成本、应予以资本化的借款费用、支付的其他费用和分摊的间接费用等。   （   ）

4. 对于企业外购的房地产，在购入房地产的同时未开始对外出租或用于资本增值的，也可以作为投资性房地产进行核算。   （   ）

5. 投资性房地产改扩建或装修支出满足资本化条件的，应当将其资本化，计入投资性房地产的成本；不满足资本化条件的，应计入其他业务成本。   （   ）

6. 投资性房地产后续计量模式包括成本和公允价值两种模式，同一企业可以同时采用两种计量模式对其投资性房地产进行后续计量。   （   ）

7. 只有存在确凿证据表明投资性房地产的公允价值能够持续可靠取得的情况下，企业才可以采用公允价值模式对投资性房地产进行后续计量。   （   ）

8. 采用公允价值模式计量的投资性房地产，资产负债表日确认的公允价值变动金额应当计入所有者权益（其他综合收益）。   （   ）

9. 投资性房地产后续计量由成本模式转为公允价值模式，转换日公允价值与账面

价值的差额，借方差额记入"公允价值变动损益"科目，贷方差额记入"其他综合收益"科目。　　　　　　　　　　　　　　　　　　　　　　　　　　（　　）

10. 处置投资性房地产时，应当按实际收到的金额，贷记"其他业务收入"科目；按该项投资性房地产的账面价值，借记"其他业务成本"科目。若为公允价值模式计量，还应同时结转持有期间确认的累计公允价值变动；若存在原转换日计入其他综合收益的金额，也一并结转。　　　　　　　　　　　　　　　　（　　）

（四）计算分析题

1. 甲公司主要从事房地产开发经营业务，对投资性房地产采用成本模式进行后续计量，2×16 年度发生的有关交易或事项如下：

（1）1 月 1 日，因商品房滞销，董事会决定将两栋商品房用于对外出租。1 月 20 日，甲公司与乙公司签订租赁合同并已将两栋商品房以经营租赁方式提供给乙公司使用。出租商品房的账面余额为 9 000 万元，未计提存货跌价准备，公允价值为 10 000 万元。该出租商品房预计使用年限为 50 年，预计净残值为零，采用年限平均法计提折旧。

（2）1 月 5 日，收回租赁期届满的一宗土地使用权，经批准用于建造办公楼。该土地使用权成本为 2 750 万元，未计提减值准备，至办公楼开工之日已摊销 10 年，预计尚可使用 40 年，预计净残值为 0，采用直线法摊销。办公楼于 1 月 5 日开始建造，至年末尚未完工，共发生工程支出 3 500 万元，假定全部已由银行存款支付。

（3）3 月 5 日，收回租赁期届满的商铺，并计划对其重新装修后继续用于出租。该商铺成本为 6 500 万元，至重新装修之日，已计提累计折旧 2 000 万元，账面价值为 4 500 万元。装修工程于 8 月 1 日开始，于年末完工并达到预定可使用状态，共发生装修支出 1 500 万元。其中包括材料支出 700 万元和职工薪酬 800 万元，职工薪酬尚未支付。装修后预计租金收入将大幅增加。

假定不考虑相关税费及其他因素的影响。

要求：

（1）计算上述出租商品房 2×16 年度应计提的折旧金额；

（2）做出上述交易或事项的相关会计处理。

（答案中的金额单位用万元表示）

2. 2×16 年 2 月 10 日，甲房地产开发公司（以下简称甲公司）与承租方丁公司签订办公楼租赁合同，将其开发的一栋用于出售的办公楼出租给丁公司使用，租赁期为 2 年，租赁期开始日为 2×16 年 3 月 1 日。2×16 年 3 月 1 日办公楼账面价值为 1 100 万元，公允价值为 2 400 万元。甲公司采用公允价值模式对投资性房地产进行后续计量。办公楼在 2×16 年 12 月 31 日的公允价值为 2 600 万元，2×17 年 12 月 31 日的公允价值为 2 640 万元。2×18 年 3 月 1 日，甲公司收回租赁期届满的办公楼并对外出售，取得价款 2 800 万元。

假定不考虑相关税费等因素的影响。

要求：

（1）编制甲公司将办公楼出租时的会计分录；

（2）编制办公楼出售前与公允价值变动损益相关的会计分录；

（3）编制办公楼出售时的会计分录。

五、参考答案及解析

（一）单项选择题

1.【答案】B

【解析】投资性房地产主要包括已出租的土地使用权、持有并准备增值后转让的土地使用权和已出租的建筑物。已出租的建筑物是指企业拥有产权并以经营租赁方式出租的房屋等建筑物。企业以经营租赁方式租入再转租的建筑物，由于企业对该租入的建筑物不拥有产权，所以不属于投资性房地产。

2.【答案】A

【解析】甲公司 2014 年 9 月 15 日投资性房地产的入账价值 = 1 200÷2+300=900（万元）。

3.【答案】A

【解析】企业外购的投资性房地产，应当按照取得时的实际成本进行初始计量，取得时的实际成本包括购买价款、相关税费和可直接归属于该资产的其他支出。故甲公司 2014 年 7 月 1 日应确认的投资性房地产的初始入账价值 = 5 000+100=5 100（万元）。

4.【答案】B

【解析】无论是采用成本模式还是公允价值模式进行后续计量，投资性房地产进入改扩建或装修阶段后，应将其账面价值转入"投资性房地产——在建"科目进行核算。

5.【答案】B

【解析】选项 A，采用成本模式计量的投资性房地产期末应考虑确认减值损失；选项 C，采用公允价值模式计量的投资性房地产公允价值变动应计入公允价值变动损益；选项 D，公允价值模式计量的投资性房地产不能再转为成本模式计量；而采用成本模式计量的投资性房地产在符合一定的条件时可以转为公允价值模式计量。

6.【答案】B

【解析】选项 A，公允价值模式下不计提折旧或摊销；选项 C 和 D，资产负债表日，投资性房地产的公允价值高于账面价值的差额计入公允价值变动损益。

7.【答案】C

【解析】2014 年该办公楼的计提折旧金额 = (5 150-150)÷25=200（万元）。

8.【答案】A

【解析】投资性房地产的后续计量模式由成本模式转换为公允价值模式，应当作为会计政策变更，将公允价值与账面价值的差额，调整期初留存收益。

9.【答案】A

【解析】将投资性房地产由成本模式转为以公允价值模式计量，属于会计政策变更。截止至 2014 年年末，成本模式下的投资性房地产账面价值 = 1 940-(1 940-20)÷20×11÷12=1 852（万元）。

会计分录为：

借：投资性房地产——成本　　　　　　　　　　　　　　　2 500

　　投资性房地产累计折旧　　　　　　　　　　　　　　　88

　　贷：投资性房地产　　　　　　　　　　　　　　　　　　　1 940

　　　　盈余公积　　　　　　　　　　　　　　　　　　　　　64.8

　　　　利润分配——未分配利润　　　　　　　　　　　　　　583.2

10.【答案】B

【解析】2015 年年末甲公司该项投资性房地产的账面价值＝1 500－(1 500－200)×6÷10＝720（万元）。

（二）多项选择题

1.【答案】BC

【解析】投资性房地产具有以下两个特征：①投资性房地产是一种经营性活动；②投资性房地产在用途、状态、目的等方面区别于作为生产经营场所的房地产和用于销售的房地产。

2.【答案】ABD

【解析】选项 A，按照国家有关规定认定的闲置土地，不属于持有并准备增值的土地使用权，不作为投资性房地产核算；选项 B，房地产开发企业开发完成的对外销售的商品房应作为企业的存货，通过"开发产品"科目核算；选项 D，企业自用的厂房通过"固定资产"科目核算，不属于投资性房地产的核算范围。

3.【答案】AD

【解析】投资性房地产只有在符合定义的前提下，同时满足下列条件时，才能予以确认：①与该投资性房地产有关的经济利益很可能流入企业；②该投资性房地产的成本能够可靠地计量。

4.【答案】ABD

【解析】与投资性房地产有关的后续支出应区分资本化支出和费用化支出分别处理：发生的资本化的改良或装修支出，应记入"投资性房地产——在建"科目；费用化的后续支出，应当在发生时计入当期损益，借记"其他业务成本"等科目，贷记"银行存款"等科目。故选项 C 错误。

5.【答案】ABC

【解析】选项 D，属于公允价值模式计量下的会计处理。

6.【答案】AD

【解析】采用公允价值模式计量的投资性房地产，应当同时满足以下两个条件：

①投资性房地产所在地有活跃的房地产交易市场；②企业能够从活跃的房地产交易市场上取得同类或类似房地产的市场价格及其他相关信息，从而对投资性房地产的公允价值做出合理的估计。

7.【答案】ABD

【解析】选项 C，成本模式转为公允价值模式的，应当作为会计政策变更处理，并按计量模式变更时公允价值与账面价值的差额调整期初留存收益。

8.【答案】ABCD

【解析】上述说法均正确。

9.【答案】AB

【解析】作为存货的房地产转换为采用成本模式计量的投资性房地产时，应按该项存货在转换日的账面价值，借记"投资性房地产"科目，原已计提跌价准备的，借记"存货跌价准备"科目，按其账面余额，贷记"开发产品"等科目，选项A正确；采用公允价值模式计量的投资性房地产转换为自用房地产时，应当以其转换当日的公允价值作为自用房地产的入账价值，公允价值与原账面价值的差额计入当期损益，选项B正确，选项C不正确；自用房地产或存货转换为采用公允价值模式计量的投资性房地产时，投资性房地产按照转换当日的公允价值作为入账价值，转换当日的公允价值小于原账面价值的差额计入当期损益，转换当日的公允价值大于原账面价值的差额计入所有者权益，选项D不正确。

10.【答案】ABD

【解析】实际收到的金额与该投资性房地产账面价值之间的差额，应通过其他业务收入和其他业务成本的差额反映，选项C不正确。

（三）判断题

1.【答案】对

2.【答案】对

3.【答案】对

4.【答案】错

【解析】对于企业外购的房地产，只有在购入房地产的同时开始对外出租或用于资本增值的，才可以作为投资性房地产进行核算。

5.【答案】对

6.【答案】错

【解析】投资性房地产后续计量有成本和公允价值两种模式，但是，同一企业只能采用一种模式对所有的投资性房地产进行后续计量，不得同时采用两种计量模式。

7.【答案】对

8.【答案】错

【解析】采用公允价值模式计量的投资性房地产，资产负债表日确认的公允价值变动金额应当计入当期损益（公允价值变动损益）。

9.【答案】错

【解析】投资性房地产后续计量模式的变更属于会计政策变更，无论是借方差额还是贷方差额，均反映为留存收益（盈余公积和未分配利润）。

10.【答案】对

（四）计算分析题

1.（1）出租商品房2×16年度应计提的折旧金额=9 000÷50×11÷12=165（万元）。

（2）相关会计分录：

2×16年1月20日：

借：投资性房地产　　　　　　　　　　　　　　　　　　9 000
　　贷：开发产品　　　　　　　　　　　　　　　　　　　　　9 000

2×16 年 12 月 31 日：

借：其他业务成本　　　　　　　　　　　　　　　　　　165
　　贷：投资性房地产累计折旧　　　　　　　　　　　　　　　165

2×16 年 1 月 5 日：

借：无形资产——土地使用权　　　　　　　　　　　　2 750
　　投资性房地产累计摊销　　　　　550（2 750÷50×10）
　　贷：投资性房地产　　　　　　　　　　　　　　　　　2 750
　　　　累计摊销　　　　　　　　　　　　　　　　　　　　550

建造发生的支出：

借：在建工程　　　　　　　　　　　　　　　　　　　3 500
　　贷：银行存款　　　　　　　　　　　　　　　　　　　3 500

2×16 年 12 月 31 日：

借：在建工程　　　　　　　　55［（2 750−550）÷40］
　　贷：累计摊销　　　　　　　　　　　　　　　　　　　　55

2×16 年 3 月 5 日：

借：投资性房地产——在建　　　　　　　　　　　　　4 500
　　投资性房地产累计折旧　　　　　　　　　　　　　　2 000
　　贷：投资性房地产　　　　　　　　　　　　　　　　　6 500

发生的装修支出：

借：投资性房地产——在建　　　　　　　　　　　　　1 500
　　贷：原材料　　　　　　　　　　　　　　　　　　　　　700
　　　　应付职工薪酬　　　　　　　　　　　　　　　　　　800

2×16 年 12 月 31 日：

借：投资性房地产　　　　　　　　　　　　　　　　　6 000
　　贷：投资性房地产——在建　　　　　　　　　　　　　6 000

2.（1）2×16 年 3 月 1 日：

借：投资性房地产——成本　　　　　　　　　　　　　2 400
　　贷：开发产品　　　　　　　　　　　　　　　　　　　1 100
　　　　其他综合收益　　　　　　　　　　　　　　　　　1 300

（2）2×16 年 12 月 31 日：

借：投资性房地产——公允价值变动　　　　　　　　　200
　　贷：公允价值变动损益　　　　　　　　　　　　　　　200

2×17 年 12 月 31 日：

借：投资性房地产——公允价值变动　　　　　　　　　40
　　贷：公允价值变动损益　　　　　　　　　　　　　　　40

（3）2×18 年 3 月 1 日，出售时：

借：银行存款　　　　　　　　　　　　　　　　　　　2 800

贷：其他业务收入	2 800
借：其他业务成本	2 640
贷：投资性房地产——成本	2 400
——公允价值变动	240
借：公允价值变动损益	240
贷：其他业务成本	240
借：其他综合收益	1 300
贷：其他业务成本	1 300

第八章　资产减值

一、要点总览

会计的计量属性
- 资产减值概述
  - 资产减值的范围
  - 资产减值的迹象与测试
- 可收回金额的计量
  - 公允价值减去处理费用后的净额
  - 资产预计未来现金流量的现值
- 资产减值损失的确认与计量
- 资产组的认定与减值处理
  - 资产组的认定
  - 资产组的减值测试与处理
  - 总部资产的减值测试
- 商誉减值测试与处理

二、重点难点

（一）重点
- 资产减值的范围
- 可收回金额的计量
- 资产减值损失的确认与计量
- 资产组的认定与减值处理

（二）难点
- 可收回金额的计量
- 资产减值损失的确认与计量
- 资产组的认定与减值处理
- 商誉减值的处理

三、关键内容小结

（一）资产减值概述

1. 资产减值的概念

资产减值是指因外部因素、内部因素发生变化而对资产造成不利影响，导致资产使用价值降低，致使资产未来可流入企业的全部经济利益低于其现有的账面价值。

2. 资产减值的范围

企业所有的资产在发生减值时，原则上都应当及时加以确认和计量。但是由于有关资产特性不同，其减值会计处理也有所差别，因而所适用的具体准则不尽相同。

《企业会计准则第 8 号——资产减值》主要规范了企业下列非流动资产的减值会计问题：①对子公司、联营企业和合营企业的长期股权投资；②采用成本模式进行后续计量的投资性房地产；③固定资产；④生产性生物资产；⑤无形资产；⑥商誉；⑦探明石油天然气矿区权益和井及相关设施等。

3. 资产减值的迹象与测试

（1）资产减值的迹象

①资产的市价当期大幅度下降，其跌幅明显大于因时间推移或者正常使用而预计的下跌；

②企业经营所处的经济、技术或者法律等环境以及资产所处的市场在当期或者将在近期发生重大变化，从而对企业产生不利影响；

③市场利率或者其他市场投资报酬率在当期已经提高，从而影响企业计算资产预计未来现金流量现值的折现率，导致资产可收回金额大幅度减低；

④有证据表明资产已经陈旧过时或者其实体已经损坏；

⑤资产已经或者将被闲置、终止使用或者提前处置；

⑥企业内部报告的证据表明资产的经济绩效已经低于或者将低于预期，如资产所创造的净现金流量或者实现的营业利润（或者亏损）远远低于（或者）高于预计金额等；

⑦其他表明资产可能已经发生减值的迹象。

（2）资产减值的测试

企业在判断资产减值迹象以决定是否需要估计资产可收回金额时，应当遵循重要性原则。根据这一原则，企业资产存在下列情况的，可以不估计其可收回金额：

①以前报告期间的计算结果表明，资产可收回金额远高于其账面价值，之后又没有发生消除这一差异的交易或者事项的，企业在资产负债表日可以不需要重新估计该资产的可收回金额。

②以前报告期间的计算与分析表明，资产可收回金额相对于某种减值迹象反应不敏感，在本报告期间又发生了该减值迹象的，可以不应该减值迹象的出现而重新估计该资产的可收回金额。比如当期市场利率或市场投资报酬率上升，对计算资产未来现金流量现值采用的折现率影响不大的，可以不重新估计资产的可收回金额。

应注意的是，因企业合并所形成的商誉和使用寿命不确定的无形资产，无论是否存在减值迹象，每年都应当进行价值测试。

（二）资产可收回金额的计量

1. 资产可收回金额的基本方法

资产可收回金额的估计，应当根据其公允价值减去处置费用后的净额与资产预计未来现金流量的现值两者之间较高者确定。

要估计资产的可收回金额，通常需要同时估计该资产的公允价值减去处置费用后的净额和资产预计未来现金流量的现值。但是在下列情况下，可以有例外或者做特殊考虑：

（1）资产的公允价值减去处置费用后的净额与资产预计未来现金流量的现值，只要有一项超过了资产的账面价值，就表明资产没有发生减值，不需要再估计另一项金额。

（2）没有确凿证据或者理由表明，资产预计未来现金流量现值显著高于其公允价值减去处置费用后的净额的，可以将资产的公允价值减去处置费用后的净额视为资产的可收回金额。

（3）资产的公允价值减去处置费用后的净额如果无法可靠估计的，应当以该资产预计未来现金流量的现值作为其可收回金额。

2. 资产的公允价值减去处置费用后的净额的估计

公允价值	是指市场参与者在计量日发生的有序交易中，出售一项资产所能收到或者转移一项负债所支付的价格
处置费用	是指可以直接归属于资产处置的增量成本，包括与资产处置有关的法律费用、相关税费、搬运费以及为使资产达到可销售状态所发生的直接费用等，但是财务费用和所得税费用等不包括在内
确定顺序	(1) 应当根据公平交易中资产的销售协议价格减去可直接归属于该资产处置费用的金额确定资产的公允价值减去处置费用后的净额。这是估计资产的公允价值减去处置费用后的净额的最佳方法
	(2) 在资产不存在销售协议但存在活跃市场的情况下，应当根据该资产的市场价格减去处置费用后的金额确定。资产的市场价格通常应当按照资产的买方出价确定
	(3) 在既不存在资产销售协议，又不存在资产活跃市场的情况下，企业应当以可获取的最佳信息为基础，根据在资产负债表日假定处置该资产，熟悉情况的交易双方自愿进行公平交易，愿意提供的交易价格减去资产处置费用后的金额，作为估计资产的公允价值减去处置费用后的净额
	(4) 企业如果按照上述要求仍然无法可靠估计资产的公允价值减去处置费用后的净额的，应当以该资产预计未来现金流量的现值作为其可收回金额

3. 资产预计未来现金流量的现值的估计

<table>
<tr>
<td colspan="3">原则</td>
<td>（1）资产预计未来现金流量的现值——应当按照资产在持续使用过程中和最终处置时所产生的预计未来现金流量，选择恰当的折现率对其进行折现后的金额加以确定
（2）在确定时，应当综合考虑以下因素：资产的预计未来现金流量，使用寿命，折现率等</td>
</tr>
<tr>
<td rowspan="6">未来现金流量的预计</td>
<td colspan="2">依据</td>
<td>（1）资产未来现金流量的预计——应当以企业管理层批准的最近财务预算或者预测数据为基础
（2）建立在该预算或者预测基础上的预计未来现金流量，最多涵盖 5 年，如果企业管理层能够证明更长的时间是合理的，可以涵盖更长的时间</td>
</tr>
<tr>
<td colspan="2">内容</td>
<td>（1）资产持续使用过程中预计产生的现金流入
（2）为实现资产持续使用过程中产生的现金流入所必需的预计现金流出（包括为使资产达到预定可使用状态所发生的现金流出）。该现金流出应当是可直接归属于或者可通过合理和一致的基础分配到资产中的现金流出，后者通常是指那些与资产直接相关的间接费用
（3）资产使用寿命结束时，处置资产所收到或者支付的净现金流量</td>
</tr>
<tr>
<td colspan="2">应考虑的因素</td>
<td>（1）以资产的当前状况为基础预计资产未来现金流量
（2）不应当包括筹资活动和所得税收付产生的现金流量
（3）对通货膨胀因素的考虑应当和折现率相一致
（4）涉及内部转移价格应当予以调整</td>
</tr>
<tr>
<td rowspan="3">方法</td>
<td colspan="2">预计资产未来现金流量——通常应当根据资产未来每期最有可能产生的现金流量进行预测</td>
</tr>
<tr>
<td>传统法</td>
<td>使用单一的未来每期预计现金流量和单一的折现率计算资产未来现金流量的现值</td>
</tr>
<tr>
<td>预期现金流量法</td>
<td>资产未来每期现金流量，应当根据每期现金流量期望值进行预计每期现金流量期望值，按照各种可能情况下的现金流量乘以相应的发生概率加总计算</td>
</tr>
<tr>
<td rowspan="4">折现率的预计</td>
<td colspan="2" rowspan="4"></td>
<td>折现率——反映当前市场货币时间价值和资产特定风险的税前利率。该折现率是企业在购置或者投资资产时所要求的必要报酬率
如果用于估计折现率的基础是税后的，应当将其调整为税前的折现率</td>
</tr>
<tr>
<td>折现率的确定——通常应当以该资产的市场率为依据，该资产的利率无法从市场获得的，可以使用替代利率估计折现率</td>
</tr>
<tr>
<td>替代利率可以根据企业加权平均资本成本、增量借款利率或者其他相关市场借款利率作适当调整后确定</td>
</tr>
<tr>
<td>估计资产未来现金流量现值，通常应当使用单一的折现率</td>
</tr>
<tr>
<td colspan="3">资产未来现金流量的现金的预计</td>
<td>资产未来现金流量的现值——根据该资产预计的未来现金流量和折现率在预计期限内予以折现后，即可确定该资产未来现金流量的现值</td>
</tr>
<tr>
<td colspan="3" rowspan="2">外币未来现金流量及其现值的预计</td>
<td>应当以该资产所产生的未来现金流量的结算货币为基础预计其未来现金流量，并按照该货币适用的折现率计算资产的现值</td>
</tr>
<tr>
<td>将该外币现值按照计算资产未来现金流量现值当日的即期汇率进行折算，从而折现成按照记账本位币表示的资产未来现金流量的现值</td>
</tr>
</table>

（三）资产减值损失的确认与计量

1. 资产发生减值	资产减值损失的确认	资产的可收回金额低于其账面价值的，应当将资产的账面价值减记至可收回金额，减记的金额确认为资产减值损失，计入当期损益，并计提相应的资产减值准备
	资产减值损失的会计处理	借：资产减值损失 　　贷：××减值准备
2. 确认资产减值损失后的折旧或摊销		资产减值损失确认损失后，减值资产的折旧或者摊销费用，应当在未来期间作相应调整，以使该资产在剩余使用寿命内，系统地分摊调整后的资产账面价值（扣除预计净残值） 如直线法下的固定资产折旧： 年折旧额＝（固定资产账面价值－净残值）÷剩余使用寿命
3. 确认减值损失后资产价值恢复		资产减值损失已经确认，在以后会计期间不得转回 在资产处置、出售、对外投资、非货币性资产交换方式换出以及在债务重组中抵偿债务等，并符合资产终止确认条件的，企业应当将相关资产减值准备予以转销

应注意的是，资产减值准则中规范的资产，其减值损失一经确认，在以后持有期间不得转回，但有些资产的减值是可以转回。计提减值比较基础以及资产减值是否可以转回如下所示。

资产	计提减值比较基础	减值是否可以转回
存货	可变现净值	可以
固定资产	可收回金额	不可以
投资性房地产（成本模式）	可收回金额	不可以
长期股权投资（控制、共同控制和重大影响）	可收回金额	不可以
长期股权投资（不具控制、共同控制和重大影响，无公允价值）	公允价值	可以
无形资产	可收回金额	不可以
商誉	可收回金额	不可以
持有至到期投资	未来现金流量现值	可以
贷款和应收账款	未来现金流量现值	可以
可供出售金融资产	公允价值	可以

（四）资产组的认定及减值处理

1. 资产组的认定

（1）资产组的概念

资产组是企业可以认定的最小资产组合，其产生的现金流入应当基本上独立于其他资产或者资产组。资产组应当由与创造现金流入相关的资产构成。

根据资产减值准则规定，如果有迹象表明一项资产可能发生减值的，企业应当以单项资产为基础估计其可收回金额。在企业难以对单项资产的可收回金额进行估计的情况下，应当以该资产所属的资产组为基础确定资产组的可收回金额。

（2）资产组的认定

认定标准	资产组的认定，应当以资产组产生的主要现金流入是否独立于其他资产或者资产组的现金流入为依据。同时，在认定资产组时，应当考虑企业管理层管理生产经营活动的方式（如是按生产线、业务种类，还是按照地区或者区域等）和对资产的持续使用或者处置的决策方式等 如企业的某一条生产线、营业网点、业务部门、加油站等
资产组特例	几项资产组合生产的产品（或者其他产出）存在活跃市场的，即使部分或者所有这些产品（或者其他产出）均供内部使用，也应当在符合资产组的确认条件的情况下，将这几项资产的组合认定为一个资产组
资产组变更	资产组一经确定，各个会计期间应当保持一致，不得随意变更 如须变更，企业管理层应当证明该变更是合理的，并在附注中说明

2. 资产组减值的处理

（1）资产组账面价值和可收回金额的确定

① 资产组可收回金额的确定

资产组的可收回金额应当按照该资产组的公允价值减去处置费用后的净额与其预计未来现金流量的现值两者之间较高者确定。

② 资产组账面价值的确定

A. 资产组账面价值的确定基础应当与其可收回金额的确定方式相一致。

B. 资产组的账面价值应当包括可直接归属于资产组并可以合理和一致地分摊至资产组的资产账面价值，通常不应当包括已确认负债的账面价值，但如不考虑该负债金额就无法确定资产组可收回金额的除外。

C. 资产组在处置时如要求购买者承担一项负债（如恢复负债等），该负债金额已经确认并计入相关资产账面价值，而且企业只能取得包括上述资产和负债在内的单一公允价值减去处置费用后的净额的，为了比较资产组的账面价值和可收回金额，在确定资产组的账面价值及其预计未来现金流量的现值时，应当将已确认的负债金额从中扣除。

（2）资产组减值损失的处理

①资产组减值的确定

资产组可收回金额低于其账面价值，应当确认相应的减值损失。

②资产组减值损失的分摊

A. 减值损失金额应当按照以下顺序进行分摊：

首先，抵减分摊至资产组中商誉的账面价值；

然后，根据资产组中除商誉之外的其他各项资产的账面价值所占比重，按比例抵减其他各项资产的账面价值。

B. 资产账面减值的抵减——应作为各单项资产（包括商誉）的减值损失处理，计入当期损益。

C. 抵减后的各资产的账面价值不得低于以下三者之中最高者：

a. 该资产的公允价值减去处置费用后的净额（如可确定的）；

b. 该资产预计未来现金流量的现值（如可确定的）；

c. 零。

D. 因上述原因而导致的未能分摊的减值损失金额，应当按照相关资产组中其他各项资产的账面价值所占比重进行分摊。

（3）总部资产的减值处理

①总部资产与资产组组合

A. 总部资产

企业总部资产包括企业集团或其事业部的办公楼、电子数据处理设备、研发中心等资产。总部资产的显著特征是难以脱离其他资产或者资产组产生独立的现金流入，而且其账面价值难以完全归属于某一资产组。

总部资产一般难以单独进行减值测试，需要结合其他相关资产组或者资产组组合进行。

B. 资产组组合

资产组组合是指由若干个资产组组成的最小资产组组合，包括资产组或者资产组组合，以及按合理方法分摊的总部资产部分。

②总部资产的减值损失的处理

A. 在资产负债表日，如果有迹象表明某项总部资产可能发生减值的，企业应当计算确定该总部资产所归属的资产组或者资产组组合的可收回金额，然后将其与相应的账面价值相比较，据以判断是否需要确认减值损失。

B. 企业对某一资产组进行减值测试时，应当先认定所有与该资产组相关的总部资产，再根据相关总部资产能否按照合理和一致的基础分摊至该资产组的原则，分下列情况处理：

a. 对于相关总部资产能够按照合理和一致的基础分摊至该资产组的部分，应当将该部分总部资产的账面价值分摊至该资产组，再据以比较该资产组的账面价值（包括已分摊的总部资产的账面价值部分）和可收回金额，并按照前述有关资产组减值测试的顺序和方法处理。

b. 对于相关总部资产中有部分资产难以按照合理和一致的基础分摊至该资产组的，应当按照下列步骤处理：

首先，在不考虑相关总部资产的情况下，估计和比较资产组的账面价值和可收回金额，并按照前述有关资产组减值测试的顺序和方法处理。

其次，认定由若干个资产组组成的最小的资产组组合，该资产组组合应当包括所测试的资产组与可以按照合理和一致的基础将该部分总部资产的账面价值分摊其上的部分。

最后，比较所认定的资产组组合的账面价值（包括已分摊的总部资产的账面价值部分）和可收回金额，并按照前述有关资产组减值测试的顺序和方法处理。

（五）商誉减值测试与处理

1. 商誉减值测试

企业合并所形成的商誉，至少应当在每年度终了时进行减值测试。由于商誉难以独立产生现金流量，应当结合与其相关的资产组或者资产组组合进行减值测试。

相关的资产组或者资产组组合应当是能够从企业合并的协同效应中受益的资产组或者资产组组合，不应当大于企业所确定的报告部分。

对于已经分摊商誉的资产组或资产组组合，不论是否存在资产组或资产组组合可能发生减值的迹象，每年都应当通过比较包含商誉的资产组或资产组组合的账面价值与可收回金额进行减值测试。

2. 商誉账面价值的分摊

企业进行资产减值测试，对于因企业合并形成的商誉的账面价值，应当自购买日起按照合理的方法分摊至相关的资产组；难以分摊至相关资产组的，应当将其分摊至相关的资产组组合。

在将商誉的账面价值分摊至相关的资产组或者资产组组合时，应当按照各资产组或者资产组组合的公允价值占相关资产组或者资产组组合公允价值总额的比例进行分摊。公允价值难以可靠计量的，按照各资产组或者资产组组合的账面价值占相关资产组或者资产组组合账面价值总额的比例进行分摊。

企业因重组等原因改变了其报告结构，从而影响已分摊商誉的一个或者若干个资产组或者资产组组合构成的，应当按照合理的分摊方法，将商誉重新分摊至受影响的资产组或者资产组组合。

3. 商誉减值损失的处理

（1）商誉减值测试及减值损失确认的步骤

①对不包含商誉的资产组或者资产组组合进行减值测试，计算可收回金额，并与相关账面价值相比较，确认相应的减值损失；

②再对包含商誉的资产组或者资产组组合进行减值测试，比较这些相关资产组或者资产组组合的账面价值（包括所分摊的商誉的账面价值部分）与其可收回金额，如相关资产组或者资产组组合的可收回金额低于其账面价值的，应当就其差额确认减值、损失，减值损失金额应当首先抵减分摊至资产组或者资产组组合中商誉的账面价值；

③根据资产组或者资产组组合中除商誉之外的其他各项资产的账面价值所占比重，按比例抵减其他各项资产的账面价值。

（2）商誉减值损失的处理

①减值损失金额应当先抵减分摊至资产组或者资产组组合中商誉的账面价值。

②再根据资产组或者资产组组合中除商誉之外的其他各项资产的账面价值所占比重，按比例抵减其他各项资产的账面价值。相关减值损失的处理顺序和方法与资产组减值损失的处理顺序和方法相一致。

四、练习题

（一）单项选择题

1. 下列资产的减值中，不适用资产减值准则核算的是（　　）。

    A. 存货

    B. 对子公司、联营企业和合营企业的长期股权投资

    C. 固定资产

    D. 无形资产

2. 资产减值是指资产的（　　）低于其账面价值的情况。

    A. 可变现净值　　　　　　　　B. 可收回金额

    C. 预计未来现金流量现值　　　D. 公允价值

3. 在判断下列资产是否存在可能发生减值的迹象时，不能单独进行减值测试的是（　　）。

    A. 长期股权投资　　　　　　　B. 专利技术

    C. 商誉　　　　　　　　　　　D. 金融资产

4. 下列迹象中不能表明企业的资产发生了减值的是（　　）。

    A. 企业经营所处的经济、技术或者法律等环境以及资产所处的市场在当期或者近期发生重大变化，从而对企业产生不利影响

    B. 有证据表明该资产已经陈旧过时或者其实体已经损坏

    C. 市场利率或者其他市场投资报酬率在当期已经提高，从而影响企业计算资产预计未来现金流量现值的折现率，导致资产可收回金额大幅度降低

    D. 企业所有者权益的账面价值低于其市场价值

5. 下列不能作为确定资产公允价值的是（　　）。

    A. 销售协议价格

    B. 资产的市场价格

    C. 熟悉情况的交易双方自愿进行公平交易的价格

    D. 资产的账面价值

6. 以下不能作为资产的公允价值减去处置费用后的净额的是（　　）。

    A. 根据公平交易中资产的销售协议价格减去可直接归属于该资产处置费用后的金额

    B. 资产的市场价格减去处置费用后的金额

    C. 如果不存在资产销售协议和资产活跃市场的，在资产负债表日处置资产，熟悉情况的交易双方自愿进行公平交易愿意提供的交易价格减去处置费用后的金额

    D. 该资产的预计未来现金流量现值减去资产负债表日处置资产的处置费用后的金额

7. 计提资产减值准备时，借记的科目是（　　）。

A. 营业外支出   B. 管理费用   C. 投资收益   D. 资产减值损失

8. 当有迹象表明企业已经计提了减值准备的固定资产减值因素消失时，其计提的减值准备应该（　　）。

    A. 按照账面价值超过可收回金额的差额全部予以转回

    B. 按照账面价值超过可收回金额的差额补提资产减值准备

    C. 不进行账务处理

    D. 按照账面价值超过可收回金额的差额在原来计提的减值准备范围内予以转回

9. 认定为资产组最关键的因素是（　　）。

    A. 该企业的各项资产是否可以独立产生现金流入

    B. 该资产组是否可以独立产生现金流入和现金流出

    C. 该资产组的各个组成资产是否都可以独立产生现金流入

    D. 该资产组能否独立产生现金流入

10. 下列关于资产组可收回金额的说法中，不正确的是（　　）。

    A. 资产组的可收回金额的确定与单项资产的可收回金额的确定方法是一样的

    B. 资产组的可收回金额是以资产组的公允价值减去处置费用后的净额与资产组的预计未来现金流量的现值之中的较高者确定

    C. 资产组的可收回金额是以资产组的公允价值减去处置费用后的净额与资产组的预计未来现金流量的现值之中的较低者确定

    D. 资产组账面价值的确定基础应当与其可收回金额的确定方式一致

11. 甲企业对其投资性房地产均采用成本模式进行后续计量。2×16 年 12 月 31 日，甲企业对某项存在减值迹象的对外出租的建筑物进行减值测试。减值测试的结果表明该建筑物的可收回金额为 1 000 万元。该项建筑物系甲企业于 2×13 年 6 月 15 日购入的，原价为 1 500 万元，甲企业采用年限平均法计提折旧，预计使用年限为 20 年，预计净残值为 0。2×16 年 12 月 31 日该项建筑物应计提的减值准备的金额为（　　）万元。

    A. 500   B. 231. 25   C. 237. 5   D. 262. 5

12. 假定某资产因受市场行情等因素的影响，在行情好、一般和差的情况下，预计未来第 3 年可能实现的现金流量和发生的概率分别是 100 万元（70%）、85 万元（20%）、60 万元（10%），则第 3 年的预计现金流量是（　　）万元。

    A. 100   B. 93   C. 85   D. 70

13. 甲公司拥有乙公司 30% 的股份，以权益法核算，2×16 年期初该长期股权投资账面余额为 100 万元，2×16 年乙公司盈利 60 万元。其他相关资料如下：根据测算，该长期股权投资市场公允价值为 120 万元，处置费用为 20 万元，预计未来现金流量现值为 110 万元。则 2×16 年年末该公司应提减值准备（　　）万元。

    A. 0   B. 2   C. 8   D. 18

14. 2×16 年 12 月 31 日甲企业对其拥有的一台机器设备进行减值测试时发现，该资产如果立即出售了，则可以获得 920 万元的价款，发生的处置费用预计为 20 万元；如果继续使用，那么在该资产使用寿命终结时的现金流量现值为 888 万元。该资产目前的账面价值是 910 万元，甲企业在 2×16 年 12 月 31 日应该计提的固定资产减值准备为（　　）万元。

    A. 10   B. 20   C. 12   D. 2

15. 2×14 年 1 月 1 日，甲公司以银行存款 666 万元购入一项无形资产，其预计使用年限为 6 年，采用直线法按月摊销。2×14 年和 2×15 年年末，甲公司预计该无形资产的可收回金额分别为 500 万元和 420 万元，假定该公司于每年年末对无形资产计提减值准备。计提减值准备后，原预计的使用年限保持不变，不考虑其他因素。2×16 年 6 月 30 日该无形资产的账面余额为（　　）万元，该无形资产的账面价值为（　　）万元。

    A. 666 405   B. 666 350   C. 405 350   D. 405 388.5

16. 甲公司于 2×14 年 3 月用银行存款 6 000 万元购入不需要安装的生产用固定资产。该固定资产预计使用寿命为 20 年，预计净残值为 0，按直线法计提折旧。2×14 年 12 月 31 日，该固定资产公允价值为 5 544 万元。2×15 年 12 月 31 日该固定资产公允价值为 5 475 万元。假设该公司其他固定资产无减值迹象，则 2×16 年 1 月 1 日甲公司固定资产减值准备账面余额为（　　）万元。

    A. 0   B. 219   C. 231   D. 156

（二）多项选择题

1. 下列资产的减值一经确认，在持有期间不得转回的有（　　）。

    A. 无形资产

    B. 以成本模式进行后续计量的投资性房地产

    C. 持有至到期投资

    D. 固定资产

2. 下列说法中，正确的有（　　）。

    A. 计算资产未来现金流量的折现率应当是反映当期市场货币时间价值和资产特定风险的税前利率

    B. 企业未来现金流量的估计应当以资产的当期状况为基础

    C. 资产未来现金流量的预计应当包括筹资活动产生的现金流量

    D. 企业未来现金流量现值的计算中除了要考虑未来现金流量的影响外，还应当考虑折现率和资产的使用寿命因素

3. 以下资产中属于资产减值准则中所包括的资产的是（　　）。

    A. 对联营企业的长期股权投资

    B. 商誉

    C. 采用公允价值模式进行后续计量的投资性房地产

    D. 存货

4. 下列可以表明企业的资产发生减值的有（　　）。

    A. 资产的市价大幅下跌，其跌幅明显大于因时间的推移或者正常的使用而预计的下跌

    B. 资产已经或者将被闲置、终止使用或计划提前处置

    C. 企业内部报告的证据表明资产的经济绩效已经低于或者将低于预期，如资

产所创造的净现金流量远低于预计金额等

    D. 由于通货膨胀，投资者要求的必要报酬率大幅度上升，导致企业计算资产未来现金流量现值的折现率上升，从而引起资产的可收回金额大幅下降

5. 下列情况中有可能导致资产发生减值迹象的有（　　　）。

    A. 资产在建造或者收购时所需的现金支出远远高于最初的预算

    B. 如果企业经营所处的经济、技术或者法律等环境以及资产所处的市场在当期或者将在近期发生重大变化，从而对企业产生不利影响

    C. 如果有证据表明资产已经陈旧过时或者其实体已经损坏

    D. 资产所创造的净现金流量或者实现的营业利润远远低于原来的预算或者预计金额

6. 下列关于可收回金额的说法中，正确的有（　　　）。

    A. 资产的可收回金额应当根据资产的公允价值减去处置费用后的净额与资产的预计未来现金流量的现值两者之间的较高者确定

    B. 资产的可收回金额应当根据资产的公允价值减去处置费用后的净额与资产的预计未来现金流量的现值两者之间的较低者确定

    C. 没有确凿证据或者理由表明，资产预计未来现金流量现值显著高于其公允价值减去处置费用后的净额的，可以将资产的公允价值减去处置费用后的净额视为资产的可收回金额

    D. 资产的公允价值减去处置费用后的净额与资产预计未来现金流量的现值，只要有一项超过了资产的账面价值，就表明资产没有发生减值，不需要再估计另一项金额

7. 可收回金额是按照下列（　　　）两者较高者确定的。

    A. 长期资产的账面价值减去处置费用后的净额

    B. 长期资产的公允价值减去处置费用后的净额

    C. 未来现金流量

    D. 未来现金流量现值

8. 企业在确定资产预计未来现金流量的现值应当考虑的因素包括（　　　）。

    A. 以资产的当前状况为基础

    B. 预计资产未来现金流量不应当包括筹资活动和所得税收付产生的现金流量

    C. 对通货膨胀因素的考虑应当和折现率相一致

    D. 内部转移价格

9. 关于资产减值，下列说法中正确的有（　　　）。

    A. 无形资产的减值应当将其账面价值与可收回金额进行比较

    B. 固定资产减值准备在发生减值的因素消失时，可以转回

    C. 使用寿命无法确定的无形资产，应当在年度终了时进行减值测试

    D. 总部资产的减值测试必须结合相关的资产组或资产组组合

10. 下列各项中，体现会计核算谨慎性要求的有（　　　）。

    A. 对固定资产采用年数总和法计提折旧

    B. 计提长期股权投资的减值准备

C. 融资租入固定资产的会计处理

D. 存货期末采用成本与可变现净值孰低法计价

11. 企业在计算确定资产可收回金额时，需要的步骤有（　　）。

A. 计算确定资产的公允价值减去处置费用后的净额

B. 计算确定资产预计未来现金流量的现值

C. 计算确定资产预计未来现金流量

D. 比较资产的公允价值减去处置费用后的净额与预计未来现金流量的现值，取其较高者

12. 企业在计提了固定资产减值准备后，下列会计处理正确的有（　　）。

A. 固定资产预计使用寿命变更的，应当改变固定资产折旧年限

B. 固定资产所含经济利益预期实现方式

C. 固定资产预计净残值变更的，应当改变固定资产的折旧方法

D. 以后期间如果该固定资产的减值因素消失，那么可以按照不超过原来计提减值准备的金额予以转回

13. 下列各项中，需要对固定资产账面价值进行调整的有（　　）。

A. 对固定资产进行大修理

B. 对固定资产进行改扩建

C. 对经营租赁租入固定资产进行改良

D. 计提固定资产减值准备

14. 下列关于资产组的认定中，正确的有（　　）。

A. 资产组一经确定，在各个会计期间应当保持一致，不得随意变更

B. 资产组的认定，应当以资产组产生的主要现金流入是否独立于其他资产或资产组的现金流入为依据

C. 资产组的认定，应当考虑企业管理层对资产的持续使用的方式

D. 资产组的认定，不需要考虑管理层对生产经营活动的管理或者监控方式

15. 对某一资产组减值损失的金额需要（　　）。

A. 抵减分摊至该资产组中商誉的账面价值

B. 根据该资产组中的商誉以及其他各项资产所占比重，直接进行分摊

C. 在企业所有资产中进行分摊

D. 根据该资产组中除商誉之外的其他各项资产的账面价值所占比重，按照比例抵减其他各项资产的账面价值

16. 下列各项中影响无形资产账面价值的有（　　）。

A. 无形资产的入账价值　　　　　　B. 计提的无形资产减值准备

C. 出租无形资产的摊销额　　　　　D. 企业自有无形资产的摊销额

17. 下列属于总部资产的显著特征的有（　　）。

A. 总部资产难以脱离其他资产或者资产组产生独立的现金流入

B. 总部资产的账面价值难以完全归属于某一资产组

C. 总部资产可以产生独立的现金流量

D. 总部资产的账面价值可以完全归属于某一资产组

18. 总部资产的显著特征是（　　　　）。

　　A. 能够脱离其他资产或者资产组产生独立的现金流入

　　B. 难以脱离其他资产或者资产组产生独立的现金流入

　　C. 资产的账面价值难以完全归属于某一资产组

　　D. 资产的账面余额难以完全归属于某一资产组

（三）判断题

1. 资产减值准则中所涉及的资产是指企业所有的资产。　　　　　　　　（　　）

2. 固定资产在计提了减值准备后，未来计提固定资产折旧时，仍然以原来的固定资产原值为基础计提每期的折旧，不用考虑所计提的固定资产减值准备金额。（　　）

3. 折现率是反映当前市场货币时间价值和资产特定风险的税前利率。该折现率是企业在购置或者投资资产时所要求的必要报酬率。　　　　　　　　　　　（　　）

4. 如果用于估计折现率的基础是税后的，不用将其再调整为税前的。　（　　）

5. 如果某些机器设备是相互关联、相互依存的，其使用和处置是一体化决策的，那么这些机器设备很可能应当被认定为一个资产组。　　　　　　　　　　　（　　）

6. 对于相关总部资产中有部分资产难以按照合理和一致的基础分摊至该资产组的，应当将该部分总部资产的账面价值分摊至该资产组，再据以比较该资产组的账面价值和可收回金额，再按照相关处理方法进行核算。　　　　　　　　　　　　　（　　）

7. 资产组确定后，在以后的会计期间也可以根据具体情况变更。　　　（　　）

8. 因企业合并所形成的商誉和使用寿命不确定的无形资产，无论是否存在减值迹象，每年都应当进行减值测试。　　　　　　　　　　　　　　　　　　（　　）

（四）计算分析题

1. 华远公司生产的甲产品的主要销售市场在美国，因此与甲产品有关的资产产生的预计未来现金流量是以美元为基础计算的。2×16 年 12 月 31 日华远公司对主要生产甲产品的 A 设备进行减值测试。A 设备系华远公司 2×11 年 12 月 13 日购入的，该设备的原价为 20 000 万元，预计使用年限为 10 年，预计净残值为 500 万元，采用年限平均法计提折旧。2×16 年 12 月 31 日，该设备的公允价值减去处置费用后的净额为 10 000万元。C 设备预计给企业带来的未来现金流量受宏观经济形势的影响较大，华远公司预计该项固定资产产生的现金流量如下表所示（假定使用寿命结束时处置 A 设备产生的净现金流量为 0，有关的现金流量均发生在年末）：

单位：万美元

年份	业务好（30%的可能性）	业务一般（50%的可能性）	业务差（20%的可能性）
第1年	350	300	240
第2年	300	240	150
第3年	320	220	150
第4年	300	220	120
第5年	310	200	120

已知华远公司的投资者要求的人民币的必要报酬率为 8%，美元适用的折现率为 10%。

2×16 年 12 月 31 日的汇率为 1 美元 = 6.85 元。甲公司预测以后各年年末的美元汇率如下：第 1 年年末为 1 美元 = 6.80 元，第 2 年年末为 1 美元 = 6.75 元，第 3 年年末为 1 美元 = 6.70 元，第 4 年年末为 1 美元 = 6.65 元，第 5 年年末为 1 美元 = 6.60 元。

要求：

（1）采用期望现金流量法计算出未来现金流量，并计算出未来现金流量的现值；

（2）计算该项固定资产的可收回金额；

（3）计算出该项固定资产的减值金额。

2. 华远公司拥有的甲设备原值为 3 000 万元，已计提的折旧为 800 万元，已计提的减值准备为 200 万元。该公司在 2×16 年 12 月 31 日对甲设备进行减值测试时发现，该类设备存在明显的减值迹象。即如果该公司出售甲设备，买方愿意以 1 800 万元的销售净价收购；如果继续使用，尚可使用年限为 5 年，未来 4 年现金流量净值以及第 5 年使用和期满处置的现金流量净值分别为 600 万元、550 万元、400 万元、320 万元、180 万元。采用折现率 5%。

要求：判断该项资产是否发生了减值，如果发生了减值，计算其减值准备的金额。（保留两位小数）

3. 华远公司在甲、乙、丙三地拥有三家分公司，这三家分公司的经营活动由总部负责运作。由于甲、乙、丙三家分公司均能产生独立于其他分公司的现金流入，所以该公司将这三家分公司确定为三个资产组。2×16 年 12 月 31 日，企业经营所处的技术环境发生了重大不利变化，出现减值迹象，需要进行减值测试。假设总部资产的账面价值为 200 万元，能够按照各资产组账面价值的比例进行合理分摊，甲、乙、丙分公司和总部资产的使用寿命均为 20 年。减值测试时，甲、乙、丙三个资产组的账面价值分别为 320 万元、160 万元、320 万元。华远公司计算得出甲、乙、丙三家分公司资产的可收回金额分别为 420 万元、160 万元、380 万元。

要求：计算甲、乙、丙三个资产组和总部资产应计提的减值准备。

4. 华远公司在 A、B、C 三地拥有三家分公司，其中，C 分公司是上年吸收合并的公司。这三家分公司的经营活动由总部负责运作。由于 A、B、C 三家分公司均能产生独立于其他分公司的现金流入，所以该公司将这三家分公司确定为三个资产组。2010 年 12 月 1 日，企业经营所处的技术环境发生了重大不利变化，出现减值迹象，需要进行减值测试。假设总部资产的账面价值为 1 000 万元，能够按照合理和一致的方式分摊至所有的资产组。A 分公司资产的剩余使用寿命为 10 年，B、C 分公司和总部资产的剩余使用寿命均为 15 年。减值测试时，A、B、C 三个资产组的账面价值分别为 600 万元、700 万元和 900 万元（其中合并商誉为 100 万元）。该公司计算得出 A 分公司资产的可收回金额为 850 万元，B 分公司资产的可收回金额为 1 000 万元，C 分公司资产的可收回金额为 950 万元。假定将总部资产分摊到各资产组时，根据各资产组的账面价值和剩余使用寿命加权平均计算的账面价值分摊比例进行分摊。

要求：判断总部资产和各资产组是否应计提减值准备，若计提减值准备，计算减值准备的金额。（答案中的金额单位用万元表示，计算结果保留两位小数）

（五）综合题

华远股份有限公司（本题下称华远公司）系生产日用家电的上市公司，拥有 A、B、C、D 四个资产组。华远公司有关总部资产以及 A、B、C、D 四个资产组的资料如下：

（1）华远公司的总部资产为一办公楼，成本为 2 000 万元，预计使用年限为 20 年。至 2×16 年年末，该办公楼的账面价值为 1 600 万元，预计剩余使用年限为 16 年。该办公楼用于 A、B、C 三个资产组的行政管理，并于 2×16 年年末出现减值迹象。

（2）A 资产组为一条生产线，该生产线由 X、Y 两部机器组成。这两部机器的成本分别为 5 000 万元、6 000 万元，预计使用年限均为 8 年。至 2×16 年年末，X、Y 机器的账面价值分别为 2 500 万元、3 000 万元，预计剩余使用年限均为 4 年。由于产品技术落后于其他同类产品，产品销量大幅下降，2×16 年比 2×15 年下降了 50%。经对 A 资产组（包括分配的总部资产，下同）未来 4 年的现金流量进行预测并按适当的折现率折现后，华远公司预计 A 资产组未来现金流量现值为 5 600 万元。华远公司无法合理预计 A 资产组公允价值减去处置费用后的净额，因 X、Y 机器均无法单独产生现金流量，因此也无法预计 X、Y 机器各自的未来现金流量现值。华远公司估计 X 机器公允价值减去处置费用后的净额为 1 800 万元，但无法估计 Y 机器公允价值减去处置费用后的净额。

（3）B 资产组为一条生产线，成本为 1 875 万元，预计使用年限为 20 年。至 2×16 年年末，该生产线的账面价值为 1 125 万元，预计剩余使用年限为 12 年。B 资产组未出现减值迹象。经对 B 资产组（包括分配的总部资产，下同）未来 12 年的现金流量进行预测并按适当的折现率折现后，华远公司预计 B 资产组未来现金流量现值为 2 000 万元。华远公司无法合理预计 B 资产组公允价值减去处置费用后的净额。

（4）C 资产组为一条生产线，成本为 5 000 万元，预计使用年限为 20 年。至 2×16 年年末，该生产线的账面价值为 2 500 万元，预计剩余使用年限为 10 年。由于实现的营业利润远远低于预期，C 资产组出现减值迹象。

经对 C 资产组（包括分配的总部资产，下同）未来 10 年的现金流量进行预测并按适当的折现率折现后，华远公司预计 C 资产组未来现金流量现值为 2 016 万元。华远公司无法合理预计 C 资产组公允价值减去处置费用后的净额。

（5）D 资产组为新购入的研发电子游戏的丙公司。2×16 年 2 月 1 日，华远公司与乙公司签订股权转让协议，华远公司以 11 200 万元的价格购买乙公司持有的丙公司 70% 的股权。4 月 15 日，上述股权转让协议经华远公司临时股东大会和乙公司股东会批准通过。4 月 25 日，华远公司支付了上述股权转让款。5 月 31 日，丙公司改选了董事会，华远公司提名的董事占半数以上。按照公司章程规定，财务和经营决策须董事会半数以上成员表决通过，当日丙公司可辨认净资产的公允价值为 15 000 万元。华远公司与乙公司在该项交易前不存在关联方关系。D 资产组不存在减值迹象。

至 2×16 年 12 月 31 日，丙公司可辨认净资产按照购买日的公允价值持续计算的账面价值为 15 500 万元。华远公司估计包括商誉在内的 D 资产组的可收回金额为 15 500 万元。

（6）其他资料如下：

①上述总部资产，以及 A、B、C 各资产组相关资产均采用年限平均法计提折旧，预计净残值均为零。

②办公楼按各资产组的账面价值和剩余使用年限加权平均计算的账面价值比例进行分配。

除上述所给资料外，不考虑其他因素。要求：

（1）计算华远公司 2×16 年 12 月 31 日办公楼和 A、B、C 资产组及其各组成部分应计提的减值准备，并编制相关会计分录；计算办公楼和 A、B、C 资产组及其各组成部分于 2×17 年度应计提的折旧额。

（2）计算华远公司 2×16 年 12 月 31 日商誉应计提的减值准备，并编制相关的会计分录。

（答案中的金额单位用万元表示，计算结果保留两位小数）

五、参考答案及解析

（一）单项选择题

1.【答案】A

【解析】存货的减值适用于《企业会计准则第 1 号——存货》准则。

2.【答案】B

【解析】资产减值是指资产的可收回金额低于其账面价值的情况。

3.【答案】C

【解析】鉴于商誉难以独立产生现金流量，因此，商誉应当结合与其相关的资产组或者资产组组合进行减值测试。

4.【答案】D

【解析】当企业的所有者权益（净资产）的账面价值远高于其市值时，才表明企业的资产可能已经发生了减值，需要进行减值测试；当所有者权益（净资产）的账面价值低于或略低于市值时，通常是正常的价格波动，不能表明资产发生减值，因此 D 选项不能表明资产发生减值。

5.【答案】D

【解析】资产的公允价值应当按照下列顺序进行确定：①销售协议价格；②资产的市场价格；③熟悉情况的交易双方自愿进行公平交易的价格。

6.【答案】D

7.【答案】D

8.【答案】C

【解析】按照新准则的内容，对于资产减值损失一经确认，在以后会计期间不得转回。

9.【答案】D

【解析】资产组的认定应当以资产组产生的主要现金流入是否独立于其他资产或者

资产组的现金流入为依据。

10.【答案】C

【解析】资产组的可收回金额是以资产组的公允价值减去处置费用后的净额与资产组的未来现金流量现值之中的较高者确定的，因此选项 C 不正确。

11.【答案】C

【解析】该项建筑物计提减值准备前的账面价值＝1 500－1 500÷20×3.5＝1 237.5（万元），可收回金额＝1 000 万元，因此应当计提的减值准备的金额＝1 237.5－1 000＝237.5（万元）。

12.【答案】B

【解析】第 3 年的预计现金流量＝100×70%＋85×20%＋60×10%＝93（万元）。

13.【答案】C

【解析】根据新准则规定，资产存在减值迹象的，应当估计其可收回金额。本题中资产的可收回金额应是（120－20）万元和 110 万元中的较高者，即 110 万元。2×16 年年末长期股权投资的账面价值＝100＋60×30%＝118（万元），所以应计提减值准备 118－110＝8（万元）。

14.【答案】A

【解析】可收回金额应取（920－20）万元和 888 万元中的较高者，即 900 万元，计提的减值准备＝910－900＝10（万元）。

15.【答案】B

【解析】无形资产的账面余额就是其购入时的入账价值 666 万元，无形资产的账面价值＝无形资产的入账价值－摊销的无形资产－计提的无形资产减值准备＝666－111－100－50－55＝350（万元）。

16.【答案】C

【解析】2×14 年每月应提折旧＝6 000÷240＝25（万元），2×14 年应提折旧 25×9＝225（万元）。即该固定资产 2×14 年年末账面净值为 6 000－225＝5 775（万元），高于公允价值 5 544 万元，应提减值准备＝5 775－5 544＝231（万元）。2×15 年每月应提折旧＝5 544÷(240－9)＝24（万元），2×15 年应提折旧＝24×12＝288（万元），2×15 年年末该固定资产账面净值＝5 775－288－231＝5 256（万元），低于公允价值 5 475 万元，不需要计提减值准备。则 2×16 年 1 月 1 日固定资产减值准备账面余额为 231 万元。

（二）多项选择题

1.【答案】ABD

2.【答案】ABD

【解析】资产的未来现金流量的预计不应当包括筹资活动和所得税收付产生的现金流量，选项 C 不正确。

3.【答案】AB

【解析】资产减值准则中所包括的资产指的是非流动资产，所以没有存货；采用公允价值模式计量的投资性房地产，期末是根据投资性房地产的公允价值调整其账面价值的，即公允价值和账面价值的差额计入当期损益，不计提资产减值准备。

4.【答案】ABCD

5.【答案】ABCD

【解析】以上均属于可能导致资产发生减值的迹象。

6.【答案】ACD

【解析】资产的可收回金额应当根据资产的公允价值减去处置费用后的净额与资产的预计未来现金流量的现值两者之间的较高者确定，因此选项 B 不正确。

7.【答案】BD

【解析】可收回金额是按照长期资产的公允价值减去处置费用后的净额与未来现金流量现值两者较高者确定的。

8.【答案】ABCD

9.【答案】ACD

【解析】固定资产的减值准备一经计提，持有期间不能转回，选项 B 错误。

10.【答案】ABD

【解析】谨慎性要求企业对交易或者事项进行会计确认、计量和报告时应保持应有的谨慎，不高估资产或收益，也不低估负债或费用。固定资产采用加速折旧法计提折旧和各种资产计提减值准备等遵循谨慎性要求。融资租入固定资产的会计处理体现的是实质重于形式的要求。

11.【答案】ABD

12.【答案】AB

【解析】固定资产折旧方法一经确认，不得随意变更，固定资产预计净残值变更的，应当改变固定资产所应计提的折旧额；按照新准则，对于资产减值损失一经确认，在以后会计期间不得转回。

13.【答案】BD

【解析】对固定资产进行大修理，应将其计入当期费用；对固定资产进行改扩建，应调整固定资产的账面价值；对经营租赁租入的固定资产进行改良，应计入"长期待摊费用"科目核算；计提固定资产减值准备，会使固定资产账面价值减少。

14.【答案】ABC

【解析】资产组的认定，应当考虑企业管理层对生产经营活动的管理或者监控方式和对资产的持续使用或者处置的决策方式等。

15.【答案】AD

【解析】资产组的减值损失金额应当先抵减分摊至该资产组中商誉的账面价值，然后根据该资产组中除商誉之外的其他各项资产的账面价值所占比重，按照比例抵减其他各项资产的账面价值。

16.【答案】ABCD

【解析】无形资产的账面价值＝无形资产的入账价值－摊销的无形资产－计提的无形资产减值准备。

17.【答案】AB

【解析】总部资产的显著特征是难以脱离其他资产或资产组产生独立的现金流入，而且其账面价值难以完全归属于某一资产组。

18.【答案】BC

【解析】总部资产的显著特征是难以脱离其他资产或者资产组产生独立的现金流入，而且其账面价值难以完全归属于某一资产组。

（三）判断题

1.【答案】错

【解析】资产减值准则中所包括的资产指的是非流动资产，而且由于不同资产的特性不同，其减值也有不同的具体准则规范，比如存货、建造合同形成的资产、递延所得税资产等。

2.【答案】错

【解析】固定资产在计提了减值准备后，未来计提固定资产折旧时，应当以新的固定资产账面价值为基础计提每期的折旧。

3.【答案】对

4.【答案】错

【解析】折现率是反映当前市场货币时间价值和资产特定风险的税前利率。如果用于估计折现率的基础是税后的，应当将其调整为税前的折现率。

5.【答案】对

6.【答案】错

【解析】对于相关总部资产能够按照合理和一致的基础分摊至该资产组的，应当将该部分总部资产的账面价值分摊至该资产组，再据以比较该资产组的账面价值和可收回金额，再按照相关处理方法进行核算。

7.【答案】错

【解析】资产组一经确定后，在各个会计期间应当保持一致，不得随意变更。

8.【答案】对

（四）计算分析题

1.（1）相关计算：

①计算期望现金流量：

第 1 年的现金流量 = 350×30%+300×50%+240×20% = 303（万美元）

第 2 年的现金流量 = 300×30%+240×50%+150×20% = 240（万美元）

第 3 年的现金流量 = 320×30%+220×50%+150×20% = 236（万美元）

第 4 年的现金流量 = 300×30%+220×50%+120×20% = 224（万美元）

第 5 年的现金流量 = 310×30%+200×50%+120×20% = 217（万美元）

② 未来现金流量现值：

未来现金流量现值 = 303×0.909 1+240×0.826 4+236×0.751 3+224×0.683+217×0.620 9 = 938.83（万美元）

未来现金流量现值（人民币）= 938.83×6.85 = 6 430.99（万元）

（2）该项固定资产的公允价值减去处置费用后的净额为 10 000 万元，未来现金流量的现值为 6 430.99 万元，因此该项固定资产的可收回金额是 10 000 万元。

（3）该固定资产计提减值准备前的账面价值 = 20 000－（20 000－500）÷10×5 =

10 250（万元），可收回金额是 10 000 万元。发生了减值，应当计提的减值准备的金额 = 10 250-10 000=250（万元）。

2.（1）计算固定资产的账面价值：

该资产的账面价值=原值-累计折旧-计提的减值准备=3 000-800-200=2 000（万元）

（2）计算资产的可收回金额：

公允价值减去处置费用后的净额为 1 800 万元；

预计未来现金流量现值=600÷（1+5%）+550÷（1+5%）^{2}+400÷（1+5%）^{3}+320÷（1+5%）^{4}+180÷（1+5%）^{5}=1 820.13（万元）

所以该资产的可收回金额为 1 820.13 万元，低于该资产的账面价值 2 000 万元，即甲设备发生了减值。

（3）应该计提的资产减值准备=2 000-1 820.13=179.87（万元）。

3.（1）将总部资产分配至各资产组：

总部资产应分配给甲资产组的数额=200×320÷800=80（万元）

总部资产应分配给乙资产组的数额=200×160÷800=40（万元）

总部资产应分配给丙资产组的数额=200×320÷800=80（万元）

分配后各资产组的账面价值为：

甲资产组的账面价值=320+80=400（万元）

乙资产组的账面价值=160+40=200（万元）

丙资产组的账面价值=320+80=400（万元）

（2）进行减值测试：

甲资产组的账面价值为 400 万元，可收回金额为 420 万元，没有发生减值；

乙资产组的账面价值为 200 万元，可收回金额为 160 万元，发生减值 40 万元；

丙资产组的账面价值为 400 万元，可收回金额为 380 万元，发生减值 20 万元。

将各资产组的减值额在总部资产和各资产组之间分配：

乙资产组减值额分配给总部资产的数额=40×40÷200=8（万元），分配给乙资产组本身的数额为 40×160÷200=32（万元）。

丙资产组减值额分配给总部资产的数额=20×80÷400=4（万元），分配给乙资产组本身的数额为 20×320÷400=16（万元）。

甲资产组没有发生减值，乙资产组发生减值 32 万元，丙资产组发生减值 16 万元，总部资产发生减值=8+4=12（万元）。

4.（1）将总部资产分配至各资产组：

资产组 A 应分摊的金额=[600×10÷（600×10+700×15+900×15）]×1 000=200（万元）

资产组 B 应分摊的金额=[700×15÷（600×10+700×15+900×15）]×1 000=350（万元）

资产组 C 应分摊的金额=[900×15÷（600×10+700×15+900×15）]×1 000=450（万元）

分配后各资产组的账面价值为：

资产组 A 的账面价值=600+200=800（万元）

资产组 B 的账面价值=700+350=1 050（万元）

资产组 C 的账面价值=900+450=1 350（万元）

（2）进行减值测试：

资产组 A 的账面价值＝800 万元，可收回金额为 850 万元，没有发生减值；

资产组 B 的账面价值＝1 050 万元，可收回金额为 1 000 万元，发生减值 50 万元；

资产组 C 的账面价值＝1 350 万元，可收回金额为 950 万元，发生减值 400 万元。

将各资产组的减值额在总部资产和各资产组之间分配：

资产组 B 减值额分配给总部资产的数额＝50÷1 050×350＝16.67（万元），分配给资产组 B 本身的数额＝50÷1 050×700＝33.33（万元）；

资产组 C 中的减值额先冲减商誉 100 万元，余下的 300 万元分配给总部资产和资产组 C（不含商誉部分）；

分配给总部的资产减值数额＝300÷（450+800）×450＝108（万元）

分配给资产组 C（不含商誉部分）的数额＝300÷（450+800）×800＝192（万元）

总部资产减值＝16.67+108＝124.67（万元）

资产组 A 没有减值；

资产组 B 减值 33.33 万元；

资产组 C 中的商誉减值 100 万元，其他资产减值 192 万元。

（五）综合题

（1）A 资产组承担总部资产的价值

＝1 600÷［（2 500+3 000）×4+1 125×12+2 500×10］×（2 500+3 000）×4＝581.82（万元）

B 资产组承担总部资产的价值

＝1 600÷［（2 500+3 000）×4+1 125×12+2 500×10］×1 125×12＝357.02（万元）

C 资产组承担总部资产的价值

＝1 600÷［（2 500+3 000）×4+1 125×12+2 500×10］×2 500×10＝661.16（万元）

含分摊总部资产价值的 A 资产组的账面价值＝（2 500+3 000）+581.82＝6 081.82（万元）

含分摊总部资产价值的 B 资产组的账面价值＝1 125+357.02＝1 482.02（万元）

含分摊总部资产价值的 C 资产组的账面价值＝2 500+661.16＝3 161.16（万元）

含总部资产价值的 A 资产组发生减值损失＝6 081.82－5 600＝481.82（万元），其中总部资产分摊减值＝581.82÷6 081.82×481.82＝46.09（万元），A 资产组本身分摊减值损失＝（2 500+3 000）÷6 081.82×481.82＝435.73（万元）。

将 A 资产组减值损失在 X、Y 两部机器间分配：

X 机器应承担减值损失＝2 500÷（2 500+3 000）×435.73＝198.06（万元），华远公司估计 X 机器公允价值减去处置费用后的净额为 1 800 万元，所以 X 承担的减值损失的金额为 198.06 万元，Y 机器应当承担减值损失＝3 000÷（2 500+3 000）×435.73＝237.67（万元）。

B 资产组可收回金额为 2 000 万元，未发生减值。

C 资产组的可收回金额为 2 016 万元，含总部资产价值的 C 资产组发生减值＝3 161.16－2 016＝1 145.16（万元），其中总部资产承担减值＝661.16÷3 161.16×1 145.16＝239.51（万元），C 资产组本身承担减值＝2 500÷3 161.16×1 145.16＝905.65（万元）。

总部资产减值＝46.09+239.51＝285.6（万元），2×16 年年末，计提减值准备后总部资产的账面价值=1 600-285.6=1 314.4（万元），2×17 年计提折旧额=1 314.4÷16=82.15（万元）。

X 机器减值为 198.06 万元，2×16 年年末，计提减值准备后 X 机器的账面价值=2 500-198.06=2 301.94（万元），2×17 年计提折旧额=2 301.94÷4=575.49（万元）。

Y 机器减值为 237.67 万元，2×16 年年末，计提减值准备后 Y 机器的账面价值=3 000-237.67=2 762.33（万元），2×17 年计提折旧额=2 762.33÷4=690.58（万元）。

A 资产组发生减值损失 435.73 万元，计提减值后 A 资产组的账面价值=2 301.94+2 762.33=5 064.27（万元），2×17 年计提折旧额=575.49+690.58=1 266.07（万元）。

B 资产组 2×17 年计提折旧=1 125÷12=93.75（万元）。

C 资产组发生减值损失 905.65 万元，计提减值后 C 资产组的账面价值=2 500-905.65=1 594.35（万元），2×17 年计提折旧额=1 594.35÷10=159.44（万元）。

借：资产减值损失　　　　　　　　　　　　　　　　　1 626.98
　　贷：固定资产减值准备——X 机器　　　　　　　　　　198.06
　　　　　　　　　　　　　——Y 机器　　　　　　　　　　237.67
　　　　　　　　　　　　　——C 资产组　　　　　　　　905.65
　　　　　　　　　　　　　——办公楼　　　　　　　　　285.60

华远公司 2×16 年资产减值准备及 2×17 年折旧计算如下所示。

单位：万元

项目	2×16 年年末计提减值准备前账面价值	2×16 年应计提减值准备	2×17 年折旧额
办公楼	1 600	285.60	82.15
A 资产组	5 500	435.73	1 266.07
其中：X 机器	2 500	198.06	575.49
Y 机器	3 000	237.67	690.58
B 资产组	1 125	0	93.75
C 资产组	2 500	905.65	159.44
合计	10 725	1 626.98	1 601.41

（2）华远企业确认的商誉=11 200-15 000×70%=700（万元），包含完全商誉调整后 D 资产组的账面价值=15 500+700+700÷70%×30%=16 500（万元）。可收回金额为 15 500 万元，D 资产组发生的减值金额=16 500-15 500=1 000（万元），应当冲减该资产组中包含的商誉的账面价值 700+700÷70%×30%=1 000（万元），其中母公司应当确认的商誉减值=1 000×70%=700（万元）。

借：资产减值损失　　　　　　　　　　　　　　　　　700
　　贷：商誉减值准备　　　　　　　　　　　　　　　　700

第九章　负债

一、要点总览

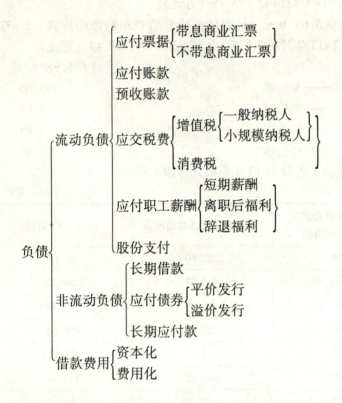

二、重点难点

（一）重点

应付账款
应付票据
应付职工薪酬
应交税费
应付债券
借款费用

（二）难点

$$\begin{cases} 应付职工薪酬 \\ 应交税费 \\ 应付债券 \\ 借款费用 \end{cases}$$

三、关键内容小结

（一）短期借款

1. 取得借款	借：银行存款 　贷：短期借款
2. 借款利息	借：财务费用 　贷：应付利息 借：应付利息 　贷：银行存款
3. 到期偿还	借：财务费用 　　短期借款 　贷：银行存款

（二）应付票据

1. 发生购买业务时，以商业汇票支付时	借：原材料/库存商品等 　　应交税费——应交增值税（进项税额） 　贷：应付票据
2. 票据到期，支付票款，收到银行进账单回单时	借：应付票据 　贷：银行存款
3. 票据到期无力支付票款时： （1）在商业承兑的商业汇票情况下 （2）在银行承兑的商业汇票情况下	借：应付票据 　贷：应付账款 借：应付票据 　贷：短期借款

（三）应付账款

没有现金折扣情况下	发生购买业务时，收到发票等单据，未支付货款时	借：原材料/库存商品等 　　应交税费——应交增值税（进项税额） 　贷：应付账款
	信用到期，支付票款时	借：应付账款 　贷：银行存款
	若发生购买业务时，未收到发票等单据，未支付货款时	月末：借：原材料/库存商品等 　　　贷：应付账款（暂估入账） 次月初：借：原材料/库存商品等 　　　　贷：应付账款（红字冲销）

（续表）

有现金折扣的	发生购买业务时，收到发票等单据，未支付货款时（按总价法）	借：原材料/库存商品等 　　应交税费——应交增值税（进项税额） 　贷：应付账款
	在折扣期内付款	借：应付账款 　贷：银行存款 　　　财务费用
	在折扣期外付款	借：应付账款 　贷：银行存款
无法支付的款项		借：应付账款 　贷：营业外收入

（四）预收账款

签订购销合同，按合同收取预收款时	借：银行存款 　贷：预收账款
按合同规定发货时	借：预收账款 　贷：主营业务收入 　　　应交税费——应交增值税（销项税额）
多退少补	（1）原预收款少收时：借：银行存款 　　　　　　　　　　　贷：预收账款 （2）原预收款多收时：借：预收账款 　　　　　　　　　　　贷：银行存款

（五）应付职工薪酬

1. 应付职工薪酬的内容

应付职工薪酬包括短期薪酬、离职后福利、辞退福利和其他长期福利四种类型。其中短期薪酬的内容包括货币性短期薪酬和非货币性短期薪酬，具体包括：

（1）职工工资、奖金、津贴和补贴；

（2）职工福利；

（3）社会保险费；

（4）住房公积金；

（5）短期带薪缺勤；

（6）利润分享计划；

（7）非货币性福利；

（8）其他短期薪酬。

2. 应付职工薪酬的账务处理

短期薪酬			辞退福利
货币性薪酬	非货币薪酬	短期带薪缺勤	
（1）计提工资、福利保险和公积金等时： 借：生产成本 　　管理费用 　　制造费用 　　销售费用等 　贷：应付职工薪酬 　　　——工资 　　　——住房公积金 　　　——社会保险 　　　——工会经费 　　　——职工教育经费 （2）实际发放工资时： 借：应付职工薪酬——工资 　贷：银行存款 　　　其他应付款 　　　——住房公积金 　　　——社会保险 　　　应交税费 　　　——应交个人所得税 　　　其他应收款 　　　——水电费等 （3）上缴保险公积金、税费等时： 借：应付职工薪酬 　　　——住房公积金 　　　——社会保险 　　　应交税费 　　　——应交个人所得税 　贷：银行存款	（1）以自己的产品作为福利发放给职工： 借：生产成本 　　管理费用 　　制造费用 　　销售费用等 　贷：应付职工薪酬—— 　　　非货币性福利 发放时： 借：应付职工薪酬——非货币性福利 　贷：主营业务收入 　　　应交税费——应交增值税（销项税额） 借：主营业务成本 　贷：库存商品 （2）外购商品发放给职工作为福利： 借：生产成本 　　管理费用 　　制造费用 　　销售费用等 　贷：应付职工薪酬—— 　　　非货币性福利 购买发放时： 借：应付职工薪酬——非货币性福利 　贷：银行存款 （3）免费为职工提供住宿： 借：生产成本 　　管理费用 　　制造费用 　　销售费用等 　贷：应付职工薪酬—— 　　　非货币性福利 借：应付职工薪酬 　　　——非货币性福利 　贷：累计折旧	（1）非累计带薪缺勤（不需要另作账务处理） （2）累计带薪缺勤 借：生产成本 　　管理费用 　　制造费用 　　销售费用等 　贷：应付职工薪酬——累计带薪缺勤 职工实际享受假期时： 借：应付职工薪酬——累计带薪缺勤 　贷：银行存款	按计划计提时： 借：管理费用 　贷：应付职工薪酬——辞退福利 实际发放时： 借：应付职工薪酬——辞退福利 　贷：银行存款

（六）应交税费

增值税（一般纳税人）	应交增值税	进项税额	购买货物接受劳务	借：原材料/库存商品等 　　应交税费——应交增值税（进项税额） 　贷：应付账款
		进项税额转出	购进货物或劳务，用在职工集体福利或个人消费等项目上	借：在建工程（集体福利工程） 　贷：原材料等 　　应交税费——应交增值税（进项税额转出）
		销项税额	销售商品，提供劳务	借：银行存款/应收账款/预收账款等 　贷：主营业务收入 　　应交税费——应交增值税（销项税额）
		已交税金	缴纳当期增值税时	借：应交税费——应交增值税（已交税金） 　贷：银行存款
		出口退税	出口退税时	借：银行存款 　贷：应交税费——应交增值税（出口退税）
	未交增值税		期末转出少交或多交增值税时	少交时： 借：应交税费——应交增值税 　贷：应交税费——未交增值税 多交时： 借：应交税费——未交增值税 　贷：应交税费——应交增值税
增值税（小规模纳税人）	销售货物提供劳务时			借：银行存款/应收账款/预收账款等 　贷：主营业务收入 　　应交税费——应交增值税
消费税	销售应税消费品时			借：税金及附加 　贷：应交税费——应交消费税
	委托加工应税消费品时		收回直接出售	借：委托加工物质 　贷：银行存款等
			收回连续生产	借：应交税费——应交消费税 　贷：银行存款等
	进口应税消费品时			借：固定资产/原材料/库存商品等 　贷：应交税费——应交消费税
其他税费	资源税、房产税、城市维护建设税、教育费附加等			

（七）应付债券

债券发行时	平价发行	借：银行存款 　　贷：应付债券——面值
	溢价发行	借：银行存款 　　贷：应付债券——面值 　　　　　　——利息调整
	折价发行	借：银行存款 　　　应付债券——利息调整 　　贷：应付债券——面值
应付债券利息的确认与计量（实际利率法）	分期付息	（1）平价发行： 借：财务费用/在建工程等 　　贷：应付利息 借：应付利息 　　贷：银行存款 （2）溢价发行： 借：财务费用/在建工程等 　　应付债券——利息调整 　　贷：应付利息 借：应付利息 　　贷：银行存款 （3）折价发行： 借：财务费用/在建工程等 　　贷：应付利息 　　　　应付债券——利息调整 借：应付利息 　　贷：银行存款
	到期一次还本付息	（1）平价发行： 借：财务费用/在建工程等 　　贷：应付债券——应计利息 （2）溢价发行： 借：财务费用/在建工程等 　　应付债券——利息调整 　　贷：应付债券——应计利息 （3）折价发行： 借：财务费用/在建工程等 　　贷：应付债券——应计利息 　　　　　　——利息调整
债券到期偿还		借：应付债券——面值 　　　　　　——应计利息（应付利息） 　　贷：银行存款

（八）借款费用

借款费用的内容	（1）借款利息 （2）因借款产生的折价或者溢价的摊销 （3）因外币借款而发生的汇兑差额 （4）辅助费用		
借款费用资本化的条件	（1）借款费用资本化的基本原则	符合资本化条件的资产是指需要经过相当长时间（大于等于1年）的购建或生产活动才能达到预定可使用或者可销售状态的固定资产、无形资产、投资性房地产和存货等资产 需要注意的是，如果由于人为或者故意等非正常因素导致资产的购建或者生产时间相当长的，该资产不属于符合资本化条件的资产	
	（2）资本化期间的确定	开始资本化的确定： ①资产支出已经发生 ②借款费用已经发生 ③为使资产达到预定可使用或者可销售状态所必要的购建或者生产活动已经开始	
		暂停资本化期间的确定： ①属于非正常中断 ②中断时间连续超过3个月	
		停止资本化的确定： ①资产的实体建造全部完成或实质完成 ②购建的固定资产与设计要求或合同要求基本相符 ③继续发生的支出很少或者几乎不再发生	
	（3）借款费用资本化金额的确定	借款利息资本化金额的确定	①专门借款资本化金额的确定： 以专门借款当期实际发生的利息费用，减去将尚未运用的借款资金存入银行取得的利息收入或进行暂时性投资取得的投资收益后的金额确定
			②一般借款利息资本化金额的确定： 根据累计资产支出超过专门借款部分的资产支出加权平均数乘以所占用一般借款的资本化率 资本化率根据一般借款加权平均利率计算确定
		汇兑差额资本化金额的确定	在资本化期间内，外币专门借款本金及利息的汇兑差额应当予以资本化，计入符合资本化条件的资产的成本 一般借款的汇兑差额直接计入当期损益
		辅助费用资本化金额的确定	专门借款的辅助费用，在所购建或生产的符合资本化条件的资产达到预定可使用或者可销售状态之前发生的应予以资本化，在所购建或生产的符合资本化条件的资产达到预定可使用或者可销售状态之后发生的直接计入当期损益 一般借款发生的辅助费用应当比照上述原则处理
		辅助费用资本化金额的确定	在资本化期间内，每一会计期间的利息资本化金额，不应当超过当期相关借款实际发生的利息金额

四、练习题

（一）单项选择题

1. 资产负债表日，按计算确定的短期借款利息费用，贷记的会计科目是（　　）。
   A. "应计利息"　　　　　　　　B. "短期借款"
   C. "应付利息"　　　　　　　　D. "财务费用"

2. 企业开出的商业承兑的带息汇票，在期末对尚未支付的应付票据计提利息，贷记的会计科目是（　　）。
   A. "应计利息"　　　　　　　　B. "财务费用"
   C. "应付利息"　　　　　　　　D. "应付票据"

3. 企业从应付职工薪酬中扣除的应由职工个人负担的各种社会保险和住房公积金，贷记的会计科目是（　　）。
   A. "其他应付款"　　　　　　　B. "应付职工薪酬"
   C. "预收账款"　　　　　　　　D. "应付账款"

4. 企业为鼓励生产车间职工自愿接受裁减而给予的补偿，应该计入的会计科目是（　　）。
   A. "生产成本"　　B. "管理费用"　　C. "制造费用"　　D. "财务费用"

5. 某一般纳税企业月初欠缴增值税 15 万元，无尚未抵扣增值税。本月发生进项税额 50 万元，销项税额 65 万元，进项税额转出 5 万元，缴纳本月增值税 15 万元，则月末结转后，"应交税费——未交增值税"科目的余额是（　　）。
   A. 20 万元　　　　B. 0 万元　　　　C. 5 万元　　　　D. 15 万元

6. 下列项目中，不属于其他应付款核算范围的是（　　）。
   A. 应付管理人员工资　　　　　B. 企业采用售后回购方式融入的资金
   C. 应付租入包装物租金　　　　D. 应付、暂收所属单位、个人的款

7. 甲企业委托乙企业加工一批物资（应税消费品），甲企业当月收回该批物资后继续生产，则甲企业支付给乙企业全部价款中的消费税部分应当计入的会计科目是（　　）。
   A. "委托加工物资"　　　　　　B. "应交税费——应交消费税"
   C. "税金及附加"　　　　　　　D. "生产成本"

8. 下列税费中，不会影响当期利润的是（　　）。
   A. 增值税　　　　　　　　　　B. 营业税
   C. 消费税　　　　　　　　　　D. 印花税

（二）多项选择题

1. 下列项目中不应作为负债确认的有（　　）。
   A. 因购买货物而暂欠外单位的货款
   B. 按照购货合同约定以赊购方式购进货物的货款
   C. 计划向银行借款 100 万元
   D. 因经济纠纷导致的法院尚未判决且金额无法合理估计的赔偿

2. 企业发生下列税金，不需要通过"应交税费"科目核算的有（　　）。

    A. 房产税　　　　　　　　　　B. 土地使用税

    C. 耕地占用税　　　　　　　　D. 印花税

3. 下列各项中，属于职工薪酬范围的有（　　）。

    A. 工资和奖金　　　　　　　　B. 非货币性福利

    C. 社会保险　　　　　　　　　D. 住房公积金

4. 一般纳税企业发生的下列各项业务中，发生的增值税进项税额不得抵扣的有（　　）。

    A. 不动产在建工程领用原材料　　B. 原材料因管理不善发生毁损

    C. 福利部门领用原材料　　　　　D. 修理机器设备时领用原材料

5. 下列各项中，属于或有事项的有（　　）。

    A. 未决诉讼　　　　　　　　　　B. 债务担保

    C. 产品质量保证　　　　　　　　D. 坏账损失

（三）判断题

1. 应付账款的入账价值既包括商品价款，也包括增值税的进项税额。（　　）

2. 如果销货方在赊销商品时提供了现金折扣条件，则购货方应当将应付账款按照商品价款扣除现金折扣后的净额入账。（　　）

3. 企业对于确实无法支付的应付账款，应将其转入"资本公积"科目。（　　）

4. 职工薪酬既包括职工在职期间支付的薪酬，也包括职工离职期间支付的养老金。（　　）

5. 企业为购建一项符合资本化条件的资产取得的专门借款，应当在借款费用发生时开始资本化。（　　）

（四）计算分析题

1. 甲企业于 2×15 年 11 月 1 日向宏发公司购入原材料一批，取得的增值税专用发票上注明的价款为 60 000 元，增值税税额为 10 200 元。宏发公司为了及早收回货款，在合同中承诺给予甲企业如下现金折扣条件：2/10，n/30。假定计算现金折扣时不考虑增值税，存货按实际成本计价核算。要求：

（1）编制甲公司购入原材料时的会计分录；

（2）编制假设甲公司 10 天内付款的会计分录；

（3）编制假设甲公司 30 天内付款的会计分录。

2. 2013 年 4 月 1 日，甲公司开始建造一项工程，该工程支出合计为 1 300 000 元。其中，2013 年 4 月 1 日支出 500 000 元，2013 年 10 月 1 日支出 3 000 000 元，2014 年 1 月 1 日支出 500 000 元。

该工程所需资金来自下列两笔借款：

（1）2013 年 4 月 1 日从银行取得一笔专门借款，金额为 1 000 000 元，期限 3 年，利率为 6%，利息于每年 4 月 1 日支付。未使用借款部分的存款月利率为 0.03%。

（2）2013 年 1 月 1 日从银行取得一笔一般借款，金额为 2 000 000 元，期限 2 年，利率为 7%，利息于每年 1 月 1 日支付。

该工程于 2014 年 12 月 31 日达到预定可使用状态，其中 2014 年 3 月 1 日至 2014

年 7 月 1 日该项工程由于合同纠纷停工 4 个月。

要求：

（1）确定甲公司借款费用资本化的期间。

（2）计算甲公司与该工程有关的专门借款利息资本化利息的金额。

（3）计算甲公司与该工程有关的一般借款利息资本化利息的金额。

（4）编制甲公司 2013 年 12 月 31 日计提利息的会计分录。

（5）编制甲公司 2014 年 12 月 31 日计提利息的会计分录。

（五）综合题

1. 甲上市公司发行公司债券为建造专用生产线筹集资金，资料如下：

（1）2011 年 12 月 31 日，委托证券公司以 7 755 万元的价格发行 3 年期分期付息公司债券。该债券面值为 8 000 万元，票面年利率为 4.5%，实际年利率为 5.64%，每年付息一次，到期后按面值偿还。支付的发行费用与发行期间冻结资金产生的利息收入相等。

（2）生产线建造工程采用出包方式，于 2012 年 1 月 1 日开始动工，发行债券所得款项当日全部支付给建造承包商，2013 年 12 月 31 日所建造生产线达到预定可使用状态。

（3）假定各年度利息的实际支付日期均为下年度的 1 月 10 日，2015 年 1 月 10 日支付 2014 年度利息，一并偿付面值。

（4）所有款项均以银行存款收付。

要求：

（1）计算甲公司该债券在各年年末的摊余成本、应付利息金额、当年应予以资本化或费用化的利息金额、利息调整的本年摊销额和年末余额，结果填入下表。（不须列出计算过程）

应付债券利息调整和摊余成本计算表 单位：万元

时间		2011 年 12 月 31 日	2012 年 12 月 31 日	2013 年 12 月 31 日	2014 年 12 月 31 日
年末摊余成本	面值	8 000	8 000	8 000	8 000
	利息调整				
	合计				
当年应予以资本化或费用化的利息金额					
年末应付利息金额			360	360	360
"利息调整"本年摊销额					

（2）分别编制甲公司于 2011 年 12 月 31 日债券发行、2012 年 12 月 31 日和 2014 年 12 月 31 日确认债券利息、2015 年 1 月 10 日支付利息和面值业务相关的会计分录。

（答案中的金额单位用万元表示，计算结果精确到小数点后两位，"应付债券"科目应列出明细科目）

2. 甲公司为家电生产企业，共有职工 315 人，其中车间生产工人 240 人，车间管理人员 15 人，公司行政管理人员 25 人，专设销售机构人员 15 人，在建工程人员 20人。甲公司适用的增值税税率为 17%。2011 年 6 月份发生如下经济业务：

（1）本月应付职工工资总额为 164 万元。"工资费用分配汇总表"中列示：产品生产工人工资为 120 万元，车间管理人员工资为 9 万元，企业行政管理人员工资为 18 万元，专设销售机构人员工资为 7 万元，在建工程人员工资为 10 万元。

根据规定，公司分别按照职工工资总额的 10%、10%、2%、10%、2%、1.5% 计提医疗保险费、养老保险费、失业保险费、住房公积金、工会经费和职工教育经费。公司根据自身实际情况，按职工工资总额的 5% 计提职工福利费。（已编制"职工社会保险费、住房公积金等其他职工薪酬计提、分配汇总表"）

（2）甲公司决定将已购回的 315 台饮水机发放给每位职工。（饮水机每台单价为300 元，款项共计 94 500 元已通过银行转账支付）

（3）以其自己生产的某种电暖气发放给公司每名职工，每台电暖气的成本为 800元，市场售价为每台 1 000 元。

（4）结算本月应付职工工资总额 164 万元。其中：代扣职工住房公积金 40 万元，代扣职工医疗保险等 10 万元，代扣职工房租 2 万元，扣回代垫的职工水电费 1 万元，代扣职工工会会员费 0.2 万元，代扣个人所得税 5.8 万元。余款用银行存款支付。

（5）上缴企业代扣的职工个人所得税 5.8 万元。

（6）通过"同城委托收款"结算方式，将公司已计提和从职工个人应付工资中代扣的医疗保险费、养老保险费、失业保险费和住房公积金，缴纳给当地社会保险经办机构和住房公积金管理机构。

（7）开出转账支票，将公司已计提的工会经费和从职工个人应付工资中代扣的工会会员费，划拨给工会组织。

（8）公司开展职工岗位培训，以现金支付专家的课酬 0.25 万元。

要求：编制甲公司上述业务的会计分录。

五、参考答案及解析

（一）单项选择题

1.【答案】C

2.【答案】D

【解析】因为带息汇票的利息是通过贴息票的形式计息的，因而会增加票据的面值。

3.【答案】A

【解析】社会保险和公积金属于企业代扣代缴项目。

4.【答案】B

【解析】辞职福利计入管理费用。

5.【答案】A

【解析】本期应交增值税 = 65 - 50 + 5 = 20（万元），本期缴纳 15 万元，本期未交增值税为 5 万元，加上期初的未交增值税 15 万元，月末结转后，"应交税费——未交增值税"科目的余额是 20 万元。

6.【答案】A

【解析】其他应付款具体包括：①企业应付租入包装物的租金；②企业发生的存入保证金；③企业采用售后回购方式融入的资金；④企业代职工缴纳的社会保险和住房公积金等。

7.【答案】B

【解析】收回继续生产，代收代缴的消费税可以抵扣记"应交税费——应交消费税"科目，若收回直接销售的则记"委托加工物资"科目。

8.【答案】A

【解析】增值税不计入损益。

（二）多项选择题

1.【答案】CD

【解析】负债是指企业过去的交易或者事项形成的、预期会导致经济利益流出企业的现实义务。C 是未来的交易或事项，还没有发生。D 无法可靠地计量，无法确认。

2.【答案】CD

【解析】耕地占用税和印花税都是直接通过"银行存款"科目核算，而无须通过"应交税费"科目。

3.【答案】ABCD

【解析】《企业会计准则第 9 号——职工薪酬》（2014 年）规定，职工薪酬主要包括短期薪酬、离职后福利、辞退福利和其他长期职工福利。职工薪酬是指企业为获得职工提供的服务或解除劳动关系而给予的各种形式的报酬或补偿。企业提供给职工配偶、子女、受赡养人、已故员工遗属及其他受益人等的福利，也属于职工薪酬。

4.【答案】ABC

5.【答案】ABC

【解析】或有事项，是指过去的交易或事项形成的，其结果须由某些未来事项的发生或不发生才能决定的不确定事项。具体包括：未决诉讼或未决仲裁、债务担保、产品质量保证、亏损合同、承诺、债务重组等。

（三）判断题

1.【答案】对

2.【答案】错

【解析】准则只允许采用总价法进行核算现金折扣。

3.【答案】错

【解析】应将其看成别人捐赠，记入"营业外收入"科目。

4.【答案】对

【解析】《企业会计准则第 9 号——职工薪酬》（2014 年）规定，职工薪酬主要包括短期薪酬、离职后福利、辞退福利和其他长期职工福利。

5.【答案】错

【解析】借款费用允许开始资本化必须同时满足三个条件，即资产支出已经发生，借款费用已经发生，为使资产达到预定可使用或者可销售状态所必要的购建或者生产活动已经开始。

（四）计算分析题

1. 甲公司总价法的账务处理如下：

（1）11 月 1 日，购入材料，形成应付账款时：

借：原材料   60 000

    应交税金——应交增值税（进项税额）   10 200

    贷：应付账款——应付甲公司   70 200

（2）如果本企业在 11 月 10 日（10 天内）付清了货款，则可按价款的 2% 获得现金折扣 1 200 元（60 000×2%），实际付款为 69 000 元。

借：应付账款——应付甲公司   70 200

    贷：银行存款   69 000

        财务费用   1 200

（3）如果本企业在 11 月 30 日以后才付款，则丧失折扣，应按全额付款，支付时：

借：应付账款——应付甲公司   70 200

    贷：银行存款   70 200

2.（1）资本化期间为 2013 年 4 月 1 日至 2014 年 3 月 1 日和 2014 年 7 月 1 日至 2014 年 12 月 31 日。

（2）专门借款资本化利息 = 1 000 000×6%×17÷12−（500 000×6+200 000×3）×0.03% = 85 000−1 080 = 83 920（元）

（3）一般借款资本化利息 = 3 000 000×7%×8÷12 = 140 000（元）

（4）2013 年 12 月 31 日计提利息时：

应付利息 = 1 000 000×6%×9÷12+2 000 000×7% = 185 000（元）

应收利息 =（500 000×6+200 000×3）×0.03% = 1 080（元）

专门借款资本化利息 = 1 000 000×6%×9÷12−（500 000×6+200 000×3）×0.03% = 43 920（元）

借：在建工程   43 920

    应收利息   1 080

    财务费用   140 000

    贷：应付利息   185 000

（5）应付利息 = 1 000 000×6%+2 000 000×7% = 200 000（元）

专门借款资本化利息 = 1 000 000×6%×8÷12 = 40 000（元）

一般借款资本化利息 = 300 000×7%×8÷12 = 14 000（元）

借：在建工程   54 000

    财务费用   146 000

    贷：应付利息   200 000

（五）综合题

1.（1）应付债券利息调整和摊余成本计算表：

单位：万元

时间		2011年 12月31日	2012年 12月31日	2013年 12月31日	2014年 12月31日
年末摊余 成本	面值	8 000	8 000	8 000	8 000
	利息调整	−245	−167.62	−85.87	
	合计	7 755	7 832.38	7 914.13	8 000
当年应予资本化或费用化的利息金额			437.38	441.75	445.87
年末应付利息金额			360	360	360
"利息调整"本年摊销额			77.38	81.75	85.87

（2）①2011年12月31日发行债券：

借：银行存款　　　　　　　　　　　　　　　　　　　7 755

　　应付债券——利息调整　　　　　　　　　　　　　　245

　　贷：应付债券——面值　　　　　　　　　　　　　　　　8 000

②2012年12月31日计提利息：

借：在建工程　　　　　　　　　　　　　　　　　　　437.38

　　贷：应付利息　　　　　　　　　　　　　　　　　　　　360

　　　　应付债券——利息调整　　　　　　　　　　　　　77.38

③2014年12月31日计提利息：

借：财务费用　　　　　　　　　　　　　　　　　　　445.87

　　贷：应付利息　　　　　　　　　　　　　　　　　　　　360

　　　　应付债券——利息调整　　　　　　　　　　　　　85.87

2013年度的利息调整摊销额=（7 755+77.38）×5.64%−8 000×4.5%=81.75（万元），2014年度属于最后一年，利息调整摊销额应采用倒挤的方法计算，所以应=245−77.38−81.75=85.87（万元）。

④2015年1月10日付息还本：

借：应付债券——面值　　　　　　　　　　　　　　　8 000

　　应付利息　　　　　　　　　　　　　　　　　　　　360

　　贷：银行存款　　　　　　　　　　　　　　　　　　　　8 360

2. 编制甲公司的会计分录：

（1）借：生产成本　　　　　　　　　　　　　　　　　120

　　　　制造费用　　　　　　　　　　　　　　　　　　　9

　　　　管理费用　　　　　　　　　　　　　　　　　　18

　　　　销售费用　　　　　　　　　　　　　　　　　　　7

　　　　在建工程　　　　　　　　　　　　　　　　　　10

        贷：应付职工薪酬——职工工资　　　　　　　　　　　　　　164

借：生产成本　　　　48.6[120×(10%+10%+2%+10%+2%+1.5%+5%)]

    制造费用　　　　3.645[9×(10%+10%+2%+10%+2%+1.5%+5%)]

    管理费用　　　　7.29[18×(10%+10%+2%+10%+2%+1.5%+5%)]

    销售费用　　　　2.835[7×(10%+10%+2%+10%+2%+1.5%+5%)]

    在建工程　　　　4.05[10×(10%+10%+2%+10%+2%+1.5%+5%)]

  贷：应付职工薪酬——医疗保险费　　　　　　16.4（164×10%）

            ——养老保险费　　　　　　16.4（164×10%）

            ——失业保险费　　　　　　3.28（164×2%）

            ——住房公积金　　　　　　16.4（164×10%）

            ——工会经费　　　　　　　3.28（164×2%）

            ——职工教育经费　　　　　2.46（164×1.5%）

            ——职工福利　　　　　　　8.2（164×5%）

（或将以上两笔分录合二为一）

（2）借：生产成本　　　　　　7.2（240×0.03）

      制造费用　　　　0.45（15×0.03）

      管理费用　　　　0.75（25×0.03）

      销售费用　　　　0.45（15×0.03）

      在建工程　　　　0.6（20×0.03）

    贷：应付职工薪酬——非货币性福利　　　　9.45（315×0.03）

借：应付职工薪酬——非货币性福利　　　　　　　　9.45

  贷：银行存款　　　　　　　　　　　　　　　　9.45

（3）借：生产成本　　　　　28.08[240×0.1×(1+17%)]

      制造费用　　　　1.755[15×0.1×(1+17%)]

      管理费用　　　　2.925[25×0.1×(1+17%)]

      销售费用　　　　1.755[15×0.1×(1+17%)]

      在建工程　　　　2.34[20×0.1×(1+17%)]

    贷：应付职工薪酬——非货币性福利　　36.855[315×0.1×(1+17%)]

借：应付职工薪酬——非货币性福利　　　　　　　　36.855

  贷：主营业务收入——电暖气　　　　　　　31.5（315×0.1）

    应交税费——应交增值税（销项税额）　　　5.355

借：主营业务成本——电暖气　　　　　　25.2（315×0.08）

  贷：库存商品——电暖气　　　　　　　　　　25.2

（4）借：应付职工薪酬——职工工资　　　　　　　164

    贷：其他应付款——应付职工住房公积金　　　　40

           ——应付职工医疗保险费等　　　10

           ——应付职工房租　　　　　　2

           ——应付工会　　　　　　　　0.2

      其他应收款——应收职工水电费　　　　　　1

　　　　应交税费——应交个人所得税　　　　　　　　5.8

　　　　　银行存款　　　　　　　　　　　　　　　　　　　　105

（5）借：应交税费——应交个人所得税　　　　　　　5.8

　　　　贷：银行存款　　　　　　　　　　　　　　　　　　5.8

（6）借：应付职工薪酬——医疗保险费　　　　　　　16.4

　　　　　　　　　　——养老保险费　　　　　　　　16.4

　　　　　　　　　　——失业保险费　　　　　　　　3.28

　　　　　　　　　　——住房公积金　　　　　　　　16.4

　　　　其他应付款——应付职工住房公积金　　　　　40

　　　　　　　　　　——应付职工医疗保险费等　　　10

　　　　贷：银行存款　　　　　　　　　　　　　　　　　102.48

（7）借：应付职工薪酬——工会经费　　　　　　　　3.28

　　　　其他应付款——应付工会　　　　　　　　　　0.2

　　　　贷：银行存款　　　　　　　　　　　　　　　　　3.48

（8）借：应付职工薪酬——职工教育经费　　　　　　0.085

　　　　贷：库存现金　　　　　　　　　　　　　　　　　0.085

第十章　所有者权益

一、要点总览

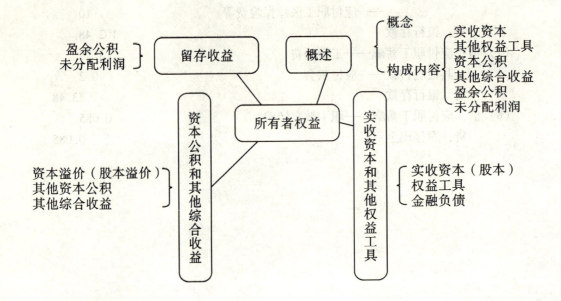

二、重点难点

（一）重点

实收资本的确认和计量

实收资本增减变动的会计处理

资本公积的确认与计量

其他综合收益的确认与计量

（二）难点

其他综合收益的确认与计量

三、关键内容小结

（一）实收资本（股本）

1. 实收资本增减变动的账务处理

（1）接受现金资产投资	借：银行存款（实际收到的金额） 　贷：实收资本（投资合同或协议约定的投资者在企业注册资本中所占份额的部分） 　　资本公积——资本溢价（差额）
（2）接受非现金资产投资	借：原材料/固定资产 　应交税费——应交增值税（进项税额） 　贷：实收资本（或股本） 　　资本公积——资本溢价（差额）
（3）发行股票，筹集股本	借：银行存款（实际收到的金额） 　贷：股本（每股股票面值×发行股份总额） 　　资本公积——股本溢价（差额）
（4）企业增资	①投资者追加投资： 借：银行存款 　贷：实收资本（股本） ②将资本公积转为实收资本或股本： 借：资本公积 　贷：实收资本（股本） ③将盈余公积转为实收资本或股本： 借：盈余公积 　贷：实收资本（股本） ④以权益结算的股份支付换取职工或其他方提供的服务： 借：资本公积——其他资本公积 　贷：实收资本（股本） ⑤将重组债务转为资本： 借：应付账款 　贷：实收资本（股本） 　　资本公积——资本（股本）溢价（公允价值与实收资本或股本的差额） 　　营业外收入——债务重组利得（差额） ⑥分配股票股利： 借：利润分配 　贷：股本

（续表）

(5) 企业减资	①减少时： 借：库存股（实际支付的金额） 　贷：银行存款 ②注销时： 借：股本（面值总额） 　　资本公积——股本溢价（差额） 　贷：库存股（账面余额） 如果回购价格超过上述冲减"股本"及"资本公积——股本溢价"科目的部分，应依次借记"盈余公积""利润分配——未分配利润"等科目

（二）其他综合收益

(1) 可供出售金融资产公允价值的变动	①资产负债表日，可供出售金融资产的公允价值>其账面余额时： 借：可供出售金融资产——公允价值变动 　贷：其他综合收益（可供出售金融资产的公允价值-其账面余额） ②公允价值<其账面余额时： 做相反的会计分录
(2) 可供出售外币非货币性项目的汇兑差额	①发生的汇兑损失： 借：其他综合收益 　贷：可供出售金融资产 ②发生的汇兑收益： 做相反会计分录
(3) 金融资产的重分类	①将可供出售金融资产重分类为采用成本或摊余成本计量的金融资产： 重分类日该项金融资产的公允价值或账面价值作为成本或摊余成本，该项金融资产没有固定到期日的，与该金融资产相关、原直接计入所有者权益的利得或损失，仍应记入"其他综合收益"科目，在该金融资产被处置时转入当期损益 ②将持有至到期投资重分类为可供出售金融资产，并以公允价值进行后续计量： 借：可供出售金融资产（金融资产的公允价值） 　　持有至到期投资减值准备 　贷：持有至到期投资 　　其他综合收益（差额，或借方） 产生的其他综合收益在该可供出售金融资产发生减值或终止确认时转入当期损益 ③按规定应当以公允价值计量，但以前公允价值不能可靠计量的可供出售金融资产： 在其公允价值能够可靠计量时改按公允价值计量，将相关账面价值与公允价值之间的差额记入"其他综合收益"科目，在该可供出售金融资产发生减值或终止确认时转入当期损益

（续表）

（4）采用权益法核算的长期股权投资	①被投资单位其他综合收益变动，投资方按持股比例计算应享有的份额： 借：长期股权投资——其他综合收益 　　贷：其他综合收益 被投资单位其他综合收益减少时，做相反的会计分录 ②处置采用权益法核算的长期股权投资时： 借：其他综合收益 　　贷：投资收益（或相反分录）
（5）存货或自用房地产转换为投资性房地产	①企业将作为存货的房地产转为采用公允价值模式计量的投资性房地产，其公允价值大于账面价值的： 借：投资性房地产——成本（转换日的公允价值） 　　贷：开发产品等 　　　　其他综合收益（差额） ②企业将自用房地产转为采用公允价值模式计量的投资性房地产，其公允价值大于账面价值的： 借：投资性房地产——成本（转换日的公允价值） 　　累计折旧 　　固定资产减值准备 　　贷：固定资产 　　　　其他综合收益（差额） ③处置该项投资性房地产时，因转换计入其他综合收益的金额应转入当期其他业务成本： 借：其他综合收益 　　贷：其他业务成本
（6）现金流量套期工具产生的利得或损失中属于有效套期的部分	直接确认为其他综合收益，该有效套期部分的金额，按照下列两项的绝对额中较低者确定： ①套期工具自套期开始的累计利得或损失 ②被套期项目自套期开始的预计未来现金流量现值的累计变动额
（7）外币财务报表折算差额	按照外币折算的要求，企业在处置境外经营的当期，将已列入合并财务报表所有者权益的外币报表折算差额中与该境外经营相关部分，自其他综合收益项目转入处置当期损益。如果是部分处置境外经营，应当按处置的比例计算处置部分的外币报表折算差额，转入处置当期损益

（三）留存收益

留存收益 $\begin{cases} 盈余公积 \\ 未分配利润 \end{cases}$

1. 盈余公积

公司制企业的法定公积金按照税后利润的 10% 的比例提取（非公司制企业也可按照超过 10% 的比例提取），在计算提取法定盈余公积的基数时，不应包括企业年初未分配利润。公司法定公积金累计额为公司注册资本的 50% 以上时，可以不再提取法定公积金。

公司的法定公积金不足以弥补以前年度亏损的，在提取法定公积金之前，应当先用当年利润弥补亏损。

2. 盈余公积的核算

（1）提取盈余公积时	借：利润分配——提取法定盈余公积 　　　　　　——提取任意盈余公积 　贷：盈余公积——法定盈余公积 　　　　　　——任意盈余公积
（2）外商投资企业按规定提取的储备基金、企业发展基金、职工奖励及福利基金	借：利润分配——提取储备基金 　　　　　　——提取企业发展基金 　　　　　　——提取职工奖励及福利基金 　贷：盈余公积——储备基金 　　　　　　——企业发展基金 　　应付职工薪酬
（3）盈余公积弥补亏损或转增资本	借：盈余公积 　贷：利润分配——盈余公积补亏 　　实收资本（股本）

3. 未分配利润的核算

（1）计算	①可供分配的利润＝当年实现的净利润＋年初未分配利润（或减年初未弥补亏损）＋其他转入 其中：其他转入是针对盈余公积弥补亏损	
	②可供投资者分配的利润＝可供分配的利润－提取的法定盈余公积－提取的任意盈余公积	
	③企业未分配利润的余额＝可供分配的利润－提取的法定盈余公积－提取的任意盈余公积－向投资者分配的利润	
（2）科目设置	利润分配——未分配利润 　　　　——提取法定盈余公积 　　　　——提取任意盈余公积 　　　　——应付现金股利或利润	
（3）核算	①分配股利或利润	A. 分配现金或者利润： 借：利润分配——应付现金股利（利润） 　贷：应付股利 B. 分配股票股利： 借：利润分配——转作股本的股利 　贷：股本
	②期末结转	将本年收入和支出相抵后结出的本年实现的净利润或净亏损，转入"利润分配——未分配利润"科目。同时，将"利润分配"科目所属的其他明细科目的余额，转入"未分配利润"明细科目
	③弥补亏损	借：利润分配——未分配利润 　贷：本年利润

4. 留存收益小结

含义	指企业从历年实现的利润中提取或形成的留存于企业的内部积累			
区别	实收资本和资本公积			留存收益
	来源于投资者投入，或是企业非日常经营活动所形成的利得和损失			是企业生产经营的结果，来源于企业日常经营活动所实现的净利润
分类	盈余公积			未分配利润
	用途	构成		
		法定盈余公积	任意盈余公积	
	（1）弥补亏损 （2）转增资本：留存收益不得少于注册资本的25%	股份有限公司和有限责任公司： 盈余公积=净利润（补亏后）×10% 若盈余公积累计额>企业注册资本的50%，可不再提取 非公司制：可超10%	公司制企业可根据股东大会或类似机构的决议从净利润中提取。其提取比例由企业自行决定	未分配利润是企业实现的净利润经过弥补亏损、提取盈余公积和向投资者分配利润后留于企业的、历年结存的利润 未分配利润通常用于留待以后年度向投资者进行分配

四、练习题

（一）单项选择题

1. 甲有限责任公司由 A、B 两人共同投资设立，其中 A 以银行存款 50 万元投资，B 以一项专利技术投资，其公允价值为 150 万元，账面价值为 100 万元。下列关于甲公司的会计处理正确的是（　　）。

```
A. 借：银行存款                          50
       无形资产                          100
       贷：实收资本——A                     50
              ——B                        100
B. 借：银行存款                          50
       无形资产                          100
       贷：股本——A                         50
              ——B                        100
C. 借：银行存款                          50
       无形资产                          150
       贷：实收资本——A                     50
              ——B                        150
D. 借：银行存款                          50
```

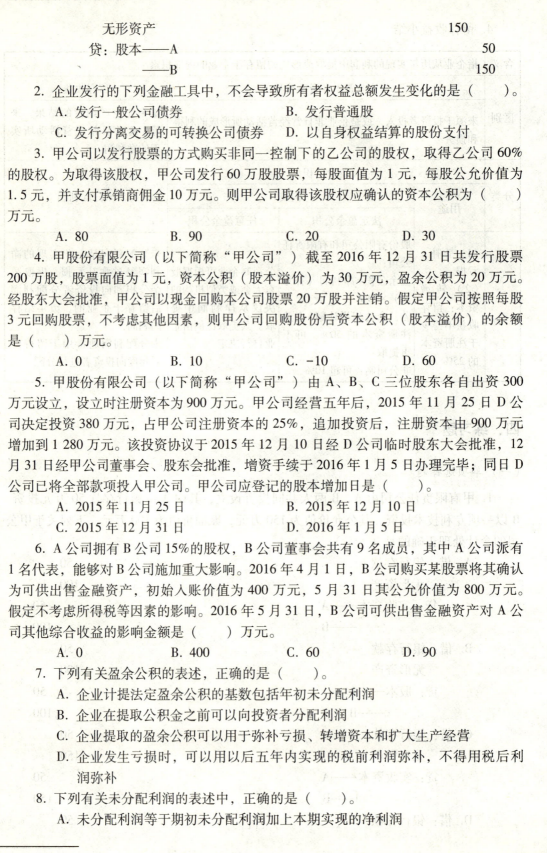

　　　　无形资产　　　　　　　　　　　　　　　　　　　　150
　　　　　贷：股本——A　　　　　　　　　　　　　　　　　50
　　　　　　　　——B　　　　　　　　　　　　　　　　　150

2. 企业发行的下列金融工具中，不会导致所有者权益总额发生变化的是（　　　）。

    A. 发行一般公司债券　　　　　　　B. 发行普通股

    C. 发行分离交易的可转换公司债券　　D. 以自身权益结算的股份支付

3. 甲公司以发行股票的方式购买非同一控制下的乙公司的股权，取得乙公司 60% 的股权。为取得该股权，甲公司发行 60 万股股票，每股面值为 1 元，每股公允价值为 1.5 元，并支付承销商佣金 10 万元。则甲公司取得该股权应确认的资本公积为（　　　）万元。

    A. 80　　　　　　B. 90　　　　　　C. 20　　　　　　D. 30

4. 甲股份有限公司（以下简称"甲公司"）截至 2016 年 12 月 31 日共发行股票 200 万股，股票面值为 1 元，资本公积（股本溢价）为 30 万元，盈余公积为 20 万元。经股东大会批准，甲公司以现金回购本公司股票 20 万股并注销。假定甲公司按照每股 3 元回购股票，不考虑其他因素，则甲公司回购股份后资本公积（股本溢价）的余额是（　　　）万元。

    A. 0　　　　　　B. 10　　　　　　C. -10　　　　　D. 60

5. 甲股份有限公司（以下简称"甲公司"）由 A、B、C 三位股东各自出资 300 万元设立，设立时注册资本为 900 万元。甲公司经营五年后，2015 年 11 月 25 日 D 公司决定投资 380 万元，占甲公司注册资本的 25%，追加投资后，注册资本由 900 万元增加到 1 280 万元。该投资协议于 2015 年 12 月 10 日经 D 公司临时股东大会批准，12 月 31 日经甲公司董事会、股东会批准，增资手续于 2016 年 1 月 5 日办理完毕；同日 D 公司已将全部款项投入甲公司。甲公司应登记的股本增加日是（　　　）。

    A. 2015 年 11 月 25 日　　　　　　B. 2015 年 12 月 10 日

    C. 2015 年 12 月 31 日　　　　　　D. 2016 年 1 月 5 日

6. A 公司拥有 B 公司 15% 的股权，B 公司董事会共有 9 名成员，其中 A 公司派有 1 名代表，能够对 B 公司施加重大影响。2016 年 4 月 1 日，B 公司购买某股票将其确认为可供出售金融资产，初始入账价值为 400 万元，5 月 31 日其公允价值为 800 万元。假定不考虑所得税等因素的影响。2016 年 5 月 31 日，B 公司可供出售金融资产对 A 公司其他综合收益的影响金额是（　　　）万元。

    A. 0　　　　　　B. 400　　　　　　C. 60　　　　　　D. 90

7. 下列有关盈余公积的表述，正确的是（　　　）。

    A. 企业计提法定盈余公积的基数包括年初未分配利润

    B. 企业在提取公积金之前可以向投资者分配利润

    C. 企业提取的盈余公积可以用于弥补亏损、转增资本和扩大生产经营

    D. 企业发生亏损时，可以用以后五年内实现的税前利润弥补，不得用税后利润弥补

8. 下列有关未分配利润的表述中，正确的是（　　　）。

    A. 未分配利润等于期初未分配利润加上本期实现的净利润

B. "利润分配——未分配利润" 明细科目的借方余额表示未弥补亏损的金额

C. "利润分配——未分配利润" 明细科目只有贷方余额，没有借方余额

D. 未分配利润也被称为企业的留存收益

（二）多项选择题

1. 下列选项中，影响所有者权益总额发生变动的有（　　）。

   A. 企业接受资本性投资　　　　　　B. 企业派发股票股利

   C. 企业宣告派发现金股利　　　　　D. 企业用盈余公积转增资本

2. 下列关于实收资本（股本）及其核算的表述中，正确的有（　　）。

   A. 公司法定公积金转增为注册资本的，验资证明应当载明留存的该项公积金不少于转增前公司注册资本的 25%

   B. 股份有限公司发放股票股利和宣告发放现金股利的处理相同

   C. 以权益结算的股份支付行权时，会增加实收资本或股本

   D. 股份有限公司回购股票会增加所有者权益

3. 下列各项中，会计核算时需要通过"资本公积"会计科目的有（　　）。

   A. 以权益结算的股份支付

   B. 交易性金融资产公允价值大于账面价值

   C. 持有至到期投资转换为可供出售金融资产公允价值与账面价值的差额

   D. 在长期股权投资采用权益法核算的情况下，被投资单位发生的其他权益变动

4. 下列各项中，表述正确的有（　　）。

   A. 留存收益指盈余公积和利润分配——未分配利润

   B. 法定公积金按照税后利润的 10% 提取，公司法定公积金累计额为公司注册资本的 50% 以上时，可以不再提取法定公积金

   C. 用税前的利润弥补亏损时，不用做专门的会计处理

   D. 用税后的利润弥补亏损时，不用做专门的会计处理

5. 甲公司按照年度净利润的 10% 提取法定盈余公积，2015 年 12 月 31 日，甲公司股东权益总额为 1 820 万元，其中普通股股本为 1 000 万元（1 000 万股），资本公积为 600 万元，盈余公积为 20 万元，未分配利润为 200 万元。2016 年 5 月 6 日，甲公司实施完毕股东大会通过的分配方案，包括以 2015 年 12 月 31 日的股本总额为基数，以资本公积转增股份每 10 股普通股转增 3 股，每股面值 1 元，每 10 股派发 2 元的现金股利。2016 年 12 月 31 日，甲公司实现净利润 900 万元。2016 年 12 月 31 日甲公司资产负债表上以下项目余额，正确的有（　　）。

   A. 股本 1 300 万元　　　　　　　　B. 资本公积 300 万元

   C. 盈余公积 110 万元　　　　　　　D. 未分配利润 810 万元

6. 下列关于权益工具与金融负债的重分类说法中，正确的有（　　）。

   A. 权益工具重分类为金融负债时，按照该工具的账面价值冲减"其他权益工具"科目，公允价值与账面价值的差额，贷记或借记"资本公积——股本溢价"科目，不足以冲减的，冲减留存收益

B. 权益工具重分类为金融负债时，按照该工具的账面价值冲减"其他权益工具"科目，公允价值与账面价值的差额，计入营业外收支

C. 金融负债重分类为权益工具时，按照账面价值结转应付债券同时确认其他权益工具

D. 金融负债重分类为权益工具时，按照公允价值结转应付债券同时确认其他权益工具

7. 企业的所有者权益包括（　　）。

A. 递延收益　　　　　　　　　B. 实收资本（股本）

C. 资本公积　　　　　　　　　D. 盈余公积

8. 下列属于直接计入所有者权益的利得和损失的有（　　）。

A. 投资者投入资本时计入资本公积——股本溢价（资本溢价）的金额

B. 债务人债务重组过程中产生的损失

C. 可供出售金融资产期末公允价值大于其账面价值的差额

D. 可供出售外币非货币性项目产生的汇兑差额

（三）判断题

1. 企业不能用盈余公积分配现金股利。　　　　　　　　　　　　　　（　　）

2. 年度终了，除"未分配利润"明细科目外，"利润分配"科目下的其他明细科目应当无余额。　　　　　　　　　　　　　　　　　　　　　　　　　　（　　）

3. 支付已宣告的现金股利时，所有者权益减少。　　　　　　　　　　（　　）

4. 企业计提法定盈余公积的基数是当年实现的净利润和企业年初未分配利润之和。　　　　　　　　　　　　　　　　　　　　　　　　　　　　　　（　　）

5. 企业增资扩股时，投资者实际缴纳的出资额大于其按约定比例计算的其在注册资本中所占的份额部分，也应该计入实收资本。　　　　　　　　　　（　　）

6. 企业接受投资者以非现金资产投资时，应按该资产的账面价值入账。（　　）

7. 企业用当年实现的利润弥补亏损时，应单独做出相应的会计处理。（　　）

8. 企业以盈余公积向投资者分配现金股利，不会引起留存收益总额的变动。
　　　　　　　　　　　　　　　　　　　　　　　　　　　　　　　（　　）

（四）计算分析题

1. 甲、乙两个投资者向某有限责任公司投资，甲投资者投入自产产品一批，双方确认价值为 180 万元（假设是公允的），税务部门认定增值税为 30.6 万元，并开具了增值税专用发票。乙投资者投入货币资金 9 万元和一项专利技术，货币资金已经存入开户银行，该专利技术原账面价值为 128 万元，预计使用寿命为 16 年，已摊销 40 万元，计提减值准备 10 万元，双方确认的价值为 80 万元（假设是公允的）。假定甲、乙两位投资者投资时均不产生资本公积。两年后，丙投资者向该公司追加投资，其缴付该公司的出资额为 176 万元。协议约定丙投资者享有的注册资本金额为 130 万元。（假设甲、乙两个投资者的出资额与其在注册资本中所享有的份额相等，不产生资本公积）

要求：根据上述资料，分别编制被投资公司接受甲、乙、丙投资的有关会计分录。（分录中的金额单位为万元）

2. 大兴公司 2×17 年发生有关经济业务如下：

（1）按照规定办理增资手续后，将资本公积 45 万元转增注册资本，其中 A、B、C 三家公司各占 1/3。

（2）用盈余公积 37.5 万元弥补以前年度亏损。

（3）从税后利润中提取法定盈余公积 19 万元。

（4）接受 D 公司加入联营，经投资各方协议，D 公司实际出资额中 500 万元作为新增注册资本，使投资各方在注册资本总额中均占 1/4。D 公司以银行存款 550 万元缴付出资额。

要求：根据上述经济业务（1）～（4）编制大兴公司的相关会计分录。（不要求编制将利润分配各明细科目余额结转到"利润分配——未分配利润"科目中的分录，分录中的金额单位为万元）

3. 甲股份有限公司 2×16 年至 2×17 年发生与其股票有关的业务如下：

（1）2×16 年 1 月 4 日，经股东大会决议，并报有关部门核准，增发普通股 20 000 万股，每股面值 1 元，每股发行价格为 5 元，股款已全部收到并存入银行。假定不考虑相关税费。

（2）2×16 年 6 月 20 日，经股东大会决议，并报有关部门核准，以资本公积 2 000 万元转增股本。

（3）2×17 年 6 月 20 日，经股东大会决议，并报有关部门核准，以银行存款回购本公司股票 50 万股，每股回购价格为 3 元。

（4）2×17 年 6 月 26 日，经股东大会决议，并报有关部门核准，将回购的本公司股票 50 万股注销。

要求：逐笔编制甲股份有限公司上述业务的会计分录。

（答案中的金额单位用万元表示）

（五）综合题

甲公司 2×16 年发生如下交易或事项：

（1）2×16 年 1 月 3 日以每股 4 元的价格增发股票 5 000 万股（每股面值为 1 元），为增发股票向证券商支付手续费、佣金共计 100 万元，发行收入扣除手续费、佣金后的款项已经存入银行。

（2）2×16 年 5 月 8 日将原自用厂房转为经营出租，并采用公允价值模式进行后续计量。该厂房账面原价为 2 000 万元，累计计提折旧 500 万元，计提减值准备 100 万元，转换日的公允价值为 1 800 万元。2×16 年 12 月 31 日，该厂房的公允价值为 2 200 万元。

（3）2×16 年 8 月 16 日购买乙公司股票作为可供出售金融资产核算，公允价值为 500 万元，另支付相关税费 30 万元。2×16 年 12 月 31 日股票的公允价值为 450 万元（为正常公允价值变动）。

要求：编制甲公司 2×16 年上述相关经济业务的会计分录。（答案中的金额单位用万元表示）

五、参考答案及解析

（一）单项选择题

1.【答案】C

【解析】甲公司为有限责任公司，所以企业接受投资时应该借记"银行存款""无形资产"科目。

2.【答案】A

【解析】发行一般公司债券会增加负债，不会影响所有者权益，选项 A 不符合题意。

3.【答案】C

【解析】甲公司取得该股权时应确认的资本公积＝60×1.5－60－10＝20（万元）。

4.【答案】A

【解析】会计处理：

借：库存股   60
　　贷：银行存款   60
借：股本   20
　　资本公积——股本溢价   30
　　盈余公积   10
　　贷：库存股   60

则甲公司回购股份后资本公积（股本溢价）的余额＝30－30＝0（万元）。

5.【答案】D

【解析】甲公司应登记的股本增加日为增资手续办理完毕的当天，即为 2016 年 1 月 5 日。

6.【答案】C

【解析】2016 年 5 月 31 日，B 公司可供出售金融资产对 A 公司其他综合收益的影响金额＝（800－400）×15%＝60（万元）。

7.【答案】C

【解析】企业计提法定盈余公积的基数不包括年初未分配利润，选项 A 不正确；企业在提取公积金之前不得向投资者分配利润，分配顺序不能颠倒，选项 B 不正确；企业发生亏损时，可以用以后五年内实现的税前利润弥补，未足额弥补的，应用税后利润弥补，选项 D 不正确。

8.【答案】B

【解析】未分配利润是期初未分配利润，加上本期实现的净利润，减去提取的各种盈余公积和对利润分配之后的余额，选项 A 不正确；"利润分配——未分配利润"明细科目既有贷方余额，又有借方余额，贷方余额表示累计的盈利，借方余额则表示未弥补亏损的金额，选项 B 正确，选项 C 不正确；留存收益包括盈余公积和利润分配——未分配利润，选项 D 不正确。

（二）多项选择题

1.【答案】AC

【解析】选项 A，企业接受资本性投资，借记"银行存款"等科目，贷记"实收资本"或"股本"科目，按其差额，贷记"资本公积——资本溢价（股本溢价）"科目，所有者权益总额增加。选项 C，企业宣告派发现金股利，借记"利润分配"科目，贷记"应付股利"科目，所有者权益总额减少。

2.【答案】AC

【解析】股份有限公司发放股票股利，借记"利润分配"科目，贷记"股本"科目，宣告发放现金股利，借记"利润分配"科目，贷记"应付股利"科目，发放股票股利和宣告发放现金股利的处理是不同的，选项 B 不正确；股份有限公司回购股票，借记"库存股"科目，贷记"银行存款"科目，会减少所有者权益，选项 D 不正确。

3.【答案】AD

【解析】选项 B，交易性金融资产公允价值大于账面价值的差额通过"公允价值变动损益"科目核算；选项 C，持有至到期投资转换为可供出售金融资产公允价值与账面价值的差额通过"其他综合收益"科目核算。

4.【答案】ABCD

【解析】企业以当年实现的利润弥补以前年度结转的未弥补亏损，不需要进行专门的账务处理。企业应将当年实现的利润自"本年利润"科目，转入"利润分配——未分配利润"科目的贷方，其贷方发生额与"利润分配——未分配利润"的借方余额自然抵补。无论是以税前利润还是以税后利润弥补亏损，其会计处理方法均相同，选项 C 和 D 正确。

5.【答案】ABCD

【解析】股本 = 1 000 + 1 000÷10×3 = 1 300（万元），资本公积 = 600 − 1 000÷10×3 = 300（万元），盈余公积 = 20 + 900×10% = 110（万元），未分配利润 = 200 − 1 000÷10×2 + 900×90% = 810（万元）。

6.【答案】AC

7.【答案】BCD

【解析】所有者权益根据其核算的内容和要求，可分为实收资本（股本）、资本资积、盈余公积和未分配利润等部分。其中，盈余公积和未分配利润统称为留存收益。

8.【答案】CD

【解析】直接计入所有者权益的利得和损失是指不应计入当期损益、会导致所有者权益发生增减变动、与所有者投入资本或者向所有者分配利润无关的利得或者损失，选项 A 和 B 不正确。

（三）判断题

1.【答案】错

【解析】经股东大会批准，盈余公积可以分配现金股利。

2.【答案】对

3.【答案】错

【解析】支付已宣告的现金股利，会计处理为：

借：应付股利

　　贷：银行存款

资产减少，负债减少，所有者权益不变。

4.【答案】错

【解析】企业计提法定盈余公积是按当年实现的净利润作为基数计提的，该基数不应包括企业年初未分配利润。

5.【答案】错

【解析】企业增资扩股时，投资者实际缴纳的出资额大于其按约定比例计算的其在注册资本中所占的份额部分，属于资本（股本）溢价，计入资本公积，不计入实收资本。

6.【答案】错

【解析】企业接受投资者以非现金资产投资时，应按投资合同或协议约定的价值入账，但投资合同或协议约定的价值不公允的除外。

7.【答案】错

【解析】企业用利润弥补亏损，在会计上无须专门做会计分录。

8.【答案】错

【解析】留存收益包括未分配利润和盈余公积，以盈余公积向投资者分配现金股利导致盈余公积减少，所以留存收益总额减少。

（四）计算分析题

1.（1）被投资公司收到甲投资者的投资时：

借：库存商品　　　　　　　　　　　　　　　　　　　　　　180

　　应交税费——应交增值税（进项税额）　　　　　　　　　30.6

　　　　贷：实收资本——甲　　　　　　　　　　　　　　210.6

（2）被投资公司收到投资者乙的投资时：

①借：银行存款　　　　　　　　　　　　　　　　　　　　　　9

　　　无形资产　　　　　　　　　　　　　　　　　　　　　　80

　　　　　贷：实收资本——乙　　　　　　　　　　　　　　89

（3）被投资公司收到投资者丙的投资时：

借：银行存款　　　　　　　　　　　　　　　　　　　　　　176

　　贷：实收资本——丙　　　　　　　　　　　　　　　　130

　　　　资本公积——资本溢价　　　　　　　　　　　　　46

2.（1）借：资本公积　　　　　　　　　　　　　　　　　　45

　　　　　贷：实收资本——A公司　　　　　　　　　　　15

　　　　　　　　　　——B公司　　　　　　　　　　　15

　　　　　　　　　　——C公司　　　　　　　　　　　15

（2）借：盈余公积　　　　　　　　　　　　　　　37.5

　　　　贷：利润分配——盈余公积补亏　　　　　　　　　　37.5

（3）借：利润分配——提取法定盈余公积　　　　　19

　　　　贷：盈余公积——法定盈余公积　　　　　　　　　　19

（4）借：银行存款　　　　　　　　　　　　　　　550

　　　　贷：实收资本——D 公司　　　　　　　　　　　　500

　　　　　　资本公积　　　　　　　　　　　　　　　　　　50

3.（1）借：银行存款　　　　　　　　　　100 000（20 000×5）

　　　　贷：股本　　　　　　　　　　　　　　　　　　20 000

　　　　　　资本公积　　　　　　　　　　　　　　　　80 000

（2）借：资本公积　　　　　　　　　　　　　　　2 000

　　　　贷：股本　　　　　　　　　　　　　　　　　　2 000

（3）借：库存股　　　　　　　　　　　　　　　　150

　　　　贷：银行存款　　　　　　　　　　　　　　　　150

（4）借：股本　　　　　　　　　　　　　　　　　50

　　　　资本公积　　　　　　　　　　　　　　　100

　　　　贷：库存股　　　　　　　　　　　　　　　　150

（五）综合题

（1）2×16 年 1 月 3 日：

借：银行存款　　　　　　　　　　19 900（5 000×4-100）

　　贷：股本　　　　　　　　　　　　　　　　　　5 000

　　　　资本公积——股本溢价　　　　　　　　　14 900

（2）2×16 年 5 月 8 日：

借：投资性房地产——成本　　　　　　　　　　1 800

　　累计折旧　　　　　　　　　　　　　　　　　500

　　固定资产减值准备　　　　　　　　　　　　　100

　　贷：固定资产　　　　　　　　　　　　　　　　2 000

　　　　其他综合收益　　　　　　　　　　　　　　400

2×16 年 12 月 31 日：

借：投资性房地产——公允价值变动　　　　　　400

　　贷：公允价值变动损益　　　　　　　　　　　　400

（3）2×16 年 8 月 16 日：

借：可供出售金融资产——成本　　　　　　　　530

　　贷：银行存款　　　　　　　　　　　　　　　　530

2×16 年 12 月 31 日：

借：其他综合收益　　　　　　　　　　　　　　80

　　贷：可供出售金融资产——公允价值变动　　　　80

第十一章 收入、费用和利润

一、要点总览

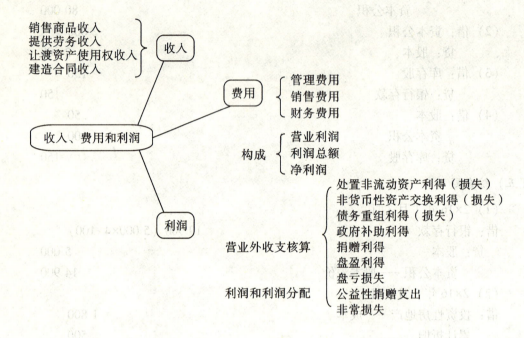

二、重点难点

（一）重点

销售收入的确认和计量

完工程度的确认

建造合同收入的确认和计量

费用的确认和计量

（二）难点

销售收入的确认和计量

建造合同收入的确认和计量

三、关键内容小结

（一）销售商品收入的确认和计量

1. 销售商品收入同时满足下列五个条件时，才能予以确认

（1）企业已将商品所有权上的主要风险和报酬转移给购货方。

（2）企业既没有保留通常与所有权相联系的继续管理权，也没有对已售出的商品实施有效控制。

（3）收入的金额能够可靠地计量。

（4）相关的经济利益很可能流入企业。

（5）相关的已发生或将发生的成本能够可靠地计量

2. 销售收入的会计处理

满足收入确认条件的商品销售	借：银行存款/应收账款/应收票据 　贷：主营业务收入/其他业务收入 　　　应交税费——应交增值税（销项税额）
不能满足收入确认条件的商品发出	借：发出商品 　贷：库存商品
现金折扣	销售实现时，按销售总价确认收入： 借：应收账款 　贷：主营业务收入 　　　应交税费——应交增值税（销项税额） 享受折扣时： 借：银行存款 　　财务费用（发生的现金折扣金额） 　贷：应收账款
商业折扣	销售实现时，按销售总价扣除商业折扣后的金额确认收入： 借：应收账款 　贷：主营业务收入 　　　应交税费——应交增值税（销项税额）
销售折让	销售实现时，按销售总价确认收入： 借：应收账款 　贷：主营业务收入 　　　应交税费——应交增值税（销项税额） 发生折让时： 借：主营业务收入 　　应交税费——应交增值税（销项税额） 　贷：应收账款 实际收到款项时： 借：银行存款 　贷：应收账款

（续表）

销售退回的处理	对于未确认收入的售出商品发生销售退回： 借：库存商品 　　贷：发出商品 对于已确认收入且已发生现金折扣的售出商品发生退回： 借：主营业务收入 　　应交税费——应交增值税（销项税额） 　　贷：银行存款 　　　　财务费用（退回商品发生的现金折扣） 借：库存商品 　　贷：主营业务成本
售后回购	回购价格固定或等于原售价加合理回报： 借：银行存款 　　贷：其他应付款 　　　　应交税费——应交增值税（销项税额） 回购价大于原售价： 借：财务费用（销售与回购期内按期计提的利息费用） 　　贷：其他应付款 借：其他应付款 　　应交税费——应交增值税（进项税额） 　　贷：银行存款 回购价格不确定。如果回购价格按照回购日当日的公允价值确定，且有确凿证据表明售后回购交易满足销售商品收入确认条件的，销售的商品按售价确认收入，回购的商品作为购进商品处理
售后租回	通常情况下，售后租回属于融资交易，企业不应确认为收入，售价与资产账面价值之间的差额应当分不同情况进行处理： 第一，如果售后租回交易认定为融资租赁，售价与资产账面价值之间的差额应当予以递延，并按照该项租赁资产的折旧进度进行分摊，作为折旧费用的调整 第二，如果售后租回交易认定为经营租赁，应当分别情况处理： 有确凿证据表明售后租回交易是按照公允价值达成的，售价与资产账面价值的差额应当计入当期损益 售后租回交易如果不是按照公允价值达成的，售价低于公允价值的差额应计入当期损益。但若该损失将由低于市价的未来租赁付款额补偿时，有关损失应予以递延（递延收益），并按与确认租金费用相一致的方法在租赁期内进行分摊；如果售价大于公允价值，其大于公允价值的部分应计入递延收益，并在租赁期内分摊
以旧换新销售	销售的商品应当按照销售商品收入确认条件确认收入，回收的商品作为购进商品处理

（二）提供劳务收入的核算

确认条件		（1）收入的金额能够可靠地计量 （2）相关的经济利益很可能流入企业，是指提供劳务收入总额收回的可能性大于不能收回的可能性
会计处理	1. 同一会计期间内开始并完成的	用完成合同法，同销售商品收入

会计处理 - 2. 不同会计期间

（1）结果能可靠计量（完工百分比法）

企业确定提供劳务交易的完工进度，可以选用下列方法：
①已完工作的测量
②已经提供的劳务占应提供劳务总量的比例
③已经发生的成本占估计总成本的比例
完工百分比法计算方法：
本期确认的收入＝劳务总收入×本期末止劳务的完工进度－以前期间已确认的收入
本期确认的费用＝劳务总成本×本期末止劳务的完工进度－以前期间已确认的费用
①实际发生劳务成本时：
借：劳务成本
　　贷：应付职工薪酬
②预收劳务款时：
借：银行存款
　　贷：预收账款
　　　　应交税费——应交增值税（销项税额）
③确认提供劳务收入并结转劳务成本：
借：预收账款
　　贷：主营业务收入
借：主营业务成本
　　贷：劳务成本

（2）结果不能可靠计量

①已发生的成本能全部收回，按能收回的金额确认收入
②已发生的成本部分能收回，按能得到补偿的部分确认收入
A. 预收劳务费：
借：银行存款
　　贷：预收/预付账款
B. 支付劳务费：
借：劳务成本
　　贷：应付职工薪酬
C. 确认收入（已收到的部分），结转成本（已支出部分）：
借：预收账款
　　贷：主营业务收入
借：主营业务成本
　　贷：劳务成本
③已发生的成本全部不能收回，应全部计入当期损益（主营/其他成本），不确认收入：
借：主营业务成本/其他业务成本
　　贷：劳务成本

(续表)

3. 同时销售商品和提供劳务交易	（1）能够区分且能够单独计量的，分开核算	
	（2）不能够区分，或虽能区分但不能够单独计量，应当将销售商品部分和提供劳务部分全部作为销售商品处理	
4. 其他特殊劳务收入	（1）安装费，在资产负债表日根据安装的完工进度确认收入	
	（2）宣传媒介的收费，在相关的广告或商业行为开始出现于公众面前时确认收入。广告的制作费，在资产负债表日根据制作广告的完工进度确认收入	
	（3）为特定客户开发软件的收费，在资产负债表日根据开发的完工进度确认收入	
	（4）包括在商品售价内可区分的服务费，在提供服务的期间内分期确认收入	
	（5）艺术表演、招待宴会和其他特殊活动的收费，在相关活动发生时确认收入。收费涉及几项活动的，预收的款项应合理分配给每项活动，分别确认收入	
	（6）申请入会费和会员费只允许取得会籍，所有其他服务或商品都要另行收费的，在款项收回不存在重大不确定性时确认收入。申请入会费和会员费能使会员在会员期内得到各种服务或商品，或者以低于非会员的价格销售商品或提供服务的，在整个受益期内分期确认收入	
	（7）属于提供设备和其他有形资产的特许权费，通常在交付资产或转移资产所有权时确认收入；属于提供初始及后续服务的特许权费，在提供服务时确认收入	
	（8）长期为客户提供重复的劳务收取的劳务费，在相关劳务活动发生时确认收入	

（三）让渡资产使用权的确认和计量

1. 内容	让渡资产使用权收入包括利息收入、使用费收入等。企业对外出租资产收取的租金、进行债权投资收取的利息、进行股权投资取得的现金股利等，也构成让渡资产使用权收入	
2. 确认条件	（1）相关的经济利益很可能流入企业 （2）收入的金额能够可靠计量	
3. 核算	利息收入	按照他人使用本企业货币资金的时间和实际利率计算确定，具体核算见金融资产章节
	使用费收入（按照有关合同或协议约定的收费时间和方法计算确定）	一次性收取使用费，不进行后续服务，视同销售，一次性确认收入 借：银行存款 　　贷：其他业务收入
		提供后续服务，在有效期内分期确认收入/摊销 （1）确认收入： 借：应收账款 　　贷：其他业务收入

（续表）

		（2）计提摊销： 借：其他业务成本 　贷：累计摊销
		按合同规定的收款时间和金额或合同规定的收费方法计算的金额分期确认收入
		（1）出租包装物 ①取得租金收入： 借：银行存款 　贷：其他业务收入 ②摊销时： 借：其他业务成本 　贷：周转材料
		（2）出租固定资产： ①取得租金收入： 借：银行存款 　贷：其他业务收入 ②计提折旧： 借：其他业务成本 　贷：累计折旧
		（3）投资性房地产： ①采用成本模式后续计量： 取得租金收入： 借：银行存款 　贷：其他业务收入 ②采用公允价值模式后续计量： A. 取得租金收入 借：银行存款 　贷：其他业务收入 B. 公允价值变动 借：投资性房地产 　贷：公允价值变动损益（或反分录）
		（4）出租无形资产（转让使用权）： ①取得租金收入： 借：银行存款 　贷：其他业务收入 ②计提摊销时： 借：其他业务成本 　贷：累计摊销

（四）建造合同收入的核算

1. 合同收入与合同费用的确认与计量

合同收入与合同费用的确认	（1）结果能够可靠估计的建造合同	固定造价合同的结果能够可靠估计的认定标准	①合同总收入能够可靠地计量
			②与合同相关的经济利益很可能流入企业
			①实际发生的合同成本能够清楚地区分和可靠地计量
			②合同完工进度和为完成合同尚需发生的成本能够可靠地确定
		成本加成合同的结果能够可靠估计的认定标准	①与合同相关的经济利益很可能流入企业
			②实际发生的合同成本能够清楚地区分和可靠地计量
	（2）完工进度的确定	①根据累计实际发生的合同成本占合同预计总成本的比例确定。该方法是确定合同完工进度比较常用的方法 计算公式如下： 合同完工进度＝累计实际发生的合同成本÷合同预计总成本×100%	
		②根据已经完成的合同工作量占合同预计总工作量的比例确定。该方法适用于合同工作量容易确定的建造合同 计算公式如下： 合同完工进度＝已经完成的合同工作量÷合同预计总工作量×100%	
		③根据实际测定的完工进度确定。该方法是在无法根据上述两种方法确定合同完工进度时所采用的一种特殊的技术测量方法，适用于一些特殊的建造合同	
	（3）完工百分比法的运用	当期确认的合同收入和费用可用下列公式计算： 当期确认的合同收入＝合同总收入×完工进度－以前会计期间累计已确认的收入 当期确认的合同费用＝合同预计总成本×完工进度－以前会计期间累计已确认的费用 当期确认的合同毛利＝当期确认的合同收入－当期确认的合同费用 上述公式中的完工进度指累计完工进度	
	（4）结果不能可靠估计的建造合同	如果建造合同的结果不能可靠估计，则不能采用完工百分比法确认和计量合同收入和费用，而应区别下列两种情况进行会计处理：	
		（1）合同成本能够收回的，合同收入根据能够收回的实际合同成本予以确认，合同成本在其发生的当期确认为合同费用	（2）合同成本不可能收回的，应在发生时立即确认为合同费用，不确认合同收入

2. 合同收入与合同费用的核算

（1）建造时	①发生的直接费用： 借：工程施工——合同成本 　　贷：应付职工薪酬/原材料等 ②发生的间接费用： 借：工程施工——间接费用 　　贷：累计折旧/银行存款等 ③期（月）末，将间接费用分配计入有关合同成本： 借：工程施工——合同成本 　　贷：工程施工——间接费用
（2）确认合同收入、合同费用时	借：主营业务成本 　　贷：主营业务收 　　　　工程施工——合同毛利（差额）
（3）合同完工时	借：工程结算 　　贷：工程施工 "工程施工"科目期末借方余额，反映企业尚未完工的建造合同成本和合同毛利

（五）费用

1. 费用的内容、分类及会计处理

费用	日常活动、让所有者权益减少、与分配利润无关的利益流出。发生时在借方，年末结转入"本年利润"借方			
内容	营业成本			期间费用
分类	主营业务成本	其他业务成本	税金及附加	（销售费用、管理费用、财务费用）
含义	收入的主要来源，经常性活动	主营业务以外的其他经营活动发生的支出	企业日常经营活动应负担的税费	日常活动中，为组织管理经营活动发生的费用
包括	在确认收入时，或月末，将已销售、已提供劳务的成本转入主营业务成本	销售材料成本、出租固定资产的折旧额、出租无形资产的摊销额、出租包装物的成本或摊销、出售单独计价包装物、投资性房地产成本模式计提的折旧或摊销额	消费税、城市建设税、教育费附加、资源税与投资性房地产相关的房产税、土地使用权	不产生经济利益（不符合资产确认条件）的支出 导致企业承担一项负债，而又不确认为资产 在发生时计入当期损益
会计处理	期末结转 借：本年利润 　　贷：主营业务成本	期末结转 借：本年利润 　　贷：其他业务成本	计算应交税额时： 借：税金及附加 　　贷：应交税费——应交××税 交纳税款时： 借：应交税费——应交××税 　　贷：银行存款	发生时： 借：销售费用/管理费用/财务费用 　　贷：银行存款/应付薪酬/累计折旧/摊销/应付利息 期末结转 借：本年利润 　　贷：销售/管理/财务费用

2. 期间费用的含义及会计处理

(1)管理费用	含义	是指企业为组织和管理企业生产经营所发生的管理费用。它包括企业在筹建期间发生的开办费、董事会和行政管理部门在企业的经营管理中发生的，或者应由企业统一负担的公司经费（包括行政管理部门职工工资、修理费、物料消耗、低值易耗品摊销、办公费和差旅费等）、工会经费、待业保险费、劳动保险费、董事会会费（包括董事会成员津贴、会议费和差旅费等）、聘请中介机构费、咨询费（含顾问费）、诉讼费、业务招待费、房产税、车船税、土地使用税、印花税、技术转让费、矿产资源补偿费、研究费用、排污费以及企业生产车间（部门）和行政管理部门发生的固定资产修理费等
	会计处理	借：管理费用 　　贷：银行存款等 期末结转至"本年利润"科目后无余额
(2)销售费用	含义	是指企业在销售商品和材料、提供劳务的过程中发生的各种费用，包括企业在销售商品过程中发生的包装费、保险费、展览费和广告费、商品维修费、预计产品质量保证损失、运输费、装卸费等费用，以及企业发生的为销售本企业商品而专设的销售机构的职工薪酬、业务费、折旧费、固定资产修理费等费用
	会计处理	借：销售费用 　　贷：银行存款等 期末结转至"本年利润"科目后无余额
(3)财务费用	含义	是指企业为筹集生产经营所需资金等而发生的筹资费用，包括利息支出、汇兑损益以及相关的手续费、企业发生的现金折扣或收到的现金折扣等
	会计处理	借：财务费用 　　贷：银行存款等 期末结转至"本年利润"科目后无余额

（六）利润的内容、分类及会计处理

利润

净利润 = 利润总额 − 所得税费用（年终无余额）

本年利润总额 = 营业利润 + 营业外收入 − 营业外支出

营业利润 = 营业收入（主营 + 其他）− 营业成本（主营 + 其他）− 营业税金及附加 − 期间费用 − 减值损失 ± 公允价值变动损益 ± 投资收益（年终无余额）

分类

营业外收入（年终无余额）	营业外支出（年终无余额）	所得税费用		本年利润	
		当期所得税	递延所得税	表结法	账结法

解释

- 营业外收入：与日常活动无关的利得
- 营业外支出：与日常活动无关的各项损失
- 当期应交所得税
- 递延所得税资产、递延所得税负债
- 表结法：月末结出本月发生额和月末累计余额，年末结转入"本年利润"科目，年中不结转
- 账结法：每月月末编制转正凭证，将各损益类科目余额结转入"本年利润"科目

包括

- 营业外收入：非流动资产处置、政府补助、盘盈、捐赠、非货币性资产交换、债务重组利得
- 营业外支出：非流动资产处置、盘亏、罚款、非货币性资产交换、债务重组损失

分录

营业外收入/营业外支出：

(1) 处置非流动资产收入：
借：固定资产清理/银行存款/待处理财产损溢/无形资产/原材料
贷：营业外收入

(2) 确认政府补助利得：
① 收到补助款：
借：银行存款
贷：递延收益
② 购入设备：
借：固定资产
贷：银行存款
③ 使用期间按月折旧，分配递延收益：
借：制造费用
贷：累计折旧
借：递延收益
贷：营业外收入

(1) 处置非流动资产损失：
借：营业外支出

(2) 罚款：
借：营业外支出
贷：银行存款

(3) 盘亏：
借：营业外支出
贷：银行存款

(4) 将尚未分配的递延收益转入营业外收入：
借：递延收益
贷：营业外收入

期末，营业外收入转入贷方，营业外支出转入借方，"利润分配"科目（见资产一节）。结转后，营业外收支应无余额。

所得税费用：

应纳税所得额 = 全年利润总额 ± 纳税调整增加/减少额
应交所得税 = 应纳税所得额 × 所得税率
所得税费用 = 当期所得税 + 递延所得税
递延所得税 = 当期递延所得税资产 − 递延所得税负债

(1) 计算所得税费用：
借：所得税费用
贷：应交税费——应交所得税（当期所得税）

(2) 交纳所得税：
借：应交税费——应交所得税
贷：银行存款（当期所得税）

(3) 递延所得税费用结转入本年利润：
借：所得税费用
递延所得税资产/负债（注意方向）
贷：应交税费——应交所得税
递延所得税负债/资产

本年利润（账结法）：

损益类账户贷方余额为收入、利得，借方为费用、损失。年末，利得、损失、减值损失、各损益类账户公允价值变动损益/投资收益均转入本年利润：

(1) 主营业务收入/其他业务收入/营业外收入、利得：
借：主营业务收入/其他业务收入/营业外收入
贷：本年利润

(2) 结转所有损益类账户费用、损失：
借：本年利润
贷：主营业务成本/税金附加/期间费用等

(3) 确认所得税费用，将所得税费用结转：
借：所得税费用
贷：应交税费——应交所得税
借：本年利润
贷：所得税费用

(4) 将本年利润期末余额转入未分配利润：
借：本年利润
贷：利润分配——未分配利润

四、练习题

（一）单项选择题

1. 下列各项中，符合收入会计要素定义，可以确认为收入的是（   ）。

　　A. 出售长期股权投资取得的净收益　　B. 收到保险公司支付的赔偿金额

　　C. 安装公司提供安装服务取得的收入　D. 出售无形资产产生的净收益

2. 某企业产品价目表列明，其生产的 A 产品的销售价格为每件 200 元（不含增值税）。购买 200 件以上，可获得 5%的商业折扣；购买 400 件以上，可获得 10%的商业折扣。2016 年 2 月 1 日该企业销售给某客户 A 产品 350 件。规定购货方付款条件为：2/10，1/20，n/30（假定现金折扣不考虑增值税）。购货单位于 8 天内支付上述货款，2 月 20 日该企业因产品质量与合同规定略有不符，同意给予购货方 3%的销售折让并办理相关手续。则该企业此项销售业务当期应确认收入的金额为（   ）元。

　　A. 66 500　　　　B. 65 170　　　　C. 64 505　　　　D. 68 600

3. 甲公司对 A 产品实行 1 个月内"包退、包换、包修"的销售政策。2016 年 1 月份甲公司销售 A 产品 100 件，2 月份销售 A 产品 80 件，A 产品的销售单价均为 5 000 元（不含增值税）。甲公司根据 2015 年的经验估计，2016 年销售的 A 产品中，涉及退货的比例为 4%、涉及换货的比例为 2%、涉及修理的比例为 6%。甲公司 1 月份销售的 A 产品中，在 2016 年 2 月实际发生退货的比例为 3%，未发生换货和修理的情况。则甲公司 2016 年 2 月应确认 A 产品的销售收入为（   ）元。

　　A. 384 000　　　　B. 389 000　　　　C. 399 000　　　　D. 406 000

4. 甲公司为增值税一般纳税人，适用的增值税税率为 17%。2016 年 6 月 2 日，甲公司委托丙公司销售商品 200 件，商品已经发出，每件成本为 60 元。合同约定丙公司应按每件 100 元的价格对外销售，甲公司按销售价格（不含增值税）的 10%向丙公司支付手续费。当月丙公司对外实际销售商品 100 件，开出的增值税专用发票上注明的销售价格为 10 000 元，增值税税额为 1 700 元，款项已经收到。甲公司月末收到丙公司开具的代销清单时，向丙公司开具一张相同金额的增值税专用发票。不考虑其他因素，则甲公司 2016 年 6 月份应确认的销售收入金额为（   ）元。

　　A. 20 000　　　　B. 10 000　　　　C. 9 000　　　　D. 0

5. 采用预收款方式销售商品，企业通常应在（   ）时确认收入。

　　A. 实际收到货款　　　　　　　　B. 发出商品

　　C. 合同约定的收款日期　　　　　D. 签订合同

6. 甲公司为增值税一般纳税人，适用的增值税税率为 17%。甲公司在 2016 年 6 月 1 日与乙公司签订一项销售合同，合同约定向乙公司销售一批商品，开出的增值税专用发票上注明的销售价格为 200 万元，增值税税额为 34 万元，商品尚未发出，款项已经收到。该批商品成本为 160 万元。2016 年 6 月 1 日，甲公司与乙公司签订的补充合同约定，甲公司应于 2016 年 10 月 31 日将所售商品回购，回购价为 220 万元（不含增值税税额）。不考虑其他因素，则甲公司该项售后回购业务影响 2016 年度利润总额的金额为（　　）万元。

    A. -20　　　　　　B. 40　　　　　　C. 20　　　　　　D. 0

7. 2015 年 7 月 1 日 A 公司对外提供一项为期 8 个月的劳务，合同总收入为 30 万元。2015 年年底 A 公司无法可靠地估计该项劳务的完工进度。2015 年 A 公司实际发生的劳务成本为 16 万元，预计已发生的劳务成本能得到补偿的金额为 12 万元。则 A 公司 2015 年因该项业务应确认的收入为（　　）万元。

    A. 16　　　　　　B. 12　　　　　　C. 30　　　　　　D. 22.5

8. 2015 年 12 月 31 日，甲公司将一栋管理用办公楼以 450 万元的价格出售给乙公司，款项已收存银行。该办公楼账面原价为 1 000 万元，已计提折旧 500 万元，计提减值准备 250 万元，公允价值为 600 万元。至出售时预计尚可使用年限为 6 年，预计净残值为零，采用年限平均法计提折旧。2016 年 1 月 1 日，甲公司与乙公司签订了一份经营租赁合同，将该办公楼租回。租赁开始日为 2016 年 1 月 1 日，租期为 3 年。租金总额为 330 万元，每年年末支付当年租金。假定不考虑税费及其他相关因素的影响，上述业务对甲公司 2015 年度利润总额的影响金额为（　　）万元。

    A. 0　　　　　　B. 150　　　　　　C. -150　　　　　　D. 200

9. 甲公司根据累计实际发生的合同成本占合同预计总成本的比例确定完工进度。2016 年 2 月 1 日，甲公司与客户签订了一项总金额为 1 000 万元的建造合同，预计合同总成本为 700 万元。2016 年度甲公司实际发生工程成本 350 万元，甲公司在年末时对该项工程的完工进度无法可靠确定，并且发现客户发生了财务困难，致使甲公司当年实际发生的工程成本很可能全部无法收回。不考虑其他因素，则甲公司 2016 年因上述事项应确认的合同收入为（　　）万元。

    A. 350　　　　　　B. 500　　　　　　C. 0　　　　　　D. 700

10. 下列各项中，工业企业不通过"营业外收入"科目核算的是（　　）。

    A. 现金盘盈　　　　　　　　　　　B. 接受非关联方的现金捐赠

    C. 处置固定资产取得的净收益　　　D. 出售原材料取得的收入

（二）多项选择题

1. 下列各项中，属于销售商品收入确认条件的有（　　）。

    A. 企业已将商品所有权上的主要风险和报酬转移给购货方

    B. 企业既没有保留通常与所有权相联系的继续管理权，也没有对已售出的商品实施有效控制

    C. 收入的金额能够可靠地计量

    D. 相关的经济利益很可能流入企业，且相关的已发生或将发生的成本能够可靠地计量

2. 甲公司销售商品一批，本期发生的如下事项中，影响当期销售收入金额的有（　　）。

    A. 现金折扣　　　　　　　　　　　B. 商业折扣

    C. 已确认收入的商品发生销售折让　D. 已确认收入的商品发生销售退回

3. 甲股份有限公司（以下简称"甲公司"）为增值税一般纳税人，适用的增值税

税率为 17%。甲公司于 2016 年 12 月 20 日与 D 公司签订产品销售合同。合同约定，甲公司向 D 公司销售丁产品 200 件，总成本为 400 万元，未计提存货跌价准备，售价为 500 万元（不含增值税）。D 公司应在甲公司发出产品后 1 个月内支付款项，D 公司收到丁产品后 3 个月内如发现质量问题有权退货。甲公司于 2016 年 12 月 25 日发出丁产品，并开具增值税专用发票，同日，D 公司收到上述丁产品。根据历史经验，甲公司估计丁产品的退货率为 20%。至 2016 年 12 月 31 日为止，上述已销售的丁产品尚未发生退回。假定不考虑其他因素，则甲公司下列处理中，正确的有（　　）。

    A. 甲公司对 D 公司的销售业务于 2016 年 12 月末应确认的主营业务收入为 500 万元

    B. 甲公司对 D 公司的销售业务于 2016 年 12 月末应确认的主营业务收入为 400 万元

    C. 甲公司对 D 公司的销售业务应确认的增值税税额为 85 万元

    D. 甲公司对 D 公司的销售业务对甲公司 2016 年利润总额的影响金额为 80 万元

4. 远洋公司为增值税一般纳税人，适用的增值税税率为 17%。2016 年 3 月 1 日，远洋公司采用以旧换新的方式销售给 A 公司产品 40 台，单位售价为 5 万元，单位成本为 3 万元，款项已收存银行；同时收回 40 台同类旧商品，每台回收价为 0.5 万元（收回后作为原材料）。相关款项已通过银行转账支付。假定不考虑增值税等因素，则下列关于远洋公司的会计处理中，正确的有（　　）。

    A. 远洋公司应确认收入 200 万元   B. 远洋公司应确认收入 180 万元

    C. 远洋公司应确认原材料 20 万元   D. 远洋公司应结转成本 120 万元

5. 甲公司于 2016 年 11 月 1 日与乙公司签订合同，为乙公司安装一项大型设备，工期大约为 6 个月，合同总收入为 400 万元，预计合同总成本为 250 万元。乙公司于当日支付合同价款 200 万元，余款于安装工作完工后支付。至 2016 年 12 月 31 日，甲公司已发生成本 120 万元（其中，原材料支出 50 万元，安装工人工资 70 万元），甲公司预计还将发生成本 180 万元。假定甲公司采用完工百分比法确定收入。不考虑其他因素，则甲公司根据以上资料所做的下列会计处理中，不正确的有（　　）。

    A. 借：银行存款   200

        贷：主营业务收入   200

    B. 借：劳务成本   120

        贷：原材料   50

           应付职工薪酬   70

    C. 借：主营业务成本   120

        贷：原材料   50

           应付职工薪酬   70

    D. 借：预收账款   192

        贷：主营业务收入   192

6. 某企业接受其他方委托，为其安装一台设备，由于委托方经营发生困难，在资产负债表日该企业提供劳务交易结果不能可靠估计，那么该企业的下列处理中，正确的有（　　）。

  A. 应按照完工百分比法确认收入，并结转相应劳务成本

  B. 已经发生的劳务成本预计能够得到补偿的，应按已经发生的能够得到补偿的劳务成本金额确认提供劳务收入，并结转已经发生的劳务成本

  C. 已经发生的劳务成本预计全部不能得到补偿的，应将已经发生的劳务成本计入当期损益，不确认提供劳务收入

  D. 由于提供劳务交易结果不能够可靠估计，该企业不应确认收入和结转劳务成本

 7. 下列各项中，应按照完工进度确认收入的有（　　）。

  A. 接受其他方委托确认的安装费 B. 广告的制作费

  C. 为特定客户开发软件收费 D. 销售商品提供服务的服务费

 8. 关于让渡资产使用权收入的确认，下列说法中正确的有（　　）。

  A. 企业对外出租资产收取的租金、进行债权投资收取的利息、进行股权投资取得的现金股利，均构成让渡资产使用权收入

  B. 企业对外出租资产收取的租金不构成让渡资产使用权收入

  C. 企业应在资产负债表日，按照他人使用本企业货币资金的时间和实际利率计算确定利息收入金额

  D. 如果合同或协议规定一次性收取使用费，应视同销售该项资产一次性确认收入

 9. 下列有关建造合同收入的确认与计量的表述中，正确的有（　　）。

  A. 合同变更形成的收入应当计入合同收入

  B. 合同索赔、奖励形成的收入应当计入合同收入

  C. 建造合同的收入确认方法与劳务合同的收入确认方法完全相同

  D. 建造合同预计总成本超过合同预计总收入时，应将预计损失立即确认为当期费用

 10. 2014 年 1 月 1 日，甲公司签订了一项总金额为 280 万元的固定造价合同，预计总成本为 240 万元，完工进度按照累计实际发生的合同成本占合同预计总成本的比例确定。工程于 2014 年 2 月 1 日开工，预计于 2016 年 6 月 1 日完工。2014 年甲公司实际发生成本 120 万元，预计还将发生成本 120 万元。2015 年甲公司实际发生成本 90 万元，由于原材料价格上涨，预计工程总成本将上升至 300 万元。不考虑其他因素，下列甲公司对该建造合同相关的会计处理中，正确的有（　　）。

  A. 2014 年确认建造合同收入 140 万元

  B. 2015 年确认建造合同收入 56 万元

  C. 2015 年确认合同毛利-34 万元

  D. 2015 年年末计提存货跌价准备 6 万元

 11. 采用完工百分比法计算工程完工进度时，应计入累计实际发生的合同成本的有（　　）。

  A. 尚未安装的设备 B. 耗用的机械使用费

  C. 施工现场材料的检验试验费 D. 生产单位管理人员的工资

12. 2016 年 1 月 1 日，甲公司与客户签订了一项固定造价建造合同，承建一幢办公楼，预计 2018 年 6 月 30 日完工。合同总金额为 1 800 万元，预计总成本为 1 500 万元。截至 2016 年 12 月 31 日，甲公司实际发生合同成本 2 100 万元，由于物价上涨等原因，预计总成本将上升至 2 400 万元。至 2016 年 12 月 31 日，甲公司已收到合同结算价款 1 000 万元，甲公司完工进度根据实际发生的合同成本占合同预计总成本的比例确定。则下列有关甲公司 2016 年会计处理的表述中正确的有（　　　　）。
    A. 确认当期的合同收入 1 575 万元
    B. 确认当期的合同成本 2 100 万元
    C. 预计合同损失为 575 万元
    D. 甲公司上述业务对资产负债表 "存货" 项目的影响金额为 500 万元

13. 下列各项中，应计入管理费用的有（　　　）。
    A. 企业在筹建期间内发生的开办费
    B. 行政管理部门计提的固定资产折旧费
    C. 按照生产工人工资的 2% 计提工会经费
    D. 生产车间固定资产日常修理费用

14. 下列各项中，会导致企业当期营业利润减少的有（　　　）。
    A. 出售无形资产发生的净损失
    B. 计提行政管理部门的固定资产折旧
    C. 办理银行承兑汇票支付的手续费
    D. 出售交易性金融资产发生的净损失

（三）判断题

1. 企业发生收入往往表现为货币资产的流入，但是并非所有货币资产的流入都是企业的收入。　　　　　　　　　　　　　　　　　　　　　　　　　　　　（　　）

2. 采用托收承付方式销售商品的，如果商品已经发出且办妥托收手续，即使与商品所有权有关的主要风险和报酬没有转移，企业也应当确认销售商品收入。（　　）

3. 以支付手续费方式委托代销商品，受托方收到受托代销的商品，按约定的价格，借记 "受托代销商品款" 科目，贷记 "受托代销商品" 科目。　　　　　　（　　）

4. 安装费，在资产负债表日根据安装的完工进度确认收入。　　　　　　（　　）

5. 对于订货销售，在发出商品时确认收入，预收的货款应确认为负债。（　　）

6. 以以旧换新方式销售商品的，应按销售商品价格与回收的旧商品的价格之间的差额确认销售商品收入。　　　　　　　　　　　　　　　　　　　　　　　　（　　）

7. 企业发生的原已确认收入的销售退回，属于本年度销售的，应直接冲减退回当月的销售收入及销售成本；如果是以前年度销售的，则冲减以前年度的销售收入和销售成本。　　　　　　　　　　　　　　　　　　　　　　　　　　　　　　　（　　）

8. 属于提供设备和其他有形资产的特许权费，在整个受益期内分期确认收入。
　　　　　　　　　　　　　　　　　　　　　　　　　　　　　　　　　　　（　　）

9. 一般纳税人接受应税服务时，按规定允许扣减销售额而减少的销项税额，借记 "应交税费——应交增值税（营改增抵减的销项税额）" 科目，按实际支付或应付的金额与上述增值税税额的差额，借记"主营业务成本"等科目，按实际支付或应付的金额，贷记"银行存款""应付账款"等科目。　　　　　　　　　　　（　　　）

10. 企业行政管理部门为组织和管理生产经营活动所发生的管理费用也是合同成本的组成部分。　　　　　　　　　　　　　　　　　　　　　　　　　（　　　）

11. "工程施工"科目余额小于"工程结算"科目余额，反映施工企业建造合同未完工部分已办理了结算的价款总额，在资产负债表上列作一项流动负债，在资产负债表"预收款项"科目反映。　　　　　　　　　　　　　　　　　　（　　　）

12. 如果建造合同的预计总成本超过合同总收入，则形成合同预计损失，应提取损失准备，计入当期损益，且该减值准备一经计提，不得转回。　　　　　（　　　）

（四）计算分析题

1. 2×15年1月1日，甲建筑公司（以下简称甲公司）与乙公司签订一项建造合同，合同由A、B两项工程组成。该项合同的A、B两项工程密切相关，需同时交付，工期为1年零9个月。合同规定的总金额为5 000万元，甲公司预计工程总成本为4 400万元。2×15年至2×16年甲公司发生的与上述建造合同相关的资料如下：

（1）2×15年1月1日，甲公司将B工程承包给丁公司，合同价款总额为1 000万元。

（2）截至2×15年12月31日，甲公司自行施工的A工程实际发生工程成本为2 200万元（其中，领用原材料1 800万元，支付工程人员工资400万元）。由于材料价格上涨等因素，预计还将发生工程成本2 400万元（不包括分包给丁公司的部分）。甲公司根据丁公司分包的B工程的完工进度支付了B工程进度款600万元。

（3）经商议，2×15年12月31日，乙公司书面决议追加合同价款300万元。甲公司与乙公司根据完工进度进行了结算，结算的合同价款为2 650万元，并且在当日收到乙公司支付的工程价款2 000万元。

（4）2×16年9月30日，该项工程完工并交付乙公司使用。截至2×16年9月30日，累计发生工程成本5 500万元。其中，累计领用原材料3 800万元，累计支付工程人员工资700万元，累计支付丁公司的合同价款为1 000万元。累计工程结算合同价款为5 300万元，累计实际收到工程价款5 000万元。

（5）2×16年10月1日，甲公司收到乙公司支付的剩余工程款。

假定该项建造合同的结果能够可靠估计，甲公司按照累计实际发生的合同成本占合同预计总成本的比例确定其完工进度，不考虑其他因素影响。

要求：

（1）计算甲公司2×15年度应确认的合同收入、合同费用以及合同毛利，并编制相关会计分录；

（2）计算甲公司2×15年度因该项合同应确认的资产减值损失，并编制相关会计分录；

（3）计算甲公司2×16年度应确认的合同收入、合同费用以及合同毛利，并编制相关会计分录。

2. 2×16年11月20日甲公司与某商场签订合同，向该商场销售一部电梯。商品已经发出，开出的增值税专用发票上注明的电梯销售价格为 300 万元，增值税税额为 51 万元，货款已经收到，甲公司该部电梯的成本为 260 万元。同时甲公司与乙公司签订安装协议，安装价款为 10 万元（含增值税），预计安装总成本为 8 万元，电梯安装工程预计于 2×17 年 3 月完工。

至 2×16 年 12 月 31 日电梯安装过程中已发生安装费 3 万元，发生的安装费均为安装人员薪酬，预计还要发生成本 5 万元，款项尚未收到。

至 2×17 年 3 月 5 日电梯安装完成，实际发生的安装总成本为 8 万元，收到甲公司支付的安装费 10 万元。

甲公司按实际发生的成本占预计总成本的比例确认劳务的完工进度。电梯的销售与安装可以单独计量，假定不考虑除增值税以外的其他因素的影响。

要求：编制甲公司上述业务相关的会计分录。

（答案中的金额单位用万元表示）

（五）综合题

1. 甲公司系上市公司，为增值税一般纳税人，适用的增值税税率为 17%。其内部审计人员对 2×16 年度的会计资料进行了复核，有关资料如下：

（1）甲公司与乙公司签订了一项总金额为 4 000 万元的固定造价合同，由甲公司为乙公司建造一栋建筑物，工期为 2 年。合同完工进度按照累计实际发生的合同成本占合同预计总成本的比例确定。工程已于 2×16 年 1 月 10 日开工，预计的工程总成本为 3 400 万元。2×16 年 12 月 31 日，工程发生成本 2 250 万元，由于材料价格上涨等因素，预计至工程完工时还需要发生工程成本 2 250 万元。经与乙公司协商，乙公司同意追加合同价款 100 万元。2×16 年 12 月 31 日，甲公司对该项业务进行了如下会计处理：

①确定工程完工进度为 50%；

②确认合同成本 1 700 万元；

③确认合同收入 2 000 万元。

（2）2×16 年 7 月 1 日甲公司自丙公司购入管理系统软件，合同价款为 5 000 万元，款项分五次支付。其中合同签订之日支付购买价款的 20%，其余款项分四次自次年起每年 7 月 1 日支付 1 000 万元。该项管理系统软件购买价款的现值为 4 546 万元，折现率为 5%。该软件已于当日达到预定用途，预计使用年限为 5 年，预计净残值为零，采用直线法摊销。

甲公司对该项业务进行了如下会计处理：

①2×16 年 7 月 1 日将管理系统软件确认为无形资产，入账价值为 5 000 万元，长期应付款为 4 000 万元；

②管理系统软件自 8 月 1 日起在 5 年内平均摊销，2×16 年累计摊销计入管理费用，金额为 416.67 万元。

（3）2×16 年 11 月，甲公司与丁公司签订了一份 M 产品销售合同，约定在 2×17 年 2 月底以每件 0.3 万元的价格向丁公司销售 200 件 M 产品，违约金为合同总价款的 20%。2×16 年 12 月 31 日，甲公司有库存 M 产品 200 件，成本总额为 80 万元，按目前市场价格计算的市价总额为 75 万元。假定不考虑销售 M 产品过程中发生的销售费用。

甲公司的会计处理如下：

甲公司选择执行合同，确认存货跌价准备 20 万元。

（4）2×16 年 11 月 20 日甲公司销售 N 产品给戊公司，开出的增值税专用发票注明的销售价款为 600 万元，增值税税额为 102 万元，成本为 420 万元。该批商品原来计提存货跌价准备为 20 万元，款项尚未收到。

12 月 15 日，甲公司接到戊公司通知，甲公司销售给戊公司的 N 产品存在质量问题。经协商，甲公司同意在价格上给予 5% 的折让，并开具了红色增值税专用发票。

甲公司对该事项相关的会计处理如下：

①2×16 年 11 月 20 日，因没有收到价款只做发出存货的会计处理，确认增值税销项税额 102 万元。

②2×16 年 12 月 15 日，确认主营业务收入 570 万元，结转主营业务成本 420 万元，冲减资产减值损失 20 万元，冲减增值税销项税额 5.1 万元，确认应收账款 666.9 万元。

（5）2×16 年 12 月 1 日甲公司与戊公司签订了定制合同，为其生产制造一台大型设备，不含税合同收入为 6 000 万元，1 个月后交货。2×16 年 12 月 31 日生产完工并经戊公司验收合格，戊公司支付了 7 020 万元的款项，该大型设备成本为 4 500 万元。由于戊公司的原因，该产品尚存放于甲公司。

甲公司对该事项相关的会计处理如下：

甲公司未确认收入，未结转已售商品成本。

要求：根据上述资料，假定不考虑其他因素的影响，逐项分析，判断事项（1）至（5）中甲公司的会计处理是否正确；如不正确，请说明理由并简述正确的会计处理。

（答案中的金额单位用万元表示）

2. 长江公司为增值税一般纳税人，适用的增值税税率为 17%。销售价格除特殊标明外，均不含增值税。长江公司 2×16 年 12 月份发生的相关业务如下：

（1）12 月 1 日，向甲公司销售 A 商品一批，以托收承付结算方式进行结算。该批商品的成本为 4 000 000 元，增值税专用发票上注明的售价为 5 000 000 元。新华公司于当日发出商品并已办妥托收手续后，得知甲公司资金周转发生严重困难，很可能难以支付货款，相关纳税义务已经发生。

（2）12 月 10 日，销售一批 B 商品给乙公司，增值税专用发票上注明的售价为 50 000 元，实际成本为 40 000 元，未计提存货跌价准备。长江公司已确认收入，货款尚未收到。货到后，乙公司发现商品质量不合格，要求在价格上给予 10% 的折让，12 月 12 日长江公司同意并办理了有关手续并开具红字增值税专用发票。

（3）12 月 11 日，与丙公司签订代销协议，丙公司委托长江公司销售其商品 1 000 件。协议规定：长江公司应按每件 5 000 元的价格对外销售，丙公司按售价的 10% 支付长江公司手续费。长江公司当日收到商品。

（4）12 月 15 日接受一项电梯安装任务，安装期为 2 个月，合同总价款为 600 000 元。至年末已预收款项 400 000 元，实际发生成本 250 000 元，均为人工费用。预计还会发生成本 150 000 元。按实际发生的成本占估计总成本的比例确定劳务的完成进度。

（5）2×16 年 6 月 28 日，长江公司与丁公司签订协议，向丁公司销售商品一批，增值税专用发票上注明售价 40 000 元。协议规定，长江公司应在 6 个月后将商品购回，回购价为 46 000 元。2×16 年 12 月 28 日长江公司购回上述销售商品，价款已支付，商品并未发出。已知该商品的实际成本为 45 000 元。不考虑除增值税以外的其他税费。

要求：根据上述业务编制相关会计分录。

五、参考答案及解析

（一）单项选择题

1.【答案】C

【解析】出售长期股权投资取得的净收益，应该确认为投资收益，不满足收入的定义，选项 A 不正确；收到保险公司的赔偿金额与出售无形资产产生的净收益不属于企业的日常活动，不应确认为收入，选项 B 和 D 不正确。

2.【答案】C

【解析】现金折扣在实际发生时计入财务费用，不影响企业销售收入的金额。销售商品确认收入后发生的销售折让应冲减当期销售商品收入，所以该企业此项销售业务当期应确认收入的金额 $= 200 \times 350 \times (1-5\%) \times (1-3\%) = 64\,505$（元）。

3.【答案】B

【解析】企业预计的包退部分的 A 产品在退货期满之前不能确认为收入，在退货期满之后针对未发生退货部分确认收入。甲公司 2016 年 2 月份应确认 A 产品的销售收入 $= 80 \times 5\,000 \times (1-4\%)$（当月销售部分确认收入）$+ 100 \times 5\,000 \times 1\%$（上月末发生退货部分）$= 389\,000$（元）。

4.【答案】B

【解析】以支付手续费方式委托代销商品时，委托方在发出商品时通常不应确认销售商品收入，在收到受托方开出的代销清单时确认销售商品收入。受托方应在商品销售后，按合同或协议约定的方法计算确定的手续费确认收入。则甲公司 2016 年 6 月份应确认的销售收入金额 $= 100 \times 100 = 10\,000$（元），同时确认销售费用金额 $= 100 \times 100 \times 10\% = 1\,000$（元）。

5.【答案】B

【解析】采用预收款方式销售商品，销售方直到收到最后一笔款项后才将商品交付给购货方，表明商品所有权上的主要风险和报酬只有在收到最后一笔款项时才转移给购货方。所以企业通常应在发出商品时确认收入，在此之前预收的货款应确认为负债，选项 B 正确。

6.【答案】A

【解析】以固定价格回购的售后回购交易属于融资交易，企业不应确认为收入。回购价格大于原售价的差额，企业应在回购期间按期计提利息，计入财务费用。甲公司该项售后回购业务影响 2016 年度利润总额的金额 $= 200 - 220 = -20$（万元）。

7.【答案】B

【解析】企业提供劳务交易结果不能可靠估计的，已经发生的劳务成本预计能够得到补偿（或部分能够得到补偿）的，应按已经发生的能够得到补偿（或部分能够得到补偿）的劳务成本金额确认提供劳务收入，并结转已经发生的劳务成本；已经发生的劳务成本预计全部不能得到补偿的，应将已经发生的劳务成本计入当期损益，不确认提供劳务收入。

8.【答案】D

【解析】此项交易属于售后租回交易形成的经营租赁，其售价低于公允价值并且售价大于账面价值，应将售价和账面价值的差额计入当期损益。所以上述业务使甲公司2015年度利润总额增加的金额=450-（1 000-500-250）=200（万元）。

9.【答案】C

【解析】建造合同结果不能可靠估计，且由于客户发生财务困难预计已发生的建造合同成本很可能无法收回的，应在发生时立即确认为合同费用，不确认合同收入。

10.【答案】D

【解析】工业企业出售原材料取得的收入通过"其他业务收入"科目核算。

（二）多项选择题

1.【答案】ABCD

【解析】销售商品收入同时满足下列条件的，才能予以确认：①企业已将商品所有权上的主要风险和报酬转移给购货方；②企业既没有保留通常与所有权相联系的继续管理权，也没有对已售出的商品实施有效控制；③收入的金额能够可靠地计量；④相关的经济利益很可能流入企业；⑤相关的已发生或将发生的成本能够可靠地计量。

2.【答案】BCD

【解析】选项A，企业销售商品涉及现金折扣的，应当按照扣除现金折扣前的金额确定销售商品收入金额，现金折扣在实际发生时计入当期损益（财务费用）；选项B，企业销售商品涉及商业折扣的，应当按照扣除商业折扣后的金额确定销售商品收入金额；选项C和D，对于已确认收入的商品发生销售折让和销售退回，通常应于发生时冲减当期的销售收入。

3.【答案】BCD

【解析】2016年甲公司对D公司的销售业务账务处理如下：

12月25日，确认收入、结转成本：

借：应收账款　　　　　　　　　　　　　　　　　585
　　贷：主营业务收入　　　　　　　　　　　　　　　　500
　　　　应交税费——应交增值税（销项税额）　　　　　85
借：主营业务成本　　　　　　　　　　　　　　　400
　　贷：库存商品　　　　　　　　　　　　　　　　　400

12月31日，确认估计的销售退回：

借：主营业务收入　　　　　　　　　　　　　　　100
　　贷：主营业务成本　　　　　　　　　　　　　　　　80
　　　　预计负债　　　　　　　　　　　　　　　　　　20

所以该项业务对甲公司2016年利润总额的影响金额=（500-100）-（400-80）=80（万元）。

4.【答案】ACD

【解析】以旧换新的方式进行销售，销售的商品应当按照销售商品收入确认条件确认收入，回收的商品作为购进商品处理。因此，远洋公司应确认销售收入金额＝40×5＝200（万元），应结转的成本金额＝40×3＝120（万元），应确认的原材料金额＝40×0.5＝20（万元）。

5.【答案】ACD

【解析】2016年年末该项安装业务的完工百分比＝120÷（120+180）×100%＝40%，2016年甲公司因该项安装业务应确认的收入的金额＝400×40%＝160（万元），应结转的成本的金额为120万元。

相关会计处理如下：

2016年11月1日：

借：银行存款 200

　　贷：预收账款 200

2016年11月1日至2016年12月31日之间：

借：劳务成本 120

　　贷：原材料 50

　　　　应付职工薪酬 70

2016年12月31日：

借：预收账款 160

　　贷：主营业务收入 160

借：主营业务成本 120

　　贷：劳务成本 120

6.【答案】BC

【解析】企业在资产负债表日提供劳务交易结果不能够可靠估计的，企业不能采用完工百分比法确认提供劳务收入。此时，企业应正确预计已经发生的劳务成本能够得到补偿还是不能得到补偿，并分别进行会计处理：

（1）已经发生的劳务成本预计能够得到补偿的，应按已经发生的能够得到补偿的劳务成本金额确认提供劳务收入，并结转已经发生的劳务成本；

（2）已经发生的劳务成本预计全部不能得到补偿的，应将已经发生的劳务成本计入当期损益，不确认提供劳务收入。

7.【答案】ABC

【解析】选项A，安装费，在资产负债表日根据安装的完工进度确认收入；选项B，广告的制作费，在资产负债表日根据广告的完工进度确认收入；选项C，为特定客户开发软件的收费，在资产负债表日根据开发的完工进度确认收入；选项D，包括在商品售价内可区分的服务费，在提供服务的期间内分期确认收入。

8.【答案】AC

【解析】企业对外出租资产收取的租金、进行债权投资收取的利息、进行股权投资取得的现金股利，均构成让渡资产使用权收入，选项B错误；如果合同或协议规定一次性收取使用费，且不提供后续服务的，应当视同销售该项资产一次性确认收入，选项 D 错误。

9.【答案】ABD

【解析】建造合同的收入确认方法与劳务合同的收入确认方法不是"完全相同"的。例如建造合同要求预计损失计入资产减值损失，但劳务合同的收入确认原则没有该项要求，选项 C 不正确。

10.【答案】ABCD

【解析】甲公司该项建造合同，2014 年年末完工进度 =120÷（120+120）×100%=50%，2014 年确认建造合同收入金额 =280×50%=140（万元），选项 A 正确；2015 年年末完工进度 =（90+120）÷300×100%=70%，2015 年确认建造合同收入金额 =280×70%−140=56（万元），选项 B 正确；2015 年确认建造合同成本金额 =300×70%−120=90（万元），2015 年确认合同毛利金额 =56−90=−34（万元），选项 C 正确；2015 年年末计提存货跌价准备金额 =（300−280）×（1−70%）=6（万元），选项 D 正确。

11.【答案】BCD

【解析】选项 A，与合同未来活动相关的合同成本，包括施工中尚未安装、使用或耗用的材料费用，没有形成工程实体，不应将这部分成本计入累计实际发生的合同成本中来确定完工进度。

12.【答案】ABD

【解析】2016 年 12 月 31 日，该合同的完工进度 =2 100÷2 400×100%=87.5%，应确认的合同收入金额 =1 800×87.5%=1 575（万元），选项 A 正确；应确认的合同成本金额 =2 400×87.5%=2 100（万元），选项 B 正确；合同毛利金额 =（1 575−2 100）=−525（万元），应确认预计合同损失 =（2 400−1 800）×（1−87.5%）=75（万元），选项 C 不正确；"工程施工"科目余额 = 合同成本 + 合同毛利 =2 100−525=1 575（万元），"工程结算"科目余额 =1 000 万元，"工程施工"科目余额大于"工程结算"科目余额，其差额在资产负债表"存货"项目反映，故甲公司上述业务对资产负债表"存货"项目的影响金额 =1 575−1 000−75=500（万元），选项 D 正确。

13.【答案】ABD

【解析】选项 C，按照生产工人工资的 2% 计提的工会经费应计入生产成本。

14.【答案】BCD

【解析】选项 A，出售无形资产发生的净损失计入营业外支出，不影响企业当期营业利润的金额。

（三）判断题

1.【答案】对

2.【答案】错

【解析】采用托收承付方式销售商品的，如果商品已经发出且办妥托收手续，但由于各种原因与发出商品所有权有关的风险和报酬没有转移的，企业不应确认收入。

3.【答案】错

【解析】以支付手续费方式委托代销商品，受托方收到受托代销的商品，按约定的价格，借记"受托代销商品"科目，贷记"受托代销商品款"科目。

4.【答案】错

【解析】安装费在资产负债表日根据安装的完工进度确认收入，但安装工作是商品销售附带条件的，安装费在确认商品销售实现时确认收入。

5.【答案】对

6.【答案】错

【解析】在以旧换新销售方式下，销售的商品应当按照销售商品收入确认条件确认收入，回收的商品作为购进商品处理。

7.【答案】错

【解析】企业发生的原已确认收入的销售退回，属于本年度销售的，应直接冲减退回当月的销售收入及销售成本；如果是以前年度销售的，在资产负债表日后至财务会计报告批准报出日之间发生退回的，应作为资产负债表日后事项的调整事项处理。

8.【答案】错

【解析】属于提供设备和其他有形资产的特许权费，通常在交付资产或转移资产所有权时确认收入。

9.【答案】对

10.【答案】错

【解析】合同成本不包括应当计入当期损益的管理费用、销售费用和财务费用等期间费用。

11.【答案】对

【解析】在财务报表列示中，"工程结算"科目在资产负债表中应作为"工程施工"科目的抵减科目。如果"工程施工"科目余额大于"工程结算"科目余额，则反映施工企业建造合同已完成部分尚未办理结算的价款总额，在资产负债表中列作一项流动资产，通过在资产负债表的"存货"科目列示；反之，如果"工程施工"科目余额小于"工程结算"科目余额，则反映施工企业建造合同未完成部分已办理了结算的价款总额，在资产负债表上列作一项流动负债，通过在资产负债表的"预收款项"科目列示。

12.【答案】对

【解析】预计损失不能转回，只能在完工时，将该损失准备转销冲减合同费用。

（四）计算分析题

1.（1）2×15年12月31日甲公司该项工程的完工进度=（600+2 200）÷（1 000+2 200+2 400）×100%=50%，应确认的合同收入金额=（5 000+300）×50%=2 650（万元），应确认的合同费用金额=（1 000+2 200+2 400）×50%=2 800（万元），应确认的合同毛利金额=2 650-2 800=-150（万元）。

借：工程施工——合同成本　　　　　　　　　　　　　　　　　2 800

　　贷：原材料　　　　　　　　　　　　　　　　　　　　　　　　1 800

　　　　应付职工薪酬　　　　　　　　　　　　　　　　　　　　　　400

　　　　银行存款　　　　　　　　　　　　　　　　　　　　　　　　600

借：应收账款　　　　　　　　　　　　　　　　　　　　　　　2 650

　　贷：工程结算　　　　　　　　　　　　　　　　　　　　　　　2 650

借：主营业务成本 2 800

　　贷：主营业务收入 2 650

　　　　工程施工——合同毛利 150

借：银行存款 2 000

　　贷：应收账款 2 000

（2）甲公司2×15年度因该项建造合同应确认的资产减值损失金额=（1 000+2 200+2 400-5 000-300）×（1-50%）=150（万元）。

借：资产减值损失 150

　　贷：存货跌价准备 150

（3）2×16年9月30日甲公司工程完工，2×16年该项工程确认的合同收入金额=（5 000+300）-2 650=2 650（万元），应确认的合同费用金额=5 500-2 800=2 700（万元），应确认的合同毛利金额=2 650-2 700=-50（万元）。

借：工程施工——合同成本 2 700

　　贷：原材料 2 000（3 800-1 800）

　　　　应付职工薪酬 300（700-400）

　　　　银行存款 400（1 000-600）

借：应收账款 2 650（5 300-2 650）

　　贷：工程结算 2 650

借：主营业务成本 2 700

　　贷：主营业务收入 2 650

　　　　工程施工——合同毛利 50

借：存货跌价准备 150

　　贷：主营业务成本 150

借：银行存款 3 000（5 000-2 000）

　　贷：应收账款 3 000

2×16年10月1日：

借：银行存款 300

　　贷：应收账款 300

借：工程结算 5 300

　　　工程施工——合同毛利 200

　　贷：工程施工——合同成本 5 500

2. 甲公司的账务处理如下：

（1）2×16年11月20日电梯销售实现时：

借：银行存款 351

　　贷：主营业务收入 300

　　　　应交税费——应交增值税（销项税额） 51

借：主营业务成本 260

　　贷：库存商品 260

（2）2×16 年实际发生安装费用时：

借：劳务成本　　　　　　　　　　　　　　　　　　　　　3

　　贷：应付职工薪酬　　　　　　　　　　　　　　　　　　　　3

（3）确认 2×16 年安装费收入并结转成本时：

安装电梯的完工进度 ＝3÷（3+5）×100%＝37.5%

2×16 年应确认的安装劳务收入的金额 ＝10×37.5%−0＝3.75（万元）

2×16 年应确认的安装劳务成本 ＝8×37.5%−0＝3（万元）

借：应收账款　　　　　　　　　　　　　　　　　　　　　3.75

　　贷：主营业务收入　　　　　　　　　　　　　　　　　　　　3.75

借：主营业务成本　　　　　　　　　　　　　　　　　　　　3

　　贷：劳务成本　　　　　　　　　　　　　　　　　　　　　　3

（4）2×17 年至工程完工实际发生的劳务成本：

借：劳务成本　　　　　　　　　　　　　　　　　　　　　5

　　贷：应付职工薪酬　　　　　　　　　　　　　　　　　　　　5

（5）2×17 年至工程完工确认安装费收入并结转成本时：

2×17 年应确认安装劳务收入的金额 ＝10−3.75＝6.25（万元）

2×17 年应确认安装劳务成本 ＝3+5−3＝5（万元）

借：银行存款　　　　　　　　　　　　　　　　　　　　　10

　　贷：应收账款　　　　　　　　　　　　　　　　　　　　　　3.75

　　　　主营业务收入　　　　　　　　　　　　　　　　　　　　6.25

借：主营业务成本　　　　　　　　　　　　　　　　　　　　5

　　贷：劳务成本　　　　　　　　　　　　　　　　　　　　　　5

（五）综合题

1．（1）针对资料（1），②、③处理不正确。

理由：合同成本应根据重新预计的成本来进行计算，合同收入包含订立合同时的收入以及追加的合同价款，并且因合同总收入小于合同总成本，需要计算确认合同预计损失。

正确的会计处理：

①确认合同成本为 2 250 万元；

②确认合同收入 ＝（4 000+100）×50%＝2 050（万元）；

③确认资产减值损失、存货跌价准备的金额 ＝（2 250+2 250−4 100）×（1−50%）＝200（万元）。

（2）针对资料（2），①、②会计处理不正确。

理由：分期付款购买无形资产具有融资性质的，应该按照购买价款的现值入账，现值与长期应付款入账价值之间的差额确认为未确认融资费用，并且将未确认融资费用在 5 年内摊销；无形资产当月增加，当月进行摊销。

正确的会计处理：

①2×16 年 7 月 1 日，确认无形资产 4 546 万元，未确认融资费用 454 万元，长期应

付款 4 000 万元；

②管理系统软件自 7 月 1 日起在 5 年内平均摊销，2×16 年累计摊销计入管理费用，金额为 454.6 万元（4 546÷5×6÷12）；

③2×16 年 12 月 31 日摊销未确认融资费用的金额＝（4 000−454）×5%÷2＝88.65（万元）。

（3）资料（3）会计处理不正确。

理由：应选择执行合同发生的损失与不执行合同发生的损失之间的较低者。

正确的会计处理如下：

执行合同，发生损失的金额＝80−200×0.3＝20（万元）；

不执行合同，发生损失的金额＝200×0.3×20%＋（80−75）＝17（万元）；

甲公司应选择不执行合同，即支付违约金方案，分别确认营业外支出、预计负债 12 万元以及资产减值损失、存货跌价准备 5 万元。

会计分录如下：

借：资产减值损失　　　　　　　　　　　　　　5（80−75）

　　贷：存货跌价准备　　　　　　　　　　　　　　　　5

借：营业外支出　　　　　　　　　　　　　　　　　　12

　　贷：预计负债　　　　　　　　　　　　　　　　　　　12

（4）针对资料（4），①、②的会计处理除增值税处理外，其他处理都不正确。

理由：企业在商品的风险和报酬转移时应确认收入和结转成本。销售商品存在存货跌价准备的，冲减主营业务成本；发生销售折让的，冲减已经确认的主营业务收入。

正确的会计处理如下：

①2×16 年 11 月 20 日，确认主营业务收入 600 万元，结转主营业务成本 400 万元，结转库存商品 420 万元，结转存货跌价准备 20 万元，确认增值税销项税额 102 万元、应收账款 702 万元。

②2×16 年 12 月 15 日，冲减主营业务收入 30 万元、增值税销项税额 5.1 万元、应收账款 35.1 万元。

（5）资料（5），会计处理不正确。

理由：甲公司销售大型设备的风险和报酬已经转移，应确认收入。

正确的会计处理如下：

应确认主营业务收入 6 000 万元、主营业务成本 4 500 万元。

2.（1）12 月 1 日：

借：发出商品　　　　　　　　　　　　　　4 000 000

　　贷：库存商品　　　　　　　　　　　　　　　4 000 000

借：应收账款——甲公司　　　　　　　　　　850 000

　　贷：应交税费——应交增值税（销项税额）　　850 000

（2）12 月 10 日：

借：应收账款——乙公司　　　　　　　　　　58 500

　　贷：主营业务收入　　　　　　　　　　　　　50 000

　　　　应交税费——应交增值税（销项税额）　　8 500

借：主营业务成本   40 000

 贷：库存商品   40 000

12 月 12 日：

借：主营业务收入   5 000

  应交税费——应交增值税（销项税额）   850

 贷：应收账款——乙公司   5 850

（3）12 月 11 日：

借：受托代销商品   5 000 000

 贷：受托代销商品款   5 000 000

（4）12 月 15 日：

借：银行存款   400 000

 贷：预收账款   400 000

借：劳务成本   250 000

 贷：应付职工薪酬   250 000

2×16 年完工进度 $= 250\,000 \div (250\,000 + 150\,000) \times 100\% = 62.5\%$

2×16 年应确认收入 $= 600\,000 \times 62.5\% = 375\,000$（元）

2×16 年应确认成本 $= (250\,000 + 150\,000) \times 62.5\% = 250\,000$（元）

借：预收账款   375 000

 贷：主营业务收入   375 000

借：主营业务成本   250 000

 贷：劳务成本   250 000

（5）售后回购不应确认收入，但按照税法规定要计算缴纳增值税：

借：银行存款   46 800

 贷：其他应付款   40 000

   应交税费——应交增值税（销项税额） 6 800

在售后回购期间每月计提财务费用，即 7 月 28 日、8 月 28 日、9 月 28 日、10 月 28 日、11 月 28 日：

借：财务费用   1 000 [（46 000−40 000）÷6]

 贷：其他应付款   1 000

2×16 年 12 月 28 日购回时：

借：财务费用   1 000 [（46 000−40 000）÷6]

 贷：其他应付款   1 000

借：其他应付款   46 000

  应交税费——应交增值税（进项税额）   7 820

 贷：银行存款   53 820

第十二章 所得税

一、要点总览

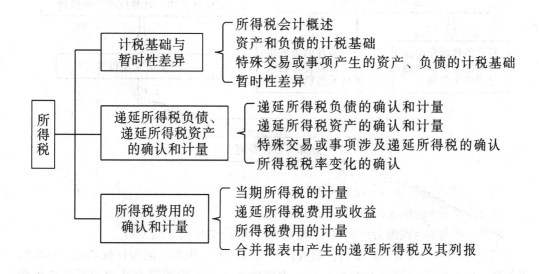

```
                    ┌ 所得税会计概述
        计税基础与   │ 资产和负债的计税基础
        暂时性差异   ┤ 特殊交易或事项产生的资产、负债的计税基础
                    └ 暂时性差异

        递延所得税负债、┌ 递延所得税负债的确认和计量
所得税   递延所得税资产 ┤ 递延所得税资产的确认和计量
        的确认和计量  │ 特殊交易或事项涉及递延所得税的确认
                    └ 所得税税率变化的确认

                    ┌ 当期所得税的计量
        所得税费用的  │ 递延所得税费用或收益
        确认和计量   ┤ 所得税费用的计量
                    └ 合并报表中产生的递延所得税及其列报
```

二、重点难点

（一）重点

　　资产账面价值与计税基础的判定

　　负债账面价值与计税基础的判定

　　应纳税暂时性差异的判定

　　可抵扣暂时性差异的判定

　　应纳税所得额的确认和应交所得税的计算

（二）难点

　　递延所得税资产的确认

　　递延所得税负债的确认

　　各期所得税费用的确认

三、关键内容小结

（一）*所得税费用的核算流程*

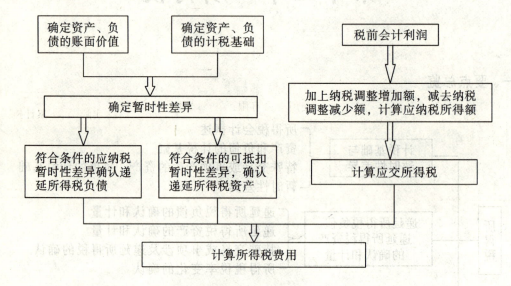

（1）计算应交税费——应交所得税：

应交所得税＝应纳税所得额×所得税税率

应纳税所得额＝税前会计利润＋纳税调整增加额－纳税调整减少额

（2）确认资产或负债的账面价值及计税基础，比较账面价值和计税基础，判断可抵扣暂时性差异或应纳税暂时性差异，进而确认递延所得税资产或递延所得税负债（关键步骤）：

①确定产生暂时性差异的项目，比如固定资产、无形资产等；

②确定资产或负债的账面价值及计税基础；

③计算应纳税暂时性差异、可抵扣暂时性差异的期末余额。

（3）做会计分录，倒挤所得税费用。

（二）*资产、负债的计税基础*

1. 资产计税基础＝未来期间按照税法规定可以税前扣除的金额

或：资产计税基础＝取得成本 － 以前期间按照税法规定已经税前扣除的金额

（1）固定资产账面价值与计税基础的具体计算：

资产项目	账面价值	计税基础
固定资产 （各种方式取得）	初始确认时账面价值一般等于计税基础	
	实际成本－累计折旧（会计）－减值准备	实际成本－累计折旧（税法）

（2）无形资产账面价值与计税基础的计算：

资产项目		账面价值	计税基础
无形资产（内部研究开发形成并符合"三新"标准的）	初始确认	开发阶段符合条件的资本化支出	形成无形资产支出×150%（税法）
	后续计量	（1）使用寿命有限：实际成本-累计摊销（会计）-减值准备 （2）使用寿命不确定：实际成本-减值准备	形成无形资产支出×150%-累计摊销（税法）
无形资产（除内部研究开发形成并符合"三新"标准之外的）	初始确认时账面价值一般等于计税基础		
	后续计量	（1）使用寿命有限：实际成本-累计摊销（会计）-减值准备 （2）使用寿命不确定：实际成本-减值准备	实际成本-累计摊销（税法）

（3）交易性金融资产、可供出售金融资产账面价值与计税基础的计算

资产项目	账面价值	计税基础
交易性金融资产 可供出售金融资产	期末公允价值	初始取得成本

（4）投资性房地产账面价值与计税基础的计算

资产项目		账面价值	计税基础
投资性房地产	成本模式	与固定资产和无形资产类似	
	公允价值模式	初始确认时账面价值一般等于计税基础	
		期末公允价值	取得时的历史成本-累计折旧（累计摊销）（税收）

（5）长期股权投资账面价值与计税基础的计算
①一般情况：

资产项目		账面价值	计税基础
长期股权投资（成本法）		取得成本（实际成本）	
		取得成本（实际成本）-资产减值	
长期股权投资（权益法）	初始确认	取得成本（初始投资成本≥应享有被投资单位可辨认净资产公允价值份额时） 公允价值（初始投资成本<应享有被投资单位可辨认净资产公允价值份额时）	取得成本（实际成本）
	后续计量	初始调整金额+/-损益调整+/-其他综合收益+/-其他权益变动	

②权益法核算的长期股权投资账面价值与计税基础差异不同核算：

```
        ┌─────────────────────────────┐
        │ 采用权益法核算的长期股权投资账面价值 │
        │      与计税基础之间的差异       │
        └─────────────────────────────┘
              ↓                  ↓
  ┌─────────────────────┐  ┌─────────────────────┐
  │ 在准备长期持有的情况下，│  │ 在不准备长期持有的情况下，│
  │ 不确认相关的所得税影响 │  │ 确认相关的所得税影响  │
  └─────────────────────┘  └─────────────────────┘
```

③长期股权投资纳税调整与递延所得税核算：

项　目	纳税调整	递延所得税
被投资单位宣告现金股利（成本法）	调整减少	不确认
对初始投资成本的调整，产生营业外收入（权益法）	调整减少	不确认
确认投资收益（确认投资损失）（权益法）	调整减少（调整增加）	不确认
被投资单位宣告现金股利（权益法）	不调整	不确认
其他综合收益、资本公积等变动（权益法）	不调整	不确认

2. 负债的计税基础及确认

（1）负债的计税基础

负债的计税基础＝账面价值－未来期间税法允许税前扣除的金额

（2）负债账面价值与计税基础的计算

负债项目	账面价值	计税基础
预计负债	根据或有事项准则确定	0（相关支出实际发生时允许税前扣除） 等于账面价值（相关支出实际发生时不允许税前扣除）
预收账款	根据收入准则确定	0（税法规定的收入确认时点与会计规定不同） 等于账面价值（税法规定的收入确认时点与会计规定相同）
其他负债	根据有关规定处理	等于账面价值（违法罚款、税收滞纳金等费用不允许税前扣除）

（3）应付职工薪酬纳税调整与递延所得税核算

项目	纳税调整	递延所得税
合理的工资允许扣除，如果超过部分	在发生当期不得税前扣除，以后期间也不得税前扣除：纳税调增	不确认
超过14%部分的福利费 超过2%部分的工会经费	在发生当期不允许税前扣除，以后期间也不得税前扣除：纳税调增	不确认
超过2.5%部分的职工教育经费	在发生当期不允许税前扣除，以后期间则可税前扣除：纳税调增	确认递延所得税资产

（续表）

项目	纳税调整	递延所得税
辞退福利	假定税法规定，与该项辞退福利有关的补偿款于实际支付时可税前抵扣	确认递延所得税资产

（4）特殊项目的账面价值与计税基础的计算

特殊项目	账面价值	计税基础
广告费、业务宣传费的支出	计入当期损益，账面价值＝0	不超过当年销售收入15%的部分准予扣除超过部分准予在以后纳税年度结转扣除计税基础>0
按税法规定可以结转以后年度的未弥补亏损及税款抵减	根据税法规定，企业将来可以少缴税，因此，虽然无税会形成差异，但是，视同可抵扣暂时性差异	

（三）暂时性差异

1. 应纳税暂时性差异与可抵扣暂时性差异的概念

内容	含　义	
（1）暂时性差异	指资产或负债的账面价值与其计税基础之间的差额；未作为资产和负债确认的项目，按照税法规定可以确定其计税基础的，该计税基础与其账面价值之间的差额也属于暂时性差异 按照暂时性差异对未来期间应税金额的影响，分为应纳税暂时性差异和可抵扣暂时性差异	
（2）应纳税暂时性差异	概念	是指在确定未来收回资产或清偿负债期间的应纳税所得额时，将导致产生应税金额的暂时性差异。该差异在未来期间转回时，会增加转回期间的应纳税所得额和应交所得税 应纳税暂时性差异产生当期，应确认相关的递延所得税负债
	产生原因	（1）资产账面价值＞其计税基础 （2）负债账面价值＜小于其计税基础
（3）可抵扣暂时性差异	概念	是指在确定未来收回资产或清偿负债期间的应纳税所得额时，将导致产生可抵扣金额的暂时性差异。该差异在未来期间转回时会减少转回期间的应纳税所得额和应交所得税 可抵扣暂时性差异产生当期，符合确认条件时应确认相关的递延所得税资产
	产生原因	（1）资产账面价值＜其计税基础 （2）负债账面价值＞其计税基础
（4）特殊项目产生的暂时性差异 ①未作为资产、负债确认的项目产生的暂时性差异 ②可抵扣亏损及税款抵减产生的暂时性差异		

2. 应纳税暂时性差异与可抵扣暂时性差异形成

（1）形成原因

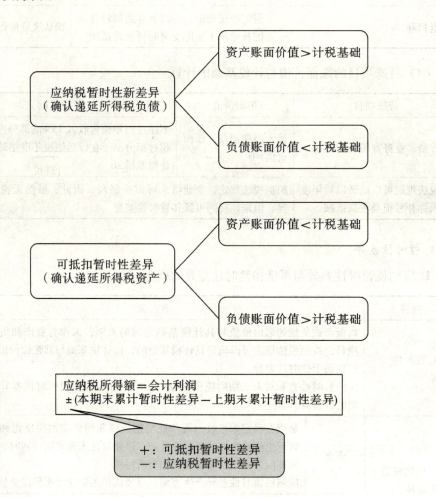

（2）计算法

①资产的会计基础-资产的计税基础=未来的应纳税所得额

当未来的应纳税所得额大于 0 时，确认递延所得税负债；

当未来的应纳税所得额小于 0 时，确认递延所得税资产。

②负债的会计基础-负债的计税基础=该项负债在未来期间可以税前扣除的金额

大于 0 时，确认递延所得税资产；

小于 0 时，确认递延所得税负债。

（四）递延所得税资产和递延所得税负债的确认

1. 递延所得税负债的确认

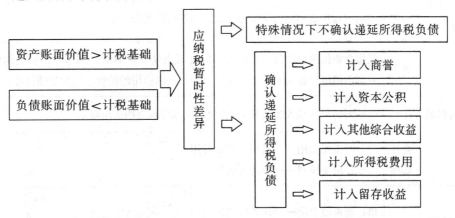

2. 递延所得税资产的确认

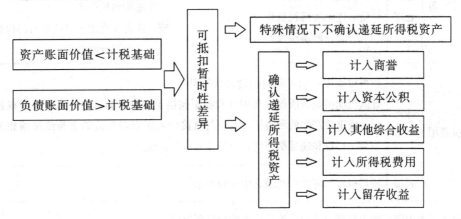

3. 具体核算流程

（1）确定产生暂时性差异的项目，比如固定资产、无形资产等；

（2）确定资产或负债的账面价值及计税基础；

（3）计算应纳税暂时性差异、可抵扣暂时性差异的期末余额；

（4）计算"递延所得税负债""递延所得税资产"科目的期末余额。

①"递延所得税负债"科目的期末余额＝应纳税暂时性差异的期末余额×未来转回时的税率

②"递延所得税资产"科目的期末余额＝可抵扣暂时性差异的期末余额×未来转回时的税率

（5）计算"递延所得税资产"或"递延所得税负债"科目的发生额

①"递延所得税负债"科目发生额＝本期末余额－上期末余额

②"递延所得税资产"科目发生额＝本期末余额－上期末余额

（6）计算所得税费用：

所得税费用（或收益）＝当期所得税费用（当期应交所得税）＋递延所得税费用（－递延所得税收益）

（五）所得税费用的确认与计量

所得税费用的构成	利润表中的所得税费用由两个部分组成：当期所得税和递延所得税		
当期所得税	概念	是指企业按照税法规定计算确定的针对当期发生的交易和事项，应缴纳给税务部门的所得税金额，即应交所得税，应以适用的税收法规为基础计算确定	
	计算	当期所得税（应交所得税）=应纳税所得额×当期适用税率	
	会计处理	借：所得税费用——当期所得税费用 　　贷：应交税费——应交所得税	
递延所得税（会计角度）	会计处理	借：所得税费用——递延所得税费用 　　　其他综合收益等 　　贷：递延所得税负债 　　　　递延所得税资产	或： 借：递延所得税负债 　　　递延所得税资产 　　贷：所得税费用——递延所得税费用 　　　其他综合收益等
所得税费用	计算	所得税费用=当期所得税+递延所得税 计入当期损益的所得税费用或收益不包括企业合并和直接计入所有者权益的交易或事项产生的所得税影响。与直接计入所有者权益的交易或事项相关的当期所得税和递延所得税，应当计入所有者权益	
	列报	所得税费用应当在利润表中单独列示	
合并财务报表中因抵销未实现内部交易损益产生的递延所得税			

　　商誉=非同一控制下企业合并的合并成本-享有的被购买方可辨认净资产公允价值份额

（六）当期递延所得税负债、资产的发生额计算

　　1.当期递延所得税负债的发生额计算

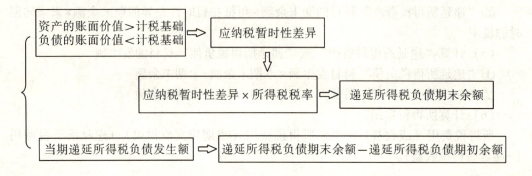

2. 当期递延所得税资产的发生额计算

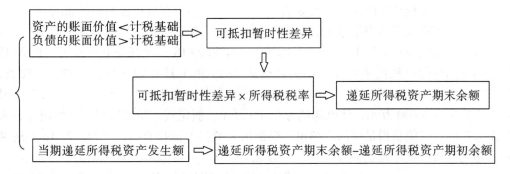

（七）资产负债表债务法的核算原理

项目		计算方法
税前会计利润		来自会计口径利润
永久性差异	+	会计认可而税务上不认可的支出
		税务认可而会计上不认定的收入
	−	会计认可而税务上不认可的收入
		税务认可而会计上不认定的支出
暂时性差异	+	新增可抵扣暂时性差异
		转回应纳税暂时性差异
	−	转回可抵扣暂时性差异
		新增应纳税暂时性差异
应税所得		推算认定
应交税费		应税所得×税率
递延所得税资产	借记	新增可抵扣暂时性差异×税率
	贷记	转回可抵扣暂时性差异×税率
递延所得税负债	贷记	新增应纳税暂时性差异×税率
	借记	转回应纳税暂时性差异×税率
本期所得税费用		倒挤认定

四、练习题

（一）单项选择题

1. A 公司 2×17 年 12 月 31 日一台固定资产的账面价值为 100 万元，重估的公允价值为 200 万元，会计和税法都规定按直线法计提折旧，剩余使用年限为 5 年，净残值为 0。假定会计按重估的公允价值计提折旧，税法按账面价值计提折旧。则 2×20 年 12 月 31 日应纳税暂时性差异余额为（　　）万元。

    A. 80   B. 160   C. 60   D. 40

2. 下列各项负债中，其计税基础为零的是（ ）。

A. 因欠税产生的应交税款滞纳金　　B. 因购入存货形成的应付账款

C. 因确认保修费用形成的预计负债　　D. 为职工计提的应付养老保险金

3. 甲公司于 2×17 年 1 月 1 日开业，2×17 年和 2×18 年免征企业所得税，从 2×19 年开始适用的所得税税率为 25%。甲公司从 2×17 年 1 月开始计提折旧的一台设备，2×17 年 12 月 31 日其账面价值为 6 000 万元，计税基础为 8 000 万元；2×18 年 12 月 31 日账面价值为 3 600 万元，计税基础为 6 000 万元。假定资产负债表日，有确凿证据表明未来期间很可能获得足够的应纳税所得额用来抵扣可抵扣暂时性差异。2×18 年应确认的递延所得税资产发生额为（ ）万元。

A. 0　　　　B. 100（借方）　　C. 500（借方）　　D. 600（借方）

4. 甲公司 2×16 年因债务担保于当期确认了 100 万元的预计负债。税法规定，有关债务担保的支出不得税前列支。则本期因该事项产生的暂时性差异为（ ）。

A. 0　　　　　　　　　　　　B. 可抵扣暂时性差异 100 万元

C. 应纳税暂时性差异 100 万元　　D. 不确定

5. 甲公司于 2×16 年 2 月自公开市场以每股 8 元的价格取得 A 公司普通股 200 万股，作为可供出售金融资产核算（假定不考虑交易费用）。2×16 年 12 月 31 日，甲公司该股票投资尚未出售，当日市价为每股 12 元。按照税法规定，资产在持有期间的公允价值变动不计入应纳税所得额，待处置时一并计算应计入应纳税所得额的金额。甲公司适用的所得税税率为 25%，假定在未来期间不会发生变化。甲公司 2×16 年 12 月 31 日因该可供出售金融资产应确认的其他综合收益为（ ）万元。

A. 200　　　　B. 800　　　　C. 600　　　　D. 0

6. 甲公司于 2×16 年 2 月 27 日外购一栋写字楼并于当日对外出租，该写字楼取得时成本为 6 000 万元，采用公允价值模式进行后续计量。2×16 年 12 月 31 日，该写字楼公允价值跌至 5 600 万元。税法规定，该类写字楼采用年限平均法计提折旧，折旧年限为 20 年，预计净残值为 0。甲公司适用的所得税税率为 25%，2×16 年 12 月 31 日甲公司应确认的递延所得税资产为（ ）万元。

A. -37.5　　　B. 37.5　　　C. 100　　　D. 150

7. 甲公司 2×16 年 1 月 8 日以银行存款 4 000 万元为对价购入乙公司 100% 的净资产，对乙公司进行吸收合并，甲公司与乙公司不存在关联方关系。购买日乙公司各项可辨认净资产的公允价值及账面价值分别为 2 400 万元和 2 000 万元。该项合并属于应税合并，乙公司适用的企业所得税税率为 25%，则甲公司购买日应确认的商誉的计税基础为（ ）万元。

A. 1 600　　　B. 2 000　　　C. 2 100　　　D. 1 750

8. 甲公司拥有乙公司 80% 的有表决权股份，能够控制乙公司的财务和经营决策。2×16 年 9 月甲公司以 800 万元将一批自产产品销售给乙公司，该批产品在甲公司的生产成本为 600 万元。至 2×16 年 12 月 31 日，乙公司对外销售该批商品的 40%，假定涉及的商品未发生减值。甲、乙公司适用的所得税税率均为 25%，且在未来期间预计不会发生变化。税法规定，企业的存货以历史成本作为计税基础。2×16 年 12 月 31 日合并报表中上述存货应确认的递延所得税资产为（ ）万元。

A. 80　　　　　B. 0　　　　　C. 20　　　　　D. 30

9. A 公司 2×17 年 12 月 31 日"预计负债——产品质量保证费用"科目贷方余额为 50 万元，2×18 年实际发生产品质量保证费用 40 万元，2×18 年 12 月 31 日预提产品质量保证费用 50 万元。2×18 年 12 月 31 日该项负债的计税基础为（　　）万元。

A. 0　　　　　B. 20　　　　　C. 50　　　　　D. 40

10. 2×17 年 1 月 1 日，B 公司为其 100 名中层以上管理人员每人授予 100 份现金股票增值权。这些人员从 2×17 年 1 月 1 日起必须在该公司连续服务 3 年，即可自 2×19 年 12 月 31 日起根据股价的增长幅度获得现金。该增值权应在 2×21 年 12 月 31 日之前行使完毕。B 公司 2×17 年 12 月 31 日计算确定的应付职工薪酬的余额为 100 万元，按税法规定，实际支付时可计入应纳税所得额。2×17 年 12 月 31 日，该应付职工薪酬的计税基础为（　　）万元。

A. 100　　　　　B. 0　　　　　C. 50　　　　　D. -100

11. 甲公司 2×16 年发生研究开发支出共计 200 万元，其中研究阶段支出 60 万元，开发阶段不符合资本化条件的支出 40 万元，开发阶段符合资本化条件的支出 100 万元。至 2×16 年 12 月 31 日，开发项目尚未达到预定用途。甲公司 2×16 年 12 月 31 日开发支出的计税基础为（　　）万元。

A. 100　　　　　B. 140　　　　　C. 150　　　　　D. 210

12. 甲公司于 2×16 年 12 月 1 日收到与资产相关的政府补助 1 000 万元，确认为递延收益，至 2×16 年 12 月 31 日相关资产尚未达到预定可使用状态，相关资产按 10 年计提折旧。假定该政府补助不属于免税项目。2×16 年 12 月 31 日递延收益的计税基础为（　　）万元。

A. 100　　　　　B. 0　　　　　C. 1 000　　　　　D. 900

13. 甲公司于 2×15 年 12 月购入一台设备，并于当月投入使用。该设备的入账价值为 60 万元，预计使用年限为 5 年，预计净残值为零，采用年限平均法计提折旧。税法规定采用双倍余额递减法计提折旧，且使用年限与净残值均与会计相同。至 2×16 年 12 月 31 日，该设备未计提固定资产减值准备。甲公司适用的所得税税率为 15%。甲公司 2×16 年 12 月 31 日对该设备确认的递延所得税负债余额为（　　）万元。

A. 12　　　　　B. 24　　　　　C. 1.8　　　　　D. 3

14. 甲公司适用的所得税税率为 25%，2×15 年 12 月 31 日因职工教育经费超过税前扣除限额确认递延所得税资产 10 万元。2×16 年度，甲公司工资薪金总额为 4 000 万元，本期全部发放，发生职工教育经费 80 万元。税法规定，工资按实际发放金额在税前扣除，企业发生的职工教育经费支出，不超过工资薪金总额 2.5% 的部分，准予扣除；超过部分，准予在以后纳税年度结转扣除。甲公司 2×16 年 12 月 31 日下列会计处理中正确的是（　　）。

A. 转回递延所得税资产 5 万元　　　　　B. 增加递延所得税资产 40 万元

C. 转回递延所得税资产 10 万元　　　　　D. 增加递延所得税资产 5 万元

15. A 公司所得税税率为 25%，开发新技术当期发生研发支出 1 800 万元，其中资本化部分为 1 000 万元，2×14 年 7 月 1 日达到预定可使用状态，预计使用年限为 10 年，采用直线法摊销。税法规定企业为开发新技术、新产品、新工艺发生的研究开发费用，未形成无形资产计入当期损益的，在按照规定据实扣除的基础上，按照研究开发费用的50%加计扣除；形成无形资产的，按照无形资产成本的150%摊销；税法规定的摊销年限和方法与会计相同。则2×14年年底A公司有关该无形资产所得税的会计处理表述不正确的是（　　）。

  A. 资产账面价值为950万元

  B. 资产计税基础为1 425万元

  C. 可抵扣暂时性差异为475万元

  D. 应确认递延所得税资产118.75万元

16. B公司所得税税率为25%。B公司于2×14年1月1日将某自用办公楼用于对外出租，该办公楼的原值为1 000万元，预计使用年限为20年。转为投资性房地产之前，该办公楼已使用5年，企业按照年限平均法计提折旧，预计净残值为零。转换日办公楼的账面价值与公允价值相同，转为投资性房地产核算后，采用公允价值模式对该投资性房地产进行后续计量。假定税法规定的折旧方法、折旧年限及净残值与会计规定相同。同时，税法规定资产在持有期间公允价值的变动不计入应纳税所得额，待处置时一并计算确定应计入应纳税所得额的金额。该项投资性房地产在2×14年12月31日的公允价值为1 700万元。则2×14年12月31日应确认的递延所得税负债为（　　）万元。

  A. 250   B. 0   C. 237.5   D. 175

17. 甲公司于2×13年1月1日开业，2×13年和2×14年免征企业所得税，从2×15年起，适用的所得税税率为25%。甲公司2×13年开始摊销无形资产，2×13年12月31日其账面价值为900万元，计税基础为1 200万元；2×14年12月31日，账面价值为540万元，计税基础为900万元。假定资产负债表日有确凿证据表明未来期间能够产生足够的应纳税所得额，用来抵扣可抵扣暂时性差异。2×14年应确认的递延所得税收益为（　　）万元。

  A. 0   B. 15   C. 90   D. −15

18. M公司2×14年实现利润总额700万元，适用的所得税税率为25%。当年发生的与所得税相关的事项如下：接到环保部门的通知，支付罚款9万元，广告费超支14万元，国债利息收入28万元，年初"预计负债——产品质量担保费"科目余额为30万元，当年提取产品质量担保费20万元，实际发生8万元的产品质量担保费。税法规定，企业因违反国家有关法律法规支付的罚款和滞纳金，计算应纳税所得额时不允许税前扣除；广告费超支部分可以结转下年扣除；对国债利息收入免征所得税；与产品售后服务相关的费用在实际发生时允许税前扣除。则根据上述资料，M公司2×14年的净利润为（　　）万元。

  A. 523.25   B. 525   C. 529.75   D. 700

19. 甲公司适用的所得税税率为25%。2×13年12月31日，甲公司交易性金融资产的计税基础为2 000万元，账面价值为2 200万元，"递延所得税负债"科目余额为50万元。2×14年12月31日，该交易性金融资产的市价为2 300万元。2×14年税前会计利润为1 000万元。2×14年甲公司确认递延所得税收益是（　　）万元。

  A. −25   B. 25   C. 75   D. −75

20. 甲公司 2×12 年 12 月 6 日购入设备一台，原值为 360 万元，预计净残值为 60 万元。税法规定采用年数总和法计提折旧，折旧年限为 5 年；会计规定采用年限平均法计提折旧，折旧年限为 4 年。税前会计利润各年均为 1 000 万元。2×13 年国家规定，甲公司从 2×14 年 1 月 1 日起变更为高新技术企业，按照税法规定适用的所得税税率由原 25% 变更为 15%，递延所得税没有期初余额。则 2×13 年应确认的所得税费用为（   ）万元。

    A. 247.5   B. 297.50   C. 298.50   D. 250

21. 甲公司适用的所得税税率为 25%，2×14 年 3 月 3 日自公开市场以每股 5 元的价格取得 A 公司普通股 100 万股，划分为可供出售金融资产。假定不考虑交易费用。2×14 年 12 月 31 日，甲公司该股票投资尚未出售，当日市价为每股 6 元。除该事项外，甲公司不存在其他会计与税法之间的差异。甲公司 2×14 年税前利润为 1 000 万元。则甲公司 2×14 年有关可供出售金融资产所得税的会计处理，不正确的是（   ）。

    A. 应纳税暂时性差异为 100 万元   B. 确认递延所得税负债 25 万元
    C. 确认所得税费用 25 万元   D. 当期所得税费用为 250 万元

22. 甲公司 2×14 年 12 月 20 日与乙公司签订产品销售合同。合同约定，甲公司向乙公司销售 A 产品 100 万件，单位售价为 6 元，增值税税率为 17%；乙公司收到 A 产品后 3 个月内如发现质量问题有权退货。A 产品单位成本为 4 元。甲公司于 2×14 年 12 月 20 日发出 A 产品，并开具增值税专用发票。根据历史经验，甲公司估计 A 产品的退货率为 30%。至 2×14 年 12 月 31 日为止，上述已销售的 A 产品尚未发生退回。

甲公司适用的所得税税率为 25%，则甲公司因销售 A 产品于 2×14 年度确认的递延所得税费用是（   ）万元。

    A. −15   B. 15   C. 0   D. 60

23. 甲公司适用的所得税税率为 25%，因销售产品承诺提供 3 年的保修服务，2×13 年年末"预计负债"科目余额为 500 万元，"递延所得税资产"科目余额为 125 万元。甲公司 2×14 年实际发生保修费用 400 万元，在 2×14 年度利润表中确认了 600 万元的销售费用，同时确认为预计负债。2×14 年税前会计利润为 1 000 万元。按照税法规定，与产品售后服务相关的费用在实际发生时允许税前扣除。则 2×14 年有关保修服务涉及所得税的会计处理，不正确的是（   ）。

    A. 2×14 年年末预计负债账面价值为 700 万元

    B. 2×14 年年末可抵扣暂时性差异累计额为 700 万元

    C. 2×14 年"递延所得税资产"科目发生额为 50 万元

    D. 2×14 年应交所得税为 400 万元

24. 甲公司 2×14 年 12 月计入成本费用的工资总额为 400 万元，至 2×14 年 12 月 31 日尚未支付。假定按照税法规定，当期计入成本费用的 400 万元工资支出中，可予以税前扣除的金额为 300 万元。甲公司所得税税率为 25%。假定甲公司税前会计利润为 1 000 万元。不考虑其他纳税调整事项，则 2×14 年确认的递延所得税金额为（   ）万元。

    A. 0   B. 250   C. 275   D. 25

25. A 公司所得税税率为 25%，采用公允价值模式对该投资性房地产进行后续计量。A公司于2×12年12月31日外购一栋房屋并于当日用于对外出租，该房屋的成本为1 500万元，预计使用年限为20年。该项投资性房地产在2×13年12月31日的公允价值为1 800万元。假定税法规定按年限平均法计提折旧，预计净残值为零，折旧年限为20年；A公司期初递延所得税负债余额为零。

同时，税法规定资产在持有期间公允价值的变动不计入应纳税所得额，待处置时一并计算确定应计入应纳税所得额的金额。各年税前会计利润均为1 000万元。不考虑其他因素，2×13年12月31日，A公司有关所得税的会计处理表述中，不正确的是（　　）。

  A. 2×13年年末"递延所得税负债"科目余额为93.75万元

  B. 2×13年递延所得税收益为93.75万元

  C. 2×13年应交所得税为156.25万元

  D. 2×13年确认所得税费用为250万元

26. 甲公司适用的所得税税率为25%，其2×14年发生的交易或事项中，会计与税收处理存在差异的事项如下：当期购入作为可供出售金融资产的股票投资，期末公允价值大于初始取得成本160万元；收到与资产相关的政府补助1 600万元，相关资产至年末尚未开始计提折旧，税法规定此补助应于收到时确认为当期收益。

甲公司2×14年利润总额为5 200万元，假定递延所得税资产和负债年初余额均为零，未来期间能够取得足够的应纳税所得额以抵扣可抵扣暂时性差异。下列关于甲公司2×14年所得税的会计处理中，不正确的是（　　）。

  A. 所得税费用为900万元   B. 应交所得税为1 700万元

  C. 递延所得税负债为40万元   D. 递延所得税资产为400万元

（二）多项选择题

1. 下列说法中，正确的有（　　）。

  A. 当某项交易同时具有"不是企业合并"及"交易发生时既不影响会计利润也不影响应纳税所得额（或可抵扣亏损）"特征时，企业不应当确认该项应纳税暂时性差异产生的递延所得税负债

  B. 因商誉的初始确认产生的应纳税暂时性差异应当确认为递延所得税负债

  C. 因商誉的初始确认产生的应纳税暂时性差异不能确认为递延所得税负债

  D. 当某项交易同时具有"不是企业合并"及"交易发生时既不影响会计利润也不影响应纳税所得额（或可抵扣亏损）"特征时，企业应当确认该项可抵扣暂时性差异产生的递延所得税资产

2. 下列各事项中，不会导致计税基础和账面价值产生差异的有（　　）。

  A. 存货期末的可变现净值高于成本

  B. 购买国债确认的利息收入

  C. 固定资产发生的维修支出

  D. 对使用寿命不确定的无形资产期末进行减值测试

3. 下列各项负债中，其计税基础不为零的有（　　）。

  A. 因欠税产生的应交税款滞纳金

  B. 因购入存货形成的应付账款

C. 因确认保修费用形成的预计负债

D. 为职工计提的超过税法扣除标准的应付养老保险金

4. 下列各项资产和负债中,因账面价值与计税基础不一致形成暂时性差异的有(　　)。

A. 使用寿命不确定的无形资产

B. 已计提减值准备的固定资产

C. 已确认公允价值变动损益的交易性金融资产

D. 因违反税法规定应缴纳但尚未缴纳的滞纳金

5. 下列各项负债中,其计税基础不为零的有 (　　)。

A. 因合同违约确认的预计负债

B. 从银行取得的短期借款

C. 因确认保修费用形成的预计负债

D. 因税收罚款确认的其他应付款

6. 在不考虑其他影响因素的情况下,企业发生的下列交易或事项中,期末会引起"递延所得税资产"科目增加的有 (　　)。

A. 本期计提固定资产减值准备

B. 本期转回存货跌价准备

C. 本期发生净亏损,税法允许在未来 5 年内税前补亏

D. 实际发生产品售后保修费用,冲减已计提的预计负债

7. 关于所得税,下列说法中正确的有 (　　)。

A. 本期递延所得税资产的发生额不一定会影响本期所得税费用

B. 企业应将所有应纳税暂时性差异确认为递延所得税负债

C. 企业应将所有可抵扣暂时性差异确认为递延所得税资产

D. 资产账面价值小于计税基础时,产生可抵扣暂时性差异

8. 下列交易或事项形成的负债中,其计税基础等于账面价值的有 (　　)。

A. 企业为关联方提供债务担保确认预计负债 800 万元

B. 企业因销售商品提供售后服务在当期确认预计负债 100 万元

C. 企业当期确认的国债利息收入 500 万元

D. 企业因违法支付的罚款支出 200 万元

9. 下列项目中,可以产生应纳税暂时性差异的有 (　　)。

A. 自行研发无形资产形成的资本化支出

B. 交易性金融负债账面价值小于其计税基础

C. 以公允价值模式进行后续计量的投资性房地产公允价值大于账面价值

D. 可供出售金融资产公允价值小于取得时成本

10. 企业因下列事项确认的递延所得税,计入利润表所得税费用的有 (　　)。

A. 可供出售金融资产因资产负债表日公允价值变动产生的暂时性差异

B. 交易性金融资产因资产负债表日公允价值变动产生的暂时性差异

C. 交易性金融负债因资产负债表日公允价值变动产生的暂时性差异

D. 公允价值模式计量的投资性房地产因资产负债表日公允价值变动产生的暂时性差异

11. 企业持有的采用权益法核算的长期股权投资，如果拟长期持有该项投资，其账面价值与计税基础会产生差异。正确的会计处理有（　　）。

　　A. 因初始投资成本的调整产生的暂时性差异预计未来期间不会转回，对未来期间没有所得税影响，故不确认递延所得税

　　B. 因确认投资损益产生的暂时性差异，由于在未来期间逐期分回现金股利或利润时免税，不存在对未来期间的所得税影响，故不确认递延所得税

　　C. 因确认应享有被投资单位其他权益变动而产生的暂时性差异，在长期持有的情况下预计未来期间也不会转回，故不确认递延所得税

　　D. 如果持有意图由长期持有转变为拟近期出售，因长期股权投资的账面价值与计税基础不同产生的有关暂时性差异，均应确认相关的所得税影响

12. 下列关于所得税的表述中，不正确的有（　　）。

　　A. 当期产生的递延所得税资产会减少利润表中的所得税费用

　　B. 因集团内部债权债务往来在个别报表中形成的递延所得税在合并报表中应该抵销

　　C. 期末因税率变动对递延所得税资产的调整均应计入所得税费用

　　D. 商誉会产生应纳税暂时性差异，但一般不确认相关的递延所得税负债

（三）判断题

1. 税法规定，罚款和滞纳金不能税前扣除，其账面价值与计税基础之间的差额应确认递延所得税资产。　　（　）

2. 可抵扣暂时性差异一定确认为递延所得税资产。　　（　）

3. 对于超过3年纳税调整的暂时性差异，企业应当对递延所得税资产和递延所得税负债进行折现。　　（　）

4. 企业合并业务发生时确认的资产、负债初始计量金额与其计税基础不同所形成的应纳税暂时性差异，不确认递延所得税负债。　　（　）

5. 资产的计税基础，是指在企业收回资产账面价值的过程中，计算应纳税所得额时按照税法规定可以自应税经济利益中抵扣的金额。　　（　）

6. 以利润总额为基础计算应纳税所得额时，所有新增的应纳税暂时性差异都应作纳税调减。　　（　）

7. 企业因政策性原因发生的巨额经营亏损，在符合条件的情况下，应确认与其相关的递延所得税资产。　　（　）

8. 对于合并财务报表中纳入合并范围的企业，一方的当期所得税资产或递延所得税资产与另一方的当期所得税负债或递延所得税负债应予以抵销列示。　　（　）

9. 如税法规定交易性金融资产在持有期间公允价值变动不计入应纳税所得额，则交易性金融资产的账面价值与计税基础之间可能会产生差异，该差异是可抵扣暂时性差异。　　（　）

10. 递延所得税资产的确认原则是以可抵扣暂时性差异转回期间预计将获得的应纳税所得额为限，确认相应的递延所得税资产。　　（　）

（四）计算分析题

1. 甲公司 2×16 年实现利润总额 3 260 万元，当年度发生的部分交易或事项如下：

（1）自 2 月 20 日起自行研发一项新技术，2×16 年以银行存款支付研发支出共计 460 万元，其中研究阶段支出 120 万元，开发阶段符合资本化条件前支出 60 万元，符合资本化条件后支出 280 万元，研发活动至 2×16 年年底仍在进行中。税法规定，企业为开发新技术、新产品、新工艺发生的研究开发费用，未形成资产计入当期损益的，在按规定据实扣除的基础上，按照研究开发费用的 50% 加计扣除；形成无形资产的，按照无形资产成本的 150% 摊销。

（2）7 月 20 日，自公开市场以每股 7.5 元购入 20 万股乙公司股票，作为可供出售金融资产。2×16 年 12 月 31 日，乙公司股票收盘价为每股 8.8 元。税法规定，企业持有的股票等金融资产以取得成本作为计税基础。

（3）2×16 年发生广告费 5 000 万元。甲公司当年度销售收入为 15 000 万元。税法规定，企业发生的广告费不超过当年销售收入 15% 的部分，准予扣除；超过部分，准予在以后纳税年度结转扣除。

其他有关资料：甲公司适用的所得税税率为 25%；本题不考虑中期财务报告的影响；除上述差异外，甲公司 2×16 年未发生其他纳税调整事项；递延所得税资产和递延所得税负债无期初余额；假定甲公司在未来期间能够产生足够的应纳税所得额用以利用可抵扣暂时性差异的所得税影响。

要求：

（1）对甲公司 2×16 年研发新技术发生支出进行会计处理，确定 2×16 年 12 月 31 日所形成开发支出的计税基础，判断是否确认递延所得税并说明理由。

（2）对甲公司购入及持有乙公司股票进行会计处理，计算该可供出售金融资产在 2×16 年 12 月 31 日的计税基础，编制确认递延所得税的会计分录。

（3）计算甲公司 2×16 年应交所得税和所得税费用，并编制确认所得税费用相关的会计分录。

2. 2×16 年 1 月 1 日，甲公司董事会批准研发某项新产品专利技术，有关资料如下：

（1）截至 2×16 年 7 月 3 日，该研发项目共发生支出 5 000 万元，其中费用化支出 1 000 万元，该项新产品专利技术于当日达到预定用途。公司预计该新产品专利技术的使用寿命为 10 年，该专利的法律保护期限为 10 年，采用直线法摊销；税法规定该项无形资产采用直线法摊销，摊销年限与会计相同。

（2）其他资料：

①按照税法规定，企业为开发新技术、新产品、新工艺发生的研究开发费用，未形成无形资产计入当期损益的，在按照规定据实扣除的基础上，按照研究开发费用的 50% 加计扣除；形成无形资产的，按照无形资产成本的 150% 摊销。甲公司该研究开发项目符合上述税法规定。

②假定甲公司每年的税前利润总额均为 10 000 万元，甲公司适用的所得税税率为 25%。

③假定甲公司 2×16 年年初不存在暂时性差异。

要求：

（1）计算 2×16 年年末无形资产的账面价值、计税基础、递延所得税资产、应交所得税，并编制会计分录。

（2）计算 2×17 年年末无形资产的账面价值、计税基础、递延所得税资产、应交所得税，并编制会计分录。

3. 甲公司为上市公司，2×16 年有关资料如下：

（1）甲公司 2×16 年年初的递延所得税资产借方余额为 190 万元，递延所得税负债贷方余额为 10 万元。具体构成项目如下：

单位：万元

项　目	可抵扣暂时性差异	递延所得税资产	应纳税暂时性差异	递延所得税负债
应收账款	60	15		
交易性金融资产			40	10
可供出售金融资产	200	50		
预计负债	80	20		
可税前抵扣的经营亏损	420	105		
合　计	760	190	40	10

（2）甲公司 2×16 年度实现的利润总额为 1 610 万元。2×16 年度相关交易或事项资料如下：

①年末转回应收账款坏账准备 20 万元。根据税法规定，转回的坏账损失不计入应纳税所得额。

②年末根据交易性金融资产公允价值变动确认公允价值变动收益 20 万元。根据税法规定，交易性金融资产公允价值变动收益不计入应纳税所得额。

③年末根据可供出售金融资产公允价值变动增加资本公积 40 万元。根据税法规定，可供出售金融资产公允价值变动金额不计入应纳税所得额。

④当年实际支付产品保修费用 50 万元，冲减前期确认的相关预计负债；当年又确认产品保修费用 10 万元，增加相关预计负债。根据税法规定，实际支付的产品保修费用允许税前扣除。但预计的产品保修费用不允许税前扣除。

⑤当年发生研究开发支出 100 万元，全部费用化计入当期损益。根据税法规定，计算应纳税所得额时，当年实际发生的费用化研究开发支出可以按 50% 加计扣除。

（3）2×16 年年末资产负债表相关项目金额及其计税基础如下：

单位：万元

项　目	账面价值	计税基础
应收账款	360	400
交易性金融资产	420	360
可供出售金融资产	400	560
预计负债	40	0
可税前抵扣的经营亏损	0	0

（4）甲公司适用的所得税税率为 25%，预计未来期间适用的所得税税率不会发生变化，未来的期间能够产生足够的应纳税所得额用以抵扣可抵扣暂时性差异；不考虑其他因素。

要求：

（1）根据上述资料，计算甲公司 2×16 年应纳税所得额和应交所得税金额。

（2）根据上述资料，计算甲公司各项目 2×16 年年末的暂时性差异金额，计算结果填列在表格中。

（3）根据上述资料，逐笔编制与递延所得税资产或递延所得税负债相关的会计分录。

（4）根据上述资料，计算甲公司 2×16 年所得税费用金额。

（答案中的金额单位用万元表示）

4. 甲公司 2×16 年度会计处理与税务处理存在差异的交易或事项如下：

（1）持有的交易性金融资产公允价值上升 40 万元。根据税法规定，交易性金融资产持有期间公允价值的变动金额不计入当期应纳税所得额。

（2）计提与担保事项相关的预计负债 600 万元。根据税法规定，与上述担保事项相关的支出不得税前扣除。

（3）持有的可供出售金融资产公允价值上升 200 万元。根据税法规定，可供出售金融资产持有期间公允价值的变动金额不计入当期应纳税所得额。

（4）计提固定资产减值准备 140 万元。根据税法规定，计提的资产减值准备在未发生实质性损失前不允许税前扣除。

（5）长期股权投资采用成本法核算，账面价值为 5 000 万元，本年收到现金股利确认投资收益 100 万元。计税基础为 5 000 万元。按照税法规定，居民企业直接投资于其他居民企业取得的投资收益免税。

（6）当年取得长期股权投资采用权益法核算，期末账面价值为 6 800 万元。其中，成本为 4 800 万元，损益调整为 1 800 万元，其他权益变动为 200 万元，期末计税基础为 4 800 万元。企业拟长期持有该项投资，按照税法规定，居民企业直接投资于其他居民企业取得的投资收益免税。

（7）甲公司自行研发的无形资产于 2×16 年 12 月 31 日达到预定用途，其账面价值为 1 000 万元，计税基础为无形资产成本的 150%。

（8）因销售产品承诺提供保修服务，预计负债账面价值为 300 万元。按照税法规定，与产品售后服务相关的费用在实际发生时允许税前扣除。

（9）因附退回条件的销售而确认预计负债的账面价值为 100 万元，计税基础为 0。

（10）2×16 年发生了 160 万元广告费支出，发生时已作为销售费用计入当期损益。税法规定，该类支出不超过当年销售收入 15% 的部分允许当期税前扣除，超过部分允许向以后年度结转税前扣除。2×16 年实现销售收入 1 000 万元。

甲公司适用的所得税税率为 25%。假定期初递延所得税资产和递延所得税负债的余额均为零，甲公司预计未来年度能够产生足够的应纳税所得额用以抵扣可抵扣暂时性差异。

要求：

（1）根据上述资料，逐项指出甲公司上述交易或事项是否形成暂时性差异。如果形成暂时性差异，说明属于应纳税暂时性差异，还是可抵扣暂时性差异。

（2）计算甲公司2×16年度的递延所得税资产、递延所得税负债和递延所得税费用。

（五）综合题

AS公司2×15年年末、2×16年年末利润表中"利润总额"项目金额分别为5 000万元、6 000万元，各年所得税税率均为25%。各年与所得税有关的经济业务如下：

（1）2×15年：

①2×15年计提存货跌价准备45万元，年末存货账面价值为500万元。

②2×14年12月购入一项固定资产，原值为900万元，折旧年限为10年，预计净残值为零，会计采用双倍余额递减法计提折旧；税法要求采用直线法计提折旧，使用年限为10年，净残值为零。

③2×15年支付非广告性赞助支出300万元。假定税法规定该支出不允许税前扣除。

④2×15年企业为开发新技术发生研究开发支出100万元，其中资本化支出为60万元，于本年年末达到预定可使用状态，未发生其他费用，当年摊销10万元。按照税法规定，企业为开发新技术、新产品、新工艺发生的研究开发费用，未形成无形资产计入当期损益的，在按照规定据实扣除的基础上，按照研究开发费用的50%加计扣除；形成无形资产的，按照无形资产成本的150%摊销。

⑤2×15年取得的可供出售金融资产初始成本为100万元，年末公允价值变动增加50万元。

⑥2×15年支付违反税收罚款支出150万元。

（2）2×16年：

①2×16年计提存货跌价准备75万元，累计计提存货跌价准备120万元。年末存货账面价值为1 000万元。

②2×16计提固定资产减值准备30万元。

③2×16年支付非广告性赞助支出400万元，假定税法规定该支出不允许税前扣除。

④上述2×15年取得的无形资产于2×16年摊销20万元。

⑤2×16年年末可供出售金融资产公允价值为130万元。

要求：

（1）计算2×15年暂时性差异，将计算结果填入下表。

单位：万元

项目	账面价值	计税基础	暂时性差异	
			应纳税暂时性差异	可抵扣暂时性差异
存货				
固定资产				
无形资产				
可供出售金融资产				
总计				

（2）计算 2×15 年应交所得税。

（3）计算 2×15 年递延所得税资产和递延所得税负债的发生额。

（4）计算 2×15 年所得税费用和计入其他综合收益的金额。

（5）编制 2×15 年有关所得税的会计分录。

（6）计算 2×16 年暂时性差异，将计算结果填入下表。

单位：万元

项目	账面价值	计税基础	暂时性差异	
			应纳税暂时性差异	可抵扣暂时性差异
存货				
固定资产				
无形资产				
可供出售金融资产				
总计				

（7）计算 2×16 年应交所得税。

（8）计算 2×16 年递延所得税资产和递延所得税负债的发生额。

（9）计算 2×16 年确认的所得税费用和计入其他综合收益的金额。

（10）编制 2×16 年有关所得税的会计分录。

五、参考答案及解析

（一）单项选择题

1.【答案】D

【解析】2×20 年 12 月 31 日固定资产的账面价值 = 200 - 200 ÷ 5 × 3 = 80（万元），计税基础 = 100 - 100 ÷ 5 × 3 = 40（万元），应纳税暂时性差异的余额 = 80 - 40 = 40（万元）。

2.【答案】C

【解析】负债的计税基础为负债账面价值减去以后可以税前列支的金额。因确认保修费用形成的预计负债，税法允许在以后实际发生时税前列支，即该预计负债的计税基础 = 其账面价值 - 税前列支的金额 = 0。

3.【答案】B

【解析】2×17 年 12 月 31 日递延所得税资产余额 = （8 000 - 6 000）× 25% = 500（万元）（要按照预期收回该资产期间的适用税率计量），2×17 年 12 月 31 日递延所得税资产发生额为 500（万元）（借方）；2×18 年 12 月 31 日递延所得税资产余额 = （6 000 - 3 600）× 25% = 600（万元），2×18 年 12 月 31 日递延所得税资产发生额 = 600 - 500 = 100（万元）（借方）。

4.【答案】A

【解析】预计负债账面价值 = 100 万元，计税基础 = 账面价值 100 - 可从未来经济利益中扣除的金额 0 = 100（万元），账面价值与计税基础相等，所以，本期产生的暂时性差异为 0。

5.【答案】C

【解析】2×16 年 12 月 31 日因该可供出售金融资产应确认的其他综合收益金额＝（12－8）×200－（12－8）×200×25％＝600（万元）。

6.【答案】B

【解析】2×16 年 12 月 31 日，投资性房地产的账面价值为 5 600 万元，计税基础＝6 000－6 000÷20×10÷12＝5 750（万元），应确认递延所得税资产的金额＝（5 750－5 600）×25％＝37.5（万元）。

7.【答案】A

【解析】应税合并下，购买方取得的资产（包括商誉）、负债的计税基础与账面价值相等，购买日商誉的计税基础＝商誉账面价值＝4 000－2 400＝1 600（万元）。

8.【答案】D

【解析】合并财务报表应确认的递延所得税资产＝（800－600）×（1－40％）×25％＝30（万元）。

9.【答案】A

【解析】2×18 年 12 月 31 日该项负债的余额在未来期间计算应纳税所得额时按照税法规定可予以抵扣，因此计税基础为 0。

10.【答案】B

【解析】应付职工薪酬的计税基础＝100－100＝0（万元）。

11.【答案】C

【解析】甲公司 2×16 年 12 月 31 日开发支出的账面价值为 100 万元，计税基础＝100×150％＝150（万元）。

12.【答案】B

【解析】由于该项政府补助不属于免税项目，税法规定收到时应计入当期应纳税所得额，未来确认为收益时允许抵扣。2×16 年 12 月 31 日递延收益的计税基础＝1 000－1 000＝0（万元）。

13.【答案】C

【解析】该设备 2×16 年 12 月 31 日的账面价值＝60－60÷5＝48（万元），计税基础＝60－60×2÷5＝36（万元），应确认的递延所得税负债余额＝（48－36）×15％＝1.8（万元）。

14.【答案】A

【解析】甲公司 2×16 年按税法规定可税前扣除的职工教育经费＝4 000×2.5％＝100（万元），实际发生的 80 万元当期可扣除，2×15 年超过税前扣除限额的部分本期可扣除 20 万元，应转回递延所得税资产的金额＝20×25％＝5（万元），选项 A 正确。

15.【答案】D

【解析】账面价值＝1 000－1 000÷10×6÷12＝950（万元），计税基础＝1 000×150％－1 000×150％÷10×6÷12＝1 425（万元），可抵扣暂时性差异＝475（万元），不确认递延所得税资产。

16.【答案】A

【解析】投资性房地产的账面价值＝1 700 万元，计税基础＝1 000－1 000÷20×6＝700（万元）。账面价值大于计税基础，产生了 1 000 万元的应纳税暂时性差异，因此，确认递延所得税负债＝1 000×25％＝250（万元）。

17.【答案】B

【解析】递延所得税的金额应该按转回期间的税率来计算。2×13 年和 2×14 年为免税期，不需要缴纳所得税，但是仍然要确认递延所得税。

2×13 年递延所得税资产的期末余额＝（1 200－900）×25％＝75（万元）

2×14 年递延所得税资产的期末余额＝（900－540）×25％＝90（万元）

2×14 年应确认的递延所得税资产＝90－75＝15（万元），故递延所得税收益为 15 万元。

18.【答案】C

【解析】广告费产生可抵扣暂时性差异，应确认递延所得税资产＝14×25％＝3.5（万元）；预计负债的年初账面余额为 30 万元，计税基础为 0，形成可抵扣暂时性差异 30 万元；年末账面余额＝30＋20－8＝42（万元），计税基础为 0，形成可抵扣暂时性差异 42 万元；递延所得税资产借方发生额＝42×25％－30×25％＝3（万元）；2×14 年应交所得税＝(700＋9＋14－28＋20－8)×25％＝176.75（万元）；2×14 年所得税费用＝176.75－3－3.5＝170.25（万元）。因此，2×14 年净利润＝700－170.25＝529.75（万元）。

19.【答案】A

【解析】2×14 年年末账面价值＝2 300 万元，计税基础＝2 000 万元，累计应纳税暂时性差异＝300 万元。2×14 年年末"递延所得税负债"科目余额＝300×25％＝75（万元），2×14 年"递延所得税负债"发生额＝75－50＝25（万元）。故递延所得税收益为－25 万元。

20.【答案】A

【解析】2×13 年年末（所得税税率为 25％）：

（1）账面价值＝360－(360－60)÷4＝285（万元）

（2）计税基础＝360－(360－60)×5÷15＝260（万元）

（3）应纳税暂时性差异＝285－260＝25（万元）

（4）递延所得税负债发生额＝25×15％－0＝3.75（万元）

（5）应交所得税＝（1 000－25）×25％＝243.75（万元）

（6）所得税费用＝243.75＋3.75＝247.5（万元）

21.【答案】C

【解析】账面价值＝600 万元，计税基础＝500 万元，应纳税暂时性差异＝100 万元；递延所得税负债＝100×25％＝25（万元），对应科目为"其他综合收益"；应交所得税＝1 000×25％＝250（万元）。选项 C 不正确，确认的递延所得税负债不影响所得税费用，而是影响其他综合收益，因此，所得税费用为 250 万元。

22.【答案】A

【解析】2×14 年 12 月 31 日确认估计的销售退回，会计分录为：

借：主营业务收入　　　　　　　　　　　　　180（100×6×30％）

　　贷：主营业务成本　　　　　　　　　　　　　120（100×4×30％）

　　　　预计负债　　　　　　　　　　　　　　　　60

确认的预计负债的账面价值为 60 万元，预计负债的计税基础＝60－60＝0（万元），可抵扣暂时性差异为 60 万元，应确认递延所得税资产＝60×25％＝15（万元）。所以递延所得税费用为－15 万元，因此选项 A 正确。

23.【答案】D

【解析】预计负债的账面价值＝500－400＋600＝700（万元），预计负债的计税基础＝700－700＝0（万元），可抵扣暂时性差异累计额＝700 万元，2×14 年年末"递延所得税资产"科目余额＝700×25％＝175（万元），2×14 年"递延所得税资产"科目发生额＝175－125＝50（万元），2×14 年应交所得税＝（1 000＋600－400）×25％＝300（万元），2×14 年所得税费用＝300－50＝250（万元）。

24.【答案】A

【解析】应付职工薪酬的账面价值＝400 万元，计税基础＝400－0＝400（万元），账面价值与计税基础相等，不形成暂时性差异。

25.【答案】B

【解析】2×13 年年末，投资性房地产的账面价值＝1 800 万元，计税基础＝1 500－1 500÷20＝1 425（万元），应纳税暂时性差异＝1 800－1 425＝375（万元），2×13 年年末"递延所得税负债"科目余额＝375×25％＝93.75（万元），2×13 年"递延所得税负债"科目发生额＝93.75（万元），2×13 年年末确认递延所得税费用＝93.75（万元），2×13 年应交所得税＝［1 000－（1 800－1 500）－1 500÷20］×25％＝156.25（万元），2×13 年所得税费用＝156.25＋93.75＝250（万元）。

26.【答案】A

【解析】2×14 年应交所得税＝（5 200＋1 600）×25％＝1 700（万元）；递延所得税负债＝160×25％＝40（万元），对应其他综合收益，不影响所得税费用；递延所得税资产＝1 600×25％＝400（万元）；所得税费用＝1 700－400＝1 300（万元）。

（二）多项选择题

1.【答案】AC

【解析】商誉的初始确认产生的应纳税暂时性差异不能确认递延所得税负债；当某项交易同时具有"不是企业合并"及"交易发生时既不影响会计利润也不影响应纳税所得额（或可抵扣亏损）"特征时，企业不应当确认可抵扣暂时性差异产生的递延所得税资产或应纳税暂时性差异产生的递延所得税负债。

2.【答案】ABC

【解析】选项 D，使用寿命不确定的无形资产，会计上不摊销，而税法要分期摊销，因此，无论其是否发生减值，均可能产生暂时性差异。

3.【答案】ABD

【解析】负债的计税基础为负债的账面价值减去未来期间可以税前列支的金额。选项 C，企业因保修费用确认的预计负债，税法允许在以后实际发生时税前列支，即该预计负债的计税基础＝账面价值－未来期间税前列支的金额＝0。

4.【答案】ABC

【解析】选项 A，使用寿命不确定的无形资产会计上不计提摊销，但税法规定会按一定方法进行摊销，会形成暂时性差异；选项 B，企业计提的资产减值准备在发生实质性损失之前税法不承认，因此不允许税前扣除，会形成暂时性差异；选项 C，交易性金融资产持有期间公允价值的变动税法上也不承认，会形成暂时性差异；选项 D，因违反税法规定应缴纳但尚未缴纳的滞纳金是企业的负债，税法不允许扣除，账面价值与计税基础相等，不产生暂时性差异。

5.【答案】BD

【解析】选项 A 和 C，税法允许在以后实际发生时税前扣除，即其计税基础=账面价值-未来期间按照税法规定可以税前扣除的金额=0；选项 B 不影响损益，计税基础与账面价值相等；选项 D，无论是否发生，税法均不允许税前扣除，即其计税基础=账面价值-未来期间可以税前扣除的金额 0=账面价值。

6.【答案】AC

【解析】选项 B、D，都是可抵扣暂时性差异的转回，会引起递延所得税资产的减少。

7.【答案】AD

【解析】本期递延所得税资产的发生额可能计入所有者权益，选项 A 正确；应纳税暂时性差异并不一定确认为递延所得税负债，可抵扣暂时性差异也不一定确认为递延所得税资产，选项 B 和 C 错误；资产账面价值小于计税基础时，产生可抵扣暂时性差异，选项 D 正确。

8.【答案】ACD

【解析】选项 A，企业为关联方提供债务担保确认的预计负债，按税法规定与该预计负债相关的费用不允许税前扣除，故账面价值=计税基础；选项 B，税法规定，有关产品售后服务等与取得经营收入直接相关的费用于实际发生时允许税前列支，因此企业因销售商品提供售后服务等原因确认的预计负债，会使预计负债账面价值大于计税基础；选项 C，对国债利息收入免税，故账面价值=计税基础；选项 D，企业支付的违法罚款支出，税法规定不得计入当期应纳税所得额，属于非暂时性差异，故账面价值=计税基础。

9.【答案】BC

【解析】选项 A 和 D 产生可抵扣暂时性差异；选项 B，负债账面价值小于其计税基础，产生应纳税暂时性差异；选项 C，资产的账面价值大于计税基础，产生应纳税暂时性差异。

10.【答案】BCD

【解析】可供出售金融资产期末公允价值变动的金额应计入其他综合收益，由该交易或事项产生的递延所得税资产或递延所得税负债及其变化亦应计入其他综合收益，不构成利润表中的所得税费用。

11.【答案】ABCD

12.【答案】AC

【解析】选项 A，如果是因直接计入所有者权益的事项产生的可抵扣暂时性差异，则其对应的递延所得税资产不会影响所得税费用；选项 C，期末因税率变动对递延所得税资产的调整一般情况下应计入所得税费用，与直接计入所有者权益的交易或事项相关的递延所得税资产计入所有者权益。

（三）判断题

1.【答案】错

【解析】税法规定，罚款和滞纳金不能税前扣除，其计税基础等于账面价值，不产生暂时性差异。

2.【答案】错

【解析】符合条件的可抵扣暂时性差异才能确认为递延所得税资产。

3.【答案】错

【解析】企业不应当对递延所得税资产和递延所得税负债进行折现。

4.【答案】错

【解析】符合免税合并条件，对于合并初始确认的资产和负债的初始计量金额与计税基础之间的差额，应确认为递延所得税资产或者递延所得税负债，调整合并形成的商誉或者计入当期损益。

5.【答案】对

6.【答案】错

【解析】不是所有新增的应纳税暂时性差异都应作纳税调减。比如，可供出售金融资产公允价值变动产生的应纳税暂时性差异，无须作纳税调整。

7.【答案】对

【解析】该经营亏损虽然不是因比较资产、负债的账面价值与其计税基础产生的，但从其性质上来看可以减少未来期间的应纳税所得额和应交所得税，属于可抵扣暂时性差异，在企业预计未来期间能够产生足够的应纳税所得额以利用该可抵扣暂时性差异时，应确认相关的递延所得税资产。

8.【答案】错

【解析】合并财务报表中纳入合并范围的企业，一方的当期所得税资产或递延所得税资产与另一方的当期所得税负债或递延所得税负债一般不能予以抵销，除非所涉及的企业具有以净额结算的法定权利并且有意图以净额结算。

9.【答案】错

【解析】交易金融资产公允价值变动产生的暂时性差异，既可能是可抵扣暂时性差异，也可能是应纳税暂时性差异。

10.【答案】对

（四）计算分析题

1. 相关计算：

①会计分录：

借：研发支出——费用化支出   180（120+60）

        ——资本化支出   280

   贷：银行存款   460

②开发支出的计税基础 = 280×150% = 420（万元），不确认递延所得税资产。

理由：该项交易不是企业合并，交易发生时既不影响会计利润，也不影响应纳税所得额，若确认递延所得税资产，违背历史成本计量属性。

（2）①购入及持有乙公司股票的会计分录：

借：可供出售金融资产——成本　　　　　　　　　150（20×7.5）

　　贷：银行存款　　　　　　　　　　　　　　　　　　　　150

借：可供出售金融资产——公允价值变动　　　26（20×8.8-20×7.5）

　　贷：其他综合收益　　　　　　　　　　　　　　　　　　26

②该可供出售金融资产在 2×16 年 12 月 31 日的计税基础为其取得时的成本 150 万元。

③确认递延所得税相关的会计分录：

借：其他综合收益　　　　　　　　　　　6.5〔（20×8.8-150）×25%〕

　　贷：递延所得税负债　　　　　　　　　　　　　　　　　6.5

（3）①甲公司 2×16 年应交所得税 =〔3 260-180×50%+（5 000-15 000×15%）〕× 25% = 1 480（万元）。

甲公司 2×16 年递延所得税费用 = -（5 000-15 000×15%）×25% = -687.5（万元）

甲公司 2×16 年所得税费用 = 1 480-687.5 = 792.5（万元）

②确认所得税费用的相关会计分录：

借：所得税费用　　　　　　　　　　　　　　　　792.5

　　递延所得税资产　　　　　　　　　　　　　　687.5

　　贷：应交税费——应交所得税　　　　　　　　　　　1 480

2.（1）计算 2×16 年年末无形资产的账面价值、计税基础、递延所得税资产、应交所得税，并编制会计分录。

账面价值 = 4 000-4 000÷10×6÷12 = 3 800（万元）

计税基础 = 4 000×150%-4 000×150%÷10×6÷12 = 5 700（万元）

可抵扣暂时性差异 = 1 900 万元

不需要确认递延所得税资产。

应纳税所得额 = 10 000-1 000×50%+4 000÷10×6÷12-4 000×150%÷10×6÷12 = 9 400（万元）

应交所得税 = 9 400×25% = 2 350（万元）

相关会计分录为：

借：所得税费用　　　　　　　　　　　　　　　　2 350

　　贷：应交税费——应交所得税　　　　　　　　　　　2 350

（2）计算 2×17 年年末无形资产的账面价值、计税基础、递延所得税资产、应交所得税，并编制会计分录。

账面价值 = 4 000-4 000÷10×1.5 = 3 400（万元）

计税基础 = 4 000×150%-4 000×150%÷10×1.5 = 5 100（万元）

可抵扣暂时性差异为 1 700 万元，不需要确认递延所得税资产。

应纳税所得额 = 10 000+4 000÷10-4 000×150%÷10 = 9 800（万元）

应交所得税 = 9 800×25% = 2 450（万元）

相关会计分录为：

借：所得税费用　　　　　　　　　　　　　　　　2 450

贷：应交税费——应交所得税   2 450

3.（1）应纳税所得额＝1 610－20－20－（50＋10）－100×50%－420＝1 060（万元）

应交所得税＝1 060×25%＝265（万元）

（2）相关计算结果如下：

单位：万元

项目	账面价值	计税基础	暂时性差异	
			应纳税暂时性差异	可抵扣暂时性差异
应收账款	360	400		40
交易性金融资产	420	360	60	
可供出售金融资产	400	560		160
预计负债	40	0		40
合　计			60	240

（3）相关会计分录：

①应收账款：

借：所得税费用   5

贷：递延所得税资产   5

②交易性金融资产：

借：所得税费用   5

贷：递延所得税负债   5

③可供出售金融资产：

借：资本公积   10

贷：递延所得税资产   10

④预计负债：

借：所得税费用   10

贷：递延所得税资产   10

⑤弥补亏损：

借：所得税费用   105

贷：递延所得税资产   105

（4）所得税费用＝265＋（5＋5＋10＋105）＝390（万元）

4.（1）相关答案：

事项（1），交易性金融资产公允价值上升产生暂时性差异，属于应纳税暂时性差异。

事项（2），计提与担保事项相关的预计负债不产生暂时性差异，因为担保支出不得税前扣除，属于非暂时性差异。

事项（3），可供出售金融资产公允价值上升产生暂时性差异，属于应纳税暂时性差异。

事项（4），计提固定资产减值准备产生暂时性差异，属于可抵扣暂时性差异。

事项（5），长期股权投资不产生暂时性差异，因为居民企业直接投资于其他居民企业取得的投资收益免税，属于非暂时性差异。

事项（6），长期股权投资产生暂时性差异，属于应纳税暂时性差异。

事项（7），无形资产账面价值小于计税基础，产生暂时性差异，属于可抵扣暂时性差异。

事项（8），因销售产品承诺提供保修服务确认的预计负债，产生暂时性差异，属于可抵扣暂时性差异。

事项（9），因附退回条件的商品销售而确认的预计负债，产生暂时性差异，属于可抵扣暂时性差异。

事项（10），广告费产生暂时性差异，属于可抵扣暂时性差异。

（2）相关计算：

递延所得税资产=（140+300+100+160-1 000×15%）×25%=137.5（万元）

递延所得税负债=（40+200）×25%=60（万元）

递延所得税费用=-137.5+（60-50）=-127.5（万元）

【提示】事项（3），确认递延所得税负债=200×25%=50（万元），可供出售金融资产公允价值上升确认的递延所得税负债对应的科目是"其他综合收益"，不影响递延所得税费用。

事项（6），对于采用权益法核算的长期股权投资，企业拟长期持有该项投资，则账面价值与计税基础之间的差异不确认相关的所得税影响。

事项（7），自行研发无形资产初始确认时产生的可抵扣暂时性差异，不确认相关的递延所得税资产。

（五）综合题

（1）计算 2×15 年暂时性差异，将计算结果填入下表。

单位：万元

项目	账面价值	计税基础	暂时性差异	
			应纳税暂时性差异	可抵扣暂时性差异
存货	500	545		45
固定资产	720（900-900×20%）	810（900-900÷10）		90
无形资产	50（60-10）	75（60×150%-10×150%）		25
可供出售金融资产	150	100	50	
总计			50	160

（2）计算 2×15 年应交所得税：

应交所得税=［5 000+45+90+300-（40×50%+10×50%）+150］×25%=1 390（万元）

（3）计算 2×15 年递延所得税资产和递延所得税负债的发生额：

递延所得税资产=（45+90）×25%=33.75（万元）

递延所得税负债=50×25%=12.5（万元）

（4）计算 2×15 年所得税费用和计入其他综合收益的金额：

所得税费用=1 390-33.75=1 356.25（万元）

计入其他综合收益借方的金额是 12.5 万元。

（5）编制 2×15 年有关所得税的会计分录：

借：所得税费用　　　　　　　　　　　　　　　　　　　　　　　　1 356.25

　　其他综合收益　　　　　　　　　　　　　　　　　　　　　　　　　 12.5

　　递延所得税资产　　　　　　　　　　　　　　　　　　　　　　　　33.75

　　贷：递延所得税负债　　　　　　　　　　　　　　　　　　　　　　　12.5

　　　　应交税费——应交所得税　　　　　　　　　　　　　　　　　　1 390

（6）计算 2×16 年暂时性差异，将计算结果填入下表。

单位：万元

项目	账面价值	计税基础	暂时性差异	
			应纳税暂时性差异	可抵扣暂时性差异
存货	1 000	1 120		120
固定资产	546（720−720×20%−30）	720（900−90×2）		174
无形资产	30	45		15
可供出售金融资产	130	100	30	
总计			30	309

（7）计算 2×16 年应交所得税：

应交所得税＝[6 000+75+84+400−20×50%]×25%＝1 637.25（万元）

注 1：计提存货跌价准备 75 万元。

注 2：会计折旧＝（900−180）×20%＝144（万元），税法折旧＝900÷10＝90（万元），差额＝54（万元）；计提固定资产减值准备 30 万元，合计 84 万元。

（8）计算 2×16 年递延所得税资产和递延所得税负债的发生额：

①期末递延所得税资产余额＝（120+174）×25%＝73.5（万元）

期初递延所得税资产＝33.75（万元）

递延所得税资产发生额＝73.5−33.75＝39.75（万元）

②期末递延所得税负债余额＝30×25%＝7.5（万元）

期初递延所得税负债＝12.5 万元

递延所得税负债发生额＝7.5−12.5＝−5（万元）

（9）计算 2×16 年确认的所得税费用和计入其他综合收益的金额：

所得税费用＝1 637.25−39.75＝1 597.5（万元）

计入其他综合收益贷方的金额是 5 万元。

（10）编制 2×16 年有关所得税的会计分录：

借：所得税费用　　　　　　　　　　　　　　　　　　　　　　　　 1 597.5

　　递延所得税资产　　　　　　　　　　　　　　　　　　　　　　　 39.75

　　递延所得税负债　　　　　　　　　　　　　　　　　　　　　　　　　 5

　　贷：应交税费——应交所得税　　　　　　　　　　　　　　　　 1 637.25

　　　　其他综合收益　　　　　　　　　　　　　　　　　　　　　　　　 5

第十三章　非货币性资产交换

一、要点总览

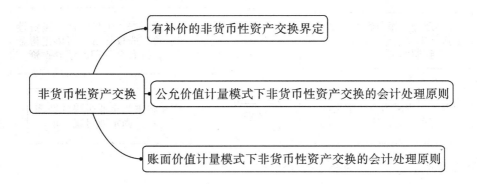

二、重点难点

（一）重点

公允价值计量模式与账面价值计量模式的适用条件

公允价值计量模式下非货币性资产交换的会计处理

账面价值计量模式下非货币性资产交换的会计处理

（二）难点

有补价的非货币性资产交换的界定

多项非货币性资产交换的会计处理

三、关键内容小结

（一）货币性资产与非货币性资产定义、范围、区别

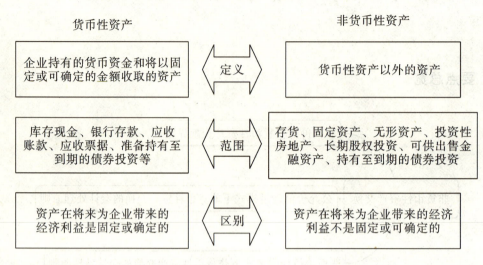

货币性资产　　　　　　　　　　　　　　　非货币性资产

定义	企业持有的货币资金和将以固定或可确定的金额收取的资产	货币性资产以外的资产
范围	库存现金、银行存款、应收账款、应收票据、准备持有至到期的债券投资等	存货、固定资产、无形资产、投资性房地产、长期股权投资、可供出售金融资产、持有至到期的债券投资
区别	资产在将来为企业带来的经济利益是固定或确定的	资产在将来为企业带来的经济利益不是固定或可确定的

（二）非货币性资产交换的会计处理模式

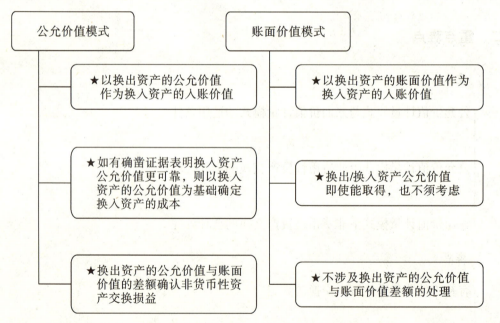

公允价值模式	账面价值模式
★以换出资产的公允价值作为换入资产的入账价值	★以换出资产的账面价值作为换入资产的入账价值
★如有确凿证据表明换入资产公允价值更可靠，则以换入资产的公允价值为基础确定换入资产的成本	★换出/换入资产公允价值即使能取得，也不须考虑
★换出资产的公允价值与账面价值的差额确认非货币性资产交换损益	★不涉及换出资产的公允价值与账面价值差额的处理

注：如果涉及补价，搞清楚谁支付补价，谁收到补价，是贷记"银行存款"科目，还是借记"银行存款"科目即可。

（三）非货币资产交换的确认和计量原则

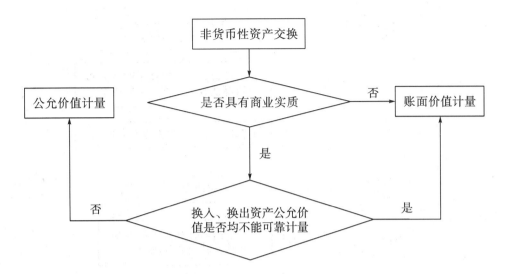

（四）有补价的非货币性资产交易的界定

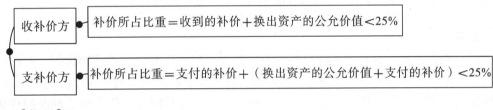

【提示】

（1）整个资产交换金额即为在整个非货币性资产交换中最大的公允价值；

（2）分子和分母均不含增值税，即补价为不含增值税的补价。

（五）公允价值模式下非货币性资产交易的会计处理

1. 公允价值模式下账务处理的原则

以换出资产的公允价值确定换入资产的入账价值，这种情况下换出资产相当于被出售或处置。

适用条件（同时满足）　商业实质
　　　　　　　　　　公允价值可靠计量
换入资产入账成本＝换出资产的公允价值＋销项税＋支付的补价（–收到的补价）–换入资产的进项税
换出资产损益＝换出资产的公允价值–换出资产的账面价值–价内税
多项非货币性资产交换的会计处理原则　换入多项非货币性资产的入账成本
＝换出多项资产的公允价值＋销项税＋支付的补价（–收到的补价）–换入资产的进项税
　　　　　　以换入多项非货币性资产的公允价值所占比例瓜分入账成本

2. 公允价值模式下换出资产损益确认

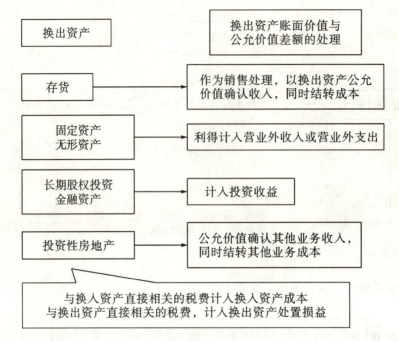

3. 账务处理

（1）换出资产为存货的，应当视同销售处理，按照公允价值确认销售收入；同时结转销售成本，相当于按照公允价值确认的收入和按账面价值结转的成本之间的差额，也即换出资产公允价值和换出资产账面价值的差额，在利润表中作为营业利润的构成部分予以列示。

　　借：库存商品等（换入资产的入账价值）
　　　　应交税费——应交增值税（进项税额）
　　　贷：主营业务收入/其他业务收入
　　　　　应交税费——应交增值税（销项税额）
（涉及补价的，借或贷"银行存款"科目等，下同）
　　借：主营业务成本/其他业务成本
　　　　存货跌价准备
　　　贷：库存商品/原材料等
（2）换出资产为固定资产、无形资产的，换出资产公允价值和换出资产账面价值的差额，计入营业外收入或营业外支出。

　　借：库存商品等（换入资产的入账价值）
　　　　应交税费——应交增值税（进项税额）
　　　　无形资产减值准备（已提减值准备）
　　　　累计摊销（已摊销额）
　　　贷：无形资产（账面余额）
　　　　　应交税费——应交增值税（销项税额）

营业外收入（或借：营业外支出）（差额）

换出的资产如为固定资产，需通过"固定资产清理"账户核算，并根据具体情况考虑增值税销项税额核算。

（3）换出资产为长期股权投资的，换出资产公允价值和换出资产账面价值的差额，计入投资收益。

借：库存商品等（换入资产的入账价值）
　　应交税费——应交增值税（进项税额）
　　长期股权投资减值准备（已提减值准备）
　　贷：长期股权投资（账面余额）
　　　　投资收益（差额，或借记）

（六）账面价值模式下非货币性资产交易的会计处理

1. 换入资产的入账价值确定原理

以换出资产的账面价值加上支付的相关税费作为换入资产的入账价值。

适用条件(二者具其一) —— 不具备商业实质 / 公允价值无法可靠计量

换入资产入账成本＝换出资产的账面价值＋销项税＋支付的补价(–收到的补价)–换入资产的进项税

换出资产不计算损益，但换出资产的价内税列当期损益 —— 换出存货的消费税 / 营业税金及附加

多项非货币性资产交换的会计处理原则 —— 换入多项非货币性资产的入账成本＝换出多项资产的账面价值＋销项税＋支付的补价(–收到的补价)–换入资产的进项税 / 以换入多项非货币性资产的账面价值所占比例标准瓜分入账成本

2. 一般会计分录
借：库存商品、固定资产等（计算得出的入账价值）
　　应交税费——应交增值税（进项税额）
　　存货跌价准备等（已提的减值准备）
　　贷：库存商品等（账面余额）
　　　　应交税费（应交的增值税、消费税等）
　　　　银行存款（已支付的相关税费）（涉及补价的，借或贷"银行存款"科目等）

(1) 非货币性资产交换具有商业实质，且换入资产的公允价值能够可靠计量的	应当按照换入各项资产的公允价值占换入资产公允价值总额的比例，对换入资产的成本总额进行分配，确定各项换入资产的成本 每项换入资产成本＝该项资产的公允价值÷换入资产公允价值总额×换入资产的成本总额
(2) 非货币性资产交换不具有商业实质，或者虽具有商业实质，但换入资产的公允价值不能可靠计量的	应当按照换入各项资产的原账面价值占换入资产原账面价值总额的比例，对换入资产的成本总额进行分配，确定各项换入资产的成本 每项换入资产的成本＝该项资产的原账面价值÷换入资产原账面价值总额×换入资产的成本总额

四、练习题

（一）单项选择题

1. 下列各项资产中，属于货币性资产的是（　　）。
    A. 库存商品　　　　　　　　　　B. 交易性金融资产
    C. 持有至到期投资　　　　　　　D. 可供出售权益性资产

2. 在不涉及补价、不考虑其他因素的情况下，下列各项交易中属于非货币性资产交换的是（　　）。
    A. 以应收票据换入投资性房地产
    B. 以应收账款换入一块土地使用权
    C. 以可供出售权益工具投资换入固定资产
    D. 以长期股权投资换入持有至到期债券投资

3. A 公司以库存商品交换 B 公司一项生产经营用固定资产，B 公司另向 A 公司支付银行存款 112.5 万元。①A 公司换出：库存商品的账面余额为 1 080 万元，已计提存货跌价准备 90 万元，计税价格为 1 125 万元。②B 公司换出：固定资产的原值为 1 350 万元，累计折旧为 270 万元。假定该项交换不具有商业实质，不考虑相关的增值税。则 B 公司换入库存商品的入账价值为（　　）万元。
    A. 1 001.25　　　B. 1 192.5　　　C. 1 102.5　　　D. 1 082.25

4. A 公司以一项无形资产与 B 公司一项投资性房地产进行资产置换，A 公司另向 B 公司支付银行存款 45 万元。A 公司换出：无形资产——专利权，账面成本为 450 万元，已计提摊销额 50 万元，公允价值为 405 万元。B 公司换出：投资性房地产，账面价值为 400 万元，其中"成本"为 310 万元，"公允价值变动"为 90 万元（借方余额），公允价值为 450 万元。假定该项交换具有商业实质且公允价值能够可靠计量，不考虑相关税费，则 A 公司和 B 公司的会计处理中，正确的是（　　）。
    A. A 公司换入投资性房地产的入账价值为 337.5 万元
    B. A 公司换出无形资产确认处置损益为 112.5 万元
    C. B 公司换入无形资产的入账价值为 405 万元
    D. B 公司换出投资性房地产确认处置损益为 10 万元

5. A 公司和 B 公司均为增值税一般纳税人，适用的增值税税率为 17%。A 公司以一项固定资产（生产经营设备）交换 B 公司的一项长期股权投资，B 公司另向 A 公司支付银行存款 1.59 万元（B 公司收到不含税补价 3 万元）。A 公司换出：固定资产原值为 30 万元，已计提折旧 4.5 万元，公允价值为 27 万元，交换中产生增值税 4.59 万元，支付固定资产清理费用 0.5 万元。B 公司换出：长期股权投资的公允价值无法确定。假定该项交换具有商业实质，不考虑其他税费，则 A 公司下列会计处理中，不正确的是（　　）。
    A. 补价占非货币性资产交换金额的比例为 5.89%
    B. 该交易属于非货币性资产交换

  C. 换入长期股权投资的入账成本为 30 万元

  D. 换出固定资产的利得为 1 万元

  6. 天山公司用一台已使用 2 年的甲设备从海洋公司换入一台乙设备，支付换入资产相关税费 10 000 元，从海洋公司收取补价 30 000 元。甲设备的账面原价为 500 000 元，原预计使用年限为 5 年，原预计净残值为 5%，并采用双倍余额递减法计提折旧，未计提减值准备。乙设备的账面原价为 240 000 元，已提折旧 30 000 元。两公司资产置换具有商业实质。置换时，甲、乙设备的公允价值分别为 250 000 元和 220 000 元。天山公司换入乙设备的入账价值为（ ）元。

  A. 160 000 B. 230 000 C. 168 400 D. 200 000

  7. 甲公司将两辆大型运输车辆与 A 公司的一台生产设备相交换，另支付补价 10 万元。在交换日，甲公司用于交换的两辆运输车辆账面原价为 140 万元，累计折旧为 25 万元，公允价值为 130 万元。A 公司用于交换的生产设备账面原价为 300 万元，累计折旧为 175 万元，公允价值为 140 万元。该非货币性资产交换具有商业实质。假定不考虑相关税费，甲公司对该非货币性资产交换应确认的收益为（ ）万元。

  A. 0 B. 5 C. 10 D. 15

  8. 甲公司以一台生产设备和一项专利权与乙公司的一台机床进行非货币性资产交换。甲公司换出生产设备的账面原价为 1 000 万元，累计折旧为 250 万元，公允价值为 780 万元；换出专利权的账面原价为 120 万元，累计摊销为 24 万元，公允价值为 100 万元。乙公司换出机床的账面原价为 1 500 万元，累计折旧为 750 万元，固定资产减值准备为 32 万元，公允价值为 700 万元。甲公司另向乙公司收取银行存款 180 万元作为补价。假定该非货币性资产交换不具有商业实质，不考虑其他因素，甲公司换入乙公司机床的入账价值为（ ）万元。

  A. 538 B. 666 C. 700 D. 718

  9. 甲公司为增值税一般纳税人，于 2009 年 12 月 5 日以一批商品换入乙公司的一项非专利技术，该交换具有商业实质。甲公司换出商品的账面价值为 80 万元，不含增值税的公允价值为 100 万元，增值税税额为 17 万元；另收到乙公司补价 10 万元。甲公司换入非专利技术的原账面价值为 60 万元，公允价值无法可靠计量。假定不考虑其他因素，甲公司换入该非专利技术的入账价值为（ ）万元。

  A. 50 B. 70 C. 90 D. 107

  10. 2011 年 3 月 2 日，甲公司以账面价值为 350 万元的厂房和 150 万元的专利权，换入乙公司账面价值为 300 万元的在建房屋和 100 万元的长期股权投资，不涉及补价。上述资产的公允价值均无法获得。不考虑其他因素，甲公司换入在建房屋的入账价值为（ ）万元。

  A. 280 B. 300 C. 350 D. 375

  11. A、B 公司均为增值税一般纳税人。A 公司以一台设备换入 B 公司的一项专利权。交换日设备的账面原价为 600 万元，已提折旧 30 万元，已提减值准备 30 万元，其公允价值为 500 万元，应交增值税税额 85 万元，A 公司支付清理费用 2 万元；专利权的原价为 400 万元，已摊销 100 万元，公允价值为 600 万元，增值税税额为 36 万元。A 公司另向 B 公司支付补价 51 万元。假定 A 公司和 B 公司之间的资产交换具有商业实质，不考虑其他因素。A 公司换入的专利权的入账价值为（   ）万元。

  A. 600   B. 651   C. 636   D. 551

12. A 公司用投资性房地产换入 B 公司的一项专利权。A 公司对该投资性房地产采用成本模式计量。该投资性房地产的账面原价为 2 000 万元，已提折旧 200 万元，已提减值准备 100 万元。A 公司另向 B 公司支付补价 100 万元。该资产交换不具有商业实质，不考虑增值税等其他因素，A 公司换入专利权的入账价值为（   ）万元。

  A. 2 000   B. 2 200   C. 1 800   D. 2 400

13. 2016 年 10 月 12 日，经与丙公司协商，甲公司以一项非专利技术和对丁公司股权投资（作为可供出售金融资产核算）换入丙公司持有的对戊公司的长期股权投资。甲公司非专利技术的原价为 1 200 万元，已摊销 200 万元，已计提减值准备 100 元，公允价值为 1 000 万元，增值税税额为 60 万元；对丁公司股权投资的公允价值为 400 万元，账面价值为 380 万元（成本为 330 万元，公允价值变动为 50 万元）。丙公司对戊公司长期股权投资的账面价值为 1 100 万元。未计提减值准备，公允价值为 1 200 万元。丙公司另以银行存款向甲公司支付补价 260 万元。该非货币性资产交换具有商业实质。此项非货币性资产交换影响甲公司 2016 年利润总额的金额为（   ）万元。

  A. 170   B. 100   C. 120   D. 70

14. 甲公司为增值税一般纳税人，2016 年 1 月 25 日以其拥有的一项非专利技术与乙公司生产的一批商品交换。交换日，甲公司换出可供出售金融资产成本为 65 万元，公允价值无法可靠计量；换入商品的账面成本为 72 万元，未计提跌价准备，公允价值为 100 万元，增值税税额为 17 万元，甲公司将其作为存货；甲公司另收到乙公司支付的 30 万元现金。不考虑其他因素，甲公司对该交易应确认的收益为（   ）万元。

  A. 0   B. 22   C. 65   D. 82

15. 甲公司以库存商品 A、B 交换乙公司原材料，双方交换后不改变资产的用途。甲公司和乙公司适用的增值税税率均为 17%，假定计税价格与公允价值相同。甲公司换出：①库存商品——A，账面成本为 360 万元，已计提存货跌价准备 60 万元，公允价值为 300 万元；②库存商品——B，账面成本为 80 万元，已计提存货跌价准备 20 万元，公允价值为 60 万元。乙公司换出原材料的账面成本为 413 万元，已计提存货跌价准备 8 万元，公允价值为 450 万元，甲公司另向乙公司支付银行存款 105. 3 万元。

  假定该项交换具有商业实质且公允价值能够可靠计量，则甲公司换入原材料的入账价值为（   ）万元。

  A. 511. 20   B. 434. 70   C. 373. 50   D. 450

16. 甲、乙公司均为增值税一般纳税人，适用的增值税税率为 17%，甲公司以可供出售金融资产（权益工具）和交易性金融资产交换乙公司生产经营用的精密仪器和专利权。甲公司换出：可供出售金融资产的账面价值为 35 万元（其中成本为 40 万元，公允价值变动贷方余额为 5 万元），公允价值为 45 万元；交易性金融资产的账面价值为 20 万元（其中成本为 18 万元，公允价值变动为 2 万元），公允价值为 30 万元。

  乙公司换出：精密仪器原值为 20 万元，已计提折旧 9 万元，公允价值为 15 万元，含税公允价值为 17. 55 万元；专利权原值为 63 万元，已摊销金额为 3 万元，公允价值为 65 万元。甲公司向乙公司支付银行存款 7. 55 万元，甲公司为换入精密仪器支付运杂费 4 万元。假定该项交换具有商业实质且公允价值能够可靠计量，各项资产交换前后的用途不变。则甲公司有关非货币性资产交换的处理，正确的是（　　）。

A. 换入精密仪器的入账价值为 15 万元

B. 换入专利权的入账价值为 65 万元

C. 确认投资收益 10 万元

D. 影响营业利润的金额为 17 万元

（二）多项选择题

1. 下列资产中，属于货币性资产的有（　　）。

A. 交易性金融资产　　　　　　　　B. 应收票据

C. 预付账款　　　　　　　　　　　D. 持有至到期投资

2. 不具有商业实质、不涉及补价的非货币性资产交换中，影响换入资产入账价值的因素有（　　）。

A. 换出资产的账面余额　　　　　　B. 换出资产的公允价值

C. 换入资产的公允价值　　　　　　D. 换出资产已计提的减值准备

3. 假定不考虑增值税的影响。下列交易中，不属于非货币性资产交换的有（　　）。

A. 以 100 万元应收账款换取生产用设备，同时收到补价 10 万元

B. 以持有的一项土地使用权换取一栋生产用厂房

C. 以持有至到期的公司债券换取一项长期股权投资

D. 以一批存货换取一项公允价值为 100 万元的专利权并支付 50 万元补价

4. 下列资产中，属于非货币性资产交换的有（　　）。

A. A 公司以公允价值 2 000 万元厂房换入 B 公司公允价值为 1 600 万元的一项专利权，A 公司收到补价 524 万元（其中增值税销项税额与进项税额的差额为 124 万元，公允价值的差额为 400 万元）

B. C 公司以长期股权投资换入 D 公司持有至到期投资

C. E 公司以应收账款换入 F 公司存货

D. G 公司以投资性房地产换入 H 公司设备

5. 下列项目中，属于非货币性资产交换的有（　　）。

A. 以公允价值 100 万元的原材料换取一项设备

B. 以公允价值 500 万元的长期股权投资换取专利权

C. 以公允价值 100 万元的 A 车床换取 B 车床，同时收到 20 万元的补价

D. 以公允价值 70 万元的电子设备换取一辆小汽车，同时支付 30 万元的补价

6. 甲公司用房屋换取乙公司的专利，甲公司的房屋符合投资性房地产的定义，但甲公司未采用公允价值模式计量。在交换日，甲公司房屋账面原价为 120 万元，已提折旧 20 万元，公允价值为 110 万元，乙公司专利账面价值为 10 万元，无公允价值，甲公司另向乙公司支付 30 万元。假设不考虑资产交换过程中产生的相关税费，下列会计处理中，正确的有（　　）。

A. 甲公司确认营业外收入 10 万元

B. 甲公司换入的专利的入账价值为 130 万元

C. 甲公司换入的专利的入账价值为 140 万元

D. 乙公司确认营业外收入 130 万元

7. 不具有商业实质、不涉及补价的非货币性资产交换中，影响换入资产入账价值的因素有（　　）。

    A. 换出资产的账面余额　　　　　　　B. 换出资产的公允价值

    C. 换入资产的公允价值　　　　　　　D. 换出资产已计提的减值准备

8. 下列各项中，属于非货币性资产的有（　　）。

    A. 可供出售权益工具　　　　　　　　B. 银行本票存款

    C. 长期股权投资　　　　　　　　　　D. 持有至到期投资

9. 下列各项资产交换中，属于非货币性资产交换的有（　　）。

    A. 以库存商品换入交易性金融资产

    B. 以商业汇票换入原材料

    C. 以银行本票换入无形资产

    D. 以不准备持有至到期的国库券换入一幢房屋

10. 不考虑其他因素，下列交易中属于非货币性资产交换的有（　　）。

    A. 以 800 万元应收债权换取生产用设备

    B. 以持有至到期投资换取一项长期股权投资

    C. 以公允价值为 600 万元的厂房换取投资性房地产，另收取补价 140 万元

    D. 以公允价值为 600 万元的专利技术换取可供出售金融资产，另支付补价 160 万元

11. 下列关于具有商业实质且公允价值能够可靠计量的非货币性资产交换，涉及补价时的会计处理中，正确的有（　　）。

    A. 支付补价的企业，以换出资产的公允价值，加上支付的补价和为换入资产应支付的相关税费，作为换入资产的入账价值

    B. 收到补价的企业，以换出资产的公允价值，减去收到补价加上为换入资产应支付的相关税费，作为换入资产的入账价值

    C. 换出资产的公允价值与其账面价值的差额计入当期损益

    D. 应支付的相关税费一定计入换入资产的入账价值

12. 非货币性资产交换具有商业实质且公允价值能够可靠计量的，换出资产的公允价值与其账面价值的差额，会计处理正确的有（　　）。

    A. 换出资产为存货的，应当视同销售处理，按其公允价值确认收入，同时结转相应的成本

    B. 换出资产为无形资产或固定资产的，换出资产公允价值与其账面价值的差额，计入营业外收入或营业外支出

    C. 换出资产为投资性房地产的，换出资产公允价值与其账面价值的差额，计入投资收益

    D. 换出资产为长期股权投资的，换出资产公允价值与其账面价值的差额，计入投资收益

13. 甲公司与乙公司进行非货币性资产交换，具有商业实质且公允价值能够可靠地

计量，对于换入资产，交换前后均作为存货核算。则以下影响甲公司换入存货入账价值的项目有（　　　）。

  A. 乙公司支付的少量补价   B. 乙公司换出存货的账面价值

  C. 甲公司换出存货的公允价值   D. 甲公司换出存货的账面价值

14. 下列关于非货币性资产交换的说法中，正确的有（　　　）。

  A. 非货币性资产交换具有商业实质且公允价值能够可靠计量的，无论是否发生补价，只要换出资产的公允价值与其账面价值不相同，均应确认非货币性资产交换损益

  B. 非货币性资产交换不具有商业实质或公允价值不能可靠计量的，无论是否发生补价，均不应确认非货币性资产交换损益

  C. 非货币性资产交换具有商业实质且换入资产的公允价值能够可靠计量的，同时换入多项资产时，应当按照换入各项资产的公允价值占换入资产公允价值总额的比例，对换入资产的成本总额进行分配，确定各项换入资产的成本

  D. 非货币性资产交换不具有商业实质或公允价值不能够可靠计量的，同时换入多项资产时，应当按照换入各项资产的原账面价值占换入资产原账面价值总额的比例，对换入资产的成本总额进行分配，确定各项换入资产的成本

（三）判断题

1. 非货币资产交换是指交易双方主要以存货、固定资产、无形资产和长期股权投资等非货币性资产进行的交换。该交换不涉及货币性资产。（　　）

2. 在进行不具有商业实质的非货币性资产交换的核算时，如果涉及补价，支付补价的企业，应当以换出资产的公允价值加上补价和应支付的相关税费，作为换入资产的入账价值。（　　）

3. 公允价值模式下换入多项非货币性资产，一定按照换入各项资产的公允价值占换入资产公允价值总额的比例，对换入资产的成本总额进行分配，确定各项换入资产的成本。（　　）

4. 具有商业实质的非货币性资产交换按照公允价值计量的，假定不考虑补价和相关税费等因素，应当将换入资产的公允价值和换出资产的账面价值之间的差额计入当期损益。（　　）

5. 企业购入的准备在两个月后转让的股票投资属于货币性资产。（　　）

6. 非货币性资产交换不具有商业实质，或换入资产和换出资产的公允价值均不能可靠计量的，以换出资产的账面价值为基础确定换入资产的成本。（　　）

7. 企业以一项用于出租的土地使用权交换一项自用的土地使用权，如果由定期租金带来的现金流量与自用的无形资产产生的现金流量在风险、时间和金额方面显著不同，那么这两项资产的交换应当视为具有商业实质。（　　）

8. 非货币性资产交换不具有商业实质或者虽具有商业实质但换入资产和换出资产的公允价值均不能可靠计量的，不确认非货币性资产交换损益。（　　）

9. 非货币性资产交换的核算中，无论是支付补价的一方还是收到补价的一方，都要确认换出资产的处置损益。　　　　　　　　　　　　　　　　　　（　　）

10. 在非货币性资产交换中，换出无形资产如涉及营业税，应当将其计入换入资产的入账价值。　　　　　　　　　　　　　　　　　　　　　　　　　　（　　）

（四）计算分析题

1. 甲公司为上市公司，该公司内部审计部门在对其 2016 年度财务报表进行内审时，对以下交易或事项的会计处理提出疑问：

（1）甲公司于 2016 年 9 月 20 日用一项可供出售金融资产与乙公司一项专利权进行交换，资产置换日，甲公司换出可供出售金融资产的账面价值为 258 万元（成本为 218 万元，公允价值变动为 40 万元），公允价值为 318 万元；乙公司换出专利权的账面余额为 350 万元，累计摊销 40 万元，公允价值为 300 万元，增值税税额为 18 万元。甲公司换入的专利权采用直线法摊销，尚可使用年限为 5 年，无残值。假定该非货币性资产交换具有商业实质。甲公司相关会计处理如下：

```
借：无形资产                                    240
    应交税费——应交增值税（进项税额）              18
    贷：可供出售金融资产——成本                          218
                    ——公允价值变动                      40
借：管理费用                                    16
    贷：累计摊销                                          16
```

（2）甲公司于 2016 年 7 月 1 日用一幢办公楼与丙公司的一块土地使用权进行置换，资产置换日，甲公司换出办公楼的原价为 10 000 万元，已提折旧 2 000 万元，未计提减值准备，公允价值为 12 000 万元；丙公司换出土地使用权的账面原价为 8 000 万元，已摊销 2 000 万元，公允价值为 12 000 万元。甲公司将换入的土地使用权直接对外出租，2016 年取得租金收入 500 万元，该土地使用权尚可使用年限为 50 年，采用直线法摊销，无残值。办公楼和土地使用权适用的增值税税率均为 11%，不考虑其他税费。假定该项非货币性资产交换具有商业实质。甲公司相关会计处理如下：

```
借：固定资产清理                                8 000
    累计折旧                                    2 000
    贷：固定资产                                        10 000
借：投资性房地产                                8 000
    应交税费——应交增值税（进项税额）            1 320
    贷：固定资产清理                                    8 000
        应交税费——应交增值税（销项税额）            1 320
借：银行存款                                    500
    贷：其他业务收入                                    500
借：其他业务成本                                80
    贷：投资性房地产累计折旧（摊销）                    80
```

要求：根据资料（1）和（2），逐项判断甲公司会计处理是否正确；如不正确，简要说明理由，并更正有关差错的会计分录。（有关差错更正按当期差错处理，不要求编制结转损益的会计分录）。

2. A 公司与 B 公司均为增值税一般纳税人，适用的增值税税率均为 17%。有关非货币性资产交换资料如下：

（1）2014 年 5 月 2 日，A 公司与 B 公司签订协议，进行资产交换，A 公司换出其具有完全产权并用于经营出租的写字楼，A 公司采用成本模式进行后续计量。B 公司换出固定资产（生产设备）。

（2）2014 年 6 月 30 日，A 公司与 B 公司办理完毕相关资产所有权转移手续，A 公司与 B 公司资产交换日资料为：

①A 公司换出：投资性房地产的原值为 10 000 万元，至 2014 年 6 月 30 日已计提折旧 1 000 万元，公允价值为 18 000 万元。

②B 公司换出：固定资产账面价值为 18 000 万元（其中成本为 20 000 万元，已计提折旧为 2 000 万元），不含税公允价值为 19 000 万元，含税公允价值为 22 230 万元。

③交换协议约定，A 公司应向 B 公司支付银行存款 4 230 万元，交换日已支付。

（3）A 公司换入的生产设备确认为固定资产，用于生产车间制造产品，预计使用年限为 10 年，采用直线法摊销，不考虑净残值；B 公司换入的写字楼于当日经营出租给某公司，并采用公允价值模式进行后续计量。

（4）假定整个交换过程中没有发生其他相关税费，该项交易具有商业实质且公允价值能够可靠计量。

（5）2014 年 12 月 31 日，B 公司换入投资性房地产的公允价值为 23 000 万元。

要求：

（1）计算资产交换日 A 公司支付不含税的补价、换入固定资产的成本、资产交换确认的损益。

（2）编制 A 公司资产交换日换入固定资产的会计分录。

（3）计算资产交换日 B 公司换入投资性房地产的成本、资产交换确认的损益。

（4）编制资产交换日 B 公司换入投资性房地产的会计分录。

（5）编制 2014 年 12 月 31 日，A 公司计提固定资产折旧和 B 公司有关公允价值变动的会计分录。

3. 甲公司和乙公司均为增值税一般纳税人，适用的增值税税率均为 17%。2014 年甲公司和乙公司发生如下交易：

（1）2014 年 1 月 3 日，甲公司以银行存款购入生产经营用固定资产，取得增值税专用发票，价款为 800 万元，增值税进项税额为 136 万元，不需要安装，当日投入生产部门使用。该设备的预计使用年限为 10 年，预计净残值为零。甲公司采用年限平均法对该设备计提折旧。

（2）甲公司和乙公司为了缓解资金周转压力，于 2014 年 4 月签订资产置换协议，甲公司以 2014 年 1 月 3 日购入的固定资产交换乙公司的原材料。

（3）合同约定，甲公司需要向乙公司支付银行存款 117 万元。2014 年 4 月 20 日，乙公司收到银行存款 117 万元。2014 年 4 月 30 日，双方办理完毕相关资产所有权划转手续。有关资料如下：

①甲公司换出：固定资产的不含税公允价值为 1 000 万元；

②乙公司换出：原材料的账面成本为 900 万元，已计提存货跌价准备 50 万元，公允价值为 1 100 万元。

（4）甲公司换入存货作为原材料核算，乙公司换入设备作为固定资产核算。

（5）假定该交换具有商业实质且公允价值能够可靠计量。甲公司开出固定资产的增值税专用发票，且固定资产的增值税进项税额可以抵扣，处置固定资产时需要缴纳增值税销项税。

要求：

（1）编制 2014 年 1 月 3 日甲公司购入生产经营用固定资产的会计分录。

（2）编制 2014 年 4 月 20 日甲公司支付银行存款的会计分录。

（3）计算 2014 年 4 月 30 日甲公司换入原材料的成本。

（4）编制 2014 年 4 月 30 日甲公司换入原材料的会计分录。

（5）编制 2014 年 4 月 20 日乙公司收到银行存款的会计分录。

（6）计算乙公司 2014 年 4 月 30 日换入固定资产的成本。

（7）编制乙公司 2014 年 4 月 30 日换入固定资产的会计分录。

（五）综合题

A 公司和 B 公司均为增值税一般纳税人，适用的增值税税率均为 17%。

（1）2014 年 1 月 17 日，A 公司以银行存款 200 万元自 Y 公司原股东处购入 Y 公司 15% 的表决权资本，对 Y 公司有重大影响，划分为长期股权投资。当日 Y 公司可辨认净资产的公允价值为 1 200 万元（包含一项无形资产的公允价值高于账面价值的差额 100 万元，该无形资产预计尚可使用年限为 10 年，采用直线法摊销）。

（2）2014 年 3 月 20 日，A 公司购入一项 W 专利权专门用于生产 W 产品，实际支付价款为 500 万元，采用产量法摊销该专利权，在预计使用年限内可生产的 W 产品为 500 吨。

（3）2014 年 4 月 20 日，以银行存款购入 X 库存商品，取得增值税专用发票，价款为 60 万元，增值税进项税额为 10.2 万元。

（4）2014 年 12 月 31 日，Y 公司可供出售金融资产公允价值增加 60 万元，实现的净利润为 210 万元。

（5）截至 2014 年 12 月 31 日，W 专利权累计实际生产 W 产品 200 吨。

（6）2014 年 12 月 31 日，X 库存商品的市场销售价格为 54 万元，预计销售税费为零。

（7）A 公司因经营战略发生较大调整，经与 B 公司协商，进行资产置换。2014 年 12 月 31 日 A 公司与 B 公司签订资产置换合同，A 公司以上述对 Y 公司的长期股权投资、W 专利权和 X 库存商品与 B 公司的设备、原材料进行交换。

A 公司换出资产资料如下：

对 Y 公司的长期股权投资的公允价值为 320 万元，W 专利权的公允价值为 220 万元，X 库存商品不含税公允价值为 54 万元。合计不含税公允价值总额为 594 万元，合计含税公允价值总额为 603.18 万元。

B 公司换出资产资料如下：

换出作为固定资产核算的设备原值为 800 万元，已提折旧 500 万元，公允价值为 350 万元；原材料的账面成本为 200 万元，已计提存货跌价准备 20 万元，公允价值为 300 万元，含税公允价值为 351 万元。合计不含税公允价值总额为 650 万元，合计含税公允价值总额为 701 万元。

A 公司向 B 公司支付银行存款 97.82 万元。

（8）2015 年 2 月 10 日，办理完毕资产所有权的划转手续，假定该项非货币性资产交换具有商业实质且公允价值能够可靠计量，不考虑与设备相关的增值税。A 公司和 B 公司交换前与交换后资产的用途不变。

要求：

（1）编制 A 公司 2014 年 1 月 17 日购入 Y 公司股权的会计分录。

（2）编制 2014 年 3 月 20 日 A 公司购入 W 专利权的会计分录。

（3）编制 2014 年 4 月 20 日购入 X 库存商品的会计分录。

（4）编制 2014 年 12 月 31 日有关长期股权投资的会计分录，并计算 2014 年 12 月 31 日长期股权投资的账面价值。

（5）编制 2014 年年末 A 公司有关 W 专利权的会计分录。

（6）编制 A 公司 2014 年 12 月 31 日计提存货跌价准备的会计分录。

（7）计算 A 公司换入资产的总成本。

（8）计算 A 公司换入各项资产的入账价值。

（9）计算 A 公司换出资产影响损益的金额，并编制 A 公司换入各项资产的会计分录。

（10）计算 B 公司换入资产的总成本。

（11）计算 B 公司换入各项资产的入账价值。

（12）计算 B 公司换出资产影响损益的金额，并编制 B 公司换入各项资产的会计分录。

五、参考答案及解析

（一）单项选择题

1.【答案】C

2.【答案】C

【解析】选项 A，应收票据属于货币性资产，故不属于非货币性资产交换；选项 B，应收账款属于货币性资产，故不属于非货币性资产交换；选项 D，持有至到期债券投资属于货币性资产，故不属于非货币性资产交换。

3.【答案】B

【解析】在不具有商业实质的情况下，B 公司换入库存商品的入账价值 =（1 350 - 270）+112.5 = 1 192.5（万元）。

4.【答案】C

【解析】选项AB，A公司换入投资性房地产的成本=405+45=450（万元），确认无形资产处置损益=405-（450-50）=5（万元）；选项CD，B公司取得的无形资产入账价值=450-45=405（万元），确认处置损益=450-（310+90）=50（万元）。

5.【答案】A

【解析】选项A，支付补价的企业：支付的不含税补价3÷（支付的不含税补价3+换出资产不含税公允价值27）×100%=10%；选项C，A公司换入长期股权投资的入账成本=（27+4.59）-1.59=30（万元）；选项D，A公司换出固定资产的利得=27-（30-4.5）-0.5=1（万元）。

6.【答案】B

【解析】此项置换具有商业实质，且30 000÷250 000×100%=12%<25%，应按换出资产的公允价值为基础确定。天山公司换入的乙设备的入账价值=250 000+10 000-30 000=230 000（元）。

7.【答案】D

【解析】甲公司对该非货币性资产交换应确认的收益=130-（140-25）=15（万元）。

8【答案】B

【解析】不具有商业实质情况下的非货币性资产交换，其换入资产的入账价值=换出资产的账面价值+支付的相关税费-收到的补价=（1 000-250）+（120-24）-180=666（万元）。

9.【答案】D

【解析】换入资产的入账价值=100+17-10=107（万元）。

10.【答案】D

【解析】因为换入资产和换出资产的公允价值不能够可靠计量，所以换入资产的入账价值为换出资产的账面价值。所以甲公司换入资产的入账价值金额=350+150=500（万元），甲公司换入在建房屋的入账价值=500×300÷（100+300）=375（万元）。

11.【答案】A

【解析】A公司换入专利权的入账价值为600万元（500+85+51-36=600）。支付补价51万元由两部分构成：一部分是增值税销项税额85万元与进项税额36万元的差额，即-49万元；另一部分为换出设备公允价值500万元与换入专利权600万元的差额，即100万元。A公司换入专利权的入账价值=500+100=600（万元）。

12.【答案】CA

【解析】公司换入专利权的入账价值=（2 000-200-100）+100=1 800（万元）。

13.【答案】A

【解析】甲公司换出非专利技术影响利润总额的金额=1 000-（1 200-200-100）=100（万元），换出可供出售金融资产影响利润总额的金额=（400-380）+50（其他综合收益转入投资收益）=70（万元），此项交换影响甲公司2016年利润总额的金额=100+70=170（万元）。

14.【答案】D

【解析】甲公司对该交易应确认的收益=（100+17+30）-65=82（万元）。

15.【答案】D

【解析】方法一：换入资产成本=换出资产不含税公允价值360+支付的不含税补价90（450-360）+应支付的相关税费0=450（万元）；

甲公司换出：①库存商品——A，账面成本为360万元，已计提存货跌价准备60万元，公允价值为300万元；②库存商品——B，账面成本为80万元，已计提存货跌价准备20万元，公允价值为60万元。乙公司换出原材料的账面成本为413万元，已计提存货跌价准备8万元，公允价值为450万元，甲公司另向乙公司支付银行存款105.3万元。

方法二：换入资产成本=换出资产含税公允价值（360+360×17%）+支付的含税的补价105.3-可抵扣的增值税进项税额450×17%+应支付的相关税费0=450（万元）。

16.【答案】B

【解析】甲换入资产的成本总额=换出资产不含税公允价值（45+30）+支付的不含税补价5=80（万元）

换入精密仪器的入账价值=80×15÷（15+65）+4=19（万元）

换入专利权的入账价值=80×65÷（15+65）=65（万元）

因此，选项A不正确，选项B正确。

选项C，确认投资收益=（45-40）+（30-18）=17（万元）；选项D，影响营业利润的金额=（45-35-5）+（30-20）=15（万元）。

（二）多项选择题

1.【答案】BD

【解析】货币性资产，是指企业持有的货币资金和将以固定或可确定的金额收取的资产，包括现金、银行存款、应收账款、其他应收款和应收票据以及准备持有至到期的债券投资等。

2.【答案】AD

【解析】非货币性资产交换不具有商业实质，不涉及补价，应当以换出资产的账面价值和应支付的相关税费作为换入资产的成本，与换入资产的公允价值和换出资产的公允价值均无关，选项B和C均不正确；换出资产的账面价值=换出资产账面余额-换出资产已计提的减值准备，选项A和D均正确。

3.【答案】ACD

【解析】应收账款和持有至到期的公司债券属于货币性资产，选项A和C不属于非货币性资产交换；50÷100×100%=50%不小于25%，选项D不属于非货币性资产交换。

4.【答案】AD

【解析】选项A，400÷2 000×100%=20%＜25%，属于非货币性资产交换。

5.【答案】ABC

【解析】30÷（70+30）×100%=30%大于25%，选项D不属于非货币性资产交换。

6.【答案】CD

【解析】甲公司应确认其他业务收入110万元，其他业务成本100万元，不能确认营业外收入，选项 A 不正确；甲公司换入专利的入账价值 = 110 + 30 = 140 （万元），选项 B 不正确。

7.【答案】AD

8.【答案】AC

9.【答案】AD

【解析】选项 B、C 是货币性资产交换。

10.【答案】CD

【解析】选项 A 中的应收债权和选项 B 中的持有至到期投资属于货币性资产，因此，选项 AB 不属于非货币性资产交换；选项 C，补价的比例 = 140 ÷ 600 × 100% = 23.33%，小于 25%，属于非货币性资产交换；选项 D，补价的比例 = 160 ÷ （160 + 600）× 100% = 21.05%，小于 25%，属于非货币性资产交换。

11.【答案】ABC

【解析】选项 D，应支付的相关税费不一定都计入换入资产的入账价值，如果是为换出资产发生的相关税费，应计入换出资产的处置损益。

12.【答案】ABD

【解析】选项 C，换出资产为投资性房地产的，按换出资产公允价值确认其他业务收入，并结转其他业务成本。

13.【答案】AC

【解析】在具有商业实质的非货币性资产交换中，换入资产的入账价值是以换出资产的公允价值加上支付的补价（或减去收到的补价）再加上为换入资产支付的相关税费来确定的，因此选项 AC 正确。

14.【答案】ABCD

（三）判断题

1.【答案】错

【解析】该交换不涉及或只涉及少量的货币性资产。

2.【答案】错

【解析】在进行不具有商业实质的非货币性资产交换的核算时，如果涉及补价，支付补价的企业，应当以换出资产账面价值加上补价和应支付的相关税费，作为换入资产的入账价值。

3.【答案】错

【解析】非货币性资产交换具有商业实质，且换入资产的公允价值能够可靠计量的，应当按照换入各项资产的公允价值占换入资产公允价值总额的比例，对换入资产的成本总额进行分配，确定各项换入资产的成本。

4.【答案】对

【解析】具有商业实质的非货币性资产交换按公允价值计量的，假定不考虑补价和相关税费等因素，应当将换出资产的公允价值和换出资产的账面价值之间的差额计入当期损益，不是换入资产的公允价值和换出资产的账面价值之间的差额。

5.【答案】错

【解析】股票投资不是以固定或可确定的货币收取的资产，不符合货币性资产的定义。

6.【答案】对

7.【答案】对

8.【答案】对

9.【答案】错

【解析】一般只有在非货币性资产交换具有商业实质且换入或者换出资产的公允价值能够可靠计量的情况下，才确认换出资产的处置损益。

10.【答案】错

【解析】换出无形资产发生的营业税，不计入换入资产的入账成本，应作为换出资产的处置损益。

（四）计算分析题

1.（1）事项（1）的会计处理不正确。

理由：非货币性资产交换同时满足"该项交换具有商业实质"及"换入资产或换出资产的公允价值能够可靠地计量"两个条件时，应以公允价值为基础确定换入资产的成本。

更正分录为：

借：无形资产　　　　　　　　　　　　　　　60（300-240）

　　贷：投资收益　　　　　　　　　　　　　　　　　　60

借：其他综合收益　　　　　　　　　　　　　　40

　　贷：投资收益　　　　　　　　　　　　　　　　　　40

借：管理费用　　　　　　　　　　　　　4（300÷5×4÷12-16）

　　贷：累计摊销　　　　　　　　　　　　　　　　　　4

（2）事项（2）的会计处理不正确。

理由：非货币性资产交换同时满足"该项交换具有商业实质"及"换入资产或换出资产的公允价值能够可靠地计量"两个条件时，应以公允价值为基础确定换入资产的成本。

更正分录为：

借：投资性房地产　　　　　　　　　　　　　　4 000

　　贷：营业外收入　　　　　　　　　　　　　　　　4 000

借：其他业务成本　　　　　　　　40（12 000÷50×6÷12-80）

　　贷：投资性房地产累计折旧（摊销）　　　　　　　40

2.（1）计算资产交换日A公司支付不含税的补价、换入固定资产的成本、资产交换确认的损益。

A公司支付不含税的补价＝19 000-18 000＝1 000（万元）

方法一：换入资产成本＝换出资产不含税公允价值18 000+支付的不含税补价1 000+为换入资产应支付的相关税费0＝19 000（万元）。

方法二：换入资产成本=换出资产不含税公允价值18 000+支付的含税补价4 230-可抵扣的增值税进项税额19 000×17%+为换入资产应支付的相关税费0=19 000（万元）。

资产置换确认的损益=18 000-（10 000-1 000）=9 000（万元）

（2）编制A公司资产交换日换入固定资产的会计分录。

借：固定资产 19 000
　　应交税费——应交增值税（进项税额） 3 230
　贷：其他业务收入 18 000
　　　银行存款 4 230
借：其他业务成本 9 000
　　投资性房地产累计折旧 1 000
　贷：投资性房地产 10 000

（3）计算资产交换日B公司换入投资性房地产的成本、资产交换确认的损益。

B公司换入投资性房地产的成本：

方法一：换入资产成本=换出资产不含税公允价值19 000-收到的不含税补价1 000+为换入资产应支付的相关税费0=18 000（万元）。

方法二：换入资产成本=换出资产含税公允价值22 230-收到的含税的补价4 230-可抵扣的增值税进项税额0+为换入资产应支付的相关税费0=18 000（万元）。

资产置换确认的损益=19 000-18 000=1 000（万元）

（4）编制资产交换日B公司换入投资性房地产的会计分录。

借：固定资产清理 18 000
　　累计折旧 2 000
　贷：固定资产 20 000
借：投资性房地产——成本 18 000
　　银行存款 4 230
　贷：固定资产清理 18 000
　　　营业外收入 1 000
　　　应交税费——应交增值税（销项税额） 3 230

（5）编制2014年12月31日，A公司计提固定资产折旧和B公司有关公允价值变动的会计分录。

A公司：

借：制造费用 950（19 000÷10×6÷12）
　贷：累计折旧 950

B公司：

借：投资性房地产——公允价值变动 5 000（23 000-18 000）
　贷：公允价值变动损益 5 000

3.（1）编制2014年1月3日甲公司购入生产经营用固定资产的会计分录。

借：固定资产 800
　　应交税费——应交增值税（进项税额） 136
　贷：银行存款 936

（2）编制 2014 年 4 月 20 日甲公司支付银行存款的会计分录。

借：预付账款　　　　　　　　　　　　　　　　　　　117

　　贷：银行存款　　　　　　　　　　　　　　　　　　117

（3）计算 2014 年 4 月 30 日甲公司换入原材料的成本。

方法一：换入资产成本＝换出资产不含税公允价值 1 000＋支付的不含税的补价 100＋为换入资产应支付的相关税费 0＝1 100（万元）。

方法二：换入资产成本＝换出资产含税公允价值 1 170＋支付的含税的补价 117－可抵扣的增值税进项税额 1 100×17%＋为换入资产应支付的相关税费 0＝1 100（万元）。

注：不含税的补价＝1 100－1 000＝100（万元）

（4）编制 2014 年 4 月 30 日甲公司换入原材料的会计分录。

借：固定资产清理　　　　　　　　　　　　　　　　　780

　　累计折旧　　　　　　　　　　　20（800÷10×3÷12）

　　贷：固定资产　　　　　　　　　　　　　　　　　800

借：原材料　　　　　　　　　　　　　　　　　　　1 100

　　应交税费——应交增值税（进项税额）　187（1 100×17%）

　　贷：固定资产清理　　　　　　　　　　　　　　　780

　　　　营业外收入　　　　　　　　　　220（1 000－780）

　　　　应交税费——应交增值税（销项税额）　170（1 000×17%）

　　　　预付账款　　　　　　　　　　　　　　　　　117

（5）编制 2014 年 4 月 20 日乙公司收到银行存款的会计分录。

借：银行存款　　　　　　　　　　　　　　　　　　　117

　　贷：预收账款　　　　　　　　　　　　　　　　　117

（6）计算乙公司 2014 年 4 月 30 日换入固定资产的成本。

方法一：换入资产成本＝换出资产不含税公允价值 1 100－收到的不含税的补价 100＋为换入资产应支付的相关税费 0＝1 000（万元）。

方法二：换入资产成本＝换出资产含税公允价值 1 100×1.17－收到的含税的补价 117－可抵扣的增值税进项税额 1 000×17%＋为换入资产应支付的相关税费 0＝1 000（万元）。

（7）编制乙公司 2014 年 4 月 30 日换入固定资产的会计分录。

借：固定资产　　　　　　　　　　　　　　　　　　1 000

　　应交税费——应交增值税（进项税额）　170（1 000×17%）

　　预收账款　　　　　　　　　　　　　　　　　　　117

　　贷：其他业务收入　　　　　　　　　　　　　　1 100

　　　　应交税费——应交增值税（销项税额）　187（1 100×17%）

借：其他业务成本　　　　　　　　　　　　　　　　　850

　　存货跌价准备　　　　　　　　　　　　　　　　　　50

　　贷：原材料　　　　　　　　　　　　　　　　　　900

（五）综合题

（1）编制 A 公司 2014 年 1 月 17 日购入 Y 公司股权的会计分录。

借：长期股权投资——投资成本　　　　　　　　　　　　　　200
　　贷：银行存款　　　　　　　　　　　　　　　　　　　　　　　　200

初始投资成本 200 万元大于投资时应享有被投资单位可辨认净资产公允价值份额 180 万元（1 200×15%），因此，差额 20 万元不调整已确认的初始投资成本。

（2）编制 2014 年 3 月 20 日 A 公司购入 W 专利权的会计分录。

借：无形资产　　　　　　　　　　　　　　　　　　　　　　500
　　贷：银行存款　　　　　　　　　　　　　　　　　　　　　　　　500

（3）编制 2014 年 4 月 20 日购入 X 库存商品的会计分录。

借：库存商品　　　　　　　　　　　　　　　　　　　　　　60
　　应交税费——应交增值税（进项税额）　　　　　　　　　　10.2
　　贷：银行存款　　　　　　　　　　　　　　　　　　　　　　　　70.2

（4）编制 2014 年 12 月 31 日有关长期股权投资的会计分录，并计算 2014 年 12 月 31 日长期股权投资的账面价值。

借：长期股权投资——其他综合收益　　　　　　9（60×15%）
　　贷：其他综合收益　　　　　　　　　　　　　　　　　　　　9
借：长期股权投资——损益调整　　　　30〔（210-100÷10）×15%〕
　　贷：投资收益　　　　　　　　　　　　　　　　　　　　　　30

2014 年 12 月 31 日长期股权投资的账面价值＝200+9+30＝239（万元）

（5）编制 2014 年年末 A 公司有关 W 专利权的会计分录。

借：制造费用　　　　　　　　　　　　　200（500÷500×200）
　　贷：累计摊销　　　　　　　　　　　　　　　　　　　　　　200

（6）编制 A 公司 2014 年 12 月 31 日计提存货跌价准备的会计分录。

借：资产减值损失　　　　　　　　　　　　6（60-54）
　　贷：存货跌价准备　　　　　　　　　　　　　　　　　　　　6

（7）计算 A 公司换入资产的总成本。

方法一：换入资产成本＝换出资产不含税公允价值 594+支付的不含税的补价 56+为换入资产应支付的相关税费 0＝650（万元）。

方法二：换入资产成本＝换出资产含税公允价值 603.18+支付的含税的补价 97.82-可抵扣的增值税进项税额 51+为换入资产应支付的相关税费 0＝650（万元）。

注：不含税的补价＝650-594＝56（万元）

（8）计算 A 公司换入各项资产的入账价值。

①设备的入账价值＝650×350÷650＝350（万元）

②原材料的入账价值＝650×300÷650＝300（万元）

（9）计算 A 公司换出资产影响损益的金额，并编制 A 公司换入各项资产的会计分录。

A 公司换出资产影响损益的金额＝长期股权投资（320-239+9）+专利权〔220-（500-

200）]+库存商品[54-（60-6）]＝10（万元）

借：固定资产	350
原材料	300
应交税费——应交增值税（进项税额）	51（300×17%）
累计摊销	200
营业外支出	80
贷：长期股权投资——投资成本	200
——其他综合收益	9
——损益调整	30
投资收益	81
无形资产	500
主营业务收入	54
应交税费——应交增值税（销项税额）	9.18（54×17%）
银行存款	97.82
借：其他综合收益	9
贷：投资收益	9
借：主营业务成本	54
存货跌价准备	6
贷：库存商品	60

（10）计算 B 公司换入资产的总成本。

方法一：换入资产成本＝换出资产不含税公允价值 650-收到的不含税的补价 56+为换入资产应支付的相关税费 0＝594（万元）。

方法二：换入资产成本＝换出资产含税公允价值 701-收到的含税的补价 97.82-可抵扣的增值税进项税额 54×17%+为换入资产应支付的相关税费 0＝594（万元）。

注：不含税的补价＝650-594＝56（万元）

（11）计算 B 公司换入各项资产的入账价值。

①长期股权投资入账价值＝594×320÷（320+220+54）＝320（万元）

②专利权入账价值＝594×220÷594＝220（万元）

③库存商品入账价值＝594×54÷594＝54（万元）

（12）计算 B 公司换出资产影响损益的金额，并编制 B 公司换入各项资产的会计分录。

B 公司换出资产影响损益的金额＝固定资产[350-（800-500）]+原材料（300-180）
＝170（万元）

借：固定资产清理	300
累计折旧	500
贷：固定资产	800
借：长期股权投资——投资成本	320
无形资产	220
库存商品	54

应交税费——应交增值税（进项税额）　　　　9.18（54×17%）
银行存款　　　　　　　　　　　　　　　　　97.82
　　贷：固定资产清理　　　　　　　　　　　　　　　　300
　　　　营业外收入　　　　　　　　　　　　　　　　　50
　　　　其他业务收入　　　　　　　　　　　　　　　　300
　　　　应交税费——应交增值税（销项税额）　　51（300×17%）
借：其他业务成本　　　　　　　　　　　　　　　　　180
　　存货跌价准备　　　　　　　　　　　　　　　　　20
　　贷：原材料　　　　　　　　　　　　　　　　　　　　200

第十四章 债务重组

一、要点总览

债务重组
- 债务重组的方式
  - 以资产清偿债务
    - 债务人的账务处理
    - 债权人的账务处理
  - 将债务转为资本
    - 债务人的账务处理
    - 债权人的账务处理
  - 修改其他债务条件
    - 债务人的账务处理
    - 债权人的账务处理
  - 以上三种方式的组合
    - 债务人的账务处理
    - 债权人的账务处理
- 债务人确认的基本原则
- 债权人确认的基本原则

二、重点难点

（一）重点

- 债务重组的方式
- 债务人的账务处理
- 债权人的账务处理

（二）难点

- 债务人的账务处理
- 债权人的账务处理

三、关键内容小结

（一）债务重组方式

（1）以资产清偿债务。

（2）将债务转为资本。

（3）修改其他债务条件。

（4）以上三种方式的组合。

（二）债务重组的账务处理

1. 以资产清偿债务

债务人的账务处理	债权人的账务处理
借：应付账款 　　累计摊销 　　无形资产减值准备等 　贷：银行存款 　　固定资产清理 　　无形资产 　　主营业务收入 　　应交税费——应交增值税（销项税额）等	借：银行存款 　　固定资产 　　无形资产 　　库存商品 　　应交税费——应交增值税（进项税额） 　　坏账准备 　　营业外支出等 　贷：应收账款

2. 将债务转为资本

债务人的账务处理	债权人的账务处理
借：应付账款 　贷：股本或实收资本 　　资本公积——股本溢价或资本溢价（按股票公允价减去股本额） 　　营业外收入——债务重组收益（按抵债额减去股票公允价值）	借：长期股权投资或交易性金融资产（按其公允价值入账） 　　坏账准备 　　营业外支出——债务重组损失（当重组损失额大于已提减值准备时） 　贷：应收账款（账面余额） 　　资产减值损失（当重组损失额小于已提减值准备时）

3. 修改其他债务条件

	债务人账务处理	债权人账务处理
不存在或有条件情况下的账务处理	（1）重组当时： 借：应付账款（旧的） 　贷：应付账款（新的=将来要偿还的本金） 　　营业外收入——债务重组收益 （2）以后按正常的抵债处理即可： ①每期支付利息时： 借：财务费用 　贷：银行存款 ②偿还本金时： 借：应付账款 　贷：银行存款	（1）重组当时： 借：应收账款（新的=将来要收回的本金） 　　营业外支出——债务重组损失（当重组损失额大于已提减值准备时） 　　坏账准备 　贷：应收账款（旧的） 　　资产减值损失（当重组损失额小于已提减值准备时） （2）将来按正常债权的收回处理即可： ①每期收到利息时： 借：银行存款 　贷：财务费用 ②收回本金时： 借：银行存款 　贷：应收账款

（续表）

	债务人账务处理	债权人账务处理
存在或有条件情况下的账务处理	（1）重组当时： 借：应付账款（旧的） 　贷：应付账款（新的本金） 　　　预计负债（或有支出） 　　　营业外收入——债务重组收益 （2）当预计负债实现时： 借：预计负债 　贷：应付账款 借：应付账款 　贷：银行存款 （3）当预计负债未实现时： 借：预计负债 　贷：营业外收入——债务重组收益	（1）重组当时： 借：应收账款（新的本金） 　　营业外支出——债务重组损失（当重组损失额大于已提减值准备时） 　　坏账准备 　贷：应收账款（旧的） 　　　资产减值损失（当重组损失额小于已提减值准备时） （2）当或有收入实现时： 借：应收账款 　贷：营业外支出——债务重组损失 借：银行存款 　贷：应收账款 （3）当或有收入未实现时： 借：银行存款 　贷：应收账款

4. 以上三种方式的组合

（1）债务人的会计处理原则

债务重组以现金清偿债务、非现金资产清偿债务、债务转为资本、修改其他债务条件等方式的组合进行的，债务人应当依次以支付的现金、转让的非现金资产公允价值、债权人享有股份的公允价值冲减重组债务的账面价值，再按照修改其他债务条件的债务重组会计处理规定进行处理。

（2）债权人的会计处理原则

债务重组采用以现金清偿债务、非现金资产清偿债务、债务转为资本、修改其他债务条件等方式的组合进行的，债权人应当依次以收到的现金、接受的非现金资产公允价值、债权人享有股份的公允价值冲减重组债权的账面余额，再按照修改其他债务条件的债务重组会计处理规定进行处理。

四、练习题

（一）单项选择题

1. 下列各项中，不属于债务重组范围的是（　　）。

A. 银行免除某困难企业积欠贷款的利息，银行只收回本金

B. 企业 A 同意企业 B 推迟偿还货款的期限，并减少 B 企业偿还货款的金额

C. 债务人以非现金资产清偿债务，同时又与债权人签订了资产回购的协议

D. 银行同意降低某困难企业的贷款利率

2. 债务重组协议中，债务人以现金清偿某项债务的，应当将重组债务的账面价值与支付的现金之间的差额计入的是（　　）。

A. 投资收益　　　　　　　　　　　B. 资本公积

  C. 营业外收入   D. 营业外支出

 3. 债务重组协议中，债务人将债务转为资本的，应当将债权人放弃债权而享有股份的公允价值总额与股本之间的差额确认的是（   ）

  A. 资本公积   B. 营业外收入

  C. 投资收益   D. 财务费用

 4. 2×14 年 1 月 10 日，甲公司因财务困难短期内无法偿还所欠乙公司的货款 100 万元。双方经协商，甲公司以库存商品抵偿乙公司的全部货款。乙公司已为该项应收债权计提 10 万元的坏账准备，该批商品成本为 60 万元，计税价格为 70 万元。甲公司对该商品计提了 5 万元的存货跌价准备。假设不考虑相关税费，则乙公司应确认的债务重组损失是（   ）。

  A. 20 万元   B. 25 万元   C. 30 万元   D. 35 万元

 5. 下列各项以非现金资产清偿全部债务的债务重组中，属于债务人债务重组利得的是（   ）。

  A. 非现金资产账面价值小于其公允价值的差额

  B. 非现金资产账面价值大于其公允价值的差额

  C. 非现金资产公允价值小于重组债务账面价值的差额

  D. 非现金资产账面价值小于重组债务账面价值的差额

 6. 在以现金、非现金资产和修改债务条件混合重组方式清偿债务的情况下，以下处理的先后顺序正确的是（   ）。

  A. 非现金资产方式、现金方式、修改债务条件

  B. 现金方式、非现金方式、修改债务条件

  C. 修改债务条件、非现金方式、现金方式

  D. 现金方式、修改债务条件、非现金资产方式

 7. 下列关于债务重组会计处理的表述中，正确的是（   ）。

  A. 债务人以债转股方式抵偿债务的，债务人将重组债务的账面价值大于相关股份公允价值的差额计入资本公积

  B. 债务人以债转股方式抵偿债务的，债权人将重组债权的账面价值大于相关股权公允价值的差额计入营业外支出

  C. 债务人以非现金资产抵偿债务的，债权人将重组债权的账面价值大于受让非现金资产公允价值的差额计入资产减值损失

  D. 债务人以非现金资产抵偿债务的，债务人将重组债务的账面价值大于转让非现金资产公允价值的差额计入其他业务收入

 8. 甲公司为增值税一般纳税人，适用的增值税税率为 17%，2×16 年 1 月 1 日向乙公司赊销商品一批，增值税专用发票上注明的价款是 2 000 万元，增值税进项销项税额为 340 万元。由于乙公司发生财务困难无法偿付应付账款，经双方协商同意进行债务重组。已知甲公司已对该应收账款提取坏账准备 800 万元。债务重组内容为：乙公司以 1 700 万元现金偿还债务，2×16 年 11 月 30 日双方债务结清，款项已存入银行。甲公司针对该项债务重组正确的处理是（   ）。

  A. 借：银行存款   17 000 000

	坏账准备	8 000 000
	贷：应收账款	23 400 000
	营业外收入	1 600 000

B. 借：银行存款　　　　　　　　　　　　　　17 000 000

　　　坏账准备　　　　　　　　　　　　　　　8 000 000

　　　　贷：应收账款　　　　　　　　　　　　23 400 000

　　　　　　资产减值损失　　　　　　　　　　　1 600 000

C. 借：银行存款　　　　　　　　　　　　　　17 000 000

　　　坏账准备　　　　　　　　　　　　　　　8 000 000

　　　　贷：应收账款　　　　　　　　　　　　20 000 000

　　　　　　资产减值损失　　　　　　　　　　　3 000 000

D. 借：银行存款　　　　　　　　　　　　　　17 000 000

　　　坏账准备　　　　　　　　　　　　　　　8 000 000

　　　　贷：应收账款　　　　　　　　　　　　20 000 000

　　　　　　营业外收入　　　　　　　　　　　　3 000 000

（二）多项选择题

1. 下列各项中属于债务重组方式的有（　　）。

　　A. 以资产清偿债务　　　　　　　　　B. 债务转为资本

　　C. 修改其他债务条件　　　　　　　　D. 以上三种方式的组合

2. 下列各项中属于债务重组协议特点的有（　　）。

　　A. 债务到期未还　　　　　　　　　　B. 由法院最终裁定

　　C. 债权人做出让步　　　　　　　　　D. 债务人发生财务困难

3. 下列有关附或有条件债务重组的表述中，正确的有（　　）。

　　A. 债务人应将或有金额于债务重组日确认为预计负债

　　B. 债务人应将或有金额于未来实际支付时再确认为损益

　　C. 债权人应将或有金额于债务重组日确认为一项资产

　　D. 债权人应将或有金额于未来实际收到时再确认为一项损益

4. 甲公司应收乙公司货款 800 万元。由于乙公司财务困难，2×14 年 1 月 15 日，双方同意按 600 万元结清该笔货款。甲公司已经为该笔应收账款计提了 300 万元坏账准备。以下关于甲公司和乙公司债务重组的会计处理中，正确的有（　　）。

　　A. 甲公司确认营业外支出 200 万元

　　B. 乙公司确认资本公积 200 万元

　　C. 甲公司不确认营业外支出，冲减资产减值损失 100 万元

　　D. 乙公司确认营业外收入 200 万元

5. 下列各项中，属于债务重组日债务人应计入重组后负债账面价值的有（　　）。

　　A. 债权人同意减免的债务

　　B. 债务人在未来期间应付的债务本金

　　C. 债务人在未来期间应付的债务利息

D. 债务人符合预计负债确认条件的或有应付金额

（三）判断题

1. 债务重组协议中，由于债权人做出让步，因而债务人一定会实现一项利得。

（　　）

2. 债务重组会计处理中，债务人确认的债务重组利得与债权人确认的债务重组损失金额一定相等。

（　　）

3. 企业因债务重组而转出的存货，应当确认销售收入。

（　　）

4. 企业以房屋偿还债务时，应当将房屋的账面价值和债务的账面价值的差额确认为一项债务重组利得。

（　　）

5. 对于附或有条件的债务重组，债权人在计算未来应收金额时不应包括或有收益。

（　　）

（四）计算分析题

2×14 年 7 月 10 日，甲公司从乙公司购买一批商品，增值税专用发票上注明的价款为 200 000 元，增值税税额为 34 000 元。甲公司因财务困难而无力付款，2×15 年 2 月 1 日，与乙公司协商达成债务重组协议。协议内容如下：

（1）甲公司支付银行存款 50 000 元。

（2）其余债务以一批原材料清偿债务。已知该批材料实际成本为 100 000 元，计税价格为 120 000 元，适用的增值税税率为 17%，甲公司对该批材料计提的跌价准备为 2 000 元。

乙公司对该项应收账款已经计提了 10%的坏账准备。

要求：

（1）计算甲公司的债务重组利得。

（2）计算乙公司的债务重组损失。

（3）编制甲公司债务重组的会计分录。

（4）编制甲公司结转材料成本和存货跌价准备的会计分录。

（5）编制乙公司债务重组的会计分录。

（五）综合题

甲公司为上市公司，于 2×15 年 1 月 31 日销售一批商品给正发股份有限公司（以下简称正发公司），销售价款为 7 000 万元，增值税税率为 17%；同时收到正发公司签发并承兑的一张期限为 6 个月、票面年利率为 4%、到期还本付息的商业承兑汇票。票据到期，正发公司因资金周转发生困难无法按期兑付该票据本息。

2×15 年 12 月正发公司与甲公司进行债务重组，相关资料如下：

（1）免除积欠利息。

（2）正发公司以一台设备按照公允价值抵偿部分债务，该设备的账面原价为 420 万元，累计折旧为 70 万元，计提的减值准备为 28 万元，公允价值为 322 万元。以银行存款支付清理费用 14 万元。该设备于 2×15 年 12 月 31 日运抵甲公司。

（3）将上述债务中的 5 600 万元转为正发公司的 5 600 万股普通股，每股面值和市价均为 1 元。正发公司于 2×15 年 12 月 31 日办理了有关增资批准手续，并向甲公司出具了出资证明。

（4）将剩余债务的偿还期限延长至 2×17 年 12 月 31 日，并从 2×16 年 1 月 1 日起按 3% 的年利率收取利息。并且，如果正发公司从 2×16 年起，年实现利润总额超过 1 400 万元，则年利率上升至 4%；如全年利润总额低于 1 400 万元，则仍维持 3% 的年利率。假设此或有应付金额符合预计负债的确认条件。正发公司 2×16 年实现利润总额 1 540 万元，2×17 年实现利润总额为 840 万元。

（5）债务重组协议规定，正发公司于每年年末支付利息。

（不考虑其他相关税费）

要求：分别编制甲公司和正发公司与债务重组有关的会计分录。

五、参考答案及解析

（一）单项选择题

1.【答案】C

【解析】本题考查的知识点为债务重组范围判断。选项 C，债权人并未做出让步，不属于债务重组范围。

2.【答案】C

【解析】债务重组利得计入营业外收入。

3.【答案】A

【解析】相当于是股本溢价或者是资本溢价。

4.【答案】A

【解析】乙公司先冲减坏账准备 10 万元，则债务重组日，应收账款的账面价值为 90 万元，扣除甲公司偿还的库存商品的公允价值 70 万元，则债务重组损失 20 万元。

5.【答案】C

【解析】债务人以非现金资产清偿债务的，应将重组债务的账面价值和转让非现金资产的公允价值之间的差额计入营业外收入（债务重组利得）。

6.【答案】B

【解析】按照规定，应按"以现金清偿债务"，然后"以非现金资产、债务转为资本方式组合清偿债务"，最后"修改其他债务条件"的顺序进行处理。

7.【答案】B

【解析】选项 A，差额应计入营业外收入——债务重组利得；选项 C，差额计入营业外支出——债务重组损失；选项 D，差额计入营业外收入——债务重组利得。

8.【答案】B

【解析】以现金清偿债务的，债权人收到的现金大于应收债权的账面价值的，贷记"资产减值损失"科目。由于债权人以前多确认了资产减值损失，所以现在要冲回来。债权人并没有获得收益，所以不能贷记"营业外收入"科目。债权人收到的现金小于应收债权账面价值的，借记"营业外支出"科目。

（二）多项选择题

1.【答案】ABCD

2.【答案】CD

【解析】根据债务重组的定义，债务重组是指在债务人发生财务困难的情况下，债权人按照其与债务人达成的协议或者法院的裁定做出的让步的事项。

3.【答案】AD

【解析】根据谨慎性要求，不能多计资产，少计负债。

4.【答案】CD

【解析】乙公司以600万元的现金资产偿还800万元的货款，少还了200万元，所以乙公司获得了200万元的债务重组利得，确认为营业外收入；甲公司应收800万元，实收600万元，损失了200万元，但债务重组之前已经计提了300万元的坏账准备，所以应冲减资产减值损失100万元。

5.【答案】BD

【解析】选项A，减免的那部分债务不计入重组后负债的账面价值；选项C，债务人在未来期间应付的债务利息，不计入债务重组日债务的公允价值，不应计入重组后负债的账面价值。

（三）判断题

1.【答案】对

2.【答案】错

【解析】不一定，因为债权人的损失要先冲减已经计提的坏账准备。

3.【答案】对

【解析】视同销售。

4.【答案】错

【解析】企业以房屋等固定资产偿还债务时，企业应将固定资产的公允价值与该项固定资产的账面价值和清理费用的差额作为转让固定资产的损益处理；同时，将固定资产的公允价值与应付债务的账面价值的差额，作为债务重组利得，计入营业外收入。

5.【答案】对

【解析】谨慎性要求。

（四）计算分析题

（1）债务重组日甲公司应付债款的账面价值为 234 000 元，以现金资产银行存款 50 000 元和非现金资产材料偿还债务，材料的公允价值为 120 000 元，增值税为 120 000×17%＝20 400（元）。

甲公司的债务重组利得＝234 000－50 000－120 000－20 400＝43 600（元）

（2）乙公司已计提的坏账准备＝234 000×10%＝23 400（元）

收到的现金资产和非现金资产的价值＝50 000＋120 000＝170 000（元）

增值税进项税额＝120 000×17%＝20 400（元）

乙公司的债务重组损失＝234 000－170 000－20 400－23 400＝20 200（元）

（3）甲公司债务重组的会计分录为：

借：应付账款——乙公司　　　　　　　　　　　　　　234 000

　　贷：银行存款　　　　　　　　　　　　　　　　　　　50 000

　　　　其他业务收入　　　　　　　　　　　　　　　　　120 000

　　　　应交税费——应交增值税（销项税额）　　　　　　20 400

　　　　营业外收入——债务重组利得　　　　　　　　　　43 600

（4）甲公司结转材料成本和存货跌价准备的会计分录为：

借：其他业务成本　　　　　　　　　　　　　　　　　　98 000

　　存货跌价准备　　　　　　　　　　　　　　　　　　　2 000

　　贷：原材料　　　　　　　　　　　　　　　　　　　100 000

（5）乙公司债务重组的会计分录为：

借：银行存款　　　　　　　　　　　　　　　　　　　　50 000

　　原材料　　　　　　　　　　　　　　　　　　　　　120 000

　　应交税费——应交增值税（进项税额）　　　　　　　　20 400

　　坏账准备　　　　　　　　　　　　　　　　　　　　23 400

　　营业外支出——债务重组损失　　　　　　　　　　　　20 200

　　贷：应收账款——甲公司　　　　　　　　　　　　　234 000

（五）综合题

甲公司（债权人）：

借：长期股权投资——正发公司　　　　　　　　　　　　5 600

　　固定资产　　　　　　　　　　　　　　　　　　　　　322

　　应收账款——债务重组　　2 268（7 000×1.17−322−5 600）

　　营业外支出——债务重组损失　　　　　　　　　　　163.8

　　贷：应收票据——正发公司

　　　　　8 353.8〔7 000+7 000×17%+（7 000+7 000×17%）×4%÷2〕

2×16 年正发公司利润总额为 1 540 万元，甲公司应按 4%的年利率收取利息：

借：银行存款　　　　　　　　　　　90.72（2 268×4%）

　　贷：财务费用　　　　　　　　　　　　　　　　　　90.72

2×17 年正发公司实现利润 840 万元，未能实现 1 400 万元，甲公司按 3%的年利率收取利息及本金：

借：银行存款　　　　　　　　　　　　　　　　　　2 336.04

　　贷：应收账款——债务重组　　　　　　　　　　　　2 268

　　　　财务费用　　　　　　　　　　68.04（2 268×3%）

正发公司：

借：固定资产清理　　　　　　　　　　　　　　　　　　336

　　累计折旧　　　　　　　　　　　　　　　　　　　　　70

　　固定资产减值准备　　　　　　　　　　　　　　　　　28

　　贷：固定资产　　　　　　　　　　　　　　　　　　　420

        银行存款　　　　　　　　　　　　　　　　　　　　　14

借：应付票据——甲公司　　　　　　　　　　　　　8 353.8

    营业外支出——处置非流动资产利得　　　　　14 （336－322）

  贷：固定资产清理　　　　　　　　　　　　　　　　336

     应付账款——债务重组　　　　　　2 268 （7 000×1.17－322－5 600）

     预计负债　　　　　　　　　45.36 ［2 268×（4%－3%）×2］

     股本　　　　　　　　　　　　　　　　　　　　5 600

     营业外收入——债务重组利得　　　　　　　　118.44

2×16 年应按 4% 的年利率支付利息：

借：财务费用　　　　　　　　　　　　68.04 （2 268×3%）

   预计负债　　　　　　　22.68 ［2 268×（4%－3%）］

  贷：银行存款　　　　　　　　　　　　　　　　　90.72

2×17 年偿还债务时：

借：应付账款——债务重组　　　　　　　　　　2 268

   财务费用　　　　　　　　　　　　　　　　68.04

  贷：银行存款　　　　　　　　　　　　　　　2 336.04

借：预计负债　　　　　　　　　　　　　　　　22.68

  贷：营业外收入　　　　　　　　　　　　　　　22.68

第十五章 或有事项

一、要点总览

或有事项及特征
- 或有事项的概念及特征
- 或有负债和或有资产

预计负债的确认和计量
- 预计负债的确认条件
- 预计负债的计量
- 对预计负债账面价值的复核

或有事项的具体运用
- 亏损合同
- 未决诉讼或未决仲裁
- 产品质量担保
- 重组义务

二、重点难点

（一）重点
- 或有事项的特征
- 预计负债的确认条件
- 预计负债的计量
- 或有事项的具体运用

（二）难点
- 预计负债的确认条件
- 预计负债的计量

三、关键内容小结

（一）或有事项概述

1. 或有事项的概念及特征

或有事项是指过去的交易或者事项形成的，其结果须由某些未来事项的发生或不发生才能决定的不确定事项。

或有事项具有以下特征：

（1）或有事项是由过去的交易或者事项形成的。即或有事项的现存状况是过去交易或事项引起的客观存在。

（2）或有事项的结果具有不确定性。或有事项的结果具有不确定性是指，或有事项的结果是否发生具有不确定性，或者或有事项的结果预计将会发生，但发生的具体时间或金额具有不确定性。

（3）或有事项的结果须由未来事项决定。即或有事项的结果由未来不确定事项的发生或不发生决定。

常见的或有事项主要包括：未决诉讼或未决仲裁、企业为其他单位的债务提供担保、企业对售后产品提供质量保证（含产品安全保证）、亏损合同、重组义务、环境污染整治、承诺等。

2. 或有负债和或有资产

（1）或有负债

或有负债，是指过去的交易或者事项形成的潜在义务，其存在须通过未来不确定事项的发生或不发生予以证实；或过去的交易或者事项形成的现时义务，履行该义务不是很可能导致经济利益流出企业或该义务的金额不能可靠计量。

或有负债涉及两类义务：潜在义务和现时义务。

潜在义务是指结果取决于不确定未来事项的可能义务。也就是说，潜在义务最终是否转变为现时义务，由某些未来不确定事项的发生或不发生决定。

现时义务是指企业在现行条件下已承担的义务。作为或有负债的现时义务，其特征是：该现时义务的履行不是很可能导致经济利益流出企业，或者该现时义务的金额不能可靠地计量。

（2）或有资产

或有资产，是指过去的交易或者事项形成的潜在资产，其存在须通过未来不确定事项的发生或不发生予以证实。

或有负债和或有资产不符合负债或资产的定义和确认条件，企业不应当确认为负债和资产，而应当按照或有事项准则的规定进行相应的披露。

（二）或有事项的确认和计量

或有事项的确认和计量通常是指预计负债的确认和计量。或有事项形成的或有资产只有在企业基本确定能够收到的情况下，才转变为真正的资产，从而予以确认。

1. 预计负债的确认条件

与或有事项相关的义务同时满足以下三个条件时，才能确认为负债，作为预计负债进行确认和计量：

（1）该义务是企业承担的现时义务

该义务是企业承担的现时义务，是指与或有事项相关的义务是在企业当前条件下已承担的义务，企业没有其他现实的选择，只能履行该现时义务。

或有事项准则所指的义务包括法定义务和推定义务。

（2）履行该义务很可能导致经济利益流出企业

履行该义务很可能导致经济利益流出企业，是指履行与或有事项相关的现时义务时，导致经济利益流出企业的可能性超过50%但小于或等于95%。

（3）该义务的金额能够可靠地计量

该义务的金额能够可靠地计量，是指与或有事项相关的现时义务的金额能够合理地估计。

2. 预计负债的计量

预计负债的计量主要涉及两个问题：一是最佳估计数的确定，二是预期可获得补偿的处理。

（1）最佳估计数的确定

连续范围	最佳估计数应当按照该范围内的中间值确定（算术平均数）	
其他情况	涉及单个项目	按最可能发生的金额确定
	涉及多个项目	按各种可能结果及相关概率计算确定（加权平均数）
计量预计负债金额时，应考虑的情况：	①充分考虑与或有事项有关的风险、不确定性和货币时间价值等因素，在此基础上按照最佳估计数确定预计负债的金额 ②预计负债的金额通常等于未来应支付的金额，但未来应支付金额的预期与现值相差较大的，应按未来应支付金额的现值确定 ③有确凿证据表明相关未来事项将会发生的，如未来技术进步、相关法规出台等，确定预计负债金额时应考虑未来事项的影响 ④在资产负债表日对预计负债的账面价值进行复核	

（2）预计可获得补偿的处理

①如果企业清偿因或有事项而确认的负债所需支出全部或部分预计由第三方或其他方补偿，则此补偿金额只有在基本确定能够收到时，才能作为资产单独确认，而不能在或有事项有关的义务确认为负债时作为扣减项目。

②确认的补偿金额不能超过所确认负债的账面价值。

（3）预计负债计量需要考虑的因素

企业在确定最佳估计数时，应当综合考虑与或有事项有关的风险、不确定性和货币时间价值等因素。

3. 对预计负债账面价值的复核

企业应当在资产负债表日对预计负债的账面价值进行复核。有确凿证据表明该账面价值不能真实反映当前最佳估计数的，应当按照当前最佳估计数对该账面价值进行调整。

企业对已经确认的预计负债在实际支出发生时，应当仅限于最初为之确定该预计负债的支出。也就是说，只有与该预计负债有关的支出才能冲减该预计负债，否则将会混淆不同预计负债确认事项的影响。

4. 预计负债的会计处理

（1）亏损合同

①待执行合同，是指合同各方未履行任何合同义务，或部分履行了同等义务的合同。

②亏损合同，是指履行合同义务不可避免会发生的成本超过预期经济利益的合同。

③待执行合同为亏损合同，该亏损合同产生的义务满足规定条件的，应当确认为预计负债。

④亏损合同的计量：

A. 有合同标的资产的，应当先对标的资产进行减值测试，并按规定确认减值损失，如预计亏损超过该减值损失，应将超过部分确认为预计负债；

B. 无合同标的资产的，亏损合同相关义务满足预计负债确认条件时，应当确认为预计负债；

C. 对于企业的未来经营亏损，不应确认预计负债。

⑤亏损合同的账务处理：

借：营业外支出
　　贷：预计负债

（2）未决诉讼或未决仲裁

①诉讼尚未裁决之前，对于被告来说可能形成一项或有负债或者预计负债；对于原告来说，则可能形成一项或有资产。

②作为当事人一方，仲裁的结果在仲裁决定公布以前是不确定，会构成一项潜在义务或现时义务，或者潜在资产。

③资产负债表日，企业应该根据合理预计未决诉讼很可能发生的诉讼损失金额，计提预计负债。

借：管理费用（预计发生的诉讼费用金额）
　　营业外支出（预计发生的赔偿损失金额）
　　贷：预计负债

④对于未决诉讼，企业当期实际发生的诉讼损失金额与已计提的相关预计负债之间的差额，应分情况处理：

A. 企业在前期资产负债表日，依据当时实际情况和所掌握的证据合理预计了预计负债，应当将当期实际发生的诉讼损失金额与计提的相关预计负债之间的差额，直接计入或冲减当期营业外支出。

若当期实际发生的诉讼损失金额大于计提的相关预计负债，则：

借：营业外收入
　　贷：预计负债

若当期实际发生的诉讼损失金额大于计提的相关预计负债，则做相反的会计分录。

B. 企业在前期资产负债表日，依据当时实际情况和所掌握的证据，原本应当能够合理估计诉讼损失，但企业所做的估计却与当时的事实严重不符，应当按照重大会计差错更正的方法进行处理。

C. 企业在前期资产负债表日，依据当时实际情况和所掌握的证据，确实无法合理预计诉讼损失，因而未确认预计负债，应在该项损失实际发生的当期，直接计入当期营业外支出。

借：营业外支出
　　贷：银行存款

D. 资产负债表日后至财务报告批准报出日之间发生的需要调整或说明的未决诉讼，按照资产负债表日后事项的有关规定进行会计处理。

（3）产品质量担保

①产品质量保证，通常指销售商或指制造商在销售产品或提供劳务后，对客户服务的一种承诺。

②企业应当在符合确认条件的情况下，于销售成立时确认预计负债，并计入当期损益。

借：销售费用

　　贷：预计负债

③ 实际发生产品质量保证费用（维修费用）：

借：预计负债

　　贷：银行存款/原材料

④在对产品质量保证确认预计负债时，需要注意的是：

A. 如果发现保证费用的实际发生额与预计数相差较大，应及时对预计比例进行调整；

B. 如果企业针对特定批次产品确认预计负债，则在保修期结束时，应将"预计负债——产品质量保证"科目余额冲销，同时冲减销售费用；

C. 已对其确认预计负债的产品，如企业不再生产了，应在相应的产品质量保证期满后，将"预计负债——产品质量保证"科目余额冲销，不留余额。

（4）重组义务

① 重组的概念

重组是指企业制定和控制的，将显著改变企业组织形式、经营范围或经营方式的计划实施行为。

②重组事项

A. 出售或终止企业的部分业务；

B. 对企业的组织结构进行较大调整；

C. 关闭企业的部分营业场所，或将营业活动由一个国家或地区迁移到其他国家或地区。

③重组义务的确认

A. 有详细、正式的重组计划，包括重组涉及的业务、主要地点、需要补偿的职工人数、预计重组支出、计划实施时间等；

B. 该重组计划已对外公告。

④重组义务的计量

企业应当按照与重组有关的直接支出确定预计负债金额，计入当期损益。其中，直接支出是企业重组必须承担的直接支出，不包括留用职工岗前培训、市场推广、新系统和营销网络投入等支出。

四、练习题

(一) 单项选择题

1. 关于或有事项，下列说法中正确的是（　　）。

    A. 待执行合同变成亏损合同的，该亏损合同产生的义务满足或有事项确认预计负债规定的，应当确认为预计负债

    B. 待执行合同变成亏损合同的，应当确认为预计负债

    C. 企业应当就未来经营亏损确认预计负债

    D. 企业在一定条件下应当将未来经营亏损确认预计负债

2. 下列有关或有事项的表述中，错误的是（　　）。

    A. 或有负债不包括或有事项产生的现时义务

    B. 或有负债不能确认预计负债

    C. 或有资产不能确认资产

    D. 或有事项的结果只能由未来不确定事件的发生或不发生加以证实

3. 下列说法中，不正确的是（　　）。

    A. "基本确定"指发生的可能性大于 95% 但小于 100%

    B. "很可能"指发生的可能性大于 50% 但小于或等于 95%

    C. "可能"指发生的可能性大于或等于 5% 但小于 50%

    D. "极小可能"指发生的可能性大于 0 但小于或等于 5%

4. 根据或有事项准则的规定，下列有关或有事项的表述中，正确的是（　　）。

    A. 由于担保引起的或有事项随着被担保人债务的全部清偿而消失

    B. 只有对本单位产生有利影响的事项，才能作为或有事项

    C. 或有资产与或有事项相联系，有或有资产就有或有负债

    D. 对于或有事项既要确认或有负债，也要确认或有资产

5. 关于或有事项，下列说法中正确的是（　　）。

    A. 待执行合同变成亏损合同的，该亏损合同产生的义务应当确认为预计负债

    B. 或有资产仅指过去的交易或者事项形成的潜在资产

    C. 或有负债仅指过去的交易或者事项形成的潜在义务

    D. 或有事项的结果不确定，是指或有事项的结果预计将会发生，只是发生的具体时间或金额具有不确定性

6. 下列关于亏损合同的处理中，错误的是（　　）。

    A. 如果与亏损合同相关的义务不需支付任何补偿即可撤销，企业通常就不存在现时义务，不应确认预计负债

    B. 如果与亏损合同相关的义务不可撤销，企业就存在了现时义务，同时满足该义务很可能导致经济利益流出企业和金额能够可靠地计量的，通常应当确认预计负债

    C. 亏损合同存在标的资产的，应当对标的资产进行减值测试并按规定确认减

值损失，如果预计亏损超过该减值损失，应将超过部分确认为预计负债；合同不存在标的资产的，亏损合同相关义务满足预计负债确认条件时，应当确认为预计负债

D. 即使亏损合同存在标的资产的，也应将合同预计亏损金额确认预计负债

7. 甲公司因或有事项而确认预计负债 600 万元，估计有 90% 的可能性由乙公司补偿，金额为 550 万元。则甲公司应确认的资产金额为（　　）万元。

A. 0　　　　　B. 550　　　　　C. 50　　　　　D. 600

8. 甲公司为 2×16 年新成立的企业。2×16 年该公司分别销售 A、B 产品 1 万件和 2 万件，销售单价分别为 100 元和 50 元。公司向购买者承诺提供产品售后 2 年内免费保修服务，预计保修期内将发生的保修费在销售额的 2%~8%。2×16 年实际发生保修费 1 万元。假定无其他或有事项，则甲公司 2×16 年年末资产负债表"预计负债"科目的金额为（　　）万元。

A. 3　　　　　B. 9　　　　　C. 10　　　　　D. 15

9. 2×16 年甲公司销售产品 10 000 件，销售额为 4 000 000 元。甲公司的产品质量保证条款规定：产品售出两年内，如果发生正常质量问题，甲公司将负责免费维修。根据该公司以往的经验，如果出现较小的质量问题，发生的修理费为销售额的 0.5%，如果发生较大的质量问题，则发生的修理费为销售额的 2%。据专家预测，本年度已售产品中，有 85% 的可能性不会发生质量问题，有 10% 的可能性发生较小质量问题，有 5% 的可能性发生较大质量问题，则本年应计提的预计负债金额是（　　）元。

A. 6 000　　　　　B. 2 000　　　　　C. 4 000　　　　　D. 10 000

10. 甲公司中止企业的某项经营业务，由此需要辞退 10 名员工。由于是否接受辞退，职工可以做出选择，因此预计发生 150 万元辞退费用的可能性为 60%，发生 100 万元辞退费用的可能性为 40%，发生转岗职工上岗前培训费 20 万元。该企业本期应确认的预计负债是（　　）万元。

A. 125　　　　　B. 130　　　　　C. 150　　　　　D. 170

11. 2×16 年甲公司销售收入为 1 000 万元。甲公司的产品质量保证条款规定：产品售出后一年内，如发生正常质量问题，甲公司将负责免费修理。根据以往的经验，如果出现较小的质量问题，则须发生的修理费为销售收入的 1%；而如果出现较大的质量问题，则须发生的修理费为销售收入的 2%。据预测，本年度已售产品中，估计有 80% 的可能性不会发生质量问题，有 15% 的可能性将发生较小质量问题，有 5% 的可能性将发生较大质量问题。2×16 年年末甲公司应确认的负债金额是（　　）万元。

A. 1.5　　　　　B. 1　　　　　C. 2.5　　　　　D. 30

12. 2×16 年 12 月 31 日，甲公司存在一项未决诉讼。根据类似案例的经验判断，该项诉讼败诉的可能性为 90%。如果败诉，甲公司须赔偿对方 100 万元并承担诉讼费用 5 万元，但很可能从第三方收到补偿款 10 万元。2×16 年 12 月 31 日，甲公司应就此项未决诉讼确认的预计负债金额为（　　）万元。

A. 90　　　　　B. 95　　　　　C. 100　　　　　D. 105

13. 甲公司于 12 月 21 日收到法院通知，被告知乙公司状告甲公司侵权，要求甲公司赔偿 100 万元，至年末未结案。甲公司在年末编制财务报表时，根据法律诉讼的进

展情况以及专业人士的意见，认为胜诉的可能性为 60%，败诉的可能性为 40%，如果败诉有可能被要求支付 50 万元。甲公司在年末的处理，正确的是（　　　）。

    A. 确认预计负债 100 万元   B. 确认预计负债 50 万元

    C. 确认预计负债 0   D. 确认预计负债 80 万元

14. 甲公司与乙公司签订合同，约定由甲公司承包经营乙公司 3 年，甲公司每年应保证乙公司实现净利润 1 000 万元。若超过 1 000 万元，则超过部分由甲公司享有；若低于 1 000 万元，则低于部分由甲公司补足。承包期第一年，由于同行业竞争激烈，乙公司产品在销售中出现滑坡，预计乙公司无法实现规定的利润，最可能实现的净利润为 600 万元。则甲公司在当年年末针对该或有事项正确的做法是（　　　）。

    A. 确认预计负债 400 万元，并在报表中披露

    B. 不作任何处理

    C. 作为或有负债在报表中予以披露

    D. 作为或有负债确认 400 万元

15. 某公司 2×16 年年初因 A 产品售后保修确认的预计负债余额为 20 万元。2×16 年该公司销售 A 产品 4 万件，销售单价 50 元。公司向购买者承诺 A 产品售后 2 年内免费提供保修服务，预计保修期内将发生的保修费在销售额的 1%～5%。2×16 年实际发生保修费 8 万元。假定无其他或有事项，则该公司 2×16 年年末资产负债表"预计负债"科目的金额为（　　　）万元。

    A. 6   B. 26   C. 18   D. 12

16. 甲公司 11 月收到法院通知被某单位提起诉讼，要求甲公司赔偿违约造成的经济损失 100 万元。至 12 月 31 日，法院尚未做出判决。对于此项诉讼，甲公司预计有 80% 的可能性败诉，需支付赔偿对方 60 万～80 万元，并支付诉讼费用 2 万元。甲公司 12 月 31 日需要做的处理是（　　　）。

    A. 不能确认，在报表附注中披露

    B. 确认预计负债 72 万元，同时在报表附注中披露有关信息

    C. 确认预计负债 62 万元，同时在报表附注中披露有关信息

    D. 确认预计负债 100 万元

17. 甲企业是一家大型机床制造企业，2×16 年 12 月 1 日与乙公司签订了一项不可撤销销售合同，约定于 2×17 年 4 月 1 日以 300 万元的价格向乙公司销售大型机床一台。若不能按期交货，甲企业需按照总价款的 10% 支付违约金。至 2×16 年 12 月 31 日，甲企业尚未开始生产该机床，由于原料价格上涨等因素，甲企业预计生产该机床成本不可避免地升至 320 万元。甲企业未储存该产品所需的原材料。甲企业拟继续履约。假定不考虑其他因素，2×16 年 12 月 31 日，甲企业的下列处理中，正确的是（　　　）。

    A. 确认预计负债 20 万元   B. 确认预计负债 30 了了元

    C. 确认存货跌价准备 20 万元   D. 确认存货跌价准备 30 万元

18. 甲公司 2×16 年 10 月收到法院通知被某单位提起诉讼，要求甲公司赔偿违约造成的经济损失 130 万元。至本年年末，法院尚未做出判决。甲公司对于此项诉讼，预计有 51% 的可能性败诉，如果败诉须支付对方赔偿金 90 万～120 万元，并支付诉讼费用 3 万元。甲公司 2×16 年 12 月 31 日需要做出的处理是（　　　）。

A. 不能确认负债，作为或有负债在报表附注中披露

B. 不能确认负债，也不需要在报表附注中披露

C. 确认预计负债 105 万元，同时在报表附注中披露有关信息

D. 确认预计负债 108 万元，同时在报表附注中披露有关信息

19. 华远股份有限公司是一家大型机床制造企业，2×16 年 12 月 1 日与乙公司签订了一项不可撤销销售合同，约定于 2×17 年 4 月 1 日以 1 000 万元的价格向乙公司销售大型机床一台。若不能按期交货，华远股份有限公司须按照总价款的 5% 支付违约金。至 2×16 年 12 月 31 日，华远股份有限公司尚未开始生产该机床。由于原料上涨等因素，华远股份有限公司预计生产该机床成本不可避免地上升至 1 060 万元。华远股份有限公司为了维护企业信誉拟继续履约。假定不考虑其他因素。2×16 年 12 月 31 日，华远股份有限公司的下列处理中，正确的是（   ）。

A. 确认预计负债 50 万元　　　　B. 确认预计负债 60 万元

C. 确认存货跌价准备 50 万元　　D. 确认存货跌价准备 60 万元

20. 甲公司 2×16 年 1 月 1 日采用经营租赁方式租入乙公司的一条生产线，双方约定租期为 3 年，每年年末支付租金 20 万元。2×17 年 12 月 15 日，市政规划要求甲公司迁址，甲公司不得不停产该产品。而原经营租赁合同是不可撤销的，尚有租期 1 年，甲公司在租期届满前无法转租该生产线。则甲公司 2×17 年年末的账务处理是（   ）。

A. 借：营业外支出　　　　　　　　　　　　　200 000

　　　贷：应付账款　　　　　　　　　　　　　　　　200 000

B. 借：管理费用　　　　　　　　　　　　　　200 000

　　　贷：预计负债　　　　　　　　　　　　　　　　200 000

C. 借：营业外支出　　　　　　　　　　　　　200 000

　　　贷：预计负债　　　　　　　　　　　　　　　　200 000

D. 借：资产减值损失　　　　　　　　　　　　200 000

　　　贷：固定资产减值准备　　　　　　　　　　　　200 000

（二）多项选择题

1. 下列各项会计交易事项中，属于或有事项的有（   ）。

A. 代被担保企业向银行清偿债务

B. 为其他企业的长期借款提供的担保

C. 以一项房地产作抵押向银行借款

D. 由于技术纠纷被其他企业提起诉讼

2. 关于或有事项，下列说法中正确的有（   ）。

A. 或有事项是过去的交易或事项形成的一种状况，其结果须通过未来不确定事项的发生或不发生予以证实

B. 或有事项的结果不确定，是指或有事项的结果是否发生具有不确定性，或者或有事项的结果预计将会发生，但发生的具体时间或金额具有不确定性

C. 为其他单位提供债务担保形成的或有负债应在会计报表附注中披露

D. 与或有事项有关的义务的履行只要很可能导致经济利益流出企业，就应将

其确认为一项负债

3. 下列关于或有事项的说法中，正确的有（　　　）。

A. 企业只要有重组义务就应当确认预计负债

B. 企业不应确认或有资产和或有负债

C. 待执行合同变成亏损合同时，企业拥有合同标的资产的，应当先对标的资产进行减值测试并按规定确认减值损失

D. 与或有事项有关的义务的履行很可能导致经济利益流出企业，就应将其确认为一项负债

4. 下列有关或有事项的会计处理中，符合现行会计准则规定的有（　　　）。

A. 或有事项的结果可能导致经济利益流入企业的，应对其予以披露

B. 或有事项的结果很可能导致经济利益流入企业的，应对其予以披露

C. 或有事项的结果很可能导致经济利益流出企业但不符合确认条件的不需要披露

D. 或有事项的结果很可能导致经济利益流出企业但无法可靠计量的需要对其予以披露

5. 常见的或有事项包括（　　　）。

A. 债务担保
B. 承诺

C. 亏损合同
D. 债务重组

6. 根据国家统一的会计制度规定，下列各项中，属于或有事项的有（　　　）。

A. 某单位为其他企业的货款提供担保

B. 某公司为其子公司的贷款提供担保

C. 某企业以财产作抵押向银行借款

D. 某公司被国外企业提起诉讼

7. 下列会计业务中，属于或有事项的有（　　　）。

A. 企业销售商品时承诺给予产品质量保证

B. 企业对外公告其对所属乙企业进行重组的详细、正式计划

C. 企业接受含有或有支出的修改其他债务条件的债务重组方案

D. 企业的待执行合同变成了亏损合同，而且与该合同相关的义务不可撤销，并很可能导致一定金额的经济利益流出企业

8. 下列有关或有事项的表述中，不正确的是（　　　）。

A. 或有负债与或有事项相联系，有或有事项就有或有负债

B. 对于或有事项既要确认或有负债，也要确认或有资产

C. 担保引起的或有事项随着被担保人债务的全部清偿而消失

D. 只有对本单位产生不利影响的事项，才能作为或有事项

9. 下列关于或有事项的内容，正确的有（　　　）。

A. 可能导致经济利益流出企业的或有负债应当披露其形成的原因

B. 与或有事项有关的义务确认为预计负债时，既然已经在资产负债表中单列项目反映，就无须在报表附注中说明

C. 或有资产若收到的可能性为96%，则可以确认入账

D. 对于应予以披露的或有负债，企业应披露或有负债预计产生的财务影响

10. 关于或有事项，下列说法中正确的有（　　）。

　　A. 企业不应当就未来经营亏损确认预计负债

　　B. 待执行合同是指合同各方尚未履行任何合同义务，或部分地履行了同等义务的合同

　　C. 亏损合同是指履行合同义务不可避免会发生成本超过预期经济利益的合同

　　D. 或有负债不能确认为负债

11. 如果清偿因或有事项而确认的负债所需支出全部或部分预期由第三方或其他方补偿，下列说法中正确的有（　　）。

　　A. 补偿金额在基本确定收到时，企业不应按所需支出扣除补偿金额后的金额确认负债

　　B. 补偿金额在基本确定收到时，企业应按所需支出扣除补偿金额确认负债

　　C. 补偿金额只能在实际收到时，作为资产单独确认，且确认的补偿金额不应超过所确认负债的账面价值

　　D. 补偿金额只能在基本确定收到时，作为资产单独确认，且确认的补偿金额不应超过所确认负债的账面价值

12. 下列各项关于或有事项会计处理的表述中，正确的有（　　）。

　　A. 重组计划对外公告前不应就重组义务确认预计负债

　　B. 因或有事项产生的潜在义务不应确认为预计负债

　　C. 因亏损合同预计产生的损失应于合同完成时确认

　　D. 对期限较长的预计负债进行计量时应考虑货币时间价值的影响

13. 如果清偿因或有事项而确认的负债所需支出全部或部分预期由第三方补偿，下列说法中错误的有（　　）。

　　A. 补偿金额只能在基本确定收到时，作为资产单独确认，且确认的补偿金额不应超过所确认负债的账面价值

　　B. 补偿金额只能在很可能收到时，作为资产单独确认，且确认的补偿金额不应超过所确认负债的账面价值

　　C. 补偿金额在基本确定收到时，企业应按所需支出扣除补偿金额确认负债

　　D. 补偿金额只能在基本确定收到时，作为资产单独确认，补偿金额可超过所确认负债的账面价值

14. 企业清偿预计负债所需支出全部或部分预期由第三方补偿的，其正确的处理方法有（　　）。

　　A. 补偿金额只有在基本确定能够收到时才能作为资产单独确认

　　B. 补偿金额只有在很可能收到时才能作为资产单独确认

　　C. 确认的补偿金额不应当超过预计负债的账面价值

　　D. 扣除补偿额可能取得的金额后确认预计负债

15. 下列说法中，不正确的有（　　）。

　　A. 尚未履行任何合同义务或部分地履行了同等义务的商品买卖合同、劳务合同、租赁合同均为待执行合同

B. 待执行合同变成亏损合同时，亏损合同产生的义务满足预计负债确认条件的，应当确认为预计负债

C. 待执行合同变成亏损合同时，不管该合同是否有标的资产，都应确认相应的预计负债

D. 企业可以将未来的经营亏损确认为负债

16. 下列经济业务或事项中，不正确的会计处理方法有（　　）。

A. 资产组的可收回金额低于其账面价值的，应当按照差额直接确认为资产组内各单项资产的减值损失总额，不需要考虑与其相关的总部资产和商誉的分摊

B. 企业收回已转销的坏账，不会引起应收账款账面价值发生变化

C. 待执行合同变成亏损合同时，亏损合同相关义务满足规定条件时，应当确认为预计负债

D. 资产负债表日后，企业利润分配方案中拟分配的以及经审议批准宣告发放的股利或利润，不确认为资产负债表日的负债，但应当在附注中单独披露

17. 下列事项中，应确认为预计负债的有（　　）。

A. 甲公司将未到期商业汇票贴现

B. 甲公司对售出商品提供产品质量保证

C. 甲公司因与乙公司签订了互相担保协议，而成为相关诉讼的第二被告。诉讼尚未判决。由于乙公司经营困难，甲公司很可能需要承担还款连带责任。根据公司法律顾问的职业判断，甲公司很可能需要承担 100 万元的连带还款责任

D. 甲公司为一家中型塑料加工企业，由于没有注意污染整治致使周围村镇居民身体健康和生产生活造成严重损害。为此周围村镇集体向法院提起诉讼，要求甲公司赔偿损失 100 万元。该诉讼案尚未判决。根据公司法律顾问的职业判断，由于此案涉及的情况比较复杂，还不能可靠地估计赔偿损失金额

18. 按照或有事项准则，表明企业承担了重组义务的两个条件为（　　）。

A. 有详细、正式的重组计划　　　　　　B. 重组义务满足或有事项确认条件

C. 该重组计划已对外公告　　　　　　　D. 重组计划已经开始执行

19. 甲股份有限公司在编制本年度财务报告时，对有关的或有事项进行了检查，包括：①正在诉讼过程中的经济案件估计很可能胜诉并可获得 100 万元的赔偿；②由于甲公司生产过程中产生的废料污染了河水，有关环保部门正在进行调查，估计很可能支付赔偿金额 60 万元；③甲公司为其子公司提供银行借款担保，担保金额为 400 万元。甲公司了解到其子公司近期的财务状况不佳，可能无法支付将于次年 6 月 20 日到期的银行借款。甲公司在本年度财务报告中，对上述或有事项的处理，正确的有（　　）。

A. 甲公司将诉讼过程中很可能获得的 100 万元赔偿款确认为资产，并在会计报表附注中作了披露

B. 甲公司未将诉讼过程中很可能获得的 100 万元赔偿款确认为资产，但在会计报表附注中作了披露

C. 甲公司将因污染环境而很可能发生的 60 万元赔偿款确认为负债，并在会计报表附注中作了披露

D. 甲公司将为其子公司提供的、子公司可能无法支付的 400 万元担保确认为负债，并在会计报表附注中作了披露

20. 企业应在会计报表附注中披露的或有负债有（　　）。

A. 已贴现商业承兑汇票形成的可能发生的或有负债

B. 未决仲裁形成的可能发生的或有负债

C. 为其他单位提供债务担保形成的极小可能发生的或有负债

D. 因污染河水受到环保公司的调查，企业极小可能发生 1 万元赔偿款

（三）判断题

1. 因或有事项相关义务确认的预计负债的计税基础等于账面价值。（　　）

2. 或有负债不包括因或有事项而产生的现实义务。（　　）

3. 预计负债因或有事项导致的，预计负债属于或有负债。（　　）

4. 或有事项的确认标准中的"很可能"表示发生的概率大于或等于 50%，小于或等于 95%。（　　）

5. 或有负债应按其发生的可能性大小决定是否加以确认。（　　）

6. 与或有事项相关的义务，如果符合确认条件，应作为一项负债加以确认。（　　）

7. 预计负债已在财务报表中确认，无须披露。（　　）

8. 待执行合同变成亏损合同的，该亏损合同产生的义务应当确认为预计负债。（　　）

9. 企业在计算预计负债时不考虑与履行该现时义务所需金额的相关未来事项。（　　）

10. 待执行合同不管是否亏损，都有可能确认预计负债。（　　）

（四）计算分析题

1. 华远股份有限公司 2×16 年度的财务报告于 2×17 年 3 月 31 日批准对外报出。有关资料如下：

（1）2×16 年 12 月 1 日，西城公司收到法院通知，华远公司状告西城公司侵犯其专利权。华远公司认为，西城公司未经其同意，在其试销的新产品中采用了华远公司的专利技术，华远公司要求西城公司停止该项新产品的生产和销售，并赔偿损失 200 万元。根据有关分析测试情况及法律顾问的意见，西城公司认为新产品很可能侵犯了华远公司的专利权，估计败诉的可能性为 60%，胜诉的可能性为 40%。如败诉，赔偿金额估计在 150 万~225 万元，并需要支付诉讼费用 3 万元（假定此事项中败诉一方承担诉讼费用，华远公司在起诉时并未垫付诉讼费）。此外西城公司通过测试情况认为，该新产品的主要技术部分是委托丙公司开发的，经与丙公司反复协商，西城公司基本确定可以从丙公司获得赔偿 75 万元。截至 2×16 年 12 月 31 日，诉讼尚在审理当中。

（2）2×17 年 2 月 15 日，法院判决西城公司向华远公司赔偿 172.50 万元，并负担诉讼费用 3 万元。华远公司和西城公司不再上诉。

（3）2×17年2月16日，西城公司支付对华远公司的赔偿款和法院诉讼费用。

（4）2×17年3月17日，西城公司从丙公司获得赔偿75万元。

要求：

（1）编制华远公司有关会计分录；

（2）编制西城公司有关会计分录。

（答案中以万元为单位，假定不考虑所得税的影响）

2. 华远公司为上市公司，所得税采用资产负债表债务法核算，所得税税率为25%。按照税法规定，企业提供的与其自身生产经营无关的担保支出不允许税前扣除。假定不考虑其他纳税调整事项，企业按10%提取法定盈余公积。

（1）华远公司为西财公司提供担保的某项银行借款1 000 000元于2×16年9月到期。该借款系西财公司于2×12年9月从银行借入的，华远公司为西财公司此项借款的本息提供50%的担保。西财公司借入的款项至到期日应偿付的本息为1 180 000元。由于西财公司无力偿还到期的债务，债权银行于11月向法院提起诉讼，要求西财公司和为其提供担保的华远公司偿还借款本息，并支付罚息50 000元。至12月31日，法院尚未做出判决，华远公司预计承担此项债务的可能性为60%，估计需要支付担保款500 000元。

（2）2×17年6月15日法院做出一审判决，西财公司和华远公司败诉，华远公司须为西财公司偿还借款本息的50%，共计590 000元。西财公司和华远公司服从该判决，款项尚未支付。华远公司预计替西财公司偿还的借款本息不能收回的可能性为80%。

（3）假定华远公司2×16年度财务会计报告于2×17年3月20日报出。

要求：计算华远公司因担保应确认的负债金额，并编制相关会计分录。

3. 华远公司为机床生产和销售企业，2×16年12月31日"预计负债——产品质量担保"科目年末余额为10万元。2×17年第一季度、第二季度、第三季度、第四季度分别销售机床100台、200台、220台和300台，每台售价为10万元。对购买其产品的消费者，华远公司做出承诺：机床售出后三年内如出现非意外事件造成的机床故障和质量问题，华远公司负责免费保修（含零部件更换）。根据以往的经验，发生的保修费一般为销售额的1%~2%。假定华远公司2×17年四个季度实际发生的维修费用分别为8万元、22万元、32万元和28万元。（假定维修费用用银行存款支付50%，另50%为耗用的原材料，不考虑增值税进项税额转出）

要求：

（1）编制每个季度发生产品质量保证费用的会计分录；

（2）分季度确认产品质量保证负债金额并编制相关会计分录；

（3）计算每个季度末"预计负债——产品质量担保"科目的余额。

五、参考答案及解析

（一）单项选择题

1.【答案】A

【解析】待执行合同变成亏损合同的，该亏损合同产生的义务满足或有事项确认预计负债规定的，应当确认为预计负债；企业不应当就未来经营亏损确认预计负债。

2.【答案】A

【解析】或有负债可能是现实义务，也可能是潜在义务。

3.【答案】C

【解析】"基本确定"指发生的可能性大于95%但小于100%；"很可能"指发生的可能性大于50%但小于或等于95%；"可能"指发生的可能性大于5%但小于或等于50%；"极小可能"指发生的可能性大于0但小于或等于5%。

4.【答案】A

【解析】由于被担保人债务的全部清偿，担保人不再存在或有事项。

5.【答案】B

【解析】选项A不正确，待执行合同变成亏损合同的，也可能因为存在标的资产而只需要确认资产减值损失，不需要确认预计负债；选项C不正确，或有负债也可能是过去的交易或者事项形成的现时义务；选项D不正确，或有事项的结果不确定，是指或有事项的结果是否发生具有不确定性，或者或有事项的结果预计将会发生，但发生的具体时间或金额具有不确定性。

6.【答案】D

【解析】亏损合同存在标的资产的，应当对标的资产进行减值测试并按规定确认减值损失，如果预计亏损超过该减值损失，应将超过部分确认为预计负债；合同不存在标的资产的，亏损合同相关义务满足预计负债确认条件时，应当确认为预计负债，选项D错误。

7.【答案】A

【解析】90%的可能性属于很可能，不属于基本确定，因此不确认为资产。

8.【答案】B

【解析】甲公司2×16年年末资产负债表"预计负债"科目的金额＝（1×100+2×50）×5%−1=9（万元）。

9.【答案】A

【解析】本年应计提的预计负债金额＝（4 000 000×0.5%）×10%+（4 000 000×2%）×5%＝6 000（元）。

10.【答案】B

【解析】150×60%+100×40%＝130（万元），发生的职工上岗前培训费不属于或有事项。

会计处理：

借：管理费用   130

   贷：预计负债   130

11.【答案】C

【解析】2×17 年年末甲公司应确认的负债金额 = （80%×0+15%×1%+5%×2%）×1 000 = 2.5（万元）。

12.【答案】D

【解析】甲公司应就此项未决诉讼确认的预计负债金额 = 100+5 = 105（万元）。

13.【答案】C

【解析】由于败诉的可能性为 40%，不是"很可能"，企业不应确认预计负债。

14.【答案】A

【解析】本题中对于乙公司实现的利润预计和合同中规定的利润有差异，形成或有事项，这里符合负债的确认条件，故甲公司应在期末确认预计负债 400 万元，并在报表中予以披露。

15.【答案】C

【解析】M 公司 2×16 年年末资产负债表"预计负债"科目的金额 = 20+4×50×（1%+5%）÷2-8 = 18（万元）。

16.【答案】B

【解析】甲公司的诉讼赔款满足预计负债的三个确认条件，即：现时义务，很可能发生经济利益的流出，金额能可靠计量。预计负债 = （60+80）÷2+2 = 72（万元）。预计负债不仅要进行账务处理，还应在报表附注中披露。

17.【答案】A

【解析】与乙公司签订的合同因不存在标的资产，故应确认预计负债。执行合同损失 = 320-300 = 20（万元）。不执行合同违约金损失 = 300×10% = 30（万元）。因此应选择执行合同，并确认损失 20 万元。

18.【答案】D

【解析】由于与或有事项相关的义务同时符合三个条件，因此企业应将其确认为负债：（90+120）÷2+3 = 108（万元）。

19.【答案】B

【解析】因为题中提示华远股份有限公司拟继续履约，所以此时发生的损失 = 1 060-1 000 = 60（万元）。

20.【答案】C

【解析】由于该合同已成为亏损合同，而且无合同标的资产，企业应直接将 2×17 年应支付的租金确认为预计负债。

（二）多项选择题

1.【答案】BD

【解析】选项 A，事项的结果已经确定，不属于或有事项；选项 C，在债务到期后，企业应偿还借款，否则将以房地产抵偿债务，会造成经济利益流出企业，结果是确定的，不符合或有事项的定义。

2.【答案】AB

【解析】以上说法中，选项 C 如果是产生极小可能导致经济利益留出企业的或有负债不需要在报表附注中进行披露。选项 D 也不正确。因为确认为负债应同时满足三个条件：①该义务是企业承担的现时义务；②履行该义务很可能导致经济利益流出企业；③该义务的金额能够可靠地计量。

3.【答案】BC

【解析】D 选项不正确，因为确认为负债应同时满足三个条件；选项 A，企业承担的重组义务满足负债确认条件的，才应当确认为预计负债。

4.【答案】BD

【解析】A 不对，对可能导致经济利益流入的不披露；C 不对，很可能导致经济利益流出但不符合确认条件时不能确认为预计负债，需要按照或有负债披露。

5.【答案】ABC

【解析】常见的或有事项有未决诉讼或仲裁、债务担保、产品质量保证（含产品安全保证）、环境污染整治、承诺、亏损合同、重组义务等。债务重组不是或有事项，所以不选 D 选项。

6.【答案】ABD

【解析】以财产抵押向银行借款不符合或有事项的特点，因此选项 C 不正确。其他各项均属于或有事项。

7.【答案】AB

【解析】选项 C 属于债务重组，为确定事项；选项 D 也属于确认的事项，都不属于或有事项。

8.【答案】ABD

9.【答案】ADE

【解析】对于应予以披露的或有负债，企业应披露的内容有：①或有负债的形成原因；②或有负债预计产生的财务影响；③获得补偿的可能性。因此，选项 A 和 D 正确。因或有事项确认的负债，应在资产负债表中单列项目反映，并在会计报表附注中作相应披露。因此，选项 B 不正确。或有资产不应确认，因此选项 C 不正确。

10.【答案】ABCD

【解析】或有负债是指过去的交易或者事项形成的潜在义务，其存在须通过未来不确定事项的发生或不发生予以证实；或过去的交易或者事项形成的现时义务，履行该义务不是很可能导致经济利益流出企业或该义务的金额不能可靠计量。

11.【答案】AD

【解析】如果清偿因或有事项而确认的负债所需支出全部或部分预期由第三方或其他方补偿，补偿金额只能在基本确定收到时，作为资产单独确认，且确认的金额不应超过所确认负债的账面价值。因此，选项 AD 正确。

12.【答案】ABD

【解析】企业因重组而承担了重组义务，并且同时满足预计负债确认条件时，才能确认预计负债。首先，同时存在下列情况的，表明企业承担了重组义务：①有详细、正式的重组计划；②该重组计划已对外公告。或有事项确认为预计负债必须是现时义务；待执行合同变为亏损合同，在满足预计负债确认条件时，应当确认预计负债，所以选项 C 不正确。

13.【答案】BCD

【解析】如果清偿因或有事项而确认的预计负债所需支出全部或部分预期由第三方或其他方补偿，补偿金额只能在基本确定收到时，作为资产单独确认，且确认的补偿金额不应超过所确认负债的账面价值。企业确认因或有事项产生的负债时，不应将从第三方得到的补偿金额从中扣除。

14.【答案】AC

【解析】企业清偿预计负债所需支出全部或部分预期由第三方补偿的，补偿金额只有在基本确定能够收到时才能作为资产单独确认。确认的补偿金额不应当超过预计负债的账面价值。

15.【答案】CD

【解析】企业与其他企业签订的尚未履行任何合同义务或部分地履行了同等义务的商品买卖合同、劳务合同、租赁合同等，均属于待执行合同。待执行合同变成亏损合同时，企业拥有合同标的资产的，应当先对标的资产进行减值测试并按规定确认减值损失，如预计亏损超过该减值损失，应将超过部分确认为预计负债。无合同标的资产的，亏损合同相关义务满足预计负债确认条件时，应当确认为预计负债。企业不应就未来的经营亏损确认为负债。

16.【答案】ABC

【解析】A 选项，资产组的可收回金额低于其账面价值的（总部资产和商誉分摊至某资产组的，该资产组的账面价值应当包括相关总部资产和商誉的分摊额），应当确认相应的减值损失。减值损失金额应当先抵减分摊至资产组中商誉的账面价值，再根据资产组中除商誉之外的其他各项资产的账面价值所占比重，按比例抵减其他各项资产的账面价值。资产账面价值的抵减，应当作为各单项资产（包括商誉）的减值损失处理，计入当期损益。B 选项，收回已转销的坏账，一方面，借记"应收账款"科目，贷记"坏账准备"科目，同时借记"银行存款"科目，贷记"应收账款"科目。坏账准备变动了，会引起应收账款账面价值减少。C 选项，待执行合同变成亏损合同时，企业拥有合同标的资产的，应当先对标的资产进行减值测试并按规定确认减值损失。如预计亏损超过该减值损失，应将超过部分确认为预计负债。企业没有合同标的资产的，亏损合同相关义务满足规定条件时，应当确认为预计负债。

17.【答案】BC

【解析】如果将与或有事项相关的义务确认为负债，应同时符合三个条件。选项 A 将未到期商业汇票贴现，不是很可能导致经济利益流出企业。选项 D 金额不能够可靠地计量。

18.【答案】AC

【解析】下列情况同时存在时，表明企业承担了重组义务：①有详细、正式的重组计划，包括重组涉及的业务、主要地点、需要补偿的职工人数及其岗位性质、预计重组支出、计划实施时间等；②该重组计划已对外公告。

19.【答案】BC

【解析】将或有事项确认为资产的条件是：与或有事项有关的义务已经确认为负债，清偿负债所需支出全部或部分预期由第三方或其他方补偿，则补偿金额只能在基本确定能收到时，作为资产单独确认。或有资产很可能会给企业带来经济利益时，应在会计报表中披露。因此，选项 A 不正确，选项 B 正确。或有事项确认为负债应同时符合三个条件。对于因或有事项而确认的负债，企业应在资产负债表中单列项目反映，并在会计报表附注中作相应披露。因此，选项 C 正确，选项 D 不正确。

20.【答案】ABC

【解析】企业应在会计报表附注中披露的或有负债有已贴现商业承兑汇票、未决诉讼、未决仲裁、对外提供担保等。

（三）判断题

1.【答案】错误

【解析】相关规定指出预计负债的税收在实际支付时在税前扣除。

2.【答案】错误

【解析】或有负债涉及两类义务：潜在义务和现时义务。

3.【答案】错误

【解析】与或有事项相关的义务同时满足以下三个条件时，才能确认为负债，作为预计负债进行确认和计量：①该义务是企业承担的现时义务；②履行该义务很可能导致经济利益流出企业；③该义务的金额能够可靠地计量。

4.【答案】错误

【解析】或有事项的确认标准中的"很可能"表示发生的概率大于 50%，小于或等于 95%。

5.【答案】错误

【解析】与或有事项相关的义务同时满足以下三个条件时，才能确认为负债，作为预计负债进行确认和计量：①该义务是企业承担的现时义务；②履行该义务很可能导致经济利益流出企业；③该义务的金额能够可靠地计量。

6.【答案】正确

7.【答案】错误

【解析】企业应在会计报表附注中披露的或有负债有已贴现商业承兑汇票、未决诉讼、未决仲裁、对外提供担保等。

8.【答案】错误

【解析】待执行合同变成亏损合同的，如果该合同不存在标的物且相关义务满足预计负债确认条件的应确认为预计负债。

9.【答案】错误

【解析】企业应当考虑可能影响履行现时义务所需金额的相关未来事项。对于这些未来事项，如果有足够的客观证据表明它们将会发生，则应当在预计负债计量中予以反映。

10.【答案】错误

【解析】只有待执行合同变成亏损合同，合同存在标的资产的，才对标的资产进行减值测试并按规定确认减值损失。在这种情况下，企业通常不需要确认预计负债；如果预计损失超过该减值损失，应将超过的部分确认为预计负债；合同不存在标的资产的，该亏损合同产生的义务满足预计负债的确认条件，应当确认为预计负债。

（四）计算分析题

1. 华远公司的会计分录：

（1）对华远公司而言，如无特殊情况，很可能在诉讼中获胜。因此，2×16 年 12 月 31 日，华远公司可以做"很可能胜诉"的判断，并预计获得 200 万元赔偿。对于或有资产，华远公司不需要编制会计分录。

（2）2×17 年 2 月 15 日：

借：其他应收款——西城公司	172.50	
贷：以前年度损益调整		172.50
借：以前年度损益调整	172.50	
贷：利润分配——未分配利润		172.50
借：利润分配——未分配利润	17.25	
贷：盈余公积		17.25

（3）2×17 年 2 月 16 日：

借：银行存款	172.50	
贷：其他应收款		172.50

西城公司的会计分录：

（1）2×16 年 12 月 31 日：

借：营业外支出——赔偿支出	187.5[（150+225）÷2]	
管理费用——诉讼费用	3	
贷：预计负债——未决诉讼		190.5

同时：

借：其他应收款	75	
贷：营业外支出		75

（2）2×17 年 2 月 15 日：

借：预计负债——未决诉讼	190.5	
贷：其他应付款——华远公司		187.5
其他应付款——法院		3

以前年度损益调整：

借：以前年度损益调整	15	
贷：利润分配——未分配利润		15
借：利润分配——未分配利润	1.5	
贷：盈余公积		1.5

（3）2×17 年 2 月 16 日：

借：其他应付款——华远公司 172.50

 其他应付款——法院 3

 贷：银行存款 175.50

（4）2×17 年 3 月 17 日：

借：银行存款 75

 贷：其他应收款 75

2.（1）华远公司 2×16 年 12 月 31 日应做如下会计分录：

借：营业外支出 500 000

 贷：预计负债——未决诉讼 500 000

（2）华远公司 2×17 年 6 月 15 日应做如下会计分录：

借：预计负债——未决诉讼 500 000

 贷：其他应付款 500 000

借：营业外支出 90 000

 贷：其他应付款 90 000

（3）在这种情况下，华远公司应按照资产负债表日后事项的有关规定进行会计处理。会计分录如下：

借：预计负债——未决诉讼 500 000

 贷：其他应付款 500 000

借：以前年度损益调整 90 000

 贷：其他应付款 90 000

借：其他应付款 590 000

 贷：银行存款 590 000

因按照税法规定，企业提供的与其自身生产经营无关的担保支出不允许税前扣除，故该项负债的账面价值等于其计税基础，不存在暂时性差异，所以这里不涉及所得税费用的调整。

借：利润分配——未分配利润 90 000

 贷：以前年度损益调整 90 000

借：盈余公积 9 000

 贷：利润分配——未分配利润 9 000

3.（1）第一季度：

发生产品质量保证费用：

借：预计负债——产品质量担保 80 000

 贷：银行存款 40 000

  原材料 40 000

应确认的产品质量保证负债金额 $=100×100\ 000×[(1\%+2\%)÷2]=150\ 000$（元）

借：销售费用——产品质量担保 150 000

 贷：预计负债——产品质量担保 150 000

第一季度末，"预计负债——产品质量担保"科目余额 $=100\ 000+150\ 000-80\ 000=$

170 000（元）。

（2）第二季度：

发生产品质量保证费用：

借：预计负债——产品质量担保 220 000

贷：银行存款 110 000

原材料 110 000

应确认的产品质量保证负债金额=200×100 000×[（1%+2%）÷2]=300 000（元）

借：销售费用——产品质量担保 300 000

贷：预计负债——产品质量担保 300 000

第二季度末，"预计负债——产品质量担保"科目余额=170 000+300 000-220 000=250 000（元）。

（3）第三季度：

发生产品质量保证费用：

借：预计负债——产品质量担保 320 000

贷：银行存款 160 000

原材料 160 000

应确认的产品质量保证负债金额=220×100 000×[（1%+2%）÷2]=330 000（元）

借：销售费用——产品质量担保 330 000

贷：预计负债——产品质量担保 330 000

第三季度末，"预计负债——产品质量担保"科目余额=250 000+330 000-320 000=260 000（元）。

（4）第四季度：

发生产品质量保证费用：

借：预计负债——产品质量担保 280 000

贷：银行存款 140 000

原材料 140 000

应确认的产品质量保证负债金额=300×100 000×[（1%+2%）÷2]=450 000（元）

借：销售费用——产品质量担保 450 000

贷：预计负债——产品质量担保 450 000

第四季度末，"预计负债——产品质量担保"科目余额=260 000+450 000-280 000=430 000（元）。

第十六章　租赁

一、要点总览

租赁 ┤
　　├ 租赁的相关概念 ┤
　　│　　├ 租赁期
　　│　　├ 租赁开始日、租赁期开始日
　　│　　├ 资产余值、担保余值、未担保余值
　　│　　├ 最低租赁付款额、最低租赁收款额
　　│　　├ 或有租金、履约成本
　　│　　└ 租赁内含利率
　　├ 租赁的分类 ┤
　　│　　├ 融资租赁
　　│　　└ 经营性租赁
　　├ 经营租赁的会计处理 ┤
　　│　　├ 承租人的会计处理
　　│　　└ 出租人的会计处理
　　├ 融资租赁的会计处理 ┤
　　│　　├ 承租人的会计处理
　　│　　└ 出租人的会计处理
　　└ 售后租回

二、重点难点

（一）重点

├ 租赁的分类
├ 经营性租赁的会计处理
└ 融资租赁的会计处理

（二）难点

├ 租赁的分类
└ 融资租赁的会计处理

三、关键内容小结

（一）租赁的相关概念

1. 租赁期	租赁期，指租赁合同规定的不可撤销的租赁期间。如果承租人有权选择继续租赁该资产，而且开始日就可以合理确定承租人将会行使这种选择权，则不论是否再支付租金，续租期应当包括在租赁期内
2. 租赁开始日	租赁开始日，是指租赁协议日与租赁各方就主要条款做出承诺日中的较早者。在租赁开始日，承租人和出租人应当将租赁认定为融资租赁或经营租赁，并确定在租赁期开始日应确认的金额
3. 租赁期开始日	租赁期开始日，是指承租人有权行使其使用租赁资产权利的开始日，表明租赁行为的开始。在租赁期开始日，承租人应当对租入资产、最低租赁付款额和未确认融资费用进行初始确认；出租人应当对应收融资租赁款、未担保余值和未实现融资收益进行初始确认
4. 资产余值	资产余值，是指在租赁开始日估计的租赁期届满时租赁资产的公允价值
5. 担保余值	担保余值，就承租人而言，是指由承租人或与其有关的第三方担保的资产余值；就出租人而言，是指就承租人而言的担保余值加上独立于承租人和出租人的第三方担保的资产余值
6. 未担保余值	未担保余值，是指租赁资产余值中扣除就出租人而言的担保余值以后的资产余值。这部分余值没有人担保，而由出租人自身负担。由于该部分余值能否收回，没有切实可靠的保证，因此，在租赁开始日不能作为应收融资租赁款的一部分
7. 最低租赁付款额	最低租赁付款额，是指在租赁期内，承租人应支付或可能被要求支付的款项（不包括或有租金和履约成本），加上由承租人或与其有关的第三方担保的资产余值。承租人有购买租赁资产的选择权，所订立的购买价款预计将远低于行使选择权时租赁资产的公允价值，因而在租赁开始日就可以合理确定承租人将会行使这种选择权的，购买价款应当计入最低租赁付款额
8. 最低租赁收款额	最低租赁收款额，是指最低租赁付款额加上独立于承租人和出租人的第三方对出租人担保的资产余值
9. 或有租金	或有租金，是指金额不固定、以时间长短以外的其他因素（如销售量、使用量、物价指数等）为依据计算的租金
10. 履约成本	履约成本，是指在租赁期内为租赁资产支付的各种使用费用，如技术咨询和服务费、人员培训费、维修费、保险费等
11. 租赁内含利率	租赁内含利率，是指在租赁开始日，使最低租赁收款额的现值与未担保余值的现值之和等于租赁资产公允价值与出租人的初始直接费用之和的折现率

（二）租赁的分类

1. 判断的原则	属于何种租赁类型，关取决于与资产所有权有关的全部风险和报酬是否转移，若与资产所有权有关的全部风险和报酬发生转移，即为融租租赁，其所有权最终可能转移，也可能不转移。若与资产所有权有关的全部风险和报酬未转移，即为经营租赁

（续表）

2. 融资租赁的判断标准	符合以下一项或数项标准的租赁应当认定为融资租赁： （1）在租赁期届满时，租赁资产的所有权转移给承租人。这种情况通常是指租赁合同中已经约定，或者根据其他条件在租赁开始日做出合理判断，租赁期届满时出租人能够将资产的所有权转移给承租人 （2）承租人有购买租赁资产的选择权，所订立的购买价款预计将远低于行使选择权时租赁资产的公允价值，因而在租赁开始日就可以合理确定承租人将会行使这种选择权 （3）即使资产的所有权不转移，但租赁期占租赁资产使用寿命的大部分。这里的"大部分"，通常是指租赁期占自租赁开始日租赁资产使用寿命的75%以上（含75%） 需要注意的是，这条标准强调的是租赁期占租赁资产使用寿命的比例，而非租赁期占该项资产全部可使用年限的比例。如果租赁资产是旧资产，在租赁前已使用年限超过资产自全新时起算可使用年限的75%以上时，则这条判断标准不适用，不能使用这条标准确定租赁的分类 （4）承租人在租赁开始日的最低租赁付款额现值，几乎相当于租赁开始日租赁资产公允价值；出租人在租赁开始日的最低租赁收款额现值，几乎相当于租赁开始日租赁资产公允价值。这里的"几乎相当于"通常是指在90%以上（含90%）。需要说明的是，这里的量化标准只是指导性标准，企业在具体运用时，必须以准则规定的相关条件进行判断 （5）租赁资产性质特殊，如果不作较大改造，只有承租人才能使用。这条标准是指，租赁资产是由出租人根据承租人对资产型号、规格等方面的特殊要求专门购买或建造的，具有专购、专用性质。这些租赁资产如果不作较大的重新改制，其他企业通常难以使用。这种情况下，该项租赁也应当认定为融资租赁
3. 经营租赁的判断标准	经营租赁是指除融资租赁以外的其他租赁。一项租赁业务，若不符合融资租赁的条件，就属于经营租赁。通常情况下，在经营租赁中，经营租赁资产的所有权不转移

（三）经营租赁的会计处理

1. 承租人的会计处理	（1）确认的租金费用 借：管理费用/销售费用等 　　应交税费——应交增值税（进项税额） 　贷：银行存款等 注意：租赁期超过1年的预付的租金则先计入"长期待摊费用"科目 （2）初始直接费用的会计处理 借：管理费用 　贷：银行存款 初始直接费用，是指在租赁谈判和签订租赁合同过程中发生的可归属于租赁项目的手续费、律师费、差旅费、印花税等

（续表）

2. 出租人的会计处理	（1）确认各期租金收入时 借：应收账款/其他应收款/银行存款等 　　贷：主营业务收入/其他业务收入 　　　　　应交税费——应交增值税（销项税额） （2）初始直接费用的会计处理 初始直接费用的会计处理 借：管理费用 　　贷：银行存款 初始直接费用，是指在租赁谈判和签订租赁合同过程中发生的可归属于租赁项目的手续费、律师费、差旅费、印花税等

（四）融资租赁的会计处理

1. 承租人的会计处理	（1）租入设备时 借：固定资产——融资租入固定资产 　　未确认融资费用 　　贷：长期应付款——应付融资租赁款 　　　　银行存款（初始直接费用） （2）租赁期内 ①支付租金 借：长期应付款——应付融资租赁款 　　应交税费——应交增值税（进项税额） 　　贷：银行存款 分摊未确认融资费用： 借：财务费用 　　贷：未确认融资费用 计提折旧： 借：制造费用 　　贷：累计折旧 发生履约成本： 借：管理费用 　　应交税费——应交增值税（进项税额） 　　贷：银行存款 发生或有租金： 借：销售费用 　　应交税费——应交增值税（进项税额） 　　贷：银行存款 （3）租赁期届满时 租赁期届满时，通常有三种情况：返还、优惠续租和留购 ①返还租赁资产 若存在担保余值： 借：长期应付款——应付融资租赁款 　　累计折旧 　　贷：固定资产——融资租入固定资产 若不存在担保余值： 借：累计折旧 　　贷：固定资产——融资租入固定资产

（续表）

	优惠续租租赁资产： 如果承租人行使了优惠续租权，则应视同该项租赁一直存在而作相应的账务处理 如果租赁期满而承租人未续租，根据租赁协议规定应向出租人支付违约金时： 借：营业外支出 　　贷：银行存款等 留购租赁资产： 向出租人支付购买价款时： 借：长期应付款——应付融资租赁款 　　贷：银行存款 借：固定资产——生产用固定资产 　　贷：固定资产——融资租入固定资产
2. 出租人的会计处理	（1）租赁期开始日 借：长期应收款——应收融资租赁款 　　贷：融资租赁资产 　　　　未实现融资收益 （2）租赁期内 ①收取租金 借：银行存款 　　贷：长期应收款——应收融资租赁款 　　　　应交税费——应交增值税（销项税额） ②未实现融资收益的分配 借：未实现融资收益 　　贷：租赁收入 ③应收融资租赁款坏账准备的计提 借：资产减值损失 　　贷：坏账准备 ④未担保余值发生变动时的处理 出租人应定期对未担保余值进行检查，至少于每年年末进行一次检查。如果未担保余值的预计可收回金额低于其账面价值的差额，则： 借：资产减值损失 　　贷：未担保余值减值准备 同时，将上述减值额与由此所产生的租赁投资净额的减少额之间的差额做相应会计分录： 借：未实现融资收益 　　贷：资产减值损失 如果已确认损失的未担保余值得以恢复，应按未担保余值恢复的金额做相应会计分录： 借：未担保余值减值准备 　　贷：资产减值损失 同时，按原减值额与由此所产生的租赁投资净额的增加额之间的差额做相应会计分录： 借：资产减值损失 　　贷：未实现融资收益 或有租金的处理： 借：银行存款 　　贷：租赁收入 　　　　应交税费——应交增值税（销项税额）

（续表）

	（3）租赁期满时
	应根据具体情况作不同的会计处理：
	①收回租赁资产
	有担保余值，没有未担保余值：
	借：融资租赁资产
	   贷：长期应收款——应收融资租赁款
	担保余值和未担保余值同时存在：
	借：融资租赁资产
	   贷：长期应收款——应收融资租赁款
	担保余值：
	有未担保余值，没有担保余值：
	借：融资租赁资产
	   贷：未担保余值
	担保余值和未担保余值均没有。此时，出租人不须做账务处理，只需在相应的备查簿中作备查登记
	②优惠续租租赁资产
	如果承租人行使优惠续租选择权，则出租人应视同该项租赁一直存在而做融资租赁相应的账务处理
	如果租赁期满承租人没有续租，则出租人将收回的租赁资产按租赁期满时的会计处理原则进行相应的会计处理。同时，如果根据租赁合同规定应向承租人收取违约金的，还应借记"其他应收款"等科目，贷记"营业外收入"科目
	③留购租赁资产
	如果租赁期满时承租人行使了优惠购买权，出租人应按承租人支付的购买资产的价款做相应会计分录：
	借：银行存款
	   贷：长期应收款——应收融资租赁款
	如果还存在未担保余值：
	借：营业外支出——处置固定资产净损失
	   贷：未担保余值

（五）售后租回的会计处理

1. 售后租回交易形成融资租赁	若售后租回交易形成融资租赁方式，售价与资产账面价值之间的差额应当予以递延，并按照该项租赁资产的折旧进度进行分摊，作为折旧费用的调整。按折旧进度进行分摊，是指在对该项租赁资产计提折旧时按与该项资产计提折旧所采用的折旧率相同的比例对未实现售后租回损益进行分摊。根据2016年营业税改征增值税试点有关事项的规定，经人民银行、银监会或者商务部批准从事融资租赁业务的试点纳税人，提供融资性售后回租服务，以取得的全部价款和价外费用（不含本金），扣除对外支付的借款利息（包括外汇借款和人民币借款利息）、发行债券利息后的余额作为销售额计算增值税
2. 售后租回交易形成经营租赁	若售后租回交易形成经营租赁方式，售价与资产账面价值之间的差额应当予以递延，并在租赁期内按照与确认租金费用一致的方法进行分摊，作为租金费用的调整。按照与确认租金费用一致的方法进行分摊是指在确认当期该项租赁资产的租金费用时，按与确认当期该项资产租金费用所采用的租金支付比例相同的比例对未实现售后租回损益进行分摊。但是，有确凿证据表明售后租回交易是按公允价值达成的，售价与资产账面价值之间的差额应当计入当期损益

四、练习题

（一）单项选择题

1. 租赁公司将一台大型设备以融资租赁方式租赁给 B 企业。双方签订合同，该设备租赁期为 4 年，租赁期届满 B 企业归还给 A 公司设备。每 6 个月的月末支付租金 525 万元，B 企业担保的资产余值为 300 万元，B 企业的母公司担保的资产余值为 450 万元，另外担保公司担保金额为 450 万元，未担保余值为 150 万元。则最低租赁收款额为（　　）。

    A. 5 400 万元　　　B. 4 960 万元　　　C. 4 210 万元　　　D. 5 560 万元

2. 甲公司于 2×16 年 1 月 1 日采用经营租赁方式从乙公司租入机器设备一台，设备价值为 200 万元，预计使用年限为 12 年。租赁合同规定：租期为 4 年，第 1 年免租金，第 2 年至第 4 年的租金分别为 36 万元、34 万元、26 万元，于当年年初支付。甲公司在租赁过程中发生律师费、运输费以及印花税等共计 4 万元。2×16 年甲公司应就此项租赁确认的租金费用为（　　）。

    A. 0　　　　　　　B. 24 万元　　　　　C. 32 万元　　　　　D. 25 万元

3. 甲公司将一台设备经营出租给乙公司，租赁期为 3 年。第一年年初乙公司支付租金 10 万元，第二年年初支付租金 8 万元，第三年免付租金。则甲公司第二年应确认的租金收入为（　　）。

    A. 8 万元　　　　　B. 6 万元　　　　　C. 9 万元　　　　　D. 10 万元

4. 下列关于经营租赁出租人的表述中，不正确的是（　　）。

    A. 总租金在租赁期内按直线法摊销确认收入金额

    B. 如出租人承担了承租人部分费用，须从租金总额中扣除

    C. 如存在免租期，不应从租赁期内扣除，而应该将总租金在整个租赁期间（包含免租期）内进行分摊

    D. 应对出租资产以租赁期为基础计提折旧或摊销

5. 下列关于经营租赁承租人的相关表述中，正确的是（　　）。

    A. 发生的初始直接费用应计入租入资产成本

    B. 发生的初始直接费用应计入当期损益

    C. 租赁期间发生的或有租金应增加租入资产成本

    D. 租赁期间发生的或有租金应资本化计入租入资产成本

6. 某租赁公司将一台大型设备以融资租赁方式租赁给 B 企业。租赁开始日估计的租赁期届满时租赁资产的公允价值，即资产余值为 2 250 万元。双方合同中规定，B 企业担保的资产余值为 450 万元，B 企业的子公司担保的资产余值为 675 万元，另外担保公司担保金额为 675 万元。

租赁期开始日该租赁公司记录的未担保余值为（　　）。

    A. 1 125 万元　　　B. 1 575 万元　　　C. 1 800 万元　　　D. 450 万元

7. 某租赁公司于 2×16 年将账面价值为 2 000 万元的一套大型电子计算机以融资租

赁方式租赁给 B 企业。租赁开始日该资产公允价值为 2 000 万元，设备租期为 8 年。从 2×16 年起每年年末 B 企业支付租金 240 万元，B 企业担保的资产余值为 360 万元，独立的担保公司担保金额为 300 万元，估计租赁期届满时该资产余值为 720 万元。该租赁公司在租赁期开始日应计入"未实现融资收益"科目的金额为（   ）。

    A. 311.81 万元　　B. 640 万元　　　　C. 580 万元　　　　D. 1 688.19 万元

8. 2×16 年 12 月 1 日华阳公司与大江公司签订了一份租赁合同。合同主要条款如下：

（1）租赁标的物：电动自行车生产线。

（2）租赁期：2×16 年 12 月 31 日~2×19 年 12 月 31 日，共 3 年。

（3）租金支付方式：每期支付租金 270 000 元。首期租金于 2×16 年 12 月 31 日支付，2×18 年、2×19 年租金皆于当年年初支付。

（4）租赁期届满时电动自行车生产线的估计余值为 117 000 元。其中由华阳公司担保的余值为 100 000 元，未担保余值为 17 000 元。

（5）该生产线的保险、维护等费用由华阳公司自行承担，每年 10 000 元。

（6）该生产线在 2×16 年 12 月 31 日的公允价值为 850 000 元。

（7）租赁合同规定的利率为 6%（年利率）。

（8）该生产线估计使用年限为 6 年，采用直线法计提折旧。

（9）2×19 年 12 月 31 日，华阳公司将该生产线交回大江公司。

（10）华阳公司按实际利率法摊销未确认融资费用（假定按年摊销）。

假设该生产线不需要安装，（P/A，6%，2）= 1.833，（P/F，6%，3）= 0.84。该租赁资产 2×17 年应计提的折旧金额为（   ）。

    A. 249 636.67 元　B. 259 636.67 元　C. 283 333.33 元　D. 239 636.67 元

9. A 公司融资租入 B 公司的一项设备，租赁期为 2×10 年 1 月 1 日至 2×16 年 12 月 31 日。每年年初支付租金 50 万元，预计租赁期满的资产余值为 30 万元。A 公司及其母公司担保余值为 20 万元，已知出租人租赁内含利率为 7%，租赁当日资产的公允价值为 240 万元。A 公司又发生了设备安装费 5 万元，当月达到预定可使用状态。则 2×16 年 A 公司应该计提的折旧金额为（   ）。（PVA7%，5 = 4.100 2，PV7%，5 = 0.713 0；PVA7%，4 = 3.387 2，PV7%，4 = 0.762 9）

    A. 40.76 万元　　　B. 44.49 万元　　　C. 46.72 万元　　　D. 43.56 万元

10. 甲公司出租给乙公司一项专利，租赁性质为融资租赁，专利权的原值为 350 万元，累计折旧为 70 万元。租赁期开始日为 2×18 年 1 月 1 日。租赁日的公允价值为 300 万元，租期为 5 年，每年年末支付租金 68 万元。租赁期满估计该设备的资产余值为 30 万元，乙公司与其关联方承担的担保余值为 10 万元，第三方担保余值为 5 万元。甲公司另支付相关税费 3 万元，则该项业务确认的未实现融资收益金额为（   ）。

    A. 55 万元　　　B. 67 万元　　　　C. 40 万元　　　D. 38 万元

11. 甲公司出租一项固定资产给乙公司，该租赁为融资租赁，未担保余值为 30 万元，承租人以及承租人关联方担保余值为 25 万元，与承租人无关的第三方担保余值为 10 万元。租赁期满承租人归还设备，出租人的账务处理是（   ）。

    A. 借：融资租赁资产　　　　　　　　　　　　　　　　　　　30

　　贷：未担保余值 30

　　B. 借：融资租赁资产 55
　　　　贷：未担保余值 30
　　　　　　长期应收款 25

　　C. 借：融资租赁资产 65
　　　　贷：未担保余值 30
　　　　　　长期应收款 35

　　D. 借：融资租赁资产 40
　　　　贷：未担保余值 30
　　　　　　长期应收款 10

　　12. 甲公司融资租入乙公司的一项设备，租赁期为 2×16 年 1 月 1 日至 2×16 年 12 月 31 日，每年年初支付租金 50 万元。预计租赁期满的资产余值为 30 万元，甲公司及其母公司担保余值为 20 万元。已知出租人租赁内含利率为 7%，租赁当日资产的公允价值为 240 万元。则 2×16 年 12 月 31 日甲公司长期应付款摊余成本的金额为（　　）。（PVA7%，5 = 4.10，PV7%，5 = 0.713；PVA7%，4 = 3.387，PV7%，4 = 0.763）

　　　　A. 146.46 万元　　B. 163.96 万元　　C. 171.28 万元　　D. 106.71 万元

　　13. 2×17 年 12 月 31 日甲公司租入乙公司一项设备。该租赁系融资租赁，租赁期为 10 年。最低租赁付款额中承租人担保余值为 40 万元，承租人母公司担保余值为 10 万元，该设备的最低租赁付款额现值为 600 万元，公允价值为 620 万元。该设备尚可使用年限为 8 年，则 2×18 年应该计提的折旧金额为（　　）。

　　　　A. 70 万元　　　B. 68.75 万元　　　C. 72.5 万元　　　D. 71.25 万元

　　14. 2×15 年 1 月 1 日，甲公司以融资租赁方式租入一项固定资产，租赁期为 3 年，租金总额 8 300 万元，其中 2×15 年年末应付租金 3 000 万元，剩余金额在租赁期届满时进行支付。假定在租赁期开始日（2×15 年 1 月 1 日）最低租赁付款额的现值为 6 709.24 万元，租赁资产公允价值为 7 000 万元，租赁内含利率为 10%。2×15 年 12 月 31 日，甲公司在资产负债表中因该项租赁而确认的长期应付款的项目金额为（　　）。

　　　　A. 4 380.16 万元　　　　　　B. 4 000 万元
　　　　C. 5 700 万元　　　　　　　D. 5 300 万元

　　15. 2×16 年 3 月 31 日甲公司将一台账面价值为 600 万元（出售前每年以直线法计提的折旧金额为 120 万元）、剩余使用年限为 10 年的管理用设备以 480 万元的价格出售给乙公司；同时与乙公司签订一项协议将此设备租回，租期为 5 年，租赁开始日为 2×16 年 4 月 1 日，每年租金为 50 万元，市场上同类设备的租金为 80 万元。假定该设备在市场上销售价格为 550 万元。则甲公司 2×16 年因此设备对当期损益的影响为（　　）。

　　　　A. -55.5 万元　　B. -67.5 万元　　C. -127.5 万元　　D. -85.5 万元

　　16. 甲公司 2×16 年 1 月 1 日，与乙公司签订资产转让合同。合同约定，甲公司将其办公楼以 4 500 万元的价格出售给乙公司，同时甲公司自 2×16 年 1 月 1 日至 2×16 年 12 月 31 日止可继续使用该办公楼，但每年年末须支付乙公司租金 300 万元，期满后乙公司收回办公楼。当日，该办公楼账面原值为 6 000 万元，已计提折旧 750 万元，未计提减值准备，预计尚可使用年限为 35 年。同等办公楼的市场售价为 5 500 万元，市场上租用同等办公楼每年须支付租金 520 万元。1 月 10 日，甲公司收到乙公司支付的款项，并办妥办公楼产权变更手续。

2×16 年甲公司确认的管理费用为（　　　）。

  A. 300 万元   B. 750 万元   C. 150 万元   D. 450 万元

17. 甲公司出售一批存货给乙公司，该批存货账面价值为 80 万元，公允价值为 100 万元，售价为 90 万元。另根据协议，甲公司出售之后又按融资租赁的方式将该批存货租回，则该项业务确认收入的金额为（　　　）。

  A. 0   B. 80 万元   C. 90 万元   D. 100 万元

18. A 企业 2×08 年 12 月 31 日，将一台账面价值为 20 万元的生产线以 26 万元售给乙企业，并立即以经营租赁方式向乙企业租入该生产线。该生产线的公允价值为 30 万元。合同约定，租期为两年，2×15 年 1 月 1 日 A 企业预付租赁款 2 万元，2×15 年年末付款 1 万元，2×16 年年末付款 3 万元，合同租金低于市场价格。则 2×15 年分摊的未实现售后租回收益为（　　　）。

  A. 2 万元   B. 3 万元   C. 1 万元   D. 6 万元

19. 2×16 年 12 月 31 日，甲公司将销售部门的一大型运输设备以 330 万元的价格出售给乙公司，款项已收存银行。该运输设备的公允价值为 350 万元，账面原价为 540 万元，已计提折旧 180 万元，预计尚可使用 5 年，预计净残值为零。2×17 年 1 月 1 日，甲公司与乙公司签订一份经营租赁合同，将该运输设备租回供销售部门使用。租赁期开始日为 2×17 年 1 月 1 日，租赁期为 3 年；每年租金为 80 万元，每季度末支付 20 万元，市场公允租金为 100 万元。假定不考虑税费及其他相关因素。甲公司 2×17 年使用该售后租回设备应计入销售费用的金额为（　　　）。

  A. 70 万元   B. 80 万元   C. 90 万元   D. 110 万元

20. 甲公司将一项存货出售给乙公司，存货账面价值为 60 万元，公允价值为 100 万元，售价为 90 万元。与此同时甲公司以低于市场价的租金将该存货租回，租赁性质为经营租赁，租期为 3 年。则该销售业务确认的递延收益金额为（　　　）。

  A. 0   B. 40 万元   C. 30 万元   D. 10 万元

21. 甲租赁公司 2×17 年 12 月 31 日将一台公允价值为 480 万元的设备以融资租赁的方式租赁给乙公司，从 2×18 年 1 月 1 日起，租期为三年，每年年末支付租金 180 万元。预计租赁期满设备的余值为 30 万元，承租人及其关联方担保余值为 20 万元。假设不考虑一年内到期的长期应收款的重分类，则 2×19 年年末的报表中因该项业务确认的长期应收款的金额为（　　　）。（假定租赁内含利率为 7%）

  A. 0   B. 188. 40 万元 C. 176. 95 万元 D. 165. 5 万元

（二）多项选择题

1. 下列关于租赁相关概念的表述中，正确的有（　　　）。

  A. 租赁双方应于租赁开始日将租赁分为融资租赁或经营租赁

  B. 租赁开始日，是指租赁协议日与租赁各方就主要租赁条款做出承诺日中的较早者

C. 融资租赁，是指实质上转移了与资产所有权有关的风险和报酬的租赁，而资产所有权最终可能转移，也可能不转移

D. 承租人有权选择续租租赁资产，并且在租赁开始日就可以合理确定承租人将会行使这种选择权的，不论是否再支付租金，续租期也包括在租赁期之内

2. 下列关于出租人对经营租赁资产处理中，正确的有（　　）。

A. 在经营租赁下，与资产所有权有关的主要风险和报酬仍然留在出租人一方

B. 出租人应当将出租资产作为自身拥有的资产在资产负债表中列示

C. 如果出租资产属于固定资产，则列在资产负债表固定资产项目下

D. 如果出租资产属于流动资产，则列在资产负债表有关流动资产项目下

3. 2×16 年 1 月 1 日，甲公司从乙公司租入一台全新设备，设备的可使用年限为 5 年，原账面价值为 280 万元。租赁合同规定，租期为 4 年，甲公司每年年末支付租金 80 万元；租赁期满时，预计设备的公允价值为 10 万元，甲公司担保的资产余值为 10 万元；合同约定的利率为 6%，到期时，设备归还给乙公司。下列关于上述租赁业务账务处理的表述中，不正确的有（　　）。

A. 租赁期满资产余值为 10 万元

B. 该项租赁业务中，乙公司的未担保余值为 10 万元

C. 该项租赁业务中，甲公司最低租赁付款额为 320 万元

D. 乙公司应对该设备以 5 年的使用寿命为基础计提折旧

4. 以下关于融资租赁业务的处理中，正确的有（　　）。

A. 在融资租入符合资本化条件的需要安装（安装期超过一年）的固定资产达到预定可使用状态之前摊销的未确认融资费用一般应计入在建工程

B. 在融资租入固定资产达到预定可使用状态之前摊销的未确认融资费用应计入财务费用

C. 在编制资产负债表时，未确认融资费用作为长期应付款的抵减项目列示

D. 在编制资产负债表时，未实现融资收益应作为长期应收款的抵减项目列示

5. 依据企业会计准则的规定，下列各项通常构成出租人融资租赁债权的有（　　）。

A. 出租人承担的履约成本

B. 承租人在租赁期内应支付租金总额

C. 承租人发生的初始直接费用

D. 出租人发生的初始直接费用

6. 融资租赁中出租人的会计处理中，正确的有（　　）。

A. 在租赁期开始日，出租人应当将租赁开始日最低租赁收款额与初始直接费用之和作为应收融资租赁款的入账价值，同时记录未担保余值；将最低租赁收款额、初始直接费用及未担保余值之和与其现值之和的差额确认为未实现融资收益

B. 未实现融资收益应当在租赁期内各个期间进行分配

C. 出租人应当采用实际利率法计算确认当期的融资收入

D. 出租人于每年度终了，不用对未担保余值进行复核

7. 在租赁期开始日，会计处理时，下列融资租入固定资产的入账价值中，错误做法有（   ）。

    A. 在租赁期开始日，租赁开始日租赁资产的原账面价值与最低租赁付款额的现值两者中的较低者

    B. 在租赁期开始日，租赁开始日租赁资产的原账面价值与最低租赁付款额两者中的较低者

    C. 在租赁期开始日，租赁开始日租赁资产的原账面价值与最低租赁付款额的现值两者中的较高者

    D. 在租赁期开始日，租赁开始日租赁资产的公允价值与最低租赁付款额的两者中的较高者

8. 按照我国企业会计准则的规定，对融资租赁资产计提折旧的说法中，正确的有（   ）。

    A. 在承租人对租赁资产余值提供担保时，应提的折旧总额为融资租入固定资产的入账价值减去担保余值

    B. 在承租人未对租赁资产余值提供担保时，应提的折旧总额为租赁开始日融资租入固定资产的入账价值

    C. 在能够合理确定租赁期届满时承租人将会取得租赁资产所有权时，应以租赁开始日租赁资产尚可使用年限作为折旧期间

    D. 在无法合理确定租赁期届满时承租人能够取得租赁资产的所有权时，应以租赁期与租赁资产尚可使用年限两者中较长者作为折旧期间

9. 承租人在计算最低租赁付款额的现值时，可以选用的折现率有（   ）。

    A. 出租人的租赁内含利率   B. 租赁合同规定的利率

    C. 同期银行贷款利率   D. 同期银行存款利率

10. 如果租赁合同中规定有优惠购买选择权，则最低租赁付款额包括（   ）。

    A. 每期支付的租金

    B. 承租方担保的资产余值

    C. 与承租人有关的第三方担保的资产余值

    D. 承租人行使优惠购买选择权而支付的任何款项

11. 下列有关融资租赁的说法中，正确的有（   ）。

    A. 租赁内含利率是使最低租赁收款额现值与未担保余值的现值之和等于租赁资产公允价值与出租人初始直接费用之和的折现率

    B. 最低租赁付款额折现使用的折现率首选出租人租赁内含利率，无法取得时按照合同载明的利率作为折现率

    C. 出租人也可以不计算租赁内含利率

    D. 承租人不涉及重新计算新利率的情况

（三）计算分析题

1. 甲股份有限公司（以下简称甲公司）于 2×16 年 1 月 1 日从乙租赁公司（以下

简称乙公司）租入一台全新设备，用于行政管理。租赁合同的主要条款如下：

（1）租赁起租日：2×16年1月1日。

（2）租赁期限：2×16年1月1日至2×17年12月31日。甲公司应在租赁期满后将设备归还给乙公司。

（3）租金总额：240万元。

（4）租金支付方式：在起租日预付租金160万元，2×16年年末支付租金40万元，租赁期满时支付租金40万元。

起租日该设备在乙公司的账面价值为1 000万元，公允价值为1 000万元。该设备预计使用年限为10年。甲公司对于租赁业务所采用的会计政策是：对于融资租赁，采用实际利率法分摊未确认融资费用；对于经营租赁，采用直线法确认租金费用。

甲公司按期支付租金，并在每年年末确认与租金有关的费用。乙公司在每年年末确认与租金有关的收入。同期银行贷款年利率为6%。假定不考虑在租赁过程中发生的其他相关税费。

要求：

（1）判断此项租赁的类型，并简要说明理由。

（2）编制甲公司2×16年与租金支付和确认租金费用有关的会计分录。

（3）编制乙公司2×16年与租金收取和确认租金收入有关的会计分录。

（答案中的金额单位用万元表示）

2. 甲股份有限公司（以下简称"甲公司"）为一家上市公司，其有关生产线建造及相关租赁业务具体资料如下：

（1）为建造一条生产线，该公司于2×15年12月1日从银行借入专门借款1 000万元，借款期限为2年，年利率为5%。利息每年支付。假定利息资本化金额按年计算，每年按360天计算。2×16年1月1日，甲公司购入生产线一条，价款（不含增值税）共计702万元，以银行存款支付，同时支付运杂费18万元，设备已投入安装。

3月1日甲公司以银行存款支付设备安装工程款120万元。

7月1日甲公司又向银行借入专门借款400万元，借款期限为2年，年利率为8%，利息每年支付，当日又用银行存款支付安装公司工程款320万元。

12月1日，甲公司用银行存款支付工程款340万元。

12月31日，设备全部安装完工，并交付使用。

2×16年闲置的专门借款利息收入为11万元。

（2）该生产线预计使用年限为6年，预计净残值为55万元，甲公司采用直线法计提折旧。

（3）2×16年12月31日，甲股份公司将生产线以1 400万元的价格出售给A公司，价款已收入银行存款账户，该项生产线的公允价值为1 400万元；同时又签订了一份租赁合同，将该生产线租回。租赁合同规定起租日为2×16年12月31日，租赁期自2×16年12月31日至2×19年12月31日共3年。甲公司每年年末支付租金500万元，甲公司担保的资产余值为60万元。租赁合同规定的利率为6%（年利率），生产线于租赁期满时交还A公司。

甲公司租入的生产线按直线法计提折旧，并按实际利率法分摊未确认融资费用。

已知：（P/A，6%，3）=2.673 0，（P/F，6%，3）=0.839 6

要求：

（1）确定与所建造厂房有关的借款利息停止资本化的时点，并计算确定为建造生产线应当予以资本化的利息金额。

（2）编制甲公司在2×16年12月31日计提借款利息的有关会计分录。

（3）计算甲公司在2×16年12月31日（生产线出售时）生产线的累计折旧和账面价值。

（4）判断售后租赁类型，并说明理由。

（5）计算甲公司出售资产时应确认的未实现售后租回损益及租回时租赁资产的入账价值和未确认融资费用。

（6）对甲公司该项售后租回交易做出相关会计处理。

五、参考答案及解析

（一）单项选择题

1.【答案】A

【解析】最低租赁收款额=最低租赁付款额+无关第三方对出租人担保的资产余值=（525×8+300+450）+450=5 400（万元）。

2.【答案】B

【解析】承租人发生的经营租赁租金确认为费用，若出租人提供了免租期的情况，应将租金总额在整个租赁期内分摊（包括免租期）。因此，2×16年甲公司应就此项租赁确认的租金费用=（36+34+26）÷4=24（万元）。

3.【答案】B

【解析】租赁期间各年应确认的租金收入=（10+8）÷3=6（万元）。

第一年：

借：银行存款	10	
贷：预收账款		10
借：预收账款	6	
贷：其他业务收入		6

第二年：

借：银行存款	8	
贷：预收账款		8
借：预收账款	6	
贷：其他业务收入		6

第三年：

借：预收账款	6	
贷：其他业务收入		6

4.【答案】D

【解析】本题考查的知识点是：出租人对经营租赁的处理。出租人应对出租资产以资产使用寿命为基础计提折旧或摊销。

5.【答案】B

【解析】经营租赁中，发生的初始直接费用应计入当期损益，或有租金在实际发生时计入当期损益。

6.【答案】D

【解析】未担保余值＝2 250－450－675－675＝450（万元），全部的资产余值为2 250万元，未担保余值为全部的余值减去已经担保的余值。

7.【答案】B

【解析】最低租赁收款额＝（240×8+360）+300＝2 580（万元）。

借：长期应收款	2 580
未担保余值	60
贷：融资租赁资产	2 000
未实现融资收益	640

未担保的资产余值＝720－360－300＝60（万元）；最低租赁收款额+未担保的资产余值＝2 580+60＝2 640（万元）；最低租赁收款额现值+未担保的资产余值现值＝2 000（万元）；未实现融资收益＝2 640－2 000＝640（万元）。

8.【答案】A

【解析】最低租赁付款额的现值＝270 000+270 000×1.833+100 000×0.84＝848 910（元）＜公允价值850 000元，固定资产以848 910元入账，每年计提的折旧额＝（848 910－100 000）÷3＝249 636.67（元）。

借：固定资产——融资租赁固定资产	848 910
未确认融资费用	61 090
贷：长期应付款——应付融资租赁款	640 000
银行存款	270 000

9.【答案】A

【解析】最低租赁付款额＝50×5+20＝270（万元），最低租赁付款额现值＝50+50×PVA7%，4+20× PV7%，5＝50+50×3.387 2+20×0.713＝233.62（万元），小于租赁资产的公允价值。2×16年1月1日的会计分录为：

借：固定资产——融资租入固定资产	238.62
未确认融资费用	36.38
贷：长期应付款	220
银行存款	55

如果承租人或与其有关的第三方对租赁资产余值提供了担保，则应计折旧总额为租赁开始日固定资产入账价值扣除担保余值后的余额。

2×16年应计提的折旧＝（238.62－20）÷（12×5－1）×11＝40.76（万元）

10.【答案】B

【解析】甲公司该项业务的会计分录为：

借：长期应收款   358（340+10+5+3）

  未担保余值   15

  累计摊销   70

  贷：无形资产   350

    营业外收入   20

    银行存款   3

    未实现融资收益   70

同时：

借：未实现融资收益   3

  贷：长期应收款   3

11.【答案】C

【解析】归还时，融资租赁资产的价值 = 30+25+10 = 65（万元），承租人以及承租人关联方担保余值与承租人无关的第三方担保余值共为35万元，冲减长期应收款。

12.【答案】A

【解析】最低租赁付款额 = 50×5+20 = 270（万元），最低租赁付款额现值 = 50+50×PVA7%，4+20× PV7%，5 = 50+50×3.387+20×0.713 = 233.61（万元），小于租赁资产的公允价值。2×16 年 1 月 1 日的会计分录为：

借：固定资产——融资租入固定资产   233.61

  未确认融资费用   36.39

  贷：长期应付款   220

    银行存款   50

此时长期应付款的摊余成本 = 220-36.39 = 183.61（万元）

2×16 年年末长期应付款摊余成本 = 183.61-50+183.61×7% = 146.46（万元）

13.【答案】B

【解析】设备的入账价值为 600 万元，折旧期限以租赁期和尚可使用年限较低者为准，2×18 年应该计提的折旧 =（600-40-10）÷8 = 68.75（万元）。

14.【答案】A

【解析】资产负债表中的"长期应付款"科目是根据"长期应付款"总账科目余额，减去"未确认融资费用"总账科目余额，再减去所属相关明细科目中将于一年内到期的部分填列。比较最低租赁付款额的现值 6 709.24 万元与租赁资产公允价值 7 000 万元，根据孰低原则，租赁资产的入账价值应为其折现值 6 709.24 万元，未确认融资费用 = 8 300-6 709.24 = 1 590.76（万元），2×15 年分摊的未确认融资费用为 6 709.24×10% = 670.92（万元）。该公司在资产负债表中因该项租赁而确认的长期应付款余额为 8 300-未确认融资费用的余额（1 590.76-670.92）-2×15 年年末支付租金 3 000 = 8 300-919.84-3 000 = 4 380.16（万元）。

2×15 年 1 月 1 日：

借：固定资产——融资租赁固定资产   6 709.24

  未确认融资费用   1 590.76

  贷：长期应付款——应付融资租赁款   8 300

2×15 年 12 月 31 日：

借：财务费用	670.92	
贷：未确认融资租赁款		670.92
借：长期应付款——应付融资租赁款	3 000	
贷：银行存款		3 000

15.【答案】D

【解析】甲公司出售设备前计提的折旧=120×3÷12=30（万元），甲公司上述业务的会计分录为：

借：管理费用	30	
贷：累计折旧		30
借：银行存款	480	
递延收益	120	
贷：固定资产清理		600
借：管理费用	（50×9÷12）37.5	
贷：银行存款		37.5
借：管理费用	（120÷5×9÷12）18	
贷：递延收益		18

所以甲公司 2×18 年因此设备对当期损益的影响=-30-37.5-18=-85.5（万元）。

16.【答案】D

【解析】2×16 年甲公司确认的管理费用=租金费用 300 万元+递延收益的摊销 750÷5=450（万元）

17.【答案】A

【解析】本题考查的知识点是：售后租回形成融资租赁的处理。售后租回形成融资租赁不确认收入，按账面价值与售价的差额确认递延收益。

出售时：

借：银行存款	90	
贷：库存商品		80
递延收益		10

18.【答案】B

【解析】本题考查的知识点是：售后租回形成经营租赁的处理。承租人将售价与资产账面价值之间的差额在租赁期内按照直线法分摊。2×15 年应分摊的未实现售后租回收益为 6÷2=3（万元）。

借：银行存款	26	
贷：固定资产清理		20
递延收益		6
借：递延收益	3	
贷：制造费用等		3

19.【答案】C

【解析】本题考查的知识点是：售后租回形成经营租赁的处理。售后租回计入递延收益的金额=360-330=30（万元），在租赁期内按确认租金费用一致的方法摊销，摊销时计入销售费用10万元（30÷3），计入销售费用的租金80万元，所以2×17年计入销售费用的金额=80+10=90（万元）。

借：固定资产清理	360
累计折旧	180
贷：固定资产	540
借：银行存款	330
递延收益	30
贷：固定资产清理	360
借：销售费用	10
贷：递延收益	10
借：销售费用	80
贷：银行存款	80

20.【答案】C

【解析】本题目属于售后租回形成经营租赁，售价低于公允价值且损失由未来低于市价的租金补偿的情况，不确认为收入，售价与账面价值之间确认为递延收益，按账面价值结转成本。

借：银行存款	90
贷：库存商品	60
递延收益	30

21.【答案】D

【解析】长期应收款的报表数等于长期应收款余额减去未实现融资收益，即长期应收款的摊余成本=180×3+20=560（万元），出租当日的未实现融资收益=560+10-480=90（万元），所以2×18年年初长期应收款摊余成本=560-90=470（万元），2×18年年末长期应收款摊余成本=470+470×7%-180=322.9（万元），2×19年年末长期应收款摊余成本=322.9+322.9×7%-180=165.5（万元）。

2×17年12月31日：

借：长期应收款	560
未担保余值	10
贷：融资租赁资产	480
未实现融资收益	90

2×18年12月31日：

借：未实现融资收益	（470×7%）	32.9
贷：租赁收入		32.9
借：银行存款		180
贷：长期应收款		180

2×19年12月31日：

借：未实现融资收益	（322.9×7%）	22.6
贷：租赁收入		22.6

借：银行存款　　　　　　　　　　　　　　　　　180
　　贷：长期应收款　　　　　　　　　　　　　　　　　　180

（二）多项选择题

1.【答案】ABCD

2.【答案】ABCD

【解析】经营租赁下，与资产有关的主要风险和报酬没有转移，仍然在出租人一方；出租人应该将自身拥有的资产在资产负债表中列示；如果出租资产属于固定资产，则列在资产负债表固定资产项目下；如果出租资产属于流动资产，则列在资产负债表有关流动资产项目下。

3.【答案】BCD

【解析】选项AB，租赁期满时，资产余值为10万元，全部由甲公司进行担保，不存在未担保余值；选项C，最低租赁付款额＝80×4＋10＝330（万元）；选项D，融资租赁中，应由承租人对租入资产计提折旧，租赁期满时资产归还出租方，应以租赁期4年为基础计提折旧。

4.【答案】ACD

【解析】在融资租入固定资产达到预定可使用状态之前摊销的未确认融资费用应计入财务费用。选项B表述不准确，如果取得之后安装时间较长符合资本化条件的，那么安装期间摊销的未确认融资费用应资本化计入资产成本。

5.【答案】BD

【解析】在租赁期开始日，出租人应当将租赁开始日最低租赁收款额与初始直接费用之和作为应收融资租赁款的入账价值，同时记录未担保余值；将最低租赁收款额、初始直接费用及未担保余值之和与其现值之和的差额确认为未实现融资收益。

6.【答案】ABC

【解析】选项D，出租人至少应当于每年度终了，对未担保余值进行复核。

7.【答案】ABCD

【解析】本题考查的知识点是：承租人对融资租赁的处理。在租赁期开始日，承租人应当将租赁开始日租赁资产公允价值与最低租赁付款额现值两者中较低者作为租入资产的入账价值，将最低租赁付款额作为长期应付款的入账价值，其差额作为未确认融资费用。

8.【答案】ABC

【解析】选项D，应以租赁期与租赁资产尚可使用年限两者中较短者作为折旧期间。

9.【答案】ABC

【解析】本题考查的知识点是：承租人对融资租赁的处理。承租人在计算最低租赁付款额的现值时，如果知悉出租人的租赁内含利率，应当采用出租人的租赁内含利率作为折现率；否则，应当采用租赁合同规定的利率作为折现率。如果出租人的租赁内含利率和租赁合同规定的利率均无法知悉，应当采用同期银行贷款利率作为折现率。

10.【答案】AD

【解析】如果租赁合同中规定有优惠购买选择权，则最低租赁付款额为承租人应支付或可能被要求支付的各项款项加上承租人行使优惠购买选择权而支付的任何款项。

11.【答案】AB

【解析】本题考查知识点：融资租赁的概念。出租人必须要计算租赁内含利率，选项 C 错误。租赁开始日租赁资产公允价值小于最低租赁付款额现值的，承租人应该重新计算利率。这里的折现率等于使得最低租赁付款额现值等于公允价值的折现率，所以选项 D 错误。

（三）计算分析题

1.（1）此项租赁属于经营租赁。因为此项租赁未满足融资租赁的任何一项标准。

（2）甲公司有关的会计分录：

①2×16 年 1 月 1 日：

借：长期待摊费用　　　　　　　　　　　　　　　　160

　　贷：银行存款　　　　　　　　　　　　　　　　　　160

②2×16 年 12 月 31 日：

借：管理费用　　　　　　　　　　　　（240÷2）120

　　贷：长期待摊费用　　　　　　　　　　　　　　　　80

　　　　银行存款　　　　　　　　　　　　　　　　　　40

（3）乙公司有关的会计分录：

①2×16 年 1 月 1 日：

借：银行存款　　　　　　　　　　　　　　　　　160

　　贷：预收账款　　　　　　　　　　　　　　　　　　160

②2×16 年 12 月 31 日：

借：银行存款　　　　　　　　　　　　　　　　　40

　　预收账款　　　　　　　　　　　　　　　　　80

　　贷：租赁收入　　　　　　　　　　　　（240÷2）120

2.（1）利息费用停止资本化的时点为：2×16 年 12 月 31 日。

2×16 年借款利息＝1 000×5%+400×8%×6÷12＝50+16＝66（万元）

利息资本化金额＝66-11＝55（万元）

（2）借：在建工程　　　　　　　　　　　　　　　　55

　　　　应收利息　　　　　　　　　　　　　　　　11

　　　　贷：应付利息　　　　　　　　　　　　　　　　66

（3）固定资产原价＝702+18+120+320+340+55＝1 555（万元）

累计折旧＝（1 555-55）÷6×2＝500（万元）

账面价值＝1 555-500＝1 055（万元）

（4）本租赁属融资租赁。

理由：

①租赁期占资产尚可使用年限的 75%；

②最低租赁付款额的现值＝500×2.673 0＋60×0.839 6＝1 386.88（万元），占租赁资产公允价值1 400万元的90%以上。因此符合融资租赁的判断标准。

（5）未实现售后租回损益＝1 400－1 055＝345（万元）

租赁资产应按最低租赁付款额的现值与租赁资产公允价值两者中较低者作为入账价值。

即：租赁资产的入账价值＝1 386.88万元。

未确认融资费用＝500×3＋60－1 386.88＝173.12（万元）

（6）2×18年12月31日：

借：固定资产清理 1 055
　　累计折旧 500
　　贷：固定资产 1 555
借：银行存款 1 400
　　贷：固定资产清理 1 055
　　　　递延收益——未实现售后租回损益 345
借：固定资产——融资租入固定资产 1 386.88
　　未确认融资费用 173.12
　　贷：长期应付款——应付融资租赁款 1 560

2×19年12月31日：

借：长期应付款——应付融资租赁款 500
　　贷：银行存款 500
借：财务费用 83.21（1 386.88×6%）
　　贷：未确认融资费用 83.21
借：制造费用 442.29［（1 386.88－60）÷3］
　　贷：累计折旧 442.29
借：递延收益——未实现售后租回损益 115（345÷3）
　　贷：制造费用 115

2×20年12月31日：

借：长期应付款——应付融资租赁款 500
　　贷：银行存款 500
借：财务费用 58.21｛［（1 560－500）－（173.12－83.21）］×6%｝
　　贷：未确认融资费用 58.21
借：制造费用 442.29
　　贷：累计折旧 442.29
借：递延收益——未实现售后租回损益 115
　　贷：制造费用 115

2×21年12月31日：

借：长期应付款——应付融资租赁款 500
　　贷：银行存款 500
借：财务费用 31.7（173.12－83.21－58.21）

  贷：未确认融资费用   31. 7

 借：制造费用   442. 3

  贷：累计折旧   442. 3

 借：递延收益——未实现售后租回损益   115

  贷：制造费用   115

 借：累计折旧   1 326. 88

   长期应付款   60

  贷：固定资产——融资租入固定资产   1 386. 88

第十七章 财务报告

一、要点总览

财务报表及其列报要求

资产负债表
- 资产负债表的内容及结构
- 资产负债表的填列方法

利润表
- 利润表的内容及结构
- 利润表的填列方法

现金流量表
- 现金流量表的内容及结构
- 现金流量表的填列方法

所有者权益变动表
- 所有者权益变动表的内容及结构
- 所有者权益变动表的填列方法

附注
- 附注的主要内容
- 分部报告
- 关联方披露
- 金融工具的披露

二、重点难点

（一）重点

资产负债表的内容及结构

资产负债表的填列方法

利润表的内容及结构

利润表的填列方法

现金流量表的内容及结构

现金流量表的填列方法

所有者权益变动表的内容及结构

所有者权益变动表的填列方法

附注的主要内容

（二）难点

资产负债表的填列方法
利润表的填列方法
现金流量表的填列方法

三、关键内容小结

（一）财务报告概述

1. 财务报告及其目标

（1）财务报告的概念

财务报告是指企业对外提供的反映企业某一特定日期财务状况和某一会计期间经营成果、现金流量等会计信息的文件。

（2）财务报告的目标

财务报告的目标，是向财务报告使用者提供与企业财务状况、经营成果和现金流量等有关的会计信息，反映企业管理层受托责任的履行情况，有助于财务报告使用者做出经济决策。财务报告使用者通常包括投资者、债权人、政府及相关部门、企业管理人员、职工和社会公众等。不同的财务会计报告使用者对财务会计报告所提供信息的要求各有侧重。

2. 财务报表的组成及分类

（1）财务报表的组成

一套完整的财务报表至少应当包括"四表一注"，即资产负债表、利润表、现金流量表、所有者权益（或股东权益，下同）变动表以及附注。

（2）财务报表的分类

财务报表可以按照不同的标准进行分类。

①按财务报表编报期间的不同，可以分为中期财务报表和年度财务报表。

②按财务报表编报主体的不同，可以分为个别财务报表和合并财务报表。

3. 财务报表列报的基本要求

企业编制财务报表，应当根据真实的交易、事项以及完整、准确的账簿记录等资料，严格遵循国家会计制度规定的编制基础、编制依据、编制原则和编制方法。编制的财务报表应当真实可靠、相关可比、全面完整、编报及时、便于理解。基本要求如下：

（1）依据各项会计准则确认和计量的结果编制财务报表；

（2）以持续经营为列报基础；

（3）按重要性要求进行项目列报；

（4）注意列报的一致性；

（5）财务报表项目金额间应相互抵销；

（6）比较信息的列报；

（7）注意财务报表表首的列报要求；

（8）注意报告期间。

（二）资产负债表

1. 资产负债表概述

（1）资产负债表的概念

资产负债表是反映企业在某一特定日期的财务状况的会计报表。

（2）资产负债表的格式

资产负债表由表头、表身和表尾等部分组成。表头部分应列明报表名称、编表单位名称、编制日期和金额计量单位；表身部分反映资产、负债和所有者权益的内容；表尾部分为补充说明。其中，表身部分是资产负债表的主体和核心。

根据我国财务报表列报准则的规定，资产负债表应采用账户式的格式，账户式资产负债表中的资产各项目的合计等于负债和所有者权益各项目的合计，即资产负债表左方和右方相平衡。因此，通过账户式资产负债表，可以反映资产、负债、所有者权益之间的内在关系，即"资产＝负债＋所有者权益"。

（3）资产负债表的列报要求

①总体列报要求：分类别列报，资产和负债按流动性列报，列报相关的合计、总计项目。

② 资产的列报

资产应当按照流动资产和非流动资产两大类别在资产负债表中列示，在流动资产和非流动资产类别下进一步按性质分项列示。

A. 流动资产和非流动资产的划分

资产满足下列条件之一的，应当归类为流动资产：a. 预计在一个正常营业周期中变现、出售或耗用的；b. 主要为交易目的而持有的；c. 预计在资产负债表日起一年内（含一年）变现的；d. 自资产负债表日起一年内，交换其他资产或清偿负债的能力不受限制的现金或现金等价物。

B. 正常营业周期

判断流动资产、流动负债时所称的一个正常营业周期，是指企业从购买用于加工的资产起至实现现金或现金等价物的期间。

正常营业周期通常短于一年，在一年内有几个营业周期。但是，也存在正常营业周期长于一年的情况。

当正常营业周期不能确定时，应当以一年（12 个月）作为正常营业周期。

③负债的列报

负债应当按照流动负债和非流动负债在资产负债表中进行列示，在流动负债和非流动负债类别下再进一步按性质分项列示。

A. 流动负债与非流动负债的划分

流动负债的判断标准与流动资产的判断标准相类似。负债满足下列条件之一的，应当归类为流动负债：a. 预计在一个正常营业周期中清偿；b. 主要为交易目的而持有；c. 自资产负债表日起一年内到期应予以清偿；d. 企业无权自主地将清偿推迟至资产负债表日后一年以上。

B. 资产负债表日后事项对流动负债与非流动负债划分的影响

对于资产负债表日后事项对流动负债与非流动负债划分的影响，需要特别加以考虑。

a. 资产负债表日起一年内到期的负债。企业预计能够自主地将清偿义务展期至资产负债表日后一年以上的，应当归类为非流动负债。

b. 违约长期债务。企业在资产负债表日或之前违反了长期借款协议，导致贷款人可随时要求清偿的负债，应当归类为流动负债。

④所有者权益的列报

资产负债表中的所有者权益类一般按照净资产的不同来源和特定用途进行分类，应当按照实收资本（或股本）、资本公积、盈余公积、未分配利润等项目分项列示。

2. 资产负债表的列报方法

通常，资产负债表的各项目均须填列"年初余额"和"期末余额"两栏。

（1）"年初余额"的填列方法

"年初余额"栏内各项目数字，应根据上年年末资产负债表相关项目的"期末余额"栏内所列数字填列，且与上年年末资产负债表"期末余额"栏相一致。

（2）"期末余额"的填列方法

资产负债表"期末余额"栏一般应根据资产、负债和所有者权益类科目的期末余额填列。

根据总账科目的余额直接填列	"交易性金融资产""固定资产清理""长期待摊费用""递延所得税资产""短期借款""交易性金融负债""应付票据""应付职工薪酬""应交税费""应付利息""应付股利""其他应付款""递延所得税负债""实收资本""资本公积""库存股""盈余公积"等项目
根据总账科目的余额计算填列	"货币资金"项目，应当根据"库存现金""银行存款""其他货币资金"等科目期末余额合计填列
根据有关明细科目的余额计算填列	"开发支出"项目，根据"研发支出"科目中所属的"资本化支出"明细科目期末余额填列
	"应付账款"项目，根据"应付账款"和"预付账款"科目所属的相关明细科目的期末贷方余额合计数填列
	"一年内到期的非流动资产""一年内到期的非流动负债"项目，应根据有关非流动资产或负债项目的明细科目余额分析填列
	"长期借款""应付债券"项目，应分别根据"长期借款""应付债券"科目的明细科目余额分析填列
	"未分配利润"项目，根据"未分配利润"明细科目期末余额填列
根据总账科目和明细科目的余额分析计算填列	"长期应收款"和"一年内到期的非流动资产"项目
	"长期借款""应付债券""长期应付款"和"一年内到期的非流动负债"项目

根据总账科目与其备抵科目抵销后的净额填列	"可供出售金融资产""持有至到期投资""长期股权投资""在建工程""商誉"项目，应根据相关科目的期末余额填列，已计提减值准备的，还应扣减相应的减值准备
	"固定资产""无形资产""投资性房地产""生产性生物资产""油气资产"项目，应根据相关科目的期末余额扣减相关的累计折旧（或摊销、折耗）填列，已计提减值准备的，还应扣减相应的减值准备
	"长期应收款"项目，应根据"长期应收款"科目的期末余额，减去相应的"未实现融资费用"科目和"坏账准备"科目所属相关明细科目期末余额
	"长期应付款"项目，应根据"长期应付款"科目的期末余额，减去相应的"未确认融资费用"科目期末余额
综合运用上述填列方法分析填列	"应收票据""应收利息""应收股利""其他应收款"项目，应根据相关科目的期末余额，减去"坏账准备"科目中有关坏账准备的期末余额后填列
	"应收账款"项目，应根据"应收账款"和"预收账款"科目所属各明细科目的期末借方余额合计数，减去"坏账准备"科目中有关应收账款计提的坏账准备期末余额后填列
	"预付款项"项目，应根据"预付账款"和"应付账款"科目所属各明细科目的期末借方余额合计数，减去"坏账准备"科目中有关预付款项计提的坏账准备期末余额后填列
	"存货"项目，应根据"材料采购""原材料""发出商品""库存商品""周转材料""委托加工物资""生产成本""受托代销商品"等科目的期末余额合计，减去"受托代销商品款""存货跌价准备"科目期末余额后填列

（三）利润表

1. 利润表概述

（1）利润表的概念

利润表是反映企业在一定会计期间经营成果的会计报表。

（2）利润表的格式

利润表由表头、表身和表尾等部分组成。表头部分应列明报表名称、编表单位名称、编制期间和金额计量单位；表身部分反映利润的构成内容；表尾部分为补充说明。其中，表身部分为利润表的主体和核心。

我国财务报表列报准则规定，企业应当采用多步式列报利润表，将不同性质的收入和费用类进行对比，从而可以得出一些中间性的利润数据，便于使用者理解企业经营成果的不同来源。

多步式	①营业利润＝营业收入-营业成果-税金及附加-销售费用-管理费用-财务费用-资产减值损失+公允价值变动收益（损失以"-"号填列)+投资收益(损失以"-"号填列)
	②利润总额＝营业利润（亏损以"-"号填列)+营业外收入-营业外支出
	③净利润＝利润总额（亏损以"-"号填列)-所得税费用
	④每股收益
	⑤其他综合收益
	综合收益总额

2. 利润表的列报方法

（1）"本期金额"栏的填列方法

"本期金额"栏根据"营业收入""营业成本""税金及附加""销售费用""管理费用""财务费用""资产减值损失""公允价值变动收益""营业外收入""营业外支出""所得税费用"等损益类科目的发生额分析填列。其中，"营业利润""利润总额""净利润"项目根据本表中相关项目计算填列。

（2）"上期金额"栏的填列方法

"上期金额"栏应根据上年该期利润表"本期金额"栏内所列数字填列。如果上年该期利润表规定的各个项目的名称和内容同本期不相一致，应对上年该期利润表各项目的名称和数字按本期的规定进行调整，填入"上期金额"栏。

（3）每股收益

基本每股收益		基本每股收益=归属于普通股股东的当期净利润÷当期实际发行在外普通股的加权平均数
		发行在外普通股的加权平均数=期初发行在外普通股股数+当期新发行普通股股数×已发行时间÷报告期时间-当期回购普通股股数×已回购时间÷报告期时间
		已发行时间、报告期时间和已回购时间一般按照天数计算
		在不影响计算结果合理性的前提下，也可以采用简化的计算方法
稀释每股收益	潜在普通股	是指赋予其持有者在不过期或以后期间享有取得普通股权利的金融工具或其他合同，包括可转债、认股权证、股份期权等
	稀释性潜在普通股	是指假设当期转换为普通股会减少每股收益的潜在普通股
	注意点	1. 计算稀释每股收益，应当根据下列事项对归属于普通股股东的当期净利润进行调整：①当期已确认为费用的稀释性潜在普通股的利息；②稀释性潜在普通股转换时将产生的收益或费用
		2. 计算稀释每股收益时，当期发行在外普通股的加权平均数应当为计算基本每股收益时普通股的加权平均数与假定稀释性潜在普通股转换为已发行普通股而增加的普通股股数的加权平均数之和
		3. 计算稀释性潜在普通股转换为已发行普通股而增加的普通股股数的加权平均数时，以前期间发行的稀释性潜在普通股，应当假设在当期期初转换；当期发行的稀释性潜在普通股，应当假设在发行日转换
		4. 认股权证和股份期权等的行权价格低于当期普通股平均市场价格时，应当考虑其稀释性。计算稀释每股收益时，增加的普通股股数按下列公式计算： 增加的普通股股数=拟行权时转换的普通股股数-行权价格×拟行权时转换的普通股股数÷当期普通股平均市场价格
		5. 稀释性潜在普通股应当按照其稀释程度从大到小的顺序计入稀释每股收益，直至稀释每股收益达到最小值

（四）现金流量表

1. 现金流量报概述

（1）现金流量表的概念

现金流量表，是反映企业一定会计期间现金和现金等价物流入和流出的报表。

（2）现金流量表的编制基础

现金流量表以现金及现金等价物为基础编制。

现金	是指企业库存现金以及可以随时用于支付的存款。不能随时用于支付的存款不属于现金。现金主要包括库存现金、银行存款、其他货币资金
现金等价物	是指企业持有的期限短、流动性强、易于转换为已知金额的现金、价值变动风险很小的投资
现金等价物的特点	时限短，流动性强，易于转换为已知金额的现金，价值变动风险很小

（3）现金流量的分类

现金流量指企业现金和现金等价物的流入和流出。根据企业业务活动的性质和现金流量的来源，现金流量表准则将企业一定期间产生的现金流量分为三类：经营活动产生的现金流量、投资活动产生的现金流量和筹资活动产生的现金流量。

经营活动产生的现金流量	经营活动是指企业投资活动和筹资活动以外的所有交易和事项 包括销售商品或提供劳务、收到返还的税费、购买商品或接受劳务、支付工资、支付广告费、缴纳各项税款等
投资活动产生的现金流量	经营活动是指企业投资活动和筹资活动以外的所有交易和事项 包括取得和收回投资、购建和处置固定资产或投资性房地产、购买和处置无形资产等
筹资活动产生的现金流量	筹资活动是指导致企业资本及债务规模和构成发生变化的活动 包括发行股票或接受投资资本、分派现金股利、取得和偿还银行借款、发行和偿还公司债券等

（4）现金流量表的格式

现金流量表由表头、表身和表尾等部分组成。表头部分应列明报表名称、编表单位名称、编制期间和金额计量单位；表身部分反映现金流量的构成内容，又分为正表及附注两个部分；表尾部分为补充说明。其中，表身部分为利润表的主体和核心。

我国现金流量表采用报告式结构，正表部分要求企业采用直接法列示经营活动的现金流量，同时揭示企业投资活动与筹资活动的现金流量，最后汇总反映企业某一期间现金及现金等价物的净增加额。现金流量表附注资料要求揭示按间接法重新计算与列示经营活动的现金流量以及不涉及现金的重大投资和筹资活动。

2. 现金流量表的编制方法及程序

（1）直接法和间接法

编制现金流量表时，列报经营活动现金流量的方法有两种：一是直接法，一是间接法。这两种方法通常也被称为编制现金流量表的方法。

① 直接法，是指按现金收入和现金支出的主要类别直接反映企业经营活动产生的

现金流量。在直接法下，一般是以利润表中的营业收入为起算点，调节与经营活动有关的项目的增减变动，然后计算出经营活动产生的现金流量。

② 间接法，是指以净利润为起算点，调整不涉及现金的收入、费用、营业外收支等有关项目，剔除投资活动、筹资活动对现金流量的影响，据此计算出经营活动产生的现金流量。

（2）工作底稿法或 T 形账户法

在具体编制现金流量表时，可以采用工作底稿法或 T 形账户法，也可以根据有关科目记录分析填列。

①工作底稿法

采用工作底稿法编制现金流量表，是以工作底稿为手段，以资产负债表和利润表数据为基础，对每一项目进行分析并编制调整分录，从而编制现金流量表。

②T 形账户法

采用 T 形账户法编制现金流量表，是以 T 形账户为手段，以资产负债表和利润表数据为基础，对每一项目进行分析并编制调整分录，从而编制现金流量表。

3. 现金流量表的编制

（1）经营活动产生的现金流量有关项目的编制

项目		内容及填列方法
①销售商品、提供劳务收到的现金	内容	本期销售商品、提供劳务收到的现金 前期销售商品、提供劳务本期收到的现金 本期预收的商品款和劳务款等 本期收回前期核销的坏账损失 本期销售本期退回的商品和前期销售本期退回的商品支付的现金
	计算	销售商品、提供劳务收到的现金=营业收入+增值税销项税额+应收账款项目（期初余额−期末余额）+应收票据项目（期初余额−期末余额）+预收账款项目（期末余额−期初余额）−债务人以非现金资产抵偿减少的应收账款和应收票据−本期计提坏账准备导致的应收账款项目减少数−本期发生的现金折扣−本期发生的票据贴现利息+收到的带息票据的利息
②收到的税费返还		反映企业收到返还的各种税费，如收到的增值税、营业税、所得税、消费税、关税和教育费附加返还款等
③收到的其他与经营活动有关的现金		反映企业除上述各项目外，收到的其他与经营活动有关的现金，如罚款收入、经营租赁固定资产收到的现金、投资性房地产收到的租金收入、流动资产损失中由个人赔偿的现金收入、除税费返还外的其他政府补助收入等
④购买商品、接受劳务支付的现金	内容	本期购买商品、接受劳务支付的现金 本期支付前期购买商品、接受劳务的未付款项 本期预付款项 本期发生的购货退回收到的现金
	计算	购买商品、接受劳务支付的现金=营业成本+增值税进项税额+存货项目（期末余额−期初余额）+应付账款项目（期初余额−期末余额）+应付票据项目（期初余额−期末余额）+预付账款项目（期末余额−期初余额）−本期以非现金资产抵债减少应付账款、应付票据金额+本期支付的应付票据的利息−本期取得的现金折扣

（续表）

项目		内容及填列方法
⑤支付给职工以及为职工支付的现金	内容	反映企业实际支付给职工的现金以及为职工支付的现金，包括企业为获得职工提供的服务，本期实际给予各种形式的报酬以及其他相关支出，如支付给职工的工资、奖金、各种津贴和补贴等，以及为职工支付的其他费用，不包括支付给在建工程人员的工资
	计算	支付给职工以及为职工支付的现金＝本期产品成本及费用中已支付的职工薪酬＋应付职工薪酬（除在建工程人员）（期初余额−期末余额）
⑥支付的各项税费	内容	反映企业按规定支付的各项税费，包括本期发生并支付的税费，以及本期支付以前各期发生的税费和预交的税金
	计算	支付的各项税费＝税金及附加＋所得税费用＋管理费用中的印花税等税金＋已缴纳的增值税＋应交税费（不包括增值税）（期初余额−期末余额）
⑦支付的其他与经营活动有关的现金	内容	本项目反映企业除上述各项目外，支付的其他与经营活动有关的现金，如罚款支出、支付的差旅费、业务招待费、保险费、经营租赁支付的现金等
	计算	支付的其他与经营活动有关的现金＝"管理费用"中除职工薪酬、支付的税金和未支付的现金的费用外的费用（即支付的其他费用）＋"制造费用"中除职工薪酬和未支付现金的费用外的费用（即支付的其他费用）＋"销售费用"中除职工薪酬和未支付现金的费用外的费用（即支付的其他费用）＋"财务费用"中支付的结算手续费＋"其他应收款"中支付职工预借的差旅费＋"其他应付款"中支付的经营租赁的租金＋"营业外支出"中支付的罚款支出等

（2）投资活动产生的现金流量有关项目的编制

项目	内容及填列方法
①收回投资收到的现金	反映企业出售、转让或到期收回除现金等价物以外的交易性金融资产、持有至到期投资、可供出售金融资产、长期股权投资等而收到的现金。不包括债权性投资收回的利息、收回的非现金资产，以及处置子公司及其他营业单位收到的现金净额
②取得投资收益收到的现金	反映企业因股权性投资而分得的现金股利，因债权性投资而取得的现金利息收入
③处置固定资产、无形资产和其他长期资产收回的现金净额	反映企业出售固定资产、无形资产和其他长期资产（如投资性房地产）所取得的现金，减去为处置这些资产而支付的有关税费用后的净额
④处置子公司及其他营业单位收到的现金净额	反映企业处置子公司及其他营业单位所取得的现金减去子公司或其他营业单位持有的现金和现金等价物以及相关处置费用后的净额
⑤收到的其他与投资活动有关的现金	反映企业除上述各项目外，收到的其他与投资活动有关的现金
⑥购建固定资产、无形资产和其他长期资产支付的现金	反映企业购买、建造固定资产，取得无形资产和其他长期资产（如投资性房地产）支付的现金，包括购买机器设备所支付的现金、建造工程支付的现金、支付在建工程人员的工资等现金支出，不包括为构建固定资产、无形资产和其他长期资产而发生的借款利息资本化部分，以及融资租入固定资产所支付的租赁费

（续表）

项目	内容及填列方法
⑦投资支付的现金	反映企业进行权益性投资和债权性投资所支付的现金，包括企业取得的除现金等价物以外的交易性金融资产、持有至到期投资、可供出售金融资产而支付的现金，以及支付的佣金、手续费等交易费用
⑧取得子公司及其他营业单位支付的现金净额	反映企业取得子公司及其他营业单位购买出价中以现金支付的部分，减去子公司或其他营业单位持有的现金和现金等价物后的净额
⑨支付的其他与投资活动有关的现金	反映企业除上述各项目外，支付的其他与投资活动有关的现金

（3）筹资活动产生的现金流量有关项目的编制

项目	内容及填列方法
①吸收投资收到的现金	反映企业以发行股票等方式筹集资金实际收到的款项净额（发行收入减去支付的佣金等发行费用后的净额）
②借款收到的现金	反映企业举借各种短期、长期借款而收到的现金，以及发行债券实际收到的款项净额（发行收入减去直接支付的佣金等发行费用后的净额）
③收到的其他与筹资活动有关的现金	反映企业除上述各项目外，收到的其他与筹资活动有关的现金
④偿还债务所支付的现金	反映企业以现金偿还债务的本金，包括归还金融企业的借款本金、偿付企业到期的债券本金等
⑤分配股利、利润或偿付利息支付的现金	反映企业实际支付的现金股利、支付给其他投资单位的利润或用现金支付的借款利息、债券利息
⑥支付的其他与筹资活动有关的现金	反映企业除上述各项目外，支付的其他与筹资活动有关的现金，如以发行股票、债券等方式筹集资金而由企业直接支付的审计、咨询等费用，融资租赁各期支付的现金、以分期付款方式构建固定资产、无形资产等各期支付的现金

（4）现金流量表补充资料的编制

将净利润调节为经营活动现金流量的编制（间接法）：

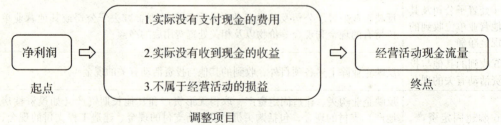

基本原理：

经营活动产生的现金流量=净利润+不影响经营活动现金流量但减少净利润的项目

+与净利润无关但增加经营活动现金流量的项目-不影响经营活动现金流量但增加净利润的项目-与净利润无关但减少经营活动现金流量的项目

将净利润调节为经营活动产生的现金流量净额时，调整的一般原则是：收益、资产类项目"增调减，减调增"，费用、损失、负债类项目"增调增，减调减"。

项目	内容及填列方法
①资产减值准备	包括坏账准备、存货跌价准备、投资性房地产减值准备、长期股权投资减值准备、持有至到期投资减值准备、固定资产减值准备、在建工程减值准备、工程物资减值准备、生物性资产减值准备、无形资产减值准备、商誉减值准备等 根据"资产减值损失"科目的记录分析填列
②固定资产折旧、油气资产折耗、生产性生物资产折旧	企业计提的固定资产折旧，有的包括在管理费用中，有的包括在制造费用中。计入管理费用中的部分，作为期间费用在计算净利润时扣除，但没有发生现金流出，在将净利润调节为经营活动现金流量时，需要予以加回。计入制造费用中的已经变现的部分，在计算净利润时通过销售成本予以扣除，但没有发生现金流出；计入制造费用中的没有变现的部分，既不涉及现金收支，也不影响企业当期净利润。由于在调节存货时，已经从中扣除，在此处将净利润调节为经营活动现金流量时，需要予以加回 根据"累计折旧""累计折耗""生产性生物资产折旧"科目的贷方发生额分析填列
③无形资产摊销和长期待摊费用摊销	根据"累计摊销""长期待摊费用"科目的贷方发生额分析填列
④处置固定资产、无形资产和其他长期资产的损失(减:收益)	企业处置固定资产、无形资产和其他长期资产发生的损益，属于投资活动产生的损益，不属于经营活动产生的损益，所以，在将净利润调节为经营活动现金流量时，需要予以剔除 根据"营业外收入""营业外支出"等科目所属有关明细科目的记录分析填列，净收益以"-"号填列
⑤固定资产报废损失	企业发生的固定资产报废损益，属于投资活动产生的损益，不属于经营活动产生的损益，所以，在将净利润调节为经营活动现金流量时，需要予以剔除 根据"营业外支出""营业外收入"等科目所属有关明细科目的记录分析填列
⑥公允价值变动损失	公允价值变动损失反映企业交易性金融资产、投资性房地产等公允价值变动形成的应计入当期损益的利得或损失 根据"公允价值变动损益"科目的发生额分析填列
⑦财务费用	根据"财务费用"科目的本期借方发生额分析填列，如为收益，以"-"号填列
⑧投资损失(减:收益)	根据利润表中"投资收益"项目的数字填列，如为投资收益，以"-"号填列
⑨递延所得税资产减少(减:增加)	根据资产负债表"递延所得税资产"项目期初、期末余额分析填列
⑩递延所得税负债增加(减:减少)	根据资产负债表"递延所得税负债"项目期初、期末余额分析填列
⑪存货的减少(减:增加)	根据资产负债表中"存货"项目的期初数、期末数之间的差额填列，期末数大于期初数的差额，以"-"号填列。如果存货的增减变化过程属于投资活动，如在建工程领用存货，应当将这一因素剔除

（续表）

项目	内容及填列方法
⑫经营性应收项目的减少（减：增加）	包括应收票据、应收账款、预付账款、长期应收款、其他应收款中与经营活动有关的部分，以及应收的增值税销项税额等 根据有关科目的期初、期末余额分析填列，如为增加，以"-"号填列
⑬经营性应付项目的增加（减：减少）	包括应付票据、应付账款、预收账款、应付职工薪酬、应交税费、应付利息、长期应付款、其他应付款中与经营活动有关的部分，以及应付的增值税进项税额等。 根据有关科目的期初、期末余额分析填列，如为减少，以"-"号填列

（五）所有者权益变动表

1. 所有者权益变动表概述

（1）所有者权益变动表的概念

所有者权益变动表是反映构成所有者权益的各组成部分当期的增减变动情况的报表。

（2）所有者权益变动表的列报格式

所有者权益变动表上，一是以矩阵的形式列报，二是列示所有者权益变动的比较信息。

企业至少应当单独列示反映下列信息的项目：①综合收益总额；②会计政策变更和差错更正的累积影响金额；③所有者投入的资本和向所有者分配的利润等；④提取的盈余公积；⑤实收资本或资本公积、盈余公积、未分配利润的期初和期末余额及调节情况。

2. 所有者权益变动表的列报方法

（1）"上年年末余额"项目，反映企业上年资产负债表中实收资本（或股本）、资本公积、盈余公积、未分配利润的年末余额。

（2）"会计政策变更"和"前期差错更正"项目，分别反映企业采用追溯调整法处理的会计政策变更的累积影响金额和采用追溯重述法处理的会计差错更正的累积影响金额。

（3）"本年增减变动额"项目分别反映如下内容：

①"净利润"项目，反映企业当年实现的净利润（或净亏损）金额，并对应列在"未分配利润"一栏。

②"其他综合收益"项目，反映企业当年根据企业会计准则规定未在损益中确认的各项利得和损失扣除所得税影响后的净额，并对应列在"资本公积"一栏。

③"净利润"和"其他综合收益"小计项目，反映企业当年实现的净利润（或净亏损）金额和当年直接计入其他综合收益金额的合计额。

④"所有者投入和减少资本"项目，反映企业当年所有者投入的资本和减少的资本。

⑤"利润分配"下各项目，反映当年对所有者（或股东）分配的利润（或股利）金额和按照规定提取的盈余公积金额，并对应列在"未分配利润"和"盈余公积"

一栏。

⑥"所有者权益内部结转"下各项目，反映不影响当年所有者权益总额的所有者权益各组成部分之间当年的增减变动，包括资本公积转增资本（或股本）、盈余公积转增资本（或股本）、盈余公积弥补亏损等项金额。为了全面反映所有者权益各组成部分的增减变动情况，所有者权益内部结转也是所有者权益变动表的重要组成部分，主要指不影响所有者权益总额、所有者权益的各组成部分当期的增减变动。

（六）财务报表附注

1. 财务报表附注概述

（1）财务报表附注的概念

附注是财务报表不可或缺的组成部分，是对在资产负债表、利润表、现金流量表和所有者权益变动表等报表中列示项目的文字描述或明细资料，以及对未能在这些报表中列示项目的说明等。

（2）附注披露的基本要求

①附注披露的信息应是定量、定性信息的结合。

②附注应当按照一定的结构进行系统合理的排列和分类，有顺序地披露信息。

③附注相关信息应当与资产负债表、利润表、现金流量表和所有者权益变动表等报表中列示的项目相互参照。

2. 会计报表附注披露的内容

按《企业会计准则第30号——财务报表列报》的规定，企业应当披露的附注信息主要包括下列内容：

（1）企业的基本情况；

（2）财务报表的编制基础；

（3）遵循企业会计准则的声明；

（4）重要会计政策和会计估计；

（5）会计政策和会计估计变更以及差错更正的说明；

（6）报表重要项目的说明；

（7）其他需要说明的重要事项。

四、练习题

（一）单项选择题

1. 财务会计报告的主体和核心是（　　）。
   A. 会计报表　　　B. 会计报表附注　C. 指标体系　　　D. 资产负债表

2. 下列不属于中期报告的是（　　）。
   A. 年报　　　　　B. 月报　　　　　C. 季报　　　　　D. 半年报

3. 在下列各个财务报表中，属于企业对外提供的静态报表是（　　）。
   A. 利润表　　　　　　　　　B. 所有者权益变动表
   C. 现金流量表　　　　　　　D. 资产负债表

4. 财务报表中各项目数字的直接来源是（　　）。

    A. 原始凭证　　　　B. 日记账　　　　C. 记账凭证　　　　D. 账簿记录

5. 企业对外提供的反映企业某一特定日期财务状况和某一会计期间经营成果、现金流量等会计信息的文件是（　　）。

    A. 资产负债表　　　　　　　　　　B. 利润表

    C. 附注　　　　　　　　　　　　　D. 财务会计报告

6. 会计报表按反映的经济内容分类可分为（　　）。

    A. 内部报表　　　　B. 财务报表　　　　C. 静态报表　　　　D. 动态报表

7. 依照我国的会计准则，资产负债表采用的格式为（　　）。

    A. 单步报告式　　　　　　　　　　B. 多步报告式

    C. 账户式　　　　　　　　　　　　D. 混合式

8. 编制财务报表时，以"资产＝负债+所有者权益"这一会计等式作为编制依据的财务报表是（　　）。

    A. 利润表　　　　　　　　　　　　B. 所有者权益变动表

    C. 资产负债表　　　　　　　　　　D. 现金流量表

9. 资产负债表中的各报表项目（　　）。

    A. 都按有关账户期末余额直接填列

    B. 必须对账户发生额和余额进行分析计算才能填列

    C. 应根据有关账户的发生额填列

    D. 有的项目可以直接根据账户期末余额填列，有的项目需要根据有关账户期末余额计算分析填列

10. 在资产负债表中，资产按照其流动性排列时，下列排列方法正确的是（　　）。

    A. 存货、无形资产、货币资金、交易性金融资产

    B. 交易性金融资产、存货、无形资产、货币资金

    C. 无形资产、货币资金、交易性金融资产、存货

    D. 货币资金、交易性金融资产、存货、无形资产

11. 下列资产项目中，属于非流动资产项目的是（　　）。

    A. 应收票据　　　　　　　　　　　B. 交易性金融资产

    C. 长期待摊费用　　　　　　　　　D. 存货

12. 资产负债表中所有者权益部分的排列顺序是（　　）。

    A. 实收资本、盈余公积、资本公积、未分配利润

    B. 资本公积、实收资本、盈余公积、未分配利润

    C. 资本公积、实收资本、未分配利润、盈余公积

    D. 实收资本、资本公积、盈余公积、未分配利润

13. "应收账款"科目所属明细科目如有贷方余额，应填入资产负债表项目的是（　　）。

    A. 预付款项　　　　　　　　　　　B. 预收款项

    C. 应收账款　　　　　　　　　　　D. 应付账款

14. 某企业"应付账款"明细账期末余额情况如下："应付账款——甲企业"科目贷方余额为 200 000 元，"应付账款——乙企业"科目借方余额为 180 000 元，"应付账款——丙企业"科目贷方余额为 300 000 元。假如该企业"预付账款"明细账均为借方余额。则根据以上数据计算的反映在资产负债表中的"应付账款"项目的金额为（　　）元。

    A. 680 000　　　　B. 320 000　　　　C. 500 000　　　　D. 80 000

15. 资产负债表的下列项目中，需要根据几个总账科目的期末余额进行汇总填列的是（　　）。

    A. 应付职工薪酬　　　　　　　B. 短期借款

    C. 货币资金　　　　　　　　　D. 资本公积

16. 下列对资产流动性描述正确的是（　　）。

    A. 现金的流动性强于固定资产　　　B. 存货的流动性强于银行存款

    C. 应收账款的流动性强于存货　　　D. 固定资产的流动性强于存款

17. 2×16 年年末某公司应收账款明细账借方余额合计为 500 000 元，假设预收账款余额为 0，当年应收账款计提的坏账准备共计 80 000 元，则年末资产负债表上所列示的应收账款为（　　）元。

    A. 500 000　　　　B. 420 000　　　　C. 560 000　　　　D. 600 000

18. 东方公司 2×16 年 12 月 31 日"固定资产"账户余额为 960 万元，"累计折旧"账户余额为 190 万元，"固定资产减值准备"账户余额为 70 万元，则东方公司 2×16 年 12 月 31 日的资产负债表中，"固定资产"项目期末余额为（　　）万元。

    A. 700　　　　B. 770　　　　C. 890　　　　D. 960

19. 依照我国的会计准则，利润表采用的格式为（　　）。

    A. 单步式　　　　B. 多步式　　　　C. 账户式　　　　D. 混合式

20. 某企业 2×16 年 12 月 31 日编制的年度利润表中"本期金额"一栏反映的是（　　）。

    A. 12 月 31 日利润或亏损的形成情况

    B. 12 月累计利润或亏损的形成情况

    C. 本年度利润或亏损的形成情况

    D. 第四季度利润或亏损的形成情况

21. 下列各项中，不会影响营业利润金额的是（　　）。

    A. 资产减值损失　　　　　　　B. 财务费用

    C. 投资收益　　　　　　　　　D. 营业外收入

22. 编制利润表的主要依据是（　　）。

    A. 资产、负债及所有者权益各账户的本期发生额

    B. 资产、负债及所有者权益各账户的期末余额

    C. 损益类各账户的本期发生额

    D. 损益类各账户的期末余额

23. 下列各项中，不会引起利润总额增减变化的是（　　）。

    A. 销售费用　　　　　　　　　B. 管理费用

C. 所得税费用　　　　　　　　　　　D. 营业外支出

24. 下列各项中，能使企业经营活动的现金流量发生变化的是（　　　）。

    A. 购买工程物资　　　　　　　　　　B. 缴纳所得税

    C. 发放现金股利　　　　　　　　　　D. 赊销商品

25. 编制现金流量表时，企业的罚款收入应在（　　　）项目反映。

    A. "销售商品、提供劳务收到的现金"

    B. "收到的其他与经营活动有关的现金"

    C. "支付的其他与经营活动有关的现金"

    D. "购买商品、接受劳务支付的现金"

26. 下列各项中，应在"支付给职工以及为职工支付的现金"项目中反映的是（　　　）。

    A. 支付给企业销售人员的工资

    B. 支付的在建工程人员的工资

    C. 企业支付的统筹退休金

    D. 企业支付给未参加统筹的退休人员的费用

27. 下列各项中，会影响现金流量净额变动的是（　　　）。

    A. 用原材料对外投资　　　　　　　　B. 从银行提取现金

    C. 用现金支付购买材料款　　　　　　D. 用固定资产清偿债务

28. 下列项目中，应在所有者权益变动表中反映的是（　　　）。

    A. 支付职工薪酬　　　　　　　　　　B. 盈余公积转增股本

    C. 赊购商品　　　　　　　　　　　　D. 购买商品支付的现金

29. 下列各项中，不在所有者权益变动表中列示的项目是（　　　）。

    A. 综合收益总额　　　　　　　　　　B. 所有者投入和减少资本

    C. 利润分配　　　　　　　　　　　　D. 每股收益

30. 下列各项中，关于财务报表附注的表述不正确的是（　　　）。

    A. 附注中包括财务报表重要项目的说明

    B. 对未能在财务报表列示的项目在附注中说明

    C. 如果没有需要披露的重大事项，企业不必编制附注

    D. 附注中包括会计政策和会计估计变更以及差错更正的说明

（二）多项选择题

1. 财务会计报告使用者包括（　　　）等。

    A. 债务人　　　　B. 出资人　　　　C. 银行　　　　D. 税务机关

2. 财务会计报告中的财务报表至少应当包括（　　　）等报表。

    A. 资产负债表　　　B. 成本报表　　　C. 利润表　　　D. 现金流量表

3. 财务会计报告包括（　　　）。

    A. 财务报表

    B. 财务报表附注

    C. 财务情况说明书

D. 其他应当在财务会计报告中披露的相关信息和资料

4. 下列等式正确的有（   ）。

A. 资产＝负债+所有者权益

B. 营业利润＝主营业务收入+其他业务收入-主营业务成本-其他业务成本+投资收益+公允价值变动收益-营业外支出

C. 利润总额＝营业利润+营业外收入-营业外支出

D. 净利润＝利润总额-所得税费用

5. 企业财务会计报表按其编报的时间不同，分为（   ）。

A. 半年度报表   B. 月度报表

C. 季度报表   D. 年度报表

6. 下列各项中，属于资产负债表中流动资产项目的有（   ）。

A. 货币资金   B. 预收款项

C. 应收账款   D. 存货

7. 在编制资产负债表时，应根据总账科目的期末贷方余额直接填列的项目有（   ）。

A. 应收利息   B. 交易性金融资产

C. 短期借款   D. 应付利息

8. 资产负债表中，"预收款项"项目应根据（   ）总分类账户所属各明细分类账户期末贷方余额合计填列。

A. 预付账款   B. 应收账款

C. 应付账款   D. 预收账款

9. 下列账户中，可能影响资产负债表中"应付账款"项目金额的有（   ）。

A. 应收账款   B. 预收账款

C. 应付账款   D. 预付账款

10. 下列账户中，其期末余额应作为资产负债表中"存货"项目填列依据的有（   ）。

A. 工程物资   B. 存货跌价准备

C. 周转材料   D. 生产成本

11. 某企业期末"应付账款"账户为贷方余额260 000元，其所属明细账户的贷方余额合计为330 000元，所属明细账户的借方余额合计为70 000元；"预付账款"账户为借方余额150 000元，其所属明细账户的借方余额合计为200 000元，所属明细账户的贷方余额合计为50 000元。则该企业资产负债表中"应付账款"和"预付款项"两个项目的期末数分别应为（   ）元。

A. 380 000   B. 260 000   C. 150 000   D. 270 000

12. 利润表中的"营业成本"项目填列的依据有（   ）。

A. "营业外支出"发生额   B. "主营业务成本"发生额

C. "其他业务成本"发生额   D. "税金及附加"发生额

13. 下列各项中，属于利润表提供的信息有（   ）。

A. 实现的营业收入   B. 发生的营业成本

C. 营业利润　　　　　　　　　　　D. 企业的净利润或亏损总额

14. 下列各项中，可以记入利润表"税金及附加"项目的有（　　　）。
    A. 增值税　　　　　　　　　　　B. 城市维护建设税
    C. 教育费附加　　　　　　　　　D. 矿产资源补偿费

15. 下列关于现金流量表各项目填列的说法中，正确的有（　　　）。
    A. 购买交易性金融资产时，购买价款中包含的已宣告但尚未发放的现金股利，应在"支付其他与投资活动有关的现金"项目中反映
    B. 支付的耕地占用税应在"支付的各项税费"项目中反映
    C. 为职工支付的五险一金在"支付其他与经营活动有关的现金"项目中反映
    D. 投资性房地产的租金收入应在"收到其他与经营活动有关的现金"项目中反映

16. 下列各项中，不会引起现金流量总额变动的项目有（　　　）。
    A. 将现金存入银行
    B. 用银行存款购买 1 个月到期的债券
    C. 用固定资产抵偿债务
    D. 用银行存款清偿 20 万元的债务

17. 现金流量表将现金的流量划分为（　　　）。
    A. 经营活动产生的现金流量　　　B. 捐赠活动产生的现金流量
    C. 投资活动产生的现金流量　　　D. 分配活动产生的现金流量

18. 下列各项中，属于现金流量表中的现金的是（　　　）。
    A. 库存现金　　　　　　　　　　B. 定期存款
    C. 其他货币资金　　　　　　　　D. 3 个月内到期的国库券投资

19. 下列各项中，属于所有者权益变动表单独列示的项目有（　　　）。
    A. 提取盈余公积　　　　　　　　B. 其他综合收益
    C. 当年实现的净利润　　　　　　D. 资本公积转增资本

20. 下列各项中，年度财务报表附注中应当披露的信息有（　　　）。
    A. 重要的会计政策　　　　　　　B. 会计政策变更
    C. 重要的会计估计　　　　　　　D. 会计估计变更

（三）判断题

1. 资产负债表是反映企业在一定时期内财务状况变动情况的报表。（　　）
2. 利润表是反映企业某一特定时期财务状况的会计报表。（　　）
3. 利润表中各项目主要根据各损益类科目的发生额分析填列。（　　）
4. 资产负债表是静态报表。（　　）
5. "资产＝负债＋所有者权益"这一会计等式，是资产负债表的理论依据。（　　）
6. 编制以 12 月 31 日为资产负债表日的资产负债表时，表中的"未分配利润"项目应根据"利润分配"账户的年末余额直接填列。（　　）
7. 2×16 年 12 月 31 日，某公司"本年利润"账户为贷方余额 153 000 元，"利润分配"账户为贷方余额 96 000 元，则当日编制的资产负债表中，"未分配利润"项目

的"期末余额"应为 57 000 元。　　　　　　　　　　　　　　　（　）

8. 2×15 年 12 月 31 日，某公司"长期借款"账户贷方余额为 520 000 元，其中，2×16 年 7 月 1 日到期的借款为 200 000 元，则当日编制的资产负债表中，"长期借款"项目的"期末余额"应为 320 000 元。　　　　　　　　　　　　　　　（　）

9. "长期借款"项目，根据"长期借款"总账科目余额填列。　　　　（　）

10. 经营活动是指企业投资活动和筹资活动以外的所有交易和事项。　（　）

11. 企业销售商品，预收的账款不在"销售商品、提供劳务收到的现金"项目反映。　　　　　　　　　　　　　　　　　　　　　　　　　　（　）

12. 现金流量表是反映企业一定时期现金及其等价物流入和流出的报表。（　）

13. 企业本期应交的增值税在利润表中的"税金及附加"项目中反映。　（　）

14. 企业前期销售本期退回的商品支付的现金应在"支付的其他与经营活动有关的现金"项目中反映。　　　　　　　　　　　　　　　　　　　　（　）

15. 企业分得的股票股利可在"取得投资收益所收到的现金"项目中反映。　　　　　　　　　　　　　　　　　　　　　　　　　　　　（　）

16. 企业捐赠现金支出应在"支付的其他与筹资活动有关的现金"项目中反映。　　　　　　　　　　　　　　　　　　　　　　　　　　　（　）

17. 财务会计报告就是财务报表。　　　　　　　　　　　　　　　　（　）

18. 所有者权益内部各个项目按照各项目的稳定程度而依次排列。　　（　）

19. 企业在编制年度财务会计报告前，应当全面清查资产，核实债务。（　）

20. 委托代销商品应在资产负债表的"存货"项目中列示。　　　　　（　）

（四）计算分析题

1. 某企业"应收账款"科目月末借方余额为 40 000 元，其中"应收甲公司账款"明细科目借方余额为 60 000 元，"应收乙公司账款"明细科目贷方余额为 20 000 元。"预收账款"科目月末贷方余额为 15 000 元，其中"预收 A 厂账款"明细科目贷方余额为 25 000 元，"预收 B 厂账款"明细科目借方余额为 10 000 元。

要求：计算该企业月末资产负债表"应收账款"项目的金额。

2. 某企业"应收账款"明细账借方余额为 160 000 元，贷方余额为 70 000 元，坏账准备为 500 元。

要求：计算资产负债表"应收账款"项目的金额。

3. 某公司发生如下经济业务：①公司分得现金股利 10 万元；②用银行存款购入不需要安装的设备一台，全部价款为 35 万元；③出售设备一台，原值为 100 万元，折旧 45 万元，出售收入为 80 万元，清理费用为 5 万元，设备已清理完毕，款项已存入银行；④计提短期借款利息 5 万元，计入预提费用。

要求：计算该企业投资活动现金流量净额。

4. 某公司发生如下经济业务：①销售产品一批，成本为 250 万元，售价为 400 万元，增值税税税票注明税款 68 万元，货已发出，款已入账；②出口产品一批，成本为 100 万元，售价为 200 万元，当期收到货款及出口退税 18 万元；③收回以前年度应收账款 20 万元，存入银行。

要求：计算企业本期现金流量表中"销售商品、提供劳务收到的现金"项目的金额。

5. 某工业企业为增值税一般纳税企业，适用的增值税税率为17%，所得税税率为25%。该企业2×16年度有关资料如下：①本年度内发出产品50 000件，其中对外销售45 000件，其余为在建工程领用。该产品销售成本每件为12元，销售价格每件为20元。②本年度内计入投资收益的债券利息收入为30 000元，其中，国债利息收入为2 500元。③本年度内发生管理费用50 000元，其中企业公司管理人员工资费用为25 000元，业务招待费为20 000元。按税法规定可在应纳税所得额前扣除的管理人员工资费用为20 000元，业务招待费为15 000元。④本年度内补贴收入为3 000元（计入当期营业外收入）。按税法规定应缴纳所得税。

要求：

不考虑其他因素，计算该企业2×16年利润表中有关项目的金额：（1）营业利润；（2）利润总额；（3）本年度应交所得税；（4）净利润。

（五）综合题

1. 华远股份有限公司2×16年12月31日有关总账和明细账户的余额如下：

账户	借或贷	余额（元）	负债和所有者权益账户	借或贷	余额（元）
库存现金	借	3 750	短期借款	贷	625 000
银行存款	借	2 000 000	应付票据	贷	63 750
其他货币资金	借	225 000	应付账款	贷	177 500
交易性金融资产	借	287 500	——丙企业	贷	227 500
应收票据	借	50 000	——丁企业	借	50 000
应收账款	借	187 500	预收账款	贷	36 750
——甲公司	借	200 000	——C公司	贷	36 750
——乙公司	贷	12 500	其他应付款	贷	30 000
坏账准备	贷	5 000	应交税费	贷	70 000
预付账款	借	90 250	长期借款	贷	1 265 000
——A公司	借	77 500	应付债券	贷	1 409 250
——B公司	借	12 750	其中：一年到期的应付债券	贷	57 500
其他应收款	借	21 250	实收资本	贷	10 100 000
原材料	借	2 041 500	盈余公积	贷	395 250
生产成本	借	663 500	利润分配	贷	4 750
库存商品	借	483 000	—未分配利润	贷	4 750
材料成本差异	贷	105 500	本年利润	贷	91 750
固定资产	借	7 220 000			
累计折旧	贷	12 250			
在建工程	借	1 118 500			
资产合计		14 269 000	负债及所有者权益合计		14 269 000

要求：编制华远股份有限公司 12 月 31 日的资产负债表。

资产负债表（简表）

资产	年初数(元)	年末数(元)	负债所有者权益	年初数(元)	年末数(元)
流动资产：			流动负债：		
货币资金		（1）	短期借款		625 000
交易性金融资产		287 500	应付票据		63 750
应收票据		50 000	应付账款		（9）
应收账款		（2）	预收款项		（10）
预付款项		（3）	应交税费		70 000
其他应收款		21 250	其他应付款		30 000
存货		（4）	一年内到期的非流动负债		57 500
流动资产合计		（5）	流动负债合计		（11）
非流动资产：			非流动负债：		
固定资产		（6）	长期借款		1 265 000
在建工程		1 118 500	应付债券		（12）
非流动资产合计		（7）	非流动负债合计		2 616 750
			负债合计		（13）
			所有者权益：		
			实收资本		10 100 000
			盈余公积		395 250
			未分配利润		（14）
			所有者权益合计		（15）
资产总计		（8）	负债及所有者权益总计		14 331 500

2. 华远股份有限公司为增值税一般纳税企业，适用的增值税税率为 17%，适用的企业所得税税率为 25%，商品销售价格中均不含增值税税额。按每笔销售业务分别结转销售成本，2×16 年 12 月，甲公司发生的经济业务及相关资料如下：

（1）向西城公司销售商品一批。该批商品的销售价格为 600 000 元，实际成本为 350 000 元。商品已经发出，开具了增值税专用发票，并收到购货方签发并承兑的不带息商业承兑汇票一张，面值 702 000 元。

（2）委托盛天公司代销商品 1 000 件。代销合同规定甲公司按已售商品售价的 5% 向盛天公司支付手续费，该批商品的销售价格为 400 元/件，实际成本为 250 元/件。华远公司已将该批商品交付给盛天公司。

（3）华远公司月末收到了盛天公司的代销清单。盛天公司已将代销的商品售出 1 000 件，款项尚未支付给华远公司。华远公司向盛天公司开具了增值税专用发票，并按合同规定确认了应向盛天公司支付的代销手续费。

（4）以交款提货方式向邕城公司销售商品一批。该批商品的销售价格为 100 000 元，实际成本为 60 000 元，提货单和增值税专用发票已交邕城公司，收到款项存入银行。

（5）12 月 31 日，交易性金融资产公允价值上升 50 000 元。

（6）12 月 31 日，计提存货跌价准备 50 000 元。

（7）除上述经济业务外，甲公司 6 月份有关损益类账户的发生额如下：

单位：元

账户名称	借方发生额	贷方发生额
其他业务收入		30 000
其他业务成本	20 000	
税金及附加	15 000	
管理费用	60 000	
财务费用	22 000	
营业外收入		70 000
营业外支出	18 000	

（8）计算本月应交所得税（假定甲公司不存在纳税调整因素）。

要求：

（1）编制甲公司上述（1）至（6）和（8）项经济业务相关的会计分录（"应交税费"科目要求写出明细科目及专栏）；

（2）编制甲公司 6 月份的利润表。

五、参考答案及解析

（一）单项选择题

1.【答案】A

2.【答案】A

【解析】年报属于年度报表。

3.【答案】D

【解析】由于资产负债表反映的是企业某一特定日期的财务状况，因此它是静态的财务报表。

4.【答案】D

【解析】财务报表是每个期末根据账簿上记录的资料，按照规定的报表格式、内容和编制方法，作进一步的归集、加工和汇总编制而成的。因此，财务报表中各项目数字的直接来源是账簿记录。

5.【答案】D

6.【答案】D

7.【答案】C

【解析】资产负债表的格式主要有账户式和报告式两种，根据我国《企业会计准则》的规定，我国企业的资产负债表采用账户式结构。

8.【答案】C

9.【答案】D

10.【答案】D

【解析】在资产负债表中，资产按照其流动性大小排列：流动性大的资产如"货币资金""交易性金融资产"等排在前面，流动性小的资产如"存货""无形资产"等排列在后面。

11.【答案】C

【解析】其他几项均属于流动资产。

12.【答案】D

13.【答案】B

【解析】"预收款项"项目根据"预收账款""应收账款"科目所属各明细科目的期末贷方余额合计数填列。因此，"应收账款"科目所属明细科目如有贷方余额，应在资产负债表的"预收款项"项目中反映。

14.【答案】C

【解析】"应付账款"项目根据"应付账款"和"预付账款"科目所属各明细科目的期末贷方余额合计数填列。因此，本题中在资产负债表中"应付账款"项目的金 = 200 000+300 000 = 500 000（元）。

15.【答案】C

【解析】资产负债表中的"货币资金"项目，需要根据"库存现金""银行存款""其他货币资金"三个总账科目的期末余额的合计数填列。

16.【答案】A

17.【答案】B

【解析】年末资产负债上所列示的应收账款 = 500 000-80 000 = 420 000（元）。

18.【答案】A

【解析】960-190-70 = 700（万元）。

19.【答案】B

【解析】利润表的格式主要有多步式和单步式两种，按照我国《企业会计准则》的规定，我国企业的利润表采用多步式。

20.【答案】C

【解析】2×16 年 12 月 31 日编制的年度利润表中"本期金额"反映的是本年度利润或亏损的形成情况。

21.【答案】D

【解析】营业利润=营业收入-营业成本-税金及附加-销售费用-管理费用-财务费用-资产减值损失+公允价值变动收益（-公允价值变动损失）+投资收益（-投资损失），因此，营业外收入不会影响营业利润的金额。

22.【答案】C

【解析】利润表是反映企业在一定会计期间经营成果的报表，因此，利润表是一个期间报表，编制的依据是各损益类账户的本期发生额。

23.【答案】C

【解析】利润总额=营业利润+营业外收入-营业外支出；净利润=利润总额-所得

税费用。因此，所得税费用不会引起利润总额的增减变化。

24.【答案】B

25.【答案】B

【解析】企业的罚款收入应在"收到的其他与经营活动有关的现金"项目反映。

26.【答案】A

【解析】企业支付的统筹退休金以及未参加统筹的退休人员的费用应在"支付的其他与经营活动有关的现金"项目中反映；支付的在建工程人员的工资应在"购建固定资产、无形资产和其他长期资产所支付的现金"项目中反映。

27.【答案】C

【解析】企业用现金支付购买材料款，会引起企业现金的减少，所以会影响现金流量净额的变动。

28.【答案】B

【解析】盈余公积转增股本在所有者权益变动表"股本"项目和"盈余公积"项目反映。

29.【答案】D

【解析】每股收益是利润表反映的项目，不属于所有者权益变动表列示的项目。

30.【答案】C

【解析】本题考核报表附注概述。

(二) 多项选择题

1.【答案】ABCD

2.【答案】ACD

【解析】财务报表至少应当包括"四表一注"，即资产负债表、利润表、现金流量表、所有者权益变动表及报表附注。

3.【答案】ABD

【解析】财务会计报告包括财务报表、财务报表附注以及其他应当在财务会计报告中披露的相关信息和资料。

4.【答案】ACD

【解析】营业利润=营业收入-营业成本-税金及附加-销售费用-管理费用-财务费用-资产减值损失+公允价值变动收益（-公允价值变动损失）+投资收益（-投资损失）

5.【答案】ABCD

【解析】企业财务会计报表按其编报的时间不同，分为月度、季度、半年度、年度报表。

6.【答案】ACD

【解析】预收款项是企业的负债，不是资产，其他三项都是流动资产。

7.【答案】CD

【解析】在编制资产负债表时，"短期借款"和"应付利息"可以根据总账科目的期末贷方余额直接填列。

8.【答案】BD

【解析】资产负债表中，"预收款项"项目应根据"预收账款"和"应收账款"总分类账户所属各明细分类账户期末贷方余额合计填列。

9.【答案】CD

【解析】资产负债表中"应付账款"项目根据"应付账款"和"预付账款"科目所属明细科目的期末贷方余额合计数填列。因此，应付账款和预付账款可能影响资产负债表中"应付账款"项目的金额。

10.【答案】BCD

【解析】资产负债表中"存货"项目应根据原材料、库存商品、周转材料、生产成本、存货跌价准备等账户期末余额计算填列。

11.【答案】AD

【解析】"应付账款"项目＝330 000＋50 000＝380 000（元），"预付款项"项目＝70 000＋200 000＝270 000（元）。

12.【答案】BC

13.【答案】ABCD

【解析】利润表中的"营业收入"和"营业成本"反映了企业当期实现的营业收入和发生的营业成本，"净利润"项目反映企业的净利润或亏损总额。

14.【答案】BC

15.【答案】ABC

16.【正确答案】ABC

【解析】选项 A 和 B 属于现金内部发生的变动，不影响现金流量总额；选项 C 不影响现金流量。

17.【答案】AC

【解析】现金流量表将现金的流量划分为：经营活动产生的现金流量、投资活动产生的现金流量、筹资活动产生的现金流量。

18.【答案】ACD

19.【答案】ABCD

【解析】所有者权益变动表至少应当单独列示反映下列信息的项目：①净利润；②其他综合收益；③会计政策变更和差错更正的累积影响金额；④所有者投入的资本和向所有者分配的利润等；⑤按照规定提取的盈余公积；⑥实收资本（或股本）、资本公积、盈余公积、未分配利润的期初和期末余额及其调节情况。

20.【答案】ABCD

（三）判断题

1.【答案】错

【解析】资产负债表是反映企业某一特定日期财务状况的报表。

2.【答案】错

【解析】利润表是反映企业某一会计期间经营成果的报表。

3.【答案】对

4.【答案】对

5.【答案】对

6.【答案】对

7.【答案】错

【解析】"未分配利润"项目的"期末余额"应为 249 000 元。

8.【答案】对

9.【答案】错

【解析】"长期借款"项目，根据"长期借款"总账科目余额扣除"长期借款"科目所属的明细科目中将"在一年内到期的、企业不能自主地将清偿义务展期的长期借款"后的金额计算填列。

10.【答案】对

11.【答案】错

【解析】"销售商品、提供劳务收到的现金"项目反映的内容包括预收的账款。

12.【答案】对

【解析】现金流量表反映了企业一定时期现金及其等价物的流入和流出。

13.【答案】错

【解析】应交的增值税在"应交税费"项目中反映。

14.【答案】错

【解析】企业前期销售本期退回的商品支付的现金应在"销售商品、提供劳务收到的现金"项目中反映。

15.【答案】错

【解析】企业分得的股票股利不涉及现金，不需要在现金流量表中反映。

16.【答案】对

【解析】企业捐赠现金支出应在"支付的其他与筹资活动有关的现金"项目中反映。

17.【答案】错

【解析】财务会计报告包括财务报表和其他应当在财务报告中披露的相关信息资料。

18.【答案】对

【解析】所有者权益内部各个项目按照各项目的稳定程度而依次排列，稳定性越强的项目排在越前面，反之排在后面。

19.【答案】对

【解析】企业在编制年度财务会计报告前，应当全面清查资产，核实债务。

20.【答案】对

【解析】委托代销商品所有权仍属于企业，所以应列示在资产负债表的"存货"项目内。

（四）计算分析题

1. "应收账款"项目金额=60 000+10 000=70 000（元）

2. 应收账款金额=160 000-500=159 500（元）

3. 分得股利或利润所收到的现金=100 000（元）

处置固定资产而收到的现金净额=800 000-50 000=750 000（元）

购建固定资产所支付的现金=350 000（元）

投资活动现金流量净额=750 000+100 000-350 000=400 000（元）

4. 销售商品、提供劳务收到的现金=4 000 000+2 000 000+200 000+680 000=6 880 000（元）

5. 该企业2×16年利润表中有关项目的金额为：

（1）营业利润=45 000×(20-12)+30 000-50 000=340 000（元）

（2）利润总额=340 000+3 000=343 000（元）

（3）本年应交所得税=[343 000-2 500+(25 000-20 000)+(20 000-15 000)]×25%=87 625（元）

（4）净利润=343 000-87 625=255 375（元）

（五）综合题

1.（1）=3 750+2 000 000+225 000=2 228 750

（2）=200 000-5 000=195 000

（3）=77 500+12 750+50 000=140 250

（4）=2 041 500+663 500+483 000-105 500=3 082 500

（5）=2 228 750+287 500+50 000+195 000+140 250+21 250+3 082 500=6 005 250

（6）=7 220 000-12 250=7 207 750

（7）=7 207 750+1 118 500=8 326 250

（8）=6 005 250+8 326 250=14 331 500

（9）=227 500

（10）=36 750+12 500=49 250

（11）=625 000+63 750+227 500+49 250+70 000+30 000+57 500=1 123 000

（12）=1 409 250-57 500=1 351 750

（13）=1 123 000+2 616 750=3 739 750

（14）=4 750+91 750=96 500

（15）=10 100 000+395 250+96 500=10 591 750

2.（1）编制会计分录：

①销售商品：

借：应收票据		702 000
贷：主营业务收入		600 000
应交税费——应交增值税（销项税额）		102 000

结转成本：

借：主营业务成本		350 000

  贷：库存商品   350 000

②交付盛天公司委托代销的商品时：

借：委托代销商品   250 000

  贷：库存商品   250 000

③收到盛天公司交来的代销清单时：

借：应收账款   468 000

  贷：主营业务收入   400 000

    应交税费——应交增值税（销项税额）   68 000

借：销售费用   20 000

  贷：应收账款   20 000

借：主营业务成本   250 000

  贷：委托代销商品   250 000

④交款提货方式销售商品时：

借：银行存款   117 000

  贷：主营业务收入   100 000

    应交税费——应交增值税（销项税额）   17 000

借：主营业务成本   60 000

  贷：库存商品   60 000

⑤交易性金融资产公允价值上升：

借：交易性金融资产——公允价值变动   50 000

  贷：公允价值变动损益   50 000

⑥计提存货跌价准备：

借：资产减值损失   50 000

  贷：存货跌价准备   50 000

⑦本月应交所得税＝（主营业务收入600 000＋主营业务收入400 000＋主营业务收入100 000＋公允价值变动损益50 000＋其他业务收入30 000＋营业外收入70 000）−（主营业务成本350 000＋销售费用20 000＋主营业务成本250 000＋主营业务成本60 000＋资产减值损失50 000＋其他业务成本20 000＋税金及附加15 000＋管理费用60 000＋财务费用22 000＋营业外支出18 000）×25％＝385 000×25％＝96 250（元）。

借：所得税费用   96 250

  贷：应交税费——应交所得税   96 250

项　目	金额
一、营业收入	1 130 000
减：营业成本	680 000
税金及附加	15 000
销售费用	20 000
管理费用	60 000

（续表）

项　目	金额
财务费用	22 000
资产减值损失	50 000
加：公允价值变动收益（损失以"－"号填列）	50 000
投资收益（损失以"－"号填列）	
其中：对联营企业和合营企业的投资收益	
二、营业利润（亏损以"－"号填列）	333 000
加：营业外收入	70 000
减：营业外支出	18 000
其中：非流动资产处置损失	
三、利润总额（亏损总额以"－"号填列）	385 000
减：所得税费用	96 250
四、净利润（净亏损以"－"号填列）	288 750

第十八章 会计政策、会计估计变更和差错更正

一、要点总览

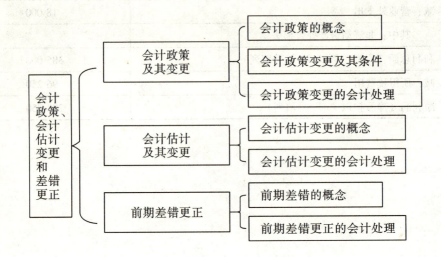

二、重点难点

（一）重点

会计政策变更与会计估计变更的区分

追溯调整法的会计处理

追溯调整法与未来适用法的适用条件

会计估计变更的报表披露内容

前期差错更正的会计处理

（二）难点

追溯调整法的会计处理

前期差错更正的会计处理

三、关键内容小结

（一）会计政策变更

1. 处理原则

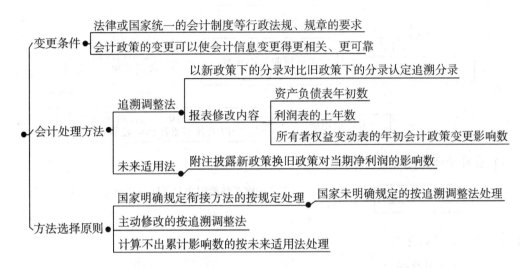

2. 追溯调整法的步骤

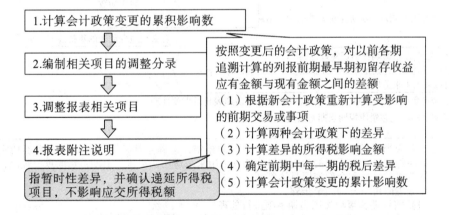

3. 会计政策变更的会计处理方法

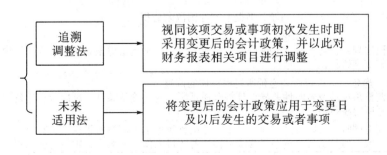

4. 会计政策变更的会计处理方法选择

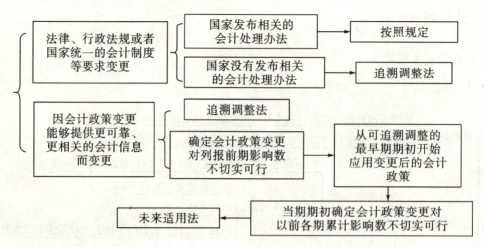

（二）会计估计变更的处理原则

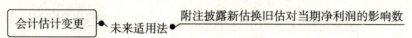

（三）前期差错的更正

1. 会计处理原则

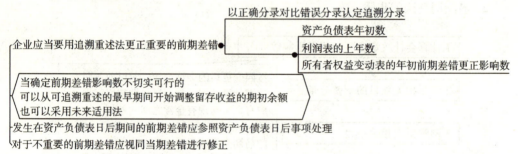

- 企业应当要用追溯重述法更正重要的前期差错
  - 以正确分录对比错误分录认定追溯分录
  - 资产负债表年初数
  - 利润表的上年数
  - 所有者权益变动表的年初前期差错更正影响数
- 当确定前期差错影响数不切实可行的
  - 可以从可追溯重述的最早期间开始调整留存收益的期初余额
  - 也可以采用未来适用法
- 发生在资产负债表日后期间的前期差错应参照资产负债表日后事项处理
- 对于不重要的前期差错应视同当期差错进行修正

会计处理	企业应当采用追溯重述法更正重要的前期差错，但确定前期差错累积影响数不切实可行的除外。对于不重要的前期差错，可以采用未来适用法更正。前期差错的重要程度，应根据差错的性质和金额加以具体判断 在处理时可以分为四个步骤： （1）将该差错事项按照当期事项进行处理 （2）换账户，即将"损益类"账户换成"以前年度损益调整"账户 （3）转入利润分配，即将"以前年度损益调整"账户归集的金额转入"利润分配——未分配利润"账户 （4）考虑税后分配的问题，即提取或冲销盈余公积
前期差错更正所得税的会计处理	（1）应交所得税的调整 按税法规定执行。税法允许调整应交所得税的，则差错更正时调整应交所得税；否则，不调整应交所得税
	（2）递延所得税资产和递延所得税负债的调整 若调整事项涉及暂时性差异，且符合递延所得税的确认条件，则应调整递延所得税资产或递延所得税负债
注意：在应试考试时，若题目已明确假定了会计调整业务是否调整所得税，虽有时假定的条件和税法的规定不一致，但是也必须按题目要求去做；若题目未作任何假定，则按上述原则进行会计处理		

2. 追溯重述法与追溯调整法的区别

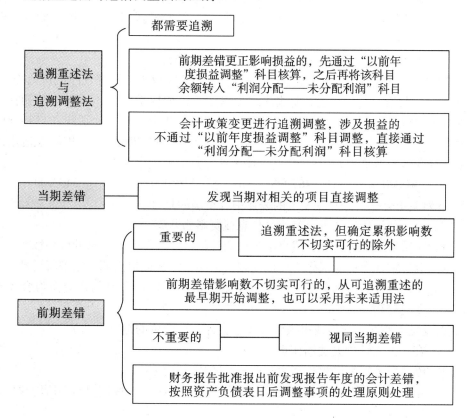

四、练习题

(一) 单项选择题

1. 下列各项中，应采用追溯调整法进行会计处理的是（　　）。
   A. 存货发出方法由先进先出法改为加权平均法
   B. 投资性房地产后续计量由成本模式改为公允价值模式
   C. 固定资产由于未来经济利益实现方式发生变化而改变折旧方法
   D. 使用寿命不确定的无形资产改为使用寿命有限的无形资产

2. 甲公司所得税采用资产负债表债务法核算，适用的所得税税率为25%。2015年12月31日，甲公司对外出租的一栋办公楼（作为投资性房地产并采用成本模式核算）的账面原值为14 000万元，已提折旧400万元，未计提减值准备，且计税基础与账面价值相同。2016年1月1日，甲公司将该办公楼由成本模式计量改为采用公允价值模式计量，当日公允价值为17 600万元。对此项会计政策变更，甲公司应调整2016年1月1日留存收益的金额为（　　）万元。
   A. 3 000　　　　　　B. 4 000　　　　　　C. 1 000　　　　　　D. 4 750

3. 下列各项关于会计估计变更的说法中，正确的是（　　）。
   A. 会计估计变更应采用追溯调整法进行会计处理

B. 如果会计估计变更影响当期的金额较大，应进行追溯调整

C. 如果会计估计变更既影响变更当期又影响未来期间，当影响金额较大时应进行追溯调整

D. 会计估计变更应采用未来适用法进行会计处理

4. 甲公司发出存货按先进先出法计价，期末存货按成本与可变现净值孰低法计价。2008年1月1日甲公司将发出存货由先进先出法改为加权平均法。2008年年初存货账面余额（50千克）等于账面价值40 000元，2008年1月、2月分别购入材料600千克、350千克，单价分别为850元、900元，3月5日领用400千克。用未来适用法处理该项会计政策的变更，则2008年一季度末该存货的账面余额为（　　）元。

    A. 540 000　　　　　B. 467 500　　　　　C. 510 000　　　　　D. 519 000

5. 下列关于会计估计及其变更的表述中，正确的是（　　）。

A. 会计估计应以最近可利用的信息或资料为基础

B. 对结果不确定的交易或事项进行会计估计会削弱会计信息的可靠性

C. 会计估计变更应根据不同情况采用追溯重述法或追溯调整法进行处理

D. 某项变更难以区分是会计政策变更还是会计估计变更的，应作为会计政策变更处理

6. 企业发生的下列交易或事项中，属于会计估计变更的是（　　）。

A. 存货发出计价方法的变更

B. 因增资将长期股权投资由权益法改按成本法核算

C. 年末根据当期发生的暂时性差异所产生的递延所得税调整本期所得税费用

D. 固定资产折旧年限的变更

7. 采用追溯调整法计算出会计政策变更的累积影响数后，一般应当（　　）。

A. 重新编制以前年度会计报表

B. 调整变更当期期初留存收益，以及会计报表其他相关项目的期初数和上年数

C. 调整变更当期期末及未来各期会计报表相关项目的数字

D. 只需在报表附注中说明其累积影响金额

8. 下列各项中，不属于会计政策变更的是（　　）。

A. 无形资产摊销方法由生产总量法改为年限平均法

B. 因执行新会计准则将建造合同收入确认方法由完成合同法改为完工百分比法

C. 投资性房地产的后续计量由成本模式改为公允价值模式

D. 因执行新会计准则对子公司的长期股权投资由权益法改为成本法核算

9. 甲公司适用的所得税税率为25%，2014年年初对某栋以经营租赁方式租出办公楼的后续计量方法由成本模式改为公允价值模式。该办公楼的原值为7 000万元，截至变更日已计提折旧200万元，未发生减值准备，变更日的公允价值为8 800万元。该办公楼在变更日的计税基础与其原账面价值相同。则甲公司变更日应调整期初留存收益的金额为（　　）万元。

    A. 1 500　　　　　B. 2 000　　　　　C. 500　　　　　D. 1 350

10. 丙公司适用的所得税税率为 25%，2014 年年初用于生产产品的无形资产的摊销方法由年限平均法改为产量法。该项无形资产 2014 年年初账面余额为 7 000 万元，原每年摊销 700 万元（与税法规定相同），累计摊销额为 2 100 万元，未发生减值；按产量法摊销，每年摊销 800 万元。假定期末存货余额为 0。则丙公司 2014 年年末不正确的会计处理是（　　　）。

  A. 按照会计估计变更处理

  B. 改变无形资产的摊销方法后，2014 年年末该项无形资产将产生暂时性差异

  C. 将 2014 年度生产用无形资产增加的 100 万元摊销额计入生产成本

  D. 2014 年年末该业务应确认相应的递延所得税资产 200 万元

11. A 公司于 2010 年 12 月 21 日购入一项管理用固定资产。该项固定资产的入账价值为 84 000 元，预计使用年限为 8 年，预计净残值为 4 000 元，按直线法计提折旧。2014 年年初由于新技术的发展，将原预计使用年限改为 5 年，净残值改为 2 000 元，所得税税率为 25%，则该会计估计变更对 2014 年净利润的影响金额是（　　　）元。

  A. −12 000   B. −16 000   C. 12 000   D. 16 000

12. 丁公司适用的所得税税率为 25%，2014 年 1 月 1 日首次执行新会计准则，将全部短期投资分类为交易性金融资产，其后续计量按公允价值计量。该短期投资 2013 年年末账面价值为 560 万元，公允价值为 580 万元。变更日该交易性金融资产的计税基础为 560 万元。则丁公司 2014 年不正确的会计处理是（　　　）。

  A. 按会计政策变更处理

  B. 变更日对交易性金融资产追溯调增其账面价值 20 万元

  C. 变更日应确认递延所得税负债 5 万元

  D. 变更日应调增期初留存收益 15 万元

13. 戊公司适用的所得税税率为 25%，2014 年 1 月 1 日，将管理用固定资产的预计使用年限由 20 年改为 10 年，折旧方法由年限平均法改为年数总和法。戊公司管理用固定资产原每年折旧额为 230 万元（与税法规定相同），按照新的折旧方法计提折旧，2014 年的折旧额为 350 万元。变更日该管理用固定资产的计税基础与其原账面价值相同。则戊公司 2014 年不正确的会计处理是（　　　）。

  A. 固定资产的预计使用年限由 20 年改为 10 年，按会计估计变更处理

  B. 固定资产折旧方法由年限平均法改为年数总和法，按会计政策变更处理

  C. 将 2014 年度管理用固定资产增加的折旧 120 万元计入当年损益

  D. 该业务 2014 年度应确认相应的递延所得税资产 30 万元

14. 甲公司适用的所得税税率为 25%，2014 年 1 月 1 日首次执行新会计准则，将开发费用的处理由直接计入当期损益改为有条件资本化。2014 年发生符合资本化条件的开发费用 1 200 万元。税法规定，资本化的开发费用计税基础为其资本化金额的 150%。则甲公司 2014 年不正确的会计处理是（　　　）。

  A. 该业务属于会计政策变更

  B. 资本化开发费用的计税基础为 1 800 万元

  C. 资本化开发费用形成可抵扣暂时性差异

  D. 资本化开发费用应确认递延所得税资产 150 万元

（二）多项选择题

1. 下列事项中，不属于会计政策变更的有（　　）。
    A. 使用寿命不确定的无形资产改为使用寿命有限的无形资产
    B. 投资性房地产后续计量由成本模式改为公允价值模式
    C. 对初次发生融资租赁的业务，采用与以前经营租赁不同的会计核算方法
    D. 对初次承接的建造合同采用完工百分比法核算

2. 下列各项中，应采用未来适用法进行会计处理的有（　　）。
    A. 会计估计变更
    B. 难以区分会计政策变更和会计估计变更
    C. 本期发现的以前年度重大会计差错
    D. 无法合理确定累积影响数的会计政策变更

3. 下列交易或事项的会计处理中，符合现行会计准则规定的有（　　）。
    A. 对合营企业投资应按比例合并法编制合并财务报表
    B. 存货采购过程中因不可抗力因素而发生的净损失，计入当期损益
    C. 以支付土地出让金方式取得的用于建造商品房的土地使用权，应作为存货核算
    D. 自行开发并按法律程序申请取得的无形资产，将原发生时计入损益的开发费用转为无形资产

4. 下列关于会计估计变更的表述中，正确的有（　　）。
    A. 会计估计变更应采用追溯调整法进行会计处理
    B. 会计估计变更视情况采用追溯调整法或未来适用法进行会计处理
    C. 如果会计估计变更仅影响变更当期，有关估计变更的影响应于当期确认
    D. 会计估计变更并不意味着以前的会计估计是错误的

5. 下列各项中，属于会计政策变更的有（　　）。
    A. 分期付款方式购入的固定资产由购买价款总额入账改为购买价款现值入账
    B. 固定资产的折旧方法由年限平均法变更为年数总和法
    C. 投资性房地产的后续计量由成本模式变更为公允价值模式
    D. 发出存货的计价方法由先进先出法变更为加权平均法

6. 下列不属于会计政策变更的情形有（　　）。
    A. 本期发生的交易或事项与以前相比具有本质差别而采用新的会计政策
    B. 第一次签订建造合同，采用完工百分比法确认收入
    C. 对价值为200元的低值易耗品摊销方法由分次摊销法改为一次摊销法
    D. 由于持续的通货膨胀，企业将存货发出的计价方法由先进先出法改为加权平均法

7. 下列项目中，不属于会计估计变更的有（　　）。
    A. 分期付款取得的固定资产由购买价款改为购买价款现值计价
    B. 商品流通企业采购费用由计入营业费用改为计入取得存货的成本
    C. 将内部研发项目开发阶段的支出由计入当期损益改为符合规定条件的确认

为无形资产

  D. 固定资产折旧方法由年限平均法改为双倍余额递减法

8. 下列各项中，属于会计估计变更的有（　　）。

  A. 固定资产折旧年限由 10 年改为 15 年

  B. 发出存货计价方法由先进先出法改为加权平均法

  C. 因或有事项确认的预计负债根据最新证据进行调整

  D. 根据新的证据，使将用寿命不确定的无形资产转为使用寿命有限的无形资产

9. 下列各项中，属于会计政策变更的有（　　）。

  A. 无形资产摊销方法由生产总量法改为年限平均法

  B. 因执行新会计准则将建造合同收入确认方法由完成合同法改为完工百分比法

  C. 投资性房地产的后续计量由成本模式改为公允价值模式

  D. 因执行新会计准则对子公司的长期股权投资由权益法改为成本法核算

10. 下列各项中，属于会计估计变更的有（　　）。

  A. 固定资产的净残值率由 8% 改为 5%

  B. 固定资产折旧方法由年限平均法改为双倍余额递减法

  C. 投资性房地产的后续计量由成本模式转为公允价值模式

  D. 使用寿命确定的无形资产的摊销年限由 10 年变更为 7 年

11. 下列关于会计政策、会计估计及其变更的表述中，正确的有（　　）。

  A. 会计政策是企业在会计确认、计量和报告中所采用的原则、基础和会计处理方法

  B. 会计估计以最近可利用的信息或资料为基础，不会削弱会计确认和计量的可靠性

  C. 企业应当在会计准则允许的范围内选择适合本企业情况的会计政策，但一经确定，不得随意变更

  D. 按照会计政策变更和会计估计变更划分原则难以对某项变更进行区分的，应将该变更作为会计政策变更处理

12. 下列关于会计政策及其变更的表述中，正确的有（　　）。

  A. 会计政策涉及会计原则、会计基础和具体会计处理方法

  B. 变更会计政策表明以前会计期间采用的会计政策存在错误

  C. 变更会计政策应能够更好地反映企业的财务状况和经营成果

  D. 本期发生的交易或事项与前期相比具有本质差别而采用新的会计政策，不属于会计政策变更

13. 下列各项中，属于会计政策变更的有（　　）。

  A. 固定资产的预计使用年限由 15 年改为 10 年

  B. 所得税核算方法由应付税款法改为资产负债表债务法

  C. 投资性房地产的后续计量由成本模式改为公允价值模式

  D. 开发费用的处理由直接计入当期损益改为有条件资本化

14. 下列各项中，属于会计估计变更的有（　　）。

　　A. 因首次执行新会计准则，对子公司股权投资的后续计量由权益法改为成本法

　　B. 无形资产的摊销方法由年限平均法改为产量法

　　C. 固定资产的净残值率由 10% 改为 8%

　　D. 管理用固定资产的折旧方法由年限平均法改为双倍余额递减法

15. 下列经济业务或事项中，属于会计政策变更的有（　　）。

　　A. 周转材料的摊销方法由一次转销法变更为分次摊销法

　　B. 因租赁方式的改变，对租入固定资产的核算由经营租赁改为融资租赁

　　C. 期末存货计价由成本法改为成本与可变现净值孰低法

　　D. 在合并财务报表中对合营企业的投资由比例合并法改为权益法核算

16. 在当期期初确定会计政策变更对以前各期累积影响数不切实可行的，应当采用未来适用法处理，其条件包括（　　）。

　　A. 企业因账簿超过法定保存期限而销毁，引起会计政策变更累积影响数无法确定

　　B. 企业账簿因不可抗力因素而毁坏引起累积影响数无法确定

　　C. 法律或行政法规要求对会计政策的变更采用追溯调整法，但企业无法确定会计政策变更累积影响数

　　D. 经济环境改变，企业无法确定累积影响数

17. 下列关于未来适用法的各项表述中，正确的有（　　）。

　　A. 将变更后的会计政策应用于变更日及以后发生的交易或者事项的方法

　　B. 在会计估计变更当期和未来期间确认会计估计变更影响数的方法

　　C. 调整会计估计变更当期期初留存收益

　　D. 对变更年度资产负债表年初余额进行调整

18. 根据《企业会计准则第 28 号——会计政策、会计估计变更和差错更正》的规定，下列各项中，会计处理正确的有（　　）。

　　A. 确定会计政策变更对列报前期影响数不切实可行的，应当从可追溯调整的最早期间期初开始应用变更后的会计政策

　　B. 在当期期初确定会计政策变更对以前各期累积影响数不切实可行的，应当采用未来适用法处理

　　C. 企业对会计估计变更应当采用未来适用法处理

　　D. 确定前期差错影响数不切实可行的，可以从可追溯重述的最早期间开始调整留存收益的期初余额，财务报表其他相关项目的期初余额也应当一并调整，也可以采用未来适用法

（三）判断题

1. 会计政策，是指企业在会计确认、计量、记录和报告中所采用的原则、基础和会计处理方法。　　　　　　　　　　　　　　　　　　　　　　　（　　）

2. 对初次发生的交易或事项采用新的会计政策属于会计政策变更，应采用追溯调

整法进行会计处理。　　　　　　　　　　　　　　　　　　　　　　（　　）

3. 未来适用法，是指将变更后的会计政策应用于变更日及以后发生的交易或者事项，或者在会计估计变更当期和未来期间确认会计估计变更影响数的方法。　（　　）

4. 会计实务中，如果一项变更难以区分是会计政策变更还是会计估计变更，则应按会计政策变更进行处理。　　　　　　　　　　　　　　　　　　　（　　）

5. 因首次执行企业会计准则，将短期投资重分类为交易性金融资产，其后续计量由成本与市价孰低改为公允价值，按会计估计变更并采用未来适用法进行会计处理。
　　　　　　　　　　　　　　　　　　　　　　　　　　　　　　　（　　）

6. 在首次执行日，企业应当按照《企业会计准则第 13 号——或有事项》的规定，将满足预计负债确认条件的重组义务确认为负债，并调整留存收益。　（　　）

7. 除了法律或者会计制度等行政法规、规章要求外，企业不得自行变更会计政策。
　　　　　　　　　　　　　　　　　　　　　　　　　　　　　　　（　　）

8. 企业对某项固定资产进行改良后，预计其使用方式将发生极大的变化，因而将该项固定资产的折旧方法由直线法改为双倍余额递减法，企业的此项变更属于会计政策变更。　　　　　　　　　　　　　　　　　　　　　　　　　　　（　　）

9. 确定会计政策变更对列报前期影响数不切实可行的，应当采用未来适用法处理。
　　　　　　　　　　　　　　　　　　　　　　　　　　　　　　　（　　）

10. 资产负债表日后期间发现了报告年度的财务报表舞弊或差错，应当调整发现年度期初留存收益以及相关项目。　　　　　　　　　　　　　　　　　（　　）

11. 企业对于本期发现的前期差错，只需调整会计报表相关项目的期初数，无须在会计报表附注中披露。　　　　　　　　　　　　　　　　　　　　　（　　）

（四）计算分析题

1. 甲公司 2×14 年以前执行原行业会计制度，由于甲公司公开发行股票、债券，同时因经营规模或企业性质变化而成为大中型企业，按照准则规定应当从 2×14 年 1 月 1 日起转为执行《企业会计准则》。假定已按照企业会计准则的规定对原行业会计制度下不一致的科目进行了转换。公司保存的会计资料比较齐备，可以通过会计资料追溯计算。该公司的所得税税率为 25%，按净利润的 10% 提取法定盈余公积。假定已按照新的会计科目进行了新旧科目的转换。有关资料如下：

（1）对子公司（丙公司）投资的后续计量由权益法改为成本法。2×14 年年初对丙公司的投资的账面余额为 4 500 万元。其中，成本为 4 000 万元，损益调整为 500 万元，未发生减值。变更日该投资的计税基础为其成本 4 000 万元。

（2）将全部短期投资重分类为交易性金融资产，其后续计量改为公允价值计量。该短期投资在 2×14 年年初的账面价值为 2 000 万元，公允价值为 1 900 万元。变更日该交易性金融资产的计税基础为 2 000 万元。

（3）开发费用的处理由直接计入当期损益改为有条件资本化。2×14 年发生符合资本化条件的开发费用 1 200 万元，本年摊销计入管理费用 10 万元。税法规定，资本化的开发费用计税基础为其资本化金额的 150%，按照税法摊销 15 万元。

（4）管理用固定资产的预计使用年限由 10 年改为 8 年，折旧方法由年限平均法改为双倍余额递减法。该管理用固定资产原来每年折旧额为 100 万元（与税法规定相同），按 8 年及双倍余额递减法计算，2×14 年计提的折旧额为 220 万元。变更日该管理用固定资产的计税基础与其原账面价值相同。

（5）用于生产产品的无形资产的摊销方法由年限平均法改为产量法。甲公司生产用无形资产在 2×14 年年初的账面余额为 1 000 万元，原每年摊销 100 万元（与税法 10 年的规定相同），累计摊销额为 300 万元，未发生减值；按产量法摊销，2×14 年摊销 120 万元。变更日该无形资产的计税基础与其原账面价值相同。本年生产的产品已对外销售。

要求：根据上述业务判断其是属于会计政策变更还是属于会计估计变更。属于会计政策变更的如果需要追溯的，编制其 2×14 年采用追溯调整法的会计分录，如果不需要追溯的，编制其 2×14 年采用未来适用法的相关会计分录，同时说明是否确认递延所得税；属于会计估计变更的，编制其 2×14 年采用未来适用法的相关会计分录，同时说明是否确认递延所得税。

2. 甲公司 2×06 年 12 月 20 日购入一台管理用设备，原始价值为 100 万元，原估计使用年限为 10 年，预计净残值为 4 万元，按双倍余额递减法计提折旧。由于固定资产所含经济利益预期实现方式发生了改变以及出现了一些技术因素，甲公司已不能继续按原定的折旧方法、折旧年限计提折旧。甲公司于 2×09 年 1 月 1 日将设备的折旧方法改为年限平均法，将设备的折旧年限由原来的 10 年改为 8 年，预计净残值仍为 4 万元。甲公司所得税采用债务法核算，适用的所得税税率为 25%。

要求：

（1）计算上述设备 2×07 年和 2×08 年计提的折旧额。

（2）计算上述设备 2×09 年计提的折旧额。

（3）计算上述会计估计变更对 2×09 年净利润的影响。

3. 甲公司为增值税一般纳税企业。所得税采用债务法核算，适用的所得税税率为 25%，按净利润的 10% 提取法定盈余公积。2×16 年 5 月 20 日，甲公司发现在 2×15 年 12 月 31 日计算 A 库存产品的可变现净值时发生差错，该库存产品的成本为 1 000 万元，预计可变现净值应为 700 万元。2×15 年 12 月 31 日，甲公司将 A 库存产品的可变现净值误估为 900 万元。

要求：根据上述资料，编制相关会计分录。

（五）综合题

注册会计师在对甲公司 2×15 年度财务报表进行审计时，关注到甲公司对前期财务报表进行了追溯调整。具体情况如下：

其他资料：

（1）甲公司 2×14 年 1 月 1 日开始进行某项新技术的研发，截至 2×14 年 12 月 31 日，累计发生研究支出 300 万元，开发支出 200 万元。在编制 2×14 年度财务报表时，甲公司考虑到相关技术尚不成熟，能否带来经济利益尚不确定，将全部研究和开发费用均计入当期损益。2×15 年 12 月 31 日，相关技术的开发取得重大突破，管理层判断其未来能够带来远高于研发成本的经济利益流入，且甲公司有技术、财务和其他资源支持其最终完成该项目。

甲公司将本年发生的原计入管理费用的研发支出 100 万元全部转入"开发支出"科目，并对 2×14 年已费用化的研究和开发支出进行了追溯调整。相关会计处理如下（会计分录中的金额单位为万元，下同）：

借：研发支出——资本化支出　　　　　　　　　　　　　　　　　　 600
　　贷：以前年度损益调整　　　　　　　　　　　　　　　　　　　　　　 500
　　　　管理费用　　　　　　　　　　　　　　　　　　　　　　　　　　 100

（2）2×14 年 7 月 1 日，甲公司向乙公司销售产品，增值税专用发票上注明的销售价格为 1 000 万元，增值税款为 170 万元，并于当日取得乙公司转账支付的 1 170 万元。销售合同中还约定：2×15 年 6 月 30 日甲公司按 1 100 万元的不含增值税价格回购该批商品，商品一直由甲公司保管，乙公司不承担商品实物灭失或损失的风险。在编制 2×14 年财务报表时，甲公司将上述交易作为一般的产品销售处理，确认了销售收入 1 000 万元，并结转销售成本 600 万元。

2×15 年 6 月 30 日，甲公司按约定支付回购价款 1 100 万元和增值税款 187 万元，并取得增值税专用发票。甲公司重新审阅相关合同，认为该交易实质上是抵押借款，2×14 年度不应作为销售处理。相关会计处理如下：

借：以前年度损益调整（2×14 年营业收入）　　　　　　　　　　 1 000
　　贷：其他应付款　　　　　　　　　　　　　　　　　　　　　　　　 1 000
借：库存商品　　　　　　　　　　　　　　　　　　　　　　　　　　 600
　　贷：以前年度损益调整（2×14 年营业成本）　　　　　　　　　　　　 600
借：其他应付款　　　　　　　　　　　　　　　　　　　　　　　　 1 000
　　财务费用　　　　　　　　　　　　　　　　　　　　　　　　　　 100
　　应交税费——应交增值税（进项税额）　　　　　　　　　　　　　 187
　　贷：银行存款　　　　　　　　　　　　　　　　　　　　　　　　 1 287

（3）甲公司 2×14 年度因合同纠纷被起诉。在编制 2×14 年度财务报表时，该诉讼案件尚未判决，甲公司根据法律顾问的意见，按最可能发生的赔偿金额 100 万元确认了预计负债。2×15 年 7 月，法院判决甲公司赔偿原告 150 万元。甲公司决定接受判决，不再上诉。据此，甲公司的相关会计处理如下：

借：以前年度损益调整　　　　　　　　　　　　　　　　　　　　　　 50
　　贷：预计负债　　　　　　　　　　　　　　　　　　　　　　　　　　 50

（4）甲公司某项管理用固定资产系 2×12 年 6 月 30 日购入并投入使用，该设备原值 1 200 万元，预计使用年限 12 年，预计净残值为零，按年限平均法计提折旧。2×15 年 6 月 30 日，市场出现了更先进的替代资产，管理层重新评估了该资产的剩余使用年限，预计其剩余使用年限为 6 年，预计净残值仍为零（折旧方法不予调整）。甲公司 2×15 年的相关会计处理如下：

借：以前年度损益调整　　　　　　　　　　　　　　　　　　　　　 83.33
　　管理费用　　　　　　　　　　　　　　　　　　　　　　　　　　 133.33
　　贷：累计折旧　　　　　　　　　　　　　　　　　　　　　　　　 216.66

不考虑所得税等相关税费的影响，以及以前年度损益调整结转的会计处理。

要求：根据资料（1）至（4），判断甲公司对相关事项的会计处理是否正确，并说明理由；对于不正确的事项，编制更正有关会计处理的调整分录。

（答案中的金额单位用万元表示）

五、参考答案及解析

（一）单项选择题

1.【答案】B

【解析】选项 A，属于会计政策变更，但采用未来适用法进行会计处理；选项 C 和 D，属于会计估计变更，不进行追溯调整。

2.【答案】A

【解析】由于投资性房地产后续计量模式的变更，甲公司应调整 2016 年 1 月 1 日留存收益的金额 =［17 600-（14 000-400）］×（1-25%）= 3 000（万元）。

3.【答案】D

【解析】会计估计变更应采用未来适用法进行会计处理，选项 D 正确。

4.【答案】D

【解析】单位成本 =（40 000+600×850+350×900）÷（50+600+350）= 865（元），2008 年一季度末该存货的账面余额 =（50+600+350-400）×865 = 519 000（元）。

5.【答案】A

【解析】会计估计应当以最近可利用的信息或资料为基础，选项 A 正确；会计估计变更不会削弱会计信息的可靠性，选项 B 错误；会计估计变更应采用未来适用法进行会计处理，选项 C 错误；难以区分是会计政策变更还是会计估计变更的，应作为会计估计变更处理，选项 D 错误。

6.【答案】D

【解析】选项 A，属于会计政策变更；选项 B、C 与会计政策变更和会计估计变更无关，属于正常事项。

7.【答案】B

8.【答案】A

【解析】选项 A，属于会计估计变更；选项 BCD 属于会计政策变更。

9.【答案】A

【解析】变更日投资性房地产的账面价值为 8 800 万元，计税基础为 6 800 万元。应该确认的递延所得税负债 = 2 000×25% = 500（万元）。假设甲公司按净利润的 10% 提取盈余公积，则会计分录为：

借：投资性房地产——成本	8 800
投资性房地产累计折旧	200
贷：投资性房地产	7 000
递延所得税负债	500
盈余公积	150

　　利润分配——未分配利润　　　　　　　　　　　　　　1 350

10.【答案】D

【解析】选项 D，2014 年年末该业务应确认的递延所得税资产 = 100×25% = 25（万元）。

11.【答案】A

【解析】已计提的折旧额 = (84 000-4 000)÷8×3 = 30 000（元），变更当年按照原估计计算的折旧额 = (84 000-4 000)÷8 = 10 000（元），变更后 2014 年的折旧额 = (84 000-30 000-2 000)÷(5-3) = 26 000（元），故影响净利润的金额 = (10 000-26 000)×(1-25%) = -12 000（元）。

12.【答案】D

【解析】变更日应调增期初留存收益 = (580-560)×(1-25%) = 15（万元）。

13.【答案】B

【解析】选项 B，固定资产折旧方法由年限平均法改为年数总和法，按会计估计变更处理；选项 D，该业务 2014 年度应确认相应的递延所得税资产 = (350-230)×25% = 30（万元）。

14.【答案】D

【解析】按照企业会计准则的规定，资本化开发费用产生的可抵扣暂时性差异，不确认递延所得税资产。

（二）多项选择题

1.【答案】ACD

【解析】选项 A 属于会计估计变更；选项 B 属于会计政策变更；当期发生的交易或事项与以前相比具有本质差别，而采用新的会计政策，不属于会计政策变更，选项 C 属于这种情形；对初次发生的或不重要的交易或事项采用新的会计政策，也不属于会计政策变更，选项 D 属于这种情况。

2.【答案】ABD

【解析】选项 C，本期发现的以前年度重大会计差错，应采用追溯重述法进行核算。

3.【答案】BC

【解析】对合营企业投资应采用权益法核算，不纳入合并范围编制合并财务报表，选项 A 错误；自行开发并按法律程序申请取得的无形资产，不得将原发生时计入损益的开发费用转为无形资产，选项 D 错误。

4.【答案】CD

【解析】对于会计估计变更，企业应采用未来适用法进行会计处理，选项 A 和 B 错误。

5.【答案】ACD

【解析】选项 B 属于会计估计变更。

6.【答案】ABC

7.【答案】ABC

【解析】固定资产折旧方法的改变属于会计估计变更。

8.【答案】ACD

【解析】选项 B 属于政策变更。

9.【答案】BCD

【解析】选项 A 是对无形资产的账面价值或者资产的定期消耗金额进行调整，属于会计估计变更。

10.【答案】ABD

【解析】选项 C，属于会计政策变更。

11.【答案】ABC

【解析】按照会计政策变更和会计估计变更划分原则难以对某项变更进行区分的，应将该变更作为会计估计变更处理。

12.【答案】ACD

【解析】会计政策变更，并不意味着以前期间的会计政策是错误的，只是由于情况发生了变化，或者掌握了新的信息、积累了更多的经验，使得变更会计政策能够更好地反映企业的财务状况、经营成果和现金流量，故选项 B 错误。

13.【答案】BCD

【解析】选项 A，属于会计估计变更。

14.【答案】BCD

【解析】选项 A，属于会计政策变更。

15.【答案】CD

【解析】选项 A，是对不重要的事项采用新的会计政策，不属于会计政策变更；选项 B，是发生的事项与以前相比具有本质差别而采用新的会计政策，不属于会计政策变更。

16.【答案】ABCD

17.【答案】AB

【解析】未来适用法，是指将变更后的会计政策应用于变更日及以后发生的交易或者事项，或者在会计估计变更当期和未来期间确认会计估计变更影响数的方法。

18.【答案】ABCD

(三) 判断题

1.【答案】错

【解析】会计政策，是指企业在会计确认、计量和报告中所采用的原则、基础和会计处理方法，不涉及记录。

2.【答案】错

【解析】对初次发生的交易或事项采用新的会计政策，作为新的事项进行会计处理，不属于会计政策变更，不需要追溯调整。

3.【答案】对

4.【答案】错

【解析】难以区分是会计政策变更还是会计估计变更的，应按会计估计变更进行处理。

5.【答案】错

【解析】属于会计政策变更，应采用追溯调整法。

6.【答案】对

7.【答案】错

【解析】除了法律或者会计制度等行政法规、规章要求外，变更会计政策以后，能够使所提供的企业财务状况、经营成果和现金流量信息更为可靠、更为相关的，也可以变更会计政策。

8.【答案】错

【解析】固定资产折旧方法的变更，属于会计估计变更。

9.【答案】错

【解析】确定会计政策变更对列报前期影响数不切实可行的，应当从可追溯调整的最早期间期初开始应用变更后的会计政策。在当期期初确定会计政策变更对以前各期累积影响数不切实可行的，应当采用未来适用法处理。

10.【答案】错

【解析】资产负债表日后期间发现了报告年度的财务报表舞弊或差错，应当调整报告年度报表相关项目。

11.【答案】错

【解析】准则规定企业除了对前期差错进行会计处理外，还应在会计报表附注中披露以下内容：前期差错的性质；各个列报前期财务报表中受影响的项目名称和更正金额；无法进行追溯重述的，说明该事实和原因以及对前期差错开始进行更正的时点、具体更正情况。

（四）计算分析题

1（1）资料（1）：

①属于会计政策变更，且应采用追溯调整法。

②借：盈余公积　　　　　　　　　　　　　　　50（500×10%）

　　利润分配——未分配利润　　　　　　　　450（500×90%）

　　　贷：长期股权投资　　　　　　　　　　　　　　　　500

（2）资料（2）：

①属于会计政策变更，且应采用追溯调整法。

②借：递延所得税资产　　　　　　　　　　　　25（100×25%）

　　盈余公积　　　　　　　　　　　　　　　7.5（75×10%）

　　利润分配——未分配利润　　　　　　　67.5（75×90%）

　　　贷：交易性金融资产——公允价值变动　　　　　　100

（3）资料（3）：

①属于会计政策变更，采用未来适用法。

②借：管理费用　　　　　　　　　　　　　　　　　　10

　　　贷：累计摊销　　　　　　　　　　　　　　　　　　10

③不确认递延所得税

（4）资料（4）：

①属于会计估计变更，采用未来适用法。

②借：管理费用　　　　　　　　　　　　　　　　　　　　220

　　　贷：累计折旧　　　　　　　　　　　　　　　　　　　　220

③确认递延所得税资产＝30万元（120×25%）。

（5）资料（5）：

①属于会计估计变更，采用未来适用法

②借：制造费用　　　　　　　　　　　　　　　　　　　　120

　　　贷：累计摊销　　　　　　　　　　　　　　　　　　　　120

③确认递延所得税资产＝5万元（20×25%）。

2.（1）设备2×07年计提的折旧额＝100×20%＝20（万元）

设备2×08年计提的折旧额＝（100-20）×20%＝16（万元）

（2）2×09年1月1日设备的账面净值＝100-20-16＝64（万元）

设备2×09年计提的折旧额＝（64-4）÷（8-2）＝10（万元）

（3）按原会计估计，设备2×09年计提的折旧额＝（100-20-16）×20%＝12.8（万元）

上述会计估计变更使2×09年净利润增加＝（12.8-10）×（1-25%）＝2.1（万元）

3.（1）借：以前年度损益调整　　　　　　　　　　　　　　200

　　　　　贷：存货跌价准备　　　　　　　　　　　　　　　　200

（2）借：递延所得税资产　　　　　　　　　　　　　　　　50

　　　　　贷：以前年度损益调整　　　　　　　　　　　　　　50

（3）借：利润分配——未分配利润　　　　　　　　　　　　150

　　　　　贷：以前年度损益调整　　　　　　　　　　　　　　150

（4）借：盈余公积　　　　　　　　　　　　　　　　　　　15

　　　　　贷：利润分配——未分配利润　　　　　　　　　　　　15

（五）综合题

（1）甲公司对事项（1）的会计处理不正确。

理由：2×15年12月31日之前，研发支出的资本化条件尚未满足，在满足资本化条件后对于未满足资本化条件时已费用化的研发支出不应进行调整。

调整的会计分录：

借：管理费用　　　　　　　　　　　　　　　　　　　　100

　　以前年度损益调整　　　　　　　　　　　　　　　　　500

　　贷：研发支出——资本化支出　　　　　　　　　　　　　600

（2）甲公司对事项（2）的会计处理不正确。

理由：甲公司将2×14年处理作为会计差错予以更正是正确的，但关于融资费用的处理不正确，不应将融资费用全部计入2×15年度，该融资费用应在2×14年度与2×15年度之间进行分摊。

调整的会计分录：

借：以前年度损益调整　　　　　　　　　　　　　　　　50

　　　　　　贷：财务费用　　　　　　　　　　　　　　　　　　　　　　　　　50

　　（3）甲公司对事项（3）的会计处理不正确。

　　理由：2×14 年度对诉讼事项确认的预计负债是基于编制 2×14 年度财务报表时的情形所做的最佳估计，在没有明确证据表明 2×14 年度会计处理构成会计差错的情况下，有关差额应计入当期损益。

　　调整的会计分录：

　　借：营业外支出　　　　　　　　　　　　　　　　　　　　　　　　　50

　　　　贷：以前年度损益调整　　　　　　　　　　　　　　　　　　　　　　50

　　（4）甲公司对事项（4）的会计处理不正确。

　　理由：折旧年限变更属于会计估计变更，不应追溯调整。估计变更后，按剩余年限每年应计提折旧金额=（1 200−1 200÷12×3）÷6=150（万元），即每半年折旧额为 75 万元。调整的会计分录：

　　借：累计折旧　　　　　　　　　　　　　　　　　　　　91.66

　　　　贷：管理费用　　　　　　　　　　8.33〔133.33−（50+75）〕

　　　　　　以前年度损益调整　　　　　　　　　　　　　83.33

第十九章 资产负债表日后事项

一、要点总览

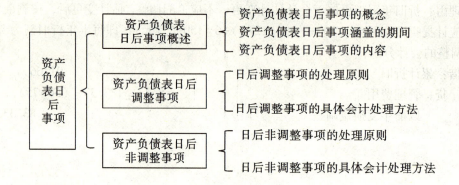

资产负债表日后事项
- 资产负债表日后事项概述
  - 资产负债表日后事项的概念
  - 资产负债表日后事项涵盖的期间
  - 资产负债表日后事项的内容
- 资产负债表日后调整事项
  - 日后调整事项的处理原则
  - 日后调整事项的具体会计处理方法
- 资产负债表日后非调整事项
  - 日后非调整事项的处理原则
  - 日后非调整事项的具体会计处理方法

二、重点难点

（一）重点

- 资产负债表日后事项的概念与内容
- 资产负债表日后调整事项的会计处理
- 资产负债表日后非调整事项的会计处理

（二）难点

- 资产负债表日后的调整事项和非调整事项的区别
- 各类调整事项的会计处理

三、关键内容小结

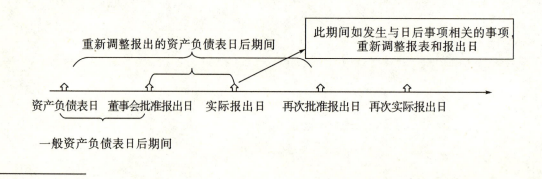

重新调整报出的资产负债表日后期间

此期间如发生与日后事项相关的事项，重新调整报表和报出日

资产负债表日　董事会批准报出日　实际报出日　再次批准报出日　再次实际报出日

一般资产负债表日后期间

（一）调整事项的处理原则及方法

账务处理	（1）涉及损益的事项，通过"以前年度损益调整"科目核算 借方记录：费用增加、收入减少 ⟶ 利润减少 贷方记录：费用减少、收入增加 ⟶ 利润增加 调整完成后，将"以前年度损益调整"科目的贷方或借方余额转入"利润分配——未分配利润"科目
	（2）涉及利润分配的事项，直接调增、调减"利润分配——未分配利润"科目
	（3）不涉及损益和利润分配的，调整相关科目
调整会计 报表相关项目	（1）资产负债表日编制的财务报表相关项目的期末或本年发生数 这里的会计报表指的是资产负债表、利润表、所有者权益变动表和现金流量表附注中的补充资料内容，但不包括现金流量表正表，调整的项目不应包括涉及现金收支的事项
	（2）当期编制的财务报表相关项目的期初数或上年数
	（3）如果涉及会计报表附注内容的，还应当调整会计报表附注相关项目的数字
典型事例	（1）资产负债表日后诉讼案件结案，法院判决证实了企业在资产负债表日已经存在现时义务，需要调整原先确认的与该诉讼案件相关的预计负债，或确认一项新负债 （2）资产负债表日后取得确凿证据，表明某项资产在资产负债表日发生了减值或者需要调整该项资产原先确认的减值金额 （3）资产负债表日后进一步确定了资产负债表日前购入资产的成本或售出资产的收入 （4）资产负债表日后发现了财务报表舞弊或差错

注意：

对以前年度的追溯出现在下列业务中：会计政策变更、前期差错更正、资产负债表日后调整事项，这三个内容可以结合起来学习。对以前年度会计报告的调整，会计处理均分为三个阶段：第一阶段，税前调整处理；第二阶段，所得税的处理；第三阶段，税后分配——只考虑提取的盈余公积的处理。

1. 资产负债表日后事项的分类及界定

2. 资产负债表日后调整事项的会计处理

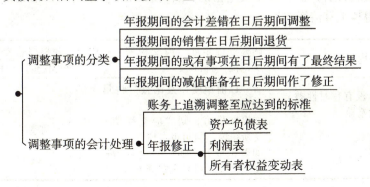

◆ 【归纳1】

资产负债表日后调整事项涉及预计负债——未决诉讼：

	内容	调整报告年度"应交税费——应交所得税"科目	调整报告年度"递延所得税资产"科目
发生在所得税汇算清缴之前的	假定相关支出实际发生时允许税前扣除。如果企业不再上诉，赔款已经支付，将预计负债转入"其他应付款"科目	应调减	将原确认的递延所得税资产转回
	假定相关支出实际发生时允许税前扣除。如果企业不服，决定上诉，则不能确认其他应付款	不能调整	应调整原已确认的递延所得税资产
	假定实际支付时税法也不允许扣除，涉及对外担保的预计负债	不能调整	不能调整

【归纳2】

资产负债表日后调整事项涉及调整减值准备的：

内容	调整报告年度"应交税费——应交所得税"科目	调整报告年度"递延所得税资产"科目
假定相关减值损失实际发生时允许税前扣除	不调整	补提减值准备后： 借：递延所得税资产 　　贷：以前年度损益调整

【归纳3】

资产负债表日后调整事项涉及销售退回和折让的（没有计提坏账准备的情况下）：

内容	调整报告年度"应交税费——应交所得税"科目	调整报告年度"递延所得税资产"科目
发生于报告年度所得税汇算清缴之前	调减	不调整

【归纳4】

资产负债表日后调整事项涉及差错的，所得税的调整原则（一般情况下，假定为报告年度所得税汇算清缴前）：

内容	调整报告年度"应交税费——应交所得税"科目	调整报告年度"递延所得税资产"科目
只涉及损益，没有暂时性差异，也没有永久性差异 例如： 上年漏计折旧 上年多或少确认收入	看"以前年度损益调整"科目余额的方向： 如果在借方，则"应交税费——应交所得税"科目也在借方 如果在贷方，则"应交税费——应交所得税"科目也在贷方	不调整

（续表）

内容	调整报告年度"应交税费——应交所得税"科目	调整报告年度"递延所得税资产"科目
只涉及损益，存在暂时性差异，没有永久性差异 例如： 税法允许以后扣除的可抵扣差异，如补提资产减值 税法允许以后缴纳的应纳税差异	不调整	调整"递延所得税资产"科目 调整"递延所得税负债"科目
只涉及损益，不存在暂时性差异，存在永久性差异 例如： 违反法律的罚款，如果原未计入营业外支出 国库券的利息收入，如果原未计入投资收益	不调整	不调整

（二）资产负债表日后非调整事项的会计处理

（三）会计政策变更、前期差错更正及资产负债表日后事项的会计处理比较

1. 账务处理程序

（1）无论是会计政策变更、前期差错更正还是资产负债表日后事项，其处理的本质都是要将以前的业务追溯调整成最新口径，所以先想想当初的原始会计分录是怎么做的，再想想应当达到什么标准，然后将其差额修补上即为第一笔会计分录。

①当要调整的事项造成以前年度的利润少计时：（以前年度的收入少计或费用多计时。比如：折旧多提）

借：累计折旧等相应的科目

  贷：以前年度损益调整（代替的是当初多提的折旧费用）

②当要调整的事项造成以前年度的利润多计时（以前年度的收入多计或费用少计时。比如，无形资产少摊了费用）：

借：以前年度损益调整（代替的是当初少摊的费用）

  贷：累计摊销

（2）调整所得税影响

①三种业务的所得税处理原则：

会计政策变更的所得税问题	前期差错更正的所得税问题	资产负债表日后事项的所得税问题
由于会计政策的变更通常是会计行为而不是税务行为，一般不影响应交所得税。所谓的影响也仅局限于递延所得税资产或负债的影响。由此推论，考虑所得税影响需满足的条件：基于会计政策的变更产生了新的暂时性差异	如果该差错影响到了应税所得口径，则应调整应交税费——应交所得税 如果该差错影响到了暂时性差异，则应调整递延所得税资产或递延所得税负债 如果会计差错更正属于资产负债表日后调整事项则需参照资产负债表日后事项的所得税处理原则	调整年报期间的应交税费——应交所得税的条件：该调整事项影响到了应税所得口径 调整递延所得税资产或负债的情况：调整事项影响到了暂时性差异

②根据上述原则分析后认定所得税费用的影响额：

A. 调减所得税费用：

借：应交税费（或递延所得税资产或负债）

　　贷：以前年度损益调整

B. 调增所得税费用：

借：以前年度损益调整

　　贷：应交税费（或递延所得税资产或负债）

（3）将税后影响转入"利润分配——未分配利润"科目

①调减税后净利时：

借：利润分配——未分配利润

　　贷：以前年度损益调整

②调增税后净利时：

借：以前年度损益调整

　　贷：利润分配——未分配利润

（4）调整多提或少提的盈余公积

①调减盈余公积时：

借：盈余公积

　　贷：利润分配——未分配利润

②调增盈余公积时：

借：利润分配——未分配利润

　　贷：盈余公积

需要注意的是：

对于会计政策变更的处理，还应将前三个会计分录合并为一个，即不允许出现"以前年度损益调整"，其他情况则无此必要。

2. 报表修正

会计政策变更	会计差错更正	资产负债表日后事项
(1) 发生当期的资产负债表的年初数 (2) 利润表的上年数 (3) 所有者权益变动表的第一部分	(1) 发生当期的资产负债表的年初数 (2) 利润表的上年数 (3) 所有者权益变动表的第一部分	(1) 年度资产负债表的年末数 (2) 年度利润表的当年数 (3) 年度所有者权益变动表 (4) 发生此业务当月的资产负债表的年初数

四、练习题

(一) 单项选择题

1. 下列有关资产负债表日后事项的表述中，不正确的是（　　）。

　A. 非调整事项是报告年度资产负债表日及之前其状况不存在的事项

　B. 调整事项是对报告年度资产负债表日已经存在的情况提供了新的或进一步证据的事项

　C. 重要的非调整事项只需在报告年度财务报表附注中披露

　D. 调整事项均应通过"以前年度损益调整"科目进行账务处理

2. 某企业 2015 年度的财务报告于 2016 年 4 月 10 日批准报出，2016 年 1 月 10 日，因产品质量原因，客户将 2015 年 12 月 10 日购入的一批大额商品（达到重要性要求）退回。因产品退回，下列说法中正确的是（　　）。

　A. 冲减 2016 年度财务报表营业收入等相关项目

　B. 冲减 2015 年度财务报表营业收入等相关项目

　C. 不做会计处理

　D. 在 2016 年度财务报告报出时，冲减利润表中营业收入等相关项目的上年数

3. 甲公司 2015 年 12 月 31 日应收乙公司账款 2 000 万元，按照当时估计已计提坏账准备 200 万元。2016 年 2 月 20 日，甲公司获悉乙公司于 2015 年年末已向法院申请破产。甲公司估计应收乙公司账款全部无法收回。甲公司按照净利润的 10% 提取法定盈余公积，2015 年度财务报表于 2016 年 4 月 20 日经董事会批准对外报出。适用的所得税税率为 25%，不考虑其他因素。甲公司因该资产负债表日后事项减少 2015 年 12 月 31 日未分配利润的金额是（　　）万元。

　　A. 1 215　　　　　B. 1 350　　　　　C. 1 800　　　　　D. 2 000

4. 甲公司所得税采用资产负债表债务法核算，适用的所得税税率为 25%。2015 年 12 月 8 日甲公司向乙公司销售 W 产品 400 万件，单位售价为 50 元（不含增值税），单位成本为 40 元。合同约定，乙公司收到 W 产品后 4 个月内如发现质量问题有权退货。根据历史经验估计，W 产品的退货率为 20%。至 2015 年 12 月 31 日，上述已销售产品尚未发生退回。甲公司 2015 年度财务报告批准报出前（退货期未满）发生退货 60 万件。甲公司 2015 年 12 月 31 日资产负债表中应确认的递延所得税资产为（　　）万元。

　　A. 50　　　　　　B. 300　　　　　　C. 150　　　　　　D. 200

5. 甲公司 2008 年 3 月在 2007 年度财务会计报告批准报出前发现一台管理用固定资产未计提折旧，属于重大差错。该固定资产系 2006 年 6 月接受乙公司捐赠取得。根据甲公司的折旧政策，该固定资产 2006 年应计提折旧 100 万元，2007 年应计提折旧 200 万元。假定甲公司按净利润的 10% 提取法定盈余公积，不考虑所得税等其他因素，甲公司 2007 年度资产负债表"未分配利润"项目的"年末数"应调减的金额为（　　）万元。

  A. 90   B. 180   C. 200   D. 270

6. 资产负债表日至财务会计报告批准报出日之间发生的调整事项在进行调整处理时，下列不能调整的项目是（　　）。

  A. 货币资金收支项目   B. 涉及应收账款的事项

  C. 涉及所有者权益的事项   D. 涉及损益调整的事项

7. 甲公司 2009 年度财务报告于 2010 年 3 月 5 日对外报出。2010 年 2 月 1 日，甲公司收到乙公司因产品质量原因退回的商品，该商品系 2009 年 12 月 5 日销售；2010 年 2 月 5 日，甲公司按照 2009 年 12 月份申请通过的方案成功发行公司债券；2010 年 1 月 25 日，甲公司发现 2009 年 11 月 20 日入账的固定资产未计提折旧；2010 年 1 月 5 日，甲公司得知丙公司 2009 年 12 月 30 日发生重大火灾，无法偿还所欠甲公司 2009 年的货款。下列事项中，属于甲公司 2009 年度资产负债表日后非调整事项的是（　　）。

  A. 乙公司退货   B. 甲公司发行公司债券

  C. 固定资产未计提折旧   D. 应收丙公司货款无法收回

8. 2010 年 12 月 31 日，甲公司对一起未决诉讼确认的预计负债为 800 万元。2011 年 3 月 6 日，法院对该起诉讼判决，甲公司应赔偿乙公司 600 万元；甲公司和乙公司均不再上诉。甲公司的所得税税率为 25%，按净利润的 10% 提取法定盈余公积，2010 年度财务报告批准报出日为 2011 年 3 月 31 日，预计未来期间能够取得足够的应纳税所得额用以抵扣可抵扣暂时性差异。不考虑其他因素，该事项导致甲公司 2010 年 12 月 31 日资产负债表"未分配利润"项目"期末余额"调整增加的金额为（　　）万元。

  A. 135   B. 150   C. 180   D. 200

9. 下列事项中，属于资产负债表日后调整事项的是（　　）。

  A. 资产负债表日后发生的现金折扣事项

  B. 在资产负债表日后外汇汇率发生较大变动

  C. 已确定将要支付的赔偿额小于该赔偿在资产负债表日的合理估计金额

  D. 溢价发行债券

10. 企业发生的资产负债表日后事项，属于非调整事项的是（　　）。

  A. 资产负债表日后诉讼案件结案，法院判决证实了企业在资产负债表日已经存在现时义务，需要调整原先确认的与该诉讼案件相关的预计负债，或确认一项新负债

  B. 资产负债表日后取得确凿证据，表明一批原材料在资产负债表日发生了减值或者需要调整该项资产原确认的减值金额

  C. 资产负债表日后发生了巨额亏损

  D. 资产负债表日后发现了财务报表舞弊或差错

11. 甲公司适用的所得税税率为25%，2015年3月在2014年度财务会计报告批准报出前发现一台管理用固定资产未计提折旧，属于重大差错。甲公司所得税汇算清缴于财务报告批准报出日之后完成。该固定资产系2013年6月取得的。根据甲公司的折旧政策，该固定资产2013年应计提折旧100万元，2014年应计提折旧200万元。假定甲公司按净利润的10%提取法定盈余公积，甲公司2014年度资产负债表"未分配利润"项目"期末余额"应调减的金额为（　　）万元。

　　A. 202.5　　　　　B. 180　　　　　C. 200　　　　　D. 270

12. A公司适用的所得税税率为25%，2014年度财务报告于2015年3月10日批准报出。2015年1月2日，A公司被告知因被担保人财务状况恶化，无法支付逾期的银行借款，贷款银行要求A公司按照合同约定履行债务担保责任2 000万元，A公司预计很可能将按银行的要求承担担保责任。因A公司在2014年年末未能发现被担保人相关财务状况已恶化的事实，故在资产负债表日未确认与该担保事项相关的预计负债。按照税法规定，为第三方提供债务担保的损失不得税前扣除。则A公司下列会计处理中，不正确的是（　　）。

　　A. 属于资产负债表日后调整事项

　　B. 应在2014年利润表中确认营业外支出2 000万元

　　C. 应在2014年资产负债表中确认预计负债2 000万元

　　D. 应在2014年资产负债表中确认递延所得税资产

13. D公司适用的所得税税率为25%，2014年度财务报告于2015年3月10日批准报出。2015年2月5日，法院判决D公司应赔偿乙公司专利侵权损失500万元，D公司不服，决定上诉，经向律师咨询，D公司认为法院很可能维持原判。乙公司是在2014年10月6日向法院提起诉讼，要求D公司赔偿专利侵权损失600万元。至2014年12月31日，法院尚未判决，经向律师咨询，D公司就该诉讼事项于2014年度确认预计负债300万元。按照税法规定，该损失实际发生时允许税前扣除。以下D公司的会计处理中，不正确的是（　　）。

　　A. 该事项属于资产负债表日后调整事项

　　B. 应在2014年资产负债表中调整增加预计负债200万元

　　C. 应在2014年资产负债表中调整冲减预计负债300万元，同时确认其他应付款500万元

　　D. 应在2014年资产负债表中确认递延所得税资产125万元

14. 2014年12月31日，E公司应收丙公司账款余额为1 500万元，已计提的坏账准备为300万元。2015年2月26日，丙公司发生火灾造成严重损失，E公司预计该应收账款的80%将无法收回。假定E公司2014年度财务报告于2015年3月30日对外报出，则E公司下列处理中，正确的是（　　）。

　　A. 该事项属于资产负债表日后调整事项

　　B. 该事项属于资产负债表日后非调整事项

　　C. 资产负债表日后期间坏账损失的可能性加大，应在2014年资产负债表中补确认坏账准备900万元

　　D. 应在2014年资产负债表中调整减少应收账款900万元

15. B公司适用的所得税税率为25%，2014年度财务报告于2015年3月10日批准报出，2014年所得税汇算清缴在2015年2月10日完成。2015年2月26日，因产品质量问题，发生销售退回，退回的商品已收到并入库，且已开具增值税红字发票。该销售在2014年12月发出且已确认收入1 000万元，销项税额为170万元，结转销售成本800万元，货款未收到。下列B公司的会计处理中，不正确的是（　　）。

    A. 属于资产负债表日后调整事项

    B. 冲减2014年度的营业收入1 000万元

    C. 冲减2014年度的营业成本800万元

    D. 冲减2014年度的应交税费——应交所得税50万元

16. 下列有关资产负债表日后事项的表述中，正确的是（　　）。

    A. 资产负债表日至财务报告批准报出日之间，由董事会制订的财务报告所属期间的利润分配方案中的盈余公积的提取，应作为调整事项处理

    B. 资产负债表日后发生的调整事项如涉及现金收支项目的，均可以调整报告年度资产负债表的货币资金项目，但不调整报告年度现金流量表各项目数字

    C. 资产负债表日后事项，作为调整事项调整会计报表有关项目数字后，还应在会计报表附注中进行披露

    D. 资产负债表日至财务报告批准报出日之间，由董事会制订的财务报告所属期间的利润分配方案中的现金股利的分配，应作为调整事项处理

17. A公司2014年财务报告批准报出日为2015年4月30日。A公司2015年1月6日向乙公司销售一批商品并确认收入。2015年2月20日，乙公司因产品质量原因将上述商品退回。A公司对此项退货业务，正确的处理方法是（　　）。

    A. 冲减2015年1月份收入、成本和税金等相关项目

    B. 冲减2015年2月份收入、成本和税金等相关项目

    C. 作为2014年资产负债表日后事项中的调整事项处理

    D. 作为2014年资产负债表日后事项中的非调整事项处理

18. A公司2014年的年度财务报告，经董事会批准于2015年3月28日报出。该公司在2015年1月1日至3月28日发生的下列事项中，属于资产负债表日后调整事项的是（　　）。

    A. 2015年3月10日取得确凿证据，表明某项资产在2014年度资产负债表日发生了减值或者需要调整该项资产原先确认的减值金额

    B. 2015年2月10日销售的产品在3月10日被退回

    C. 2015年2月18日董事会提出资本公积转增资本方案

    D. 2015年3月18日董事会成员发生变动

（二）多项选择题

1. 在资产负债表日至财务报告批准报出日之间发生的下列事项中，属于资产负债表日后非调整事项的有（　　）。

    A. 支付职工薪酬

  B. 资产负债表日后取得确凿证据，表明某项资产在资产负债表日发生了减值或者需要调整该项资产原先确认的减值金额

  C. 税收政策发生了重大变化

  D. 董事会提出现金股利分配方案

 2. 上市公司在其年度资产负债表日后至财务报告批准报出日前发生的下列事项中，属于非调整事项的有（　　）。

  A. 因发生火灾导致存货严重损失

  B. 以前年度售出商品发生退货

  C. 董事会提出股票股利分配方案

  D. 资产负债表日后发现了财务报表舞弊或差错

 3. 企业发生的资产负债表日后非调整事项，通常包括的内容有（　　）。

  A. 资产负债表日后发生重大诉讼、仲裁、承诺

  B. 资产负债表日后资产价格、税收政策、外汇汇率发生重大变化

  C. 资产负债表日后因自然灾害导致资产发生重大损失

  D. 资产负债表日后发行股票和债券以及其他巨额举债

 4. 自年度资产负债表日至财务报告批准报出日之间发生的下列事项中，属于非调整事项的有（　　）。

  A. 发行可转换公司债券

  B. 资产负债表日后期间发生的报告年度销售的商品因产品质量原因而发生的退回

  C. 在资产负债表日后发生并确定支付的巨额赔偿

  D. 已证实某项资产在资产负债表日已减值

 5. 下列资产负债表日后事项中，属于调整事项的有（　　）。

  A. 资产负债表日后发生企业合并或处置子公司

  B. 资产负债表日后，企业利润分配方案中拟分配的以及经审议批准宣告发放的股利或利润

  C. 资产负债表日后进一步确定了资产负债表日前购入资产的成本或售出资产的收入

  D. 资产负债表日后发现了财务报表舞弊或差错

 6. 甲股份有限公司 2014 年度财务报告经董事会批准对外公布的日期为 2015 年 4 月 3 日。该公司 2015 年 1 月 1 日至 4 月 3 日发生的下列事项中，应当作为资产负债表日后调整事项的有（　　）。

  A. 3 月 11 日，临时股东大会决议购买乙公司 51% 的股权并于 4 月 2 日执行完毕

  B. 2 月 1 日，发现 2014 年 10 月盘盈一项固定资产尚未入账

  C. 3 月 10 日，甲公司被法院判决败诉并要求支付赔款 1 000 万元，对此项诉讼甲公司已于 2014 年年末确认预计负债 800 万元

  D. 4 月 2 日，办理完毕资本公积转增资本的手续

 7. 某上市公司 2014 年度的财务报告批准报出日为 2015 年 4 月 30 日，下面应作为

资产负债表日后调整事项处理的有（　　　）。

    A. 2015 年 1 月份销售的商品，在 2015 年 3 月份被退回

    B. 2015 年 2 月发现 2014 年无形资产未摊销，达到重要性要求

    C. 2015 年 3 月发现 2013 年固定资产少提折旧，达到重要性要求

    D. 2015 年 5 月发现 2014 年固定资产少提折旧，达到重要性要求

  8. 甲公司在资产负债表日至财务报告批准报出日之间发生的下列事项中，属于资产负债表日后非调整事项的有（　　　）。

    A. 盈余公积转增资本

    B. 发生销售折让

    C. 外汇汇率发生较大变动

    D. 对资产负债表日存在的某项现时义务予以确认

  9. A 公司为 B 公司的 2 000 万元债务提供 70%的担保。2014 年 10 月，B 公司因到期无力偿还债务被起诉，至 12 月 31 日，法院尚未做出判决。A 公司根据有关情况预计很可能承担部分担保责任，金额能可靠确定。2015 年 3 月 6 日，A 公司财务报告批准报出之前法院做出判决，A 公司承担全部担保责任，须为 B 公司偿还债务的 70%，A 公司已执行。A 公司的以下会计处理中，正确的有（　　　）。

    A. 2014 年 12 月 31 日，按照或有事项确认负债的条件确认预计负债并做出披露

    B. 2014 年 12 月 31 日，对此事项按照或有负债做出披露

    C. 2015 年 3 月 6 日，按照资产负债表日后非调整事项处理

    D. 2015 年 3 月 6 日，按照资产负债表日后调整事项处理，调整会计报表相关项目

（三）判断题

  1. 企业在报告年度资产负债表日至财务报告批准报出日之间因自然灾害导致资产发生重大损失，应作为非调整事项进行处理。（　　　）

  2. 资产负债表日后发生的调整事项如涉及现金收支项目的，应调整报告年度资产负债表中的货币资金项目和现金流量表正表各项目数字。（　　　）

  3. 资产负债表日后期间发生的"已证实资产发生减损"，一定是调整事项。（　　　）

  4. 资产负债表日后发生的调整事项，应当如同资产负债表所属期间发生的事项一样，做出相关账务处理，并对资产负债表日已编制的会计报表做相应的调整。（　　　）

  5. 资产负债表日后事项，已经作为调整事项调整会计报表有关项目数字后，还需要在会计报表附注中进行披露。（　　　）

  6. 企业在报告年度资产负债表日至财务报告批准日之间取得确凿证据，表明某项资产在报告日已发生减值的，应作为非调整事项进行处理。（　　　）

  7. 资产负债表日后出现的情况引起的固定资产或投资的减值，属于非调整事项。（　　　）

  8. 企业在资产负债表日后至财务报告批准报出日之间发生巨额亏损，这个事项与

企业资产负债表日存在状况无关，不应作为非调整事项在财务报表附注中披露。

（　　）

9. A 公司为上市公司，要求对外提供季度财务报告，则其提供第二季度的财务报告时，资产负债表日为 6 月 30 日。

（　　）

10. 2015 年 1 月 20 日，2014 年度财务报告尚未报出时，甲公司的股东将其持有的甲公司 60% 的普通股溢价出售给丁公司。这个交易对甲公司来说，属于调整事项。

（　　）

（四）计算分析题

甲公司适用的所得税税率为 25%，其 2014 年度财务报告批准报出日为 2015 年 4 月 30 日，2014 年所得税汇算清缴结束日为 2015 年 4 月 30 日。假定税法规定，除为第三方提供债务担保损失不得税前扣除外，其他诉讼损失在实际发生时允许税前扣除。假定不考虑盈余公积的调整。在 2014 年度资产负债表日后期间，有关人员在对该公司进行年度会计报表审计时发现以下事项：

（1）2014 年 10 月 15 日，A 公司对甲公司提起诉讼，要求其赔偿违反经济合同所造成的 A 公司损失 500 万元，甲公司在 2014 年 12 月 31 日无法估计该项诉讼的可能性。2015 年 1 月 25 日，法院一审判决甲公司败诉，要求其支付赔偿款 400 万元，并承担诉讼费 5 万元。甲公司对此结果不服并提起上诉。甲公司的法律顾问坚持认为应支付赔偿款 300 万元，并承担诉讼费 5 万元。该项上诉在财务报告批准报出前尚未结案，甲公司预计该上诉很可能推翻原判，支付赔偿款 300 万元，并承担诉讼费 5 万元。

（2）2014 年 11 月 14 日，B 公司对甲公司提起诉讼，要求其赔偿违反经济合同所造成的 B 公司损失 400 万元。甲公司对其涉及的诉讼案预计败诉的可能性为 80%，预计赔偿款为 210 万元~230 万元，并且该区间内每个金额发生的可能性大致相同。依据谨慎性要求，甲公司 2014 年确认了 300 万元的预计负债，并在利润表上反映为营业外支出。该项诉讼在财务报告批准报出前尚未结案。

（3）2014 年 12 月 31 日，C 公司对甲公司专利技术侵权提起诉讼，甲公司估计败诉的可能性为 60%。如败诉，赔偿金额估计为 100 万元。甲公司实际确认预计负债 100 万元。2015 年 3 月 15 日，法院判决甲公司败诉并赔偿金额 110 万元，甲公司不再上诉，赔偿款项已支付。

（4）D 公司（甲公司的子公司）从乙银行取得贷款，甲公司为其担保本息和罚息总额的 70%。2014 年 12 月 31 日，D 公司逾期无力偿还借款，被乙银行起诉。甲公司成为第二被告，乙银行要求甲公司与被担保单位共同偿还贷款本息 1 050 万元及罚息 10 万元。2014 年 12 月 31 日该诉讼正在审理中。甲公司估计承担担保责任的可能性为 90%，且 D 公司无偿还能力。甲公司在 2014 年 12 月 31 日确认了相关的预计负债 742 万元。2015 年 3 月 15 日，法院判决甲公司与 D 公司败诉，其中甲公司偿还总金额 1 510 万元（贷款本息 1 050 万元和罚息 460 万元）的 70%。甲公司不再上诉，赔偿款项已支付。

要求：根据以上资料编制相关的会计分录。

（"以前年度损益调整"列示调整报表的名称，答案中金额单位以万元表示）

（五）综合题

1. 甲股份有限公司为上市公司（以下简称甲公司），系增值税一般纳税人，适用的增值税税率为17%。甲公司2014年度财务报告于2015年4月10日经董事会批准对外报出。其他资料：①上述产品销售价格均为公允价值（不含增值税）；销售成本在确认销售收入时逐笔结转。除特别说明外，所有资产均未计提减值准备。②甲公司适用的所得税税率为25%。2014年度所得税汇算清缴于2015年2月28日完成，在此之前发生的2014年度纳税调整事项，均可进行纳税调整。假定预计未来期间能够产生足够的应纳税所得额用于抵扣可抵扣暂时性差异。不考虑除增值税、所得税以外的其他相关税费。③甲公司按照当年实现净利润的10%提取法定盈余公积。

报出前有关情况和业务资料如下：

（1）甲公司在2015年1月进行内部审计的过程中，发现以下情况：

①2014年7月1日，甲公司采用支付手续费方式委托乙公司代销B产品200件，售价为每件10万元，按售价的5%向乙公司支付手续费（由乙公司从售价中直接扣除）。当日，甲公司发出B产品200件，单位成本为8万元。甲公司据此确认应收账款1 900万元、销售费用100万元、销售收入2 000万元，同时结转销售成本1 600万元。

2014年12月31日，甲公司收到乙公司转来的代销清单，B产品已销售100件，同时开出增值税专用发票；但尚未收到乙公司代销B产品的款项。当日，甲公司确认应收账款170万元、应交增值税销项税额170万元。

②2014年12月1日，甲公司与丙公司签订合同销售C产品一批，售价为2 000万元，成本为1 560万元。当日，甲公司将收到的丙公司预付货款1 000万元存入银行。2014年12月31日，该批产品尚未发出，也未开具增值税专用发票。甲公司据此确认销售收入1 000万元，结转销售成本780万元。

③2014年12月31日，甲公司对丁公司长期股权投资的账面价值为1 800万元，拥有丁公司60%有表决权的股份。当日，如将该投资对外出售，预计售价为1 500万元，预计相关税费为20万元；如继续持有该投资，预计在持有期间和处置时形成的未来现金流量现值总额为1 450万元。甲公司据此于2014年12月31日就该长期股权投资计提减值准备300万元。

（2）2015年1月1日至4月10日，甲公司发生的交易或事项资料如下：

①2015年1月12日，甲公司收到戊公司退回的2014年12月从其购入的一批D产品，以及税务机关开具的进货退出相关证明。当日，甲公司向戊公司开具红字增值税专用发票。该批D产品的销售价格为300万元，增值税税额为51万元，销售成本为240万元。至2015年1月12日，甲公司尚未收到销售D产品的款项。

②2015年3月2日，甲公司获知庚公司被法院依法宣告破产，预计应收庚公司款项300万元收回的可能性极小，应按全额计提坏账准备。甲公司在2014年12月31日已被告知庚公司资金周转困难，可能无法按期偿还债务，因而计提了坏账准备180万元。

要求：（1）判断资料（1）中相关交易或事项的会计处理，哪些不正确（分别注明其序号）。对于不正确的会计处理，编制相应的更正的会计分录。

（2）判断资料（2）相关资产负债表日后事项，哪些属于调整事项（分别注明其序号）。对资料（2）中资产负债表日后调整事项，编制相应的会计调整分录（逐笔编制涉及所得税的会计分录）。

（3）合并编制调整涉及"利润分配——未分配利润""盈余公积——法定盈余公积"科目的会计分录。

2. AS公司为上市公司，系增值税一般纳税人，适用的增值税税率为17%。所得税采用资产负债表债务法核算，所得税税率为25%。2014年的财务报告于2015年4月30日经批准对外报出。2014年所得税汇算清缴于2015年4月30日完成。该公司按净利润的10%计提盈余公积，提取盈余公积之后，不再做其他分配。如无特别说明，调整事项按税法规定均可调整应交纳的所得税；涉及递延所得税资产的，均假定未来期间很可能取得用来抵扣暂时性差异的应纳税所得额。税法规定计提的坏账准备不得税前扣除，应收款项发生实质性损失时才允许税前扣除。

（1）2015年1月1日至4月30日之间发生如下事项：

①AS公司于2015年1月10日收到A企业通知，A企业已进行破产清算，无力偿还所欠部分货款，AS公司预计可收回应收账款的50%。

该业务系AS公司于2014年3月销售给A企业一批产品，价款为500万元，成本为400万元，开出增值税专用发票。A企业于3月份收到所购商品并验收入库。按合同规定A企业应于收到所购商品后一个月内付款。由于A企业财务状况不佳，面临破产，2014年12月31日仍未付款。AS公司为该项应收账款按10%提取坏账准备。

②AS公司2015年2月10日收到B公司退回的产品以及退回的增值税发票联、抵扣联。

该业务系AS公司于2014年11月1日销售给B公司产品一批，价款为600万元，产品成本为400万元。B公司验收货物时发现不符合合同要求需要退货，AS公司收到B公司的通知后希望再与B公司协商。因此AS公司编制12月31日资产负债表时，仍确认了收入，并对此项应收账款于年末按5%计提了坏账准备。

③AS公司2015年3月15日收到C公司退回的产品以及退回的增值税发票联、抵扣联，并支付货款。

该业务系AS公司于2014年12月1日销售给C公司产品一批，价款为200万元，产品成本为160万元。合同规定现金折扣条件为：2/10、1/20、n/30。2014年12月10日C公司支付了货款。计算现金折扣时不考虑增值税税额。

④2015年3月27日，经法院一审判决，AS公司需要赔偿D公司经济损失87万元，并支付诉讼费用3万元。AS公司不再上诉，并且赔偿款和诉讼费用已经支付。

该业务系AS公司与D公司签订供销合同，合同规定AS公司在2014年9月供应给D公司一批货物。由于AS公司未能按照合同发货，D公司发生重大经济损失。D公司通过法律要求AS公司赔偿经济损失150万元，该诉讼案在12月31日尚未判决，AS公司已确认预计负债60万元（含诉讼费用3万元）。

假定税法规定该诉讼损失在实际发生时允许税前扣除。

⑤2015年3月15日，AS公司与E公司协议，E公司将其持有60%的乙公司的股权出售给AS公司，价款为10 000万元。

⑥2015年3月7日，AS公司得知债务人F公司2015年2月7日由于火灾发生重大损失，AS公司的应收账款有80%不能收回。

该业务系AS公司2014年12月销售商品一批给F公司，价款为300万元，增值税税率为17%，产品成本为200万元。在2014年12月31日债务人F公司财务状况良好，没有任何财务状况恶化的信息，债权人按照当时所掌握的资料，按应收账款的2%计提了坏账准备。

⑦2015年3月20日，AS公司董事会制订的提请股东会批准的利润分配方案为：分配现金股利300万元，分配股票股利400万元。

（2）2015年4月1日，AS公司总会计师对2014年度的下列有关资产业务的会计处理提出疑问，并要求会计部门予以更正。

①2014年12月31日，AS公司存货中有400件A产品，A产品单位实际成本为120万元。其中，300件A产品签订有不可撤销的销售合同，每件合同价格（不含增值税）为130万元；其余100件A产品没有签订销售合同，每件市场价格（不含增值税）预期为118万元。销售每件A产品预期发生的销售费用及税金（不含增值税）为2万元。此前，未计提存货跌价准备。AS公司编制的会计分录为：

借：资产减值损失　　　　　　　　　　　　　　　　　　1 400
　　贷：存货跌价准备　　　　　　　　　　　　　　　　　　　　　1 400

AS公司于年末确认递延所得税资产350万元。

②2014年，AS公司以库存商品抵偿债务，应付账款的账面价值为120万元，抵偿商品的成本为80万元，公允价值为100万元。AS公司所编制的会计分录为：

借：应付账款　　　　　　　　　　　　　　　　　　　　120
　　贷：库存商品　　　　　　　　　　　　　　　　　　　　　　　80
　　　　应交税费——应交增值税（销项税额）　　　　　　　　　　17
　　　　资本公积　　　　　　　　　　　　　　　　　　　　　　　23

③2014年12月31日，AS公司Y生产线发生永久性损害但尚未处置，可收回金额为零。Y生产线账面原价为9 000万元，累计折旧为6 900万元，此前未计提减值准备，也不存在暂时性差异。Y生产线发生的永久性损害尚未经税务部门认定。2014年12月31日，AS公司按可收回金额低于账面价值的差额计提了固定资产减值准备2 100万元（假定税法同会计的计提折旧方法相同）。AS公司相关业务的会计处理如下：

借：资产减值损失　　　　　　　　　　　　　　　　　　2 100
　　贷：固定资产减值准备　　　　　　　　　　　　　　　　　　　2 100

AS公司确认递延所得税资产500万元。

④2014年AS公司以无形资产换入固定资产（厂房）。换出无形资产的原值为580万元，累计摊销为80万元，公允价值为600万元，另支付补价6万元，应交营业税为30万元。该交换具有商业实质并且换出资产的公允价值能够可靠计量。AS公司相关业务的会计处理如下：

借：固定资产　　　　　　　　　　　　　　　　　　　　536
　　累计摊销　　　　　　　　　　　　　　　　　　　　80
　　贷：无形资产　　　　　　　　　　　　　　　　　　　　　　　580

应交税费——应交营业税	30
银行存款	6

要求：

（1）根据资料（1），判断上述业务属于调整事项还是非调整事项，若为调整事项，则编制调整相关的会计分录。

（2）根据资料（2），编制有关会计差错更正的会计分录。

3. 甲股份有限公司（以下简称"甲公司"）为上市公司，系增值税一般纳税人，适用的增值税税率为17%。甲公司2015年度财务报告于2016年4月10日经董事会批准对外报出。报出前有关情况和业务资料如下：

（1）甲公司在2016年1月进行内部审计过程中，发现以下情况：

①2015年7月1日，甲公司采用支付手续费方式委托乙公司代销B产品400件，售价为每件10万元，按售价（不含增值税）的5%向乙公司支付手续费（由乙公司从售价中直接扣除）。当日，甲公司发出B产品400件，单位成本为8万元。甲公司据此确认应收账款3 800万元、销售费用200万元、销售收入4 000万元，同时结转销售成本3 200万元。

2015年12月31日，甲公司收到乙公司转来的代销清单，B产品已销售200件，同时开出增值税专用发票，但尚未收到乙公司代销B产品的款项。当日，甲公司确认应收账款340万元、应交增值税销项税额340万元。

②2015年12月1日，甲公司与丙公司签订合同销售C产品一批，售价为4 000万元，成本为2 800万元。当日，甲公司将收到的丙公司预付货款2 000万元存入银行。2015年12月31日，该批产品尚未发出，也未开具增值税专用发票。甲公司据此确认销售收入2 000万元、结转销售成本1 400万元。

③2015年12月31日，甲公司对丁公司长期股权投资的账面价值为1 800万元，拥有丁公司60%有表决权的股份。当日，如将该投资对外出售，预计售价为1 500万元，预计相关税费为20万元；如继续持有该投资，预计在持有期间和处置时形成的未来现金流量的现值为1 450万元。甲公司据此于2015年12月31日就该长期股权投资计提减值准备300万元。

（2）2016年1月1日至2016年4月10日期间，甲公司发生的交易或事项资料如下：

①2016年1月12日，甲公司收到戊公司退回的2015年12月从其购入的一批D产品，以及税务机关开具的进货退出相关证明。当日，甲公司向戊公司开具红字增值税专用发票。该批D产品的销售价格为200万元，增值税税额为34万元，销售成本为140万元。至2016年1月12日，甲公司尚未收到销售D产品的款项。

②2016年3月2日，甲公司获知庚公司被法院依法宣告破产，预计应收庚公司款项200万元收回的可能性极小，应按全额计提坏账准备。

甲公司在2015年12月31日已被告知庚公司资金周转困难可能无法按期偿还债务，因而相应计提了坏账准备60万元。

（3）其他资料：

①上述产品销售价格均为公允价格（不含增值税），销售成本在确认销售收入时逐

笔结转。除特别说明外，所有资产均未计提减值准备。

②甲公司适用的所得税税率为25%。2015年度所得税汇算清缴于2016年2月28日完成，甲公司已计算确认了2015年的所得税费用和应交所得税。假定预计未来期间能够产生足够的应纳税所得额用于抵扣暂时性差异。不考虑除增值税、所得税以外的其他相关税费。

③甲公司按照当年实现净利润的10%提取法定盈余公积。

要求：

（1）判断资料（1）中相关交易或事项的会计处理,哪些不正确（分别注明其序号）。

（2）对资料（1）中不正确的会计处理，编制相应的调整会计分录。

（3）判断资料（2）中相关资产负债表日后事项，哪些属于调整事项（分别注明其序号）。

（4）对资料（2）中判断为资产负债表日后调整事项的，编制相应的调整会计分录。

（逐笔编制涉及所得税的会计分录，合并编制涉及"利润分配——未分配利润""盈余公积——法定盈余公积"科目的会计分录）

五、参考答案及解析

（一）单项选择题

1.【答案】D

【解析】资产负债表日后调整事项只有涉及损益的事项，才通过"以前年度损益调整"科目进行账务处理，而不是所有的事项。

2.【答案】B

【解析】报告年度或以前年度销售的商品，在资产负债表日后期间退回，应冲减报告年度财务报表相关项目的数字。

3.【答案】A

【解析】甲公司因该日后事项减少2015年度未分配利润的金额＝（2 000－200）×（1－25%）×（1－10%）＝1 215（万元）。

4.【答案】A

【解析】2015年12月31日应确认的预计负债＝400×（50－40）×20%＝800（万元），日后事项期间冲减的预计负债＝800×60÷80＝600（万元），调整后预计负债账面价值为200万元，计税基础＝200－200＝0（万元），应确认递延所得税资产＝200×25%＝50（万元）。

5.【答案】D

【解析】甲公司2007年度资产负债表"未分配利润"项目"年末数"应调减的金额＝（100+200）×（1－10%）＝270（万元）。

6.【答案】A

【解析】资产负债表日后发生的调整事项如涉及货币资金和现金收支项目的，均不调整报告年度资产负债表的货币资金项目和现金流量表正表各项目的数字。

7.【答案】B

【解析】选项 A,报告年度或以前期间所售商品在日后期间退回的,属于调整事项;选项 C 是日后期间发现的前期差错,属于调整事项;选项 D,因为火灾是在报告年度 2009 年发生的,所以属于调整事项,如果是在日后期间发生的,则属于非调整事项。

8.【答案】A

【解析】该事项对甲公司 2010 年 12 月 31 日资产负债表中"未分配利润"项目"期末余额"调整增加的金额=(800−600)×(1−25%)×(1−10%)=135(万元)。

9.【答案】C

10.【答案】C

【解析】选项 A、B、D,属于资产负债表日后调整事项。

11.【答案】A

【解析】甲公司 2014 年度资产负债表"未分配利润"项目"期末余额"应调减的金额=(100+200)×75%×90%=202.5(万元)。

12.【答案】D

【解析】按照税法规定,企业为第三方提供债务担保的损失不得税前扣除,产生的是非暂时性差异,所以不确认递延所得税资产。

13.【答案】C

【解析】虽然一审判决 D 公司败诉,但由于 D 公司继续上诉,故仍属于未决诉讼,应在 2014 年资产负债表中调整增加预计负债 200 万元(500−300),2014 年资产负债表中该业务应确认递延所得税资产 125 万元(500×25%)。

14.【答案】B

【解析】火灾是在 2015 年发生的,属于非调整事项,故不能调整 2014 年度的报表项目。

15.【答案】D

【解析】该事项发生在报告年度所得税汇算清缴之后,因此,不应冲减 2014 年度的应交所得税。

16.【答案】A

【解析】选项 B,不调整报告年度资产负债表的货币资金项目和现金流量表各项目数字;选项 C,除法律、法规以及其他会计准则另有规定的外,不需要在会计报表附注中进行披露;选项 D,应作为非调整事项处理。

17.【答案】B

【解析】此业务不属于资产负债表日后事项,应作为当期业务处理,冲减 2015 年 2 月份收入、成本和税金等相关项目。

18.【答案】A

（二）多项选择题

1.【答案】CD

【解析】选项 A 不属于日后事项，选项 C 和 D 属于非调整事项；选项 B 属于调整事项。

2.【答案】AC

【解析】因发生火灾导致存货严重损失属于非调整事项；以前年度售出商品发生退货，属于调整事项；董事会提出股票股利分配方案属于非调整事项；资产负债表日后发现了财务报表舞弊或差错属于调整事项。

3.【答案】ABCD

4.【答案】AC

【解析】选项 BD，都属于日后调整事项。

5.【答案】CD

6.【答案】BC

【解析】选项 AD，属于非调整事项。

7.【答案】BC

【解析】选项 A，属于当期事项，应冲减 3 月份的收入和成本；选项 D，属于当期事项，因为该事项发生时，2014 年度的报表已经对外报出，所以不属于日后事项。

8.【答案】AC

【解析】选项 B，如果是本期 1 月份发生的商品销售，在日后期间发生销售折让，属于当期的正常事项，若为报告年度或报告年度以前年度的销售业务在日后期间发生的销售折让，则属于日后调整事项；选项 D，对资产负债表日存在的某项现时义务予以确认，属于调整事项。

9.【答案】AD

（三）判断题

1.【答案】对

2.【答案】错

【解析】资产负债表日后发生的调整事项如涉及现金收支项目的，均不调整报告年度资产负债表中的货币资金项目和现金流量表正表各项目数字。

3.【答案】错

【解析】资产负债表日后期间发生的"已证实资产发生减损"，可能是调整事项，也可能是非调整事项。

4.【答案】对

5.【答案】错

【解析】资产负债表日后事项，已经作为调整事项调整会计报表有关项目数字的，除非法律、法规以及其他会计准则另有规定，不需要在会计报表附注中进行披露。

6.【答案】错

【解析】应作为调整事项处理。

7.【答案】对

8.【答案】错

【解析】企业发生巨额亏损将会对企业报告期后的财务状况和经营成果产生重大影响，应当在财务报表附注中及时披露该事项，以便为投资者或其他财务报告使用者做出正确决策提供信息。

9.【答案】对

10.【答案】错

【解析】甲公司的股东将其持有甲公司60%的普通股溢价出售给丁公司。这个交易对甲公司来说，是日后非调整事项。因此在编制2014年度财务报告时，应披露与此非调整事项有关的丁公司购置股份的事实，以及有关购置价格的信息。

（四）计算分析题

（1）资料（1）：

借：以前年度损益调整——调整营业外支出　　　　　　　　　　300

　　　　　　　　　　　——调整管理费用　　　　　　　　　　5

　　贷：预计负债　　　　　　　　　　　　　　　　　　　　　305

借：递延所得税资产　　　　　　　　76.25（305×25%）

　　贷：以前年度损益调整——调整所得税费用　　　　　　　76.25

借：利润分配——未分配利润　　　　228.75（305-76.25）

　　贷：以前年度损益调整　　　　　　　　　　　　　　　　228.75

（2）资料（2）：

借：预计负债　　　　　　　　80［300-(210+230)÷2］

　　贷：以前年度损益调整——调整营业外支出　　　　　　　　80

借：以前年度损益调整——调整所得税费用　　20（80×25%）

　　贷：递延所得税资产　　　　　　　　　　　　　　　　　　20

借：以前年度损益调整　　　　　　　　60（80-20）

　　贷：利润分配——未分配利润　　　　　　　　　　　　　　60

（3）资料（3）：

借：预计负债　　　　　　　　　　　　　　　　　　　　　　100

　　以前年度损益调整——调整营业外支出　　　　　　　　　　10

　　贷：其他应付款　　　　　　　　　　　　　　　　　　　　110

借：应交税费——应交所得税　　　　27.5（110×25%）

　　贷：以前年度损益调整——调整所得税费用　　　　　　　27.5

借：以前年度损益调整——调整所得税费用　　25（100×25%）

　　贷：递延所得税资产　　　　　　　　　　　　　　　　　　25

借：利润分配——未分配利润　　　　　　7.5

　　贷：以前年度损益调整　　　　　　　　　　　　　　　　　7.5

借：其他应付款　　　　　　　　　　　　110

　　贷：银行存款　　　　　　　　　　　　　　　　　　　　　110

（4）资料（4）：

借：预计负债   742〔（1 050+10）×70%〕

    以前年度损益调整——调整营业外支出   315（450×70%）

    贷：其他应付款   1 057

借：利润分配——未分配利润   315

    贷：以前年度损益调整   315

借：其他应付款   1 057

    贷：银行存款   1 057

（五）综合题

1.（1）资料（1）：

①会计处理均不正确。

借：以前年度损益调整   950〔（2 000-100）×50%〕

    贷：应收账款   950

借：发出商品   800（1 600×50%）

    贷：以前年度损益调整   800

借：应交税费——应交所得税   37.5〔（950-800）×25%〕

    贷：以前年度损益调整   37.5

②会计处理均不正确。

借：以前年度损益调整   1 000

    贷：预收账款   1 000

借：库存商品   780

    贷：以前年度损益调整   780

借：应交税费——应交所得税   55（220×25%）

    贷：以前年度损益调整   55

③会计处理均不正确。

借：以前年度损益调整   20

    贷：长期股权投资减值准备   20

借：递延所得税资产   5（20×25%）

    贷：以前年度损益调整   5

（2）资料（2）：

①属于调整事项。

借：以前年度损益调整   300

    应交税费——应交增值税（销项税额）   51

    贷：应收账款   351

借：库存商品   240

    贷：以前年度损益调整   240

借：应交税费——应交所得税   15（60×25%）

    贷：以前年度损益调整   15

②属于调整事项。

借：以前年度损益调整　　　　　　　　　　　　　　　　　　　120

　　贷：坏账准备　　　　　　　　　　　　　　　　　　　　　　　120

借：递延所得税资产　　　　　　　　　　　　　　　　　　　　30

　　贷：以前年度损益调整　　　　　　　　　　　　　　　　　　　30

（3）合并编制调整涉及"利润分配——未分配利润""盈余公积——法定盈余公积"科目的会计分录。

借：利润分配——未分配利润　　　　　　　　　　　　　　　　427.5

　　贷：以前年度损益调整　　　　　　　　　　　　　　　　　　427.5

借：盈余公积——法定盈余公积　　　　　　　　　　　　　　42.75

　　贷：利润分配——未分配利润　　　　　　　　　　　　　　　42.75

2.（1）资料（1）：

①判断：属于调整事项。

借：以前年度损益调整——调整资产减值损失　　　　　　　　234

　　贷：坏账准备　　　　　　　　　　　234〔585×（50%-10%）〕

借：递延所得税资产　　　　　　　　58.5（234×25%）

　　贷：以前年度损益调整——调整所得税费用　　　　　　　　58.5

②判断：属于调整事项。

借：以前年度损益调整——调整营业收入　　　　　　　　　　600

　　应交税费——应交增值税（销项税额）　　　　　　　　　102

　　贷：应收账款　　　　　　　　　　　　　　　　　　　　　702

借：库存商品　　　　　　　　　　　　　　　　　　　　　　400

　　贷：以前年度损益调整——调整营业成本　　　　　　　　　400

借：坏账准备　　　　　　　　　　　35.1（702×5%）

　　贷：以前年度损益调整——调整资产减值损失　　　　　　　35.1

借：应交税费——应交所得税　　　50〔（600-400）×25%〕

　　贷：以前年度损益调整——调整所得税费用　　　　　　　　50

借：以前年度损益调整——调整所得税费用　　　　　　　　8.78

　　贷：递延所得税资产　　　　　　　　8.78（702×5%×25%）

③判断：属于调整事项。

借：以前年度损益调整——调整营业收入　　　　　　　　　　200

　　应交税费——应交增值税（销项税额）　　　　　　　　　34

　　贷：其他应付款　　　　　　　　　　　　　　　　　　　　230

　　　　以前年度损益调整——调整财务费用　　　　　　　　　　4

借：库存商品　　　　　　　　　　　　　　　　　　　　　　160

　　贷：以前年度损益调整——调整营业成本　　　　　　　　　160

借：应交税费——应交所得税　　　9〔（200-160-4）×25%〕

　　贷：以前年度损益调整——调整所得税费用　　　　　　　　9

借：其他应付款　　　　　　　　　　　　　　　　　　　　　230

　　　　贷：银行存款　　　　　　　　　　　　　　　　　　　　　　　230

④判断：属于调整事项。

借：以前年度损益调整——调整营业外支出　　　　　　　30

　　预计负债　　　　　　　　　　　　　　　　　　　　60

　　贷：其他应付款　　　　　　　　　　　　　　　　　　　　90

借：应交税费——应交所得税　　　　　　　　22.5（90×25%）

　　贷：以前年度损益调整——调整所得税费用　　　　　　　22.5

借：以前年度损益调整——调整所得税费用　　　　15（60×25%）

　　贷：递延所得税资产　　　　　　　　　　　　　　　　　　15

借：其他应付款　　　　　　　　　　　　　　　　　　　　90

　　贷：银行存款　　　　　　　　　　　　　　　　　　　　　90

⑤判断：属于非调整事项。

这个交易对 AS 公司来说，属于发生重大企业合并，应在其编制 2014 年度财务报告时，披露与此非调整事项有关的购置股份的事实，以及有关购置价格的信息。

⑥判断：属于非调整事项。

由于这个情况在资产负债表日并不存在，是资产负债表日后才发生的事项。因此，应作为非调整事项在会计报表附注中进行披露。

⑦判断：属于非调整事项。

（2）资料（2）：

①存货跌价准备的处理不正确。

签订合同销售的部分：

A 产品成本 = 300×120 = 36 000（万元）

A 产品可变现净值 = 300×（130-2）= 38 400（万元）

签订销售合同部分的 A 产品成本小于可变现净值，不需要计提存货跌价准备。

未签订合同销售的部分：

A 产品成本 = 100×120 = 12 000（万元）

A 产品可变现净值 = 100×（118-2）= 11 600（万元）

A 产品应计提存货跌价准备 = 12 000-11 600 = 400（万元）

所以，A 产品多计提存货跌价准备 = 1 400-400 = 1 000（万元）

更正的会计分录为：

借：存货跌价准备　　　　　　　　　　　　　　　　　　　1 000

　　贷：以前年度损益调整——调整资产减值损失　　　　　　1 000

借：以前年度损益调整——调整所得税费用　　　　　　　250

　　贷：递延所得税资产　　　　　　　　　　　250（1 000×25%）

②2014 年，AS 公司以库存商品抵偿债务，应付账款的账面价值为 120 万元，抵偿商品的成本为 80 万元，公允价值为 100 万元。AS 公司所编制的会计分录为：

借：应付账款　　　　　　　　　　　　　　　　　　　　　120

　　贷：库存商品　　　　　　　　　　　　　　　　　　　　80

　　　　应交税费——应交增值税（销项税额）　　　　　　　17

　　　　资本公积　　　　　　　　　　　　　　　　　　　　　　　　23

③以库存商品抵偿债务的会计处理不正确。

借：资本公积　　　　　　　　　　　　　　　　　　　　　　23

　　以前年度损益调整——调整营业成本　　　　　　　　　　80

　　贷：以前年度损益调整——调整营业收入　　　　　　　　　　　100

　　　　　　　　　　　——调整营业外收入　　　　　　　　　　　　3

借：以前年度损益调整——调整所得税费用　　　　5.75（23×25%）

　　贷：应交税费——应交所得税　　　　　　　　　　　　　　　5.75

④AS公司相关业务的会计处理如下：

借：资产减值损失　　　　　　　　　　　　　　　　　　　2 100

　　贷：固定资产减值准备　　　　　　　　　　　　　　　　　2 100

AS公司确认递延所得税资产500万元。

⑤Y生产线计提减值准备处理正确，确认的递延所得税资产金额不正确。

　　发生的永久性损害尚未经税务部门认定，所以固定资产的账面价值为零，计税基础为2 100万元，应确认的递延所得税资产＝2 100×25%＝525（万元），但企业确认了500万元的递延所得税资产，所以要补确认25万元（525-500）的递延所得税资产。

借：递延所得税资产　　　　　　　　　　　　　　　　　　25

　　贷：以前年度损益调整——调整所得税费用　　　　　　　　　25

⑥AS公司相关业务的会计处理如下：

借：固定资产　　　　　　　　　　　　　　　　　　　　536

　　累计摊销　　　　　　　　　　　　　　　　　　　　　80

　　贷：无形资产　　　　　　　　　　　　　　　　　　　　580

　　　　应交税费——应交营业税　　　　　　　　　　　　　　30

　　　　银行存款　　　　　　　　　　　　　　　　　　　　　6

⑦无形资产换入固定资产的会计处理不正确。

借：固定资产　　　　　　　　　　　　　　　　　　　　　70

　　贷：以前年度损益调整——调整营业外收入　　70［600-(580-80)-30］

借：以前年度损益调整——调整所得税费用　　　　　　　17.5

　　贷：应交税费——应交所得税　　　　　　　　　　17.5（70×25%）

3.（1）资料（1）中交易或事项处理不正确的有：①、②、③。

（2）事项①的调整会计分录：

借：以前年度损益调整　　　　　　1 900［(4 000-200)×50%］

　　贷：应收账款　　　　　　　　　　　　　　　　　　　1 900

借：发出商品　　　　　　　　　　1 600（3 200×50%）

　　贷：以前年度损益调整　　　　　　　　　　　　　　　1 600

借：应交税费——应交所得税　　　75［(1 900-1 600)×25%］

　　贷：以前年度损益调整　　　　　　　　　　　　　　　　75

事项②的调整会计分录：

借：以前年度损益调整　　　　　　　　　　　　　　　　2 000

　　　　贷：预收账款　　　　　　　　　　　　　　　　　2 000

　　借：库存商品　　　　　　　　　　　　　　　　　　　1 400

　　　　贷：以前年度损益调整　　　　　　　　　　　　　　　　1 400

　　借：应交税费——应交所得税　　　150〔（2 000-1 400）×25%〕

　　　　贷：以前年度损益调整　　　　　　　　　　　　　　　　150

　　事项③的调整会计分录：

　　借：以前年度损益调整　　　　　　　　　　　　　　　20

　　　　贷：长期股权投资减值准备　　　　　　　　　　　　　　20

　　借：递延所得税资产　　　　　　　　　　5（20×25%）

　　　　贷：以前年度损益调整　　　　　　　　　　　　　　　　　5

　（3）资料（2）中相关资产负债表日后事项属于调整事项的有：①、②。

　（4）事项①的调整会计分录：

　　借：以前年度损益调整　　　　　　　　　　　　　　200

　　　　应交税费——应交增值税（销项税额）　　　　　34

　　　　贷：应收账款　　　　　　　　　　　　　　　　　　234

　　借：库存商品　　　　　　　　　　　　　　　　　　140

　　　　贷：以前年度损益调整　　　　　　　　　　　　　　　140

　　借：应交税费——应交所得税　　　15〔（200-140）×25%〕

　　　　贷：以前年度损益调整　　　　　　　　　　　　　　　　15

　　项②调整分录：

　　借：以前年度损益调整　　　　　　　　　140（200-60）

　　　　贷：坏账准备　　　　　　　　　　　　　　　　　　140

　　借：递延所得税资产　　　　　　　　35（140×25%）

　　　　贷：以前年度损益调整　　　　　　　　　　　　　　　　35

　　合并编制涉及"利润分配——未分配利润"和"盈余公积——法定盈余公积"科
目的会计分录：

　　借：利润分配——未分配利润　　　　　　　　　　　840

　　　　贷：以前年度损益调整　　　　　　　　　　　　　　　840

　　借：盈余公积——法定盈余公积　　　　　　　　　　84

　　　　贷：利润分配——未分配利润　　　　　　　　　　　　　84